南开百年学术文库

# 陈晏清哲学文集

## 第二卷

---

## 哲学教科书改革（上）

南开大学出版社

天　津

**图书在版编目(CIP)数据**

陈晏清哲学文集. 第二卷，哲学教科书改革. 上 /
陈晏清著.－天津：南开大学出版社，2017.5
（南开百年学术文库）
ISBN 978-7-310-05356-8

Ⅰ.①陈… Ⅱ.①陈… Ⅲ.①哲学－教材改革－文集
Ⅳ.①B－53

中国版本图书馆 CIP 数据核字(2017)第 078792 号

**南开大学出版社出版发行**
出版人：刘立松
地址：天津市南开区卫津路 94 号　　邮政编码：300071
营销部电话：(022)23508339　23500755
营销部传真：(022)23508542　　邮购部电话：(022)23502200
\*
三河市同力彩印有限公司印刷
全国各地新华书店经销
\*
2017 年 5 月第 1 版　　2017 年 5 月第 1 次印刷
230×155 毫米　16 开本　27 印张　6 插页　314 千字
定价：90.00 元

如遇图书印装质量问题，请与本社营销部联系调换，电话：(022)23507125

（2015 年，《人民画报》记者　王蕾摄）

陈晏清（1938—　），湖南省新化县人，南开大学教授，马克思主义哲学家。1962 年于中国人民大学哲学系毕业后分配至南开大学任教。1985 年晋升教授，1986 年经国务院学位委员会批准为博士生导师。曾任南开大学哲学系系主任、人文学院院长、社会哲学研究所所长、当代中国问题研究院学术委员会主任，以及中国辩证唯物主义研究会常务理事、顾问，中国人学学会学术委员会委员、顾问，天津市哲学学会会长、名誉会长等。

# 本卷说明

十年"文化大革命"，无休无止、无限上纲且多是捕风捉影、颠倒黑白的"大批判"，搞乱了人们的思想，搞乱了理论。粉碎"四人帮"后，人们一时分不清真假马克思主义，在哲学基本理论上几乎所有的问题都有所争论。这时候，就哲学教育来说，最急需的是编写新的、正本清源的教科书。这无疑也是哲学教科书的改革。本卷收录的《马克思主义哲学纲要》（以下简称《纲要》）修订本（天津人民出版社1988年出版）就是适应这种需要而编写的。

1979年，教育部委托中国人民大学哲学系编写哲学专业教材，由肖前、李秀林、汪永祥主编。承蒙老师厚爱，我也被邀请参加《辩证唯物主义原理》的编写。这给了我一个难得的学习和锻炼的机会。1982年，中央广播电视大学决定开设哲学课，聘请我做主讲教师，这个《纲要》就是在《辩证唯物主义原理》的基础上，作为"电大"教材由我独自编写的。

"电大"也是大学，大学教材的学术水平不能降低。但因课时和远距离教学方式的局限，内容应有所删减，表述应更加通俗。这不是降低了要求，反而是增大了难度。据我多年使用教材的体会，教科书最重要的要求是准确和简洁。"准确"就是给基本概念、原理提供一个标准的解释，语言必须是规范化的专业语言。"简洁"就是简明、干净、清晰。《纲要》的编写是按照这个要求去努力的。

《纲要》虽然仍是采用传统哲学教科书的框架，但就当时中国的哲学状况来说，在具体内容和叙述方式上也还有加以改革的很大余地。在此之前我对"四人帮"哲学的批判，对"唯意志论"和"斗争哲学"的清理，都有一些研究成果可以且应当吸取和利用。例如批判"斗争哲学"的理论成果，包括关于同一性的作用、同一性和斗争性的相互制约特别是具体的同一性对于矛盾斗争形式和界限的制约作用，关于同一性的范畴规定等，都应当写进哲学教科书。为了便于充分地展开地阐述这些内容，我在参加《辩证唯物主义原理》的编写时曾提出改变以往基本上按《矛盾论》的框架叙述"对立统一规律"的方式，并由我按照这个意见为该书改写了这一章，《纲要》的这一章也还是这样写的。再如，吸取批判"四人帮"唯心论的阶级斗争观的理论成果，划清阶级斗争观上历史唯物论和历史唯心论的界限，就构成了《纲要》第十三章即"阶级、国家、革命"这一章的基本叙述线索。马克思 1852 年致约·魏德迈的信中说的他对阶级斗争理论的三点新贡献，特别是其中的第一点，即证明了"阶级的存在仅仅同生产发展的一定历史阶段相联系"，讲的就是历史唯物论的阶级斗争观，它要求从社会的生产即物质资料生产方式的发展，从生产力和生产关系的矛盾运动去说明阶级的起源、阶级关系的演变、阶级斗争的历史作用及阶级的消灭，等等。站在这个观点的反面的，就是阶级斗争观上的历史唯心论，如"四人帮"的上层建筑决定论。这两个例子是涉及马克思主义哲学中两个最为重要的原理。除此之外，也还有一些改革，有的是内容上的，更多的是叙述方式上的。

《纲要》的初版本于 1983 年 2 月出版。后来由 40 课时增至 60 课时，篇幅应有所扩大。各地"电大"哲学课的辅导教师多从全日制学校中聘请，由于他们的推荐，这本教材也被一些全日制学校选用。考虑到这些情况，1988年又出版了现在收录的这个修订本。该书印刷了约20次，通过正式渠道发行二百余万册。

本卷收录的几篇文章中，《哲学思想宝库经典》导言和《哲学概论》序言不是直接讲马克思主义哲学原理，而是为理解马克思主义哲学提供一种总体性的哲学知识背景。

# 目　录

## 马克思主义哲学纲要（修订本）

绪　论 …………………………………………………… 3

  第一节　哲学是理论化、系统化的世界观 …………… 3

  第二节　哲学的基本问题 ……………………………… 6

  第三节　马克思主义哲学是一个完整严密的科学体系 … 12

第一章　世界的物质性 ………………………………… 19

  第一节　世界是物质的世界 …………………………… 19

  第二节　运动是物质的根本属性 ……………………… 27

  第三节　时间和空间是运动着的物质的存在形式 …… 32

  第四节　辩证唯物论对世界物质统一性的论证 ……… 38

第二章　意识的起源、本质和作用 …………………… 44

  第一节　意识是物质高度发展的产物 ………………… 44

  第二节　意识是存在的反映 …………………………… 47

  第三节　意识的能动作用 ……………………………… 51

第三章　唯物辩证法是关于联系和发展的科学 ……… 58

  第一节　唯物辩证法是关于普遍联系的科学 ………… 58

  第二节　唯物辩证法是关于发展的科学 ……………… 64

  第三节　对立统一学说是唯物辩证法的实质和核心 … 69

第四章　质量互变规律 ……………………………………72

　　第一节　质、量、度 ………………………………………72

　　第二节　质和量的相互转化 ………………………………77

　　第三节　质量互变的客观普遍性和质变量变的复杂性…81

第五章　对立统一规律 ………………………………………85

　　第一节　矛盾的同一性和斗争性 …………………………85

　　第二节　矛盾是事物发展的动力 …………………………91

　　第三节　矛盾的普遍性和特殊性 ……………………… 103

第六章　否定之否定规律 ………………………………… 116

　　第一节　肯定和否定 …………………………………… 116

　　第二节　否定之否定 …………………………………… 121

　　第三节　否定之否定的普遍性和特殊性 ……………… 127

第七章　唯物辩证法诸范畴 ……………………………… 132

　　第一节　原因和结果 …………………………………… 132

　　第二节　必然性和偶然性 ……………………………… 137

　　第三节　可能性和现实性 ……………………………… 141

　　第四节　形式和内容 …………………………………… 144

　　第五节　现象和本质 …………………………………… 147

第八章　辩证唯物论的认识论是能动的反映论 ………… 151

　　第一节　辩证唯物论的认识论同唯心论的对立 ……… 152

　　第二节　辩证唯物论的认识论同不可知论的对立 …… 154

　　第三节　辩证唯物论的认识论同旧唯物论的根本区别· 158

　　第四节　辩证唯物论对认识主体和客体的规定 ……… 161

第九章　认识和实践 ……………………………………… 165

　　第一节　辩证唯物论的实践观 ………………………… 165

　　第二节　实践在认识中的决定作用 …………………… 170

　　第三节　认识的辩证运动 ……………………………… 175

第十章　真理 ……………………………………………… 189

　　第一节　客观真理 ………………………………… 189

　　第二节　绝对真理和相对真理 …………………… 196

　　第三节　实践是检验真理的标准 ………………… 203

　　第四节　认识世界和改造世界 …………………… 211

第十一章　人类社会的发展是自然历史过程 ……… 219

　　第一节　人类社会是自然历史地形成的 ………… 219

　　第二节　人们在既定的物质条件下创造历史 ……… 225

　　第三节　人类社会的发展是一个遵循其自身固有规律

　　　　　　的客观过程 ……………………………… 236

第十二章　社会基本矛盾 ……………………………… 241

　　第一节　生产力和生产关系的矛盾 ……………… 241

　　第二节　经济基础和上层建筑的矛盾 …………… 256

　　第三节　社会主义社会的基本矛盾 ……………… 269

第十三章　阶级、国家、革命 ………………………… 279

　　第一节　阶级和阶级斗争 ………………………… 280

　　第二节　国家 ……………………………………… 294

　　第三节　社会革命 ………………………………… 301

第十四章　社会意识 …………………………………… 310

　　第一节　社会意识对社会存在的绝对依赖性和

　　　　　　相对独立性 ……………………………… 310

　　第二节　社会意识的构成 ………………………… 317

　　第三节　科学 ……………………………………… 328

　　第四节　社会的精神文明 ………………………… 339

第十五章　人民群众和个人在历史上的作用 ……… 343

　　第一节　在谁是创造历史的决定力量的问题上

　　　　　　两种历史观的根本对立 ………………… 343

第二节 人民群众创造历史的决定作用 ……………… 346

第三节 杰出人物在历史上的作用 ……………… 352

第四节 无产阶级政党的群众观点和群众路线 ……… 360

# 相关论文

如何讲授"对立统一规律" ……………………… 365

"对立统一规律"讲授意见 …………………………… 377

历史唯物主义的体系及其在马克思主义哲学中的地位 …… 388

《哲学思想宝库经典》导言 ………………………… 400

《哲学概论》序言 …………………………………… 420

# 马克思主义哲学纲要

## （修订本）

# 绪　论

马克思主义的哲学是辩证唯物主义和历史唯物主义。它作为世界观和方法论，是整个马克思主义学说的基础。

马克思主义哲学是以往科学和哲学发展的产物，是人类理论思维的光辉成果。要树立正确的世界观、人生观，实现思想方式和活动方式的革命化、科学化，学习马克思主义的哲学是不可绕开的途径。为了实现我国工业、农业、国防和科学技术的现代化，把祖国建设成为高度文明、高度民主的社会主义国家，我们必须掌握马克思主义哲学这一强大思想武器，努力提高理论水平和科学思维的水平。因此，各行各业都要学点哲学，各类高等学校的学生更需有必要的哲学修养。

为了对马克思主义哲学有一个轮廓的、总体的把握，首先要对哲学的一般问题有一个初步的了解。

## 第一节　哲学是理论化、系统化的世界观

不论进入哪一个科学领域，都首先要了解它的对象。哲学这门科学已有几千年的历史，经历了几个发展阶段，它的对象也不断地发生变化。在古代，各门具体科学没有发展起来，哲学和具体科学没有分化，它就具有一种知识总汇的性质。到了

近代，随着各门具体科学的发展，它们逐步从哲学中分化出去，"知识总汇"的形式已不可能存在。这时，探求各种具体知识的任务已逐步由各门具体科学去承担，需要哲学去做的事情是揭示世界的统一和联系，以提供关于世界的总的图景。可是，这时的自然科学虽有一定的发展，但发展并不充分，社会科学则只是处在孕育之中，依靠各门具体科学所提供的知识尚不可能揭示世界的统一和联系。于是，近代资产阶级哲学家们企图离开科学，仅靠抽象的思辨，去提供关于世界图景的完整知识。这样，哲学就成为超越科学、凌驾于科学之上并企图包容一切科学真理的东西，即所谓"科学之科学"。只有马克思主义哲学才在科学和哲学本身获得进一步发展的基础上，正确理解和解决了哲学和各门具体科学的关系问题，正确规定了哲学的对象，认为哲学应是一种世界观，是关于自然、人类社会和思维的运动和发展的普遍规律的科学。

尽管因各个时代人类知识的总体背景不同，哲学所研究的领域和问题也有所不同，但哲学并不是在这种变化中失去了自己的规定性，而只是越来越明确了自己的规定性。哲学作为一门专门的学问，作为一种特殊的意识形式，是有它不同于其他学问、其他意识形式的特殊规定的。不论各个时代人类的知识水平、知识结构如何，哲学总是处在那个时代人类知识体系的最高层次的东西；不论各个时代人类抽象概括的水平如何，哲学总是以最抽象最概括的形式所把握的理论原理；因此，哲学总是各个时代人类理论思维的最高成果，它凝结着人类的最高智慧。它所研究的问题总是最具有普遍性的问题，是对于人类生活最重要的问题。这样的问题，首先的和基本的就是人同周围世界的关系问题、主观和客观的关系问题。哲学研究世界的普遍本质和规律，也是为了从这种研究中求得对于人同周围世界相互关系的理解。各种不同历史形态的哲学，不论其是否以自觉的形式表达出来，都是如此。

对于人同周围世界的关系、主观与客观或思维与存在的关系进行思考而形成的观点，就是世界观。世界观是每一个有一定生活实践经验的人都会有的。人要生存，就要同周围的现实世界打交道，即认识周围世界和改造周围世界。认识世界和改造世界，都是解决主观和客观、思维和存在的关系问题。因此，人们在认识世界和改造世界的过程中，必然要追索主观与客观、思维与存在谁决定谁的问题，形成关于世界的根本观点即世界观。但是，人们在日常的生活、实践中形成的这种世界观具有自发的、朴素的性质，只有把它加以提炼和升华，并用逻辑的形式表达出来，使之具备理论的形态，才成为哲学。所以说，哲学是世界观的理论化、系统化，或者说，哲学是理论化、系统化的世界观。

哲学是世界观，它就具有最大的概括性，从而也就具有最普遍的适用性。对于任何领域的问题都需要也可以进行哲学的思考，哲学是同人们的生活实践密切相关的。因此，把哲学神秘化是没有道理的。然而，哲学又不等于日常生活中自发形成的朴素的世界观，而是理论化、系统化了的世界观，是需要加以专门学习和研究才能掌握的思想理论体系，因此，对哲学持任何简单化的观点也是不对的。

哲学是世界观，也是方法论。哲学是以最抽象最概括的形式表达的理论原理，但任何科学的哲学都不是空洞的认识。它不是从空中掉下来的，也不是悬在空中的。它是在认识各个特殊领域的基础上形成的，是自然、社会和思维知识的概括和总结，同时，它又反过来指导人们在这些领域中的认识和实践，成为人们在这些领域中从事活动的思想方法和工作方法。人们关于世界的根本观点，是世界观，人们用这种观点去指导自己的认识和实践，它就又是方法论。有什么样的世界观，就有什么样的方法论；有什么样的方法论，就表现出什么样的世界观。任何一种世界观都具有方法论的意义，马克思主义哲学则自觉地坚持了世界观和方法论的统一，因为马克思主义哲学是把"改变世界"的问题放在首位的，它必然要求人们把每一个观点都自觉地变成指导实践和认识的方法。我们学习马克思主义哲学，既要弄通它的基本理论，又要善于把理论化为方法。

# 第二节　哲学的基本问题

任何一门科学都有它所要研究和解决的基本矛盾即基本问题，哲学当然也是这样的。

在马克思主义以前，哲学存在了几千年，各派哲学之间的斗争始终是围绕着一个基本的问题展开的，但哲学家们却未能明确地指出哲学的基本问题是什么。近代个别哲学家曾经做过有益的探讨和接近于正确的表述，例如，黑格尔认为，最高的分裂就是思维与存在的对立，这是一种最抽象的对立，近代哲学的全部兴趣就在于和解这一对立；费尔巴哈也说过，精神对感性的关系问题是哲学上最重要的也是最困难的问题，全部哲学史就是在这个问题的周围兜圈子。但是，这些都毕竟不是真正科学的表述。只有马克思主义哲学才对哲学的基本问题做出了正确的概括和明确的表述，从而为研究哲学发展的历史和现实的哲学斗争提供了一个基本的指导线索。

### 一、哲学的基本问题是思维和存在的关系问题

恩格斯指出："全部哲学，特别是近代哲学的重大的基本问题，是思维和存在的关系问题。"①思维和存在或意识和物质的关系问题之所以是全部哲学的基本问题，这首先是由哲学的性质和任务所决定的。

哲学作为一种世界观的科学，就必须把思维和存在的关系问题作为自己研究的核心问题。哲学要研究客观世界的普遍规律，也不能离开思维和存在的关系的角度。哲学研究支配客观世界运动发展的普遍规律，正是为了把握支配人们思维过程本身的规律，因为存在规律和思维规律在本质上是同一的。

人类在认识和实践发展的一定阶段上，之所以必然产生一种要求，去探讨自己同周围世界的关系，探讨思维和存在的关系，这是因为，人类的活动是有目的的，是经过思考的，人类的任何一种具体的实践活动都是依据自己对于周围世界的思考去改造周围世界的活动，是在一定范围内和一定程度上解决自己同周围世界的关系即主观与客观的关系问题；而且，人类活动的本性是创造性的，它不会满足于对一个个具体事物的认识，而是要求看得更远些，要求有更高的自觉性即思想和行动的更强的目的性、预见性。这就要求从个别上升到一般，形成对于主观和客观、思维与存在关系问题的一般的认识，以用来指导自己在任何具体领域的认识和实践。可见，哲学正是在人类解决主观与客观关系问题的过程中产生的，也正是为着解决主观与客观的关系问题而产生和发展的。哲学之所以具有普遍的方法论的意义，之所以能够普遍地指导人们在任何领域里的认识

---

① 恩格斯：《路德维希·费尔巴哈和德国古典哲学的终结》，《马克思恩格斯选集》第 4 卷，人民出版社 1972 年版，第 219 页。

和实践，正因为它主要是研究主观和客观、思维和存在的关系问题的理论。这说明，不研究和解决主观与客观、思维与存在的关系问题，就不能实现哲学的任务。

思维与存在的关系问题是规定着解决全部哲学问题的基本方向的问题。它既是哲学路线的基本问题，也是人们实际生活中思想路线的基本问题。因此，它不是个别性、局部性的问题，而是全局性的问题，就是说，它不只是哲学问题之一，而是贯穿于全部哲学的问题。

思维和存在的关系问题作为哲学的基本问题，包括两个方面。第一个方面是思维对存在的地位问题，即"什么是本原的，是精神，还是自然界？"①这就是思维和存在或精神和物质何者为第一性的问题。这是决定哲学基本路线、基本倾向的问题。"思维和存在的关系问题还有另一个方面：我们关于我们周围世界的思想对这个世界本身的关系是怎样的？我们的思维能不能认识现实世界？我们能不能在我们关于现实世界的表象和概念中正确地反映现实？用哲学的语言来说，这个问题叫作思维和存在的同一性问题。"②这第二个方面主要讲的就是世界可知或不可知的问题。哲学基本问题的这两个方面是内在地联系着的。第一个方面讲的是思维和存在谁决定谁、谁是谁的本原，讲的是思维与存在的对立；第二个方面讲的是思维能不能反映存在，讲的是思维与存在的统一。只有同时把握这两个方面，并把握它们的内在联系，才能全面地理解哲学基本问题在整个哲学中的地位。

---

① 恩格斯：《路德维希·费尔巴哈和德国古典哲学的终结》，《马克思恩格斯选集》第 4 卷，人民出版社 1972 年版，第 220 页。

② 恩格斯：《路德维希·费尔巴哈和德国古典哲学的终结》，《马克思恩格斯选集》第 4 卷，人民出版社 1972 年版，第 221 页。

二、唯物主义和唯心主义的斗争同哲学基本问题的关系

哲学存在多久，唯物主义同唯心主义的对立和斗争也存在了多久。但是，用"唯物主义"和"唯心主义"这两个名词去概括某种哲学的性质，却是哲学发展的很晚阶段的事情，并且只有当马克思主义哲学提出了关于哲学基本问题的理论，才提供了一个正确划分唯物主义和唯心主义的科学标准。

唯物主义和唯心主义这两大基本哲学派别的划分，就是以对于哲学基本问题的第一个方面即思维和存在或意识和物质何者为第一性这个问题的不同回答来确定的。凡是肯定物质第一性、意识第二性的，就是唯物主义的哲学；凡是肯定意识第一性、物质第二性的，就是唯心主义的哲学。只有这一个标准，此外再无别的标准。同时，只要是哲学，也就摆脱不了这个标准，因为只要是哲学，都总要这样或那样地回答物质和意识何者第一性、何者是本原的问题。哲学史上有主张物质和意识两个本原的二元论，那也只是把唯物主义和唯心主义两种对立的观点混杂在一个哲学体系里，最终都回避不了物质和意识究竟谁是谁的本原的问题，并且就其基本倾向来说，总是在实质上对这个问题做出了唯心主义的回答。

掌握了划分唯物主义和唯心主义的科学标准，就掌握了一个开展哲学斗争的锐利武器。哲学是一种十分复杂的社会意识形态，在哲学史上有千流百派，在现实生活中哲学思潮是五花八门。只有牢牢地把握这个标准，才能对各种哲学流派和哲学思潮的性质做出正确无误的判别，才不致在哲学斗争中迷失方向。

了解了唯物主义和唯心主义的本来意义，就可以进一步认

识这两大基本哲学派别对立和斗争的根源。

唯物主义是坚持物质第一性、意识第二性的哲学，它的认识根源就在于人类的生活实践反复地证明了客观现实世界决定着人们的意识和行动。人们在长期的生活实践中逐渐地认识到，只有当自己行动的目的和手段符合于客观事物的本性时才会取得成功，否则就会失败。人们正是在生活实践中自发地形成了客观决定主观、存在决定思维的观念。这种观念由进步的或具有进步倾向的哲学家加以总结和提高，就成为唯物主义的哲学。各个时代的进步的阶级或社会势力代表着历史的进步方向，要求发展社会生产力，要求社会的进步，因而要求正视现实，要求在一定程度上揭示客观事物的本来面貌，这就必然要通过他们的思想代表去创立、提倡和维护适应于当时时代水平、能够反映当时时代精神的唯物主义哲学。这就是唯物主义哲学产生和发展的社会根源。

唯心主义是主张意识第一性、物质第二性的哲学，这种显然同普通人的常识相违背的荒唐哲学也是有它产生、发展的根源的。列宁说过，唯心主义是"一朵不结果实的花"，它虽然不结果实，却是生长在活生生的人类认识这棵树上的。[1]人对客观世界的认识是一个主客观矛盾运动的复杂过程，它不是直线式地进行的，而是近似于一串圆圈、近似于螺旋的曲线，这一曲线的任何一个片断都能被片面地变成独立的完整的直线，这条直线就可以把人们引到唯心主义的泥坑。例如，人的认识过程是由感性认识上升到理性认识再由理性认识回到感性认识，如此循环往复，螺旋式地曲折前进的，如果割裂感性认识和理性认识的统一而片面地夸大其中的某一个方面，把这个方面"发

---

① 参见列宁：《谈谈辩证法问题》，《列宁选集》第 2 卷，人民出版社 1972 年版，第 715 页。

展（膨胀、扩大）为脱离了物质、脱离了自然的、神化了的绝对"①，那就会滑向唯心主义。这就是唯心主义的认识根源。而当人们的认识滑向了唯心主义的泥坑的时候，反动统治阶级的阶级利益就会把它巩固起来，因为反动统治阶级的阶级利益是同历史进步的方向相违背的，他们不敢面对现实，企图掩盖和歪曲事物的本来面貌，也就要求把唯心主义作为自己的思想工具、宣传工具。这就是唯心主义产生和发展的社会根源。

从哲学基本问题同唯物主义和唯心主义斗争的关系，也就可以了解哲学基本问题同哲学党性原则的关系。哲学的党性原则就是指把唯物主义和唯心主义看成两个斗争着的党派。所谓哲学上的无党性，就是调和唯物主义和唯心主义的对立。哲学上的党性和政治上的党性是既有联系又有区别的。列宁说：哲学上的党派斗争"归根到底表现着现代社会中敌对阶级的倾向和思想体系"。②哲学上的党性是政治上的党性的表现或反映。可见，马克思主义关于哲学基本问题的理论是我们坚持哲学党性原则的依据。坚持唯物主义哲学的党性，就是坚持唯物主义和唯心主义的对立，坚持唯物主义的基本哲学路线。

### 三、辩证法和形而上学的斗争同哲学基本问题的关系

哲学上不仅有唯物主义同唯心主义的斗争，而且有辩证法同形而上学的斗争。辩证法同形而上学的斗争也是贯穿于全部哲学史的，它对于哲学的发展，对于人们的认识和实践，也都有着非常重大的影响。但是，这并不意味着哲学上应当有两个

---

① 列宁：《谈谈辩证法问题》，《列宁全集》第 38 卷，人民出版社 1959 年版，第 411 页。

② 列宁：《唯物主义和经验批判主义》，《列宁选集》第 2 卷，人民出版社 1972 年版，第 365 页。

基本问题，并不意味着在划分唯物主义和唯心主义的标准之外应当再立一个划分哲学基本派别的标准。

从哲学基本派别的划分来说，哲学上只能是两军对垒，而不是四军对垒。辩证法同形而上学的斗争是从属于即服从和服务于唯物主义同唯心主义的斗争的。世界是辩证地而不是形而上学地存在和发展的。因此，从一方面说，只有坚持辩证法才能按照世界的本来面貌认识世界，才有彻底的唯物论；从另一方面说，坚持辩证法，批判形而上学，也正是为着真正地按照世界的本来面貌认识世界，归根到底还是为了使主观符合于客观，使思维正确地反映存在，还是为了坚持彻底的唯物论。离开唯物论和唯心论的斗争，离开解决思维和存在、意识和物质的关系问题，辩证法和形而上学的斗争没有独立的意义。辩证法只有建立在唯物论的基础上，才能成为科学的辩证法。

可见，思维与存在、意识与物质的关系问题不仅贯穿于唯物论和唯心论的斗争，而且贯穿于辩证法和形而上学的斗争，是贯穿于全部哲学的基本问题。

## 第三节　马克思主义哲学是一个完整严密的科学体系

马克思以前的哲学，由于历史的阶级的局限性，都不能自觉地提出哲学的基本问题，也不能正确地或不能完全正确地解决哲学的基本问题，因而都不能正确地规定和真正地实现哲学的任务。只有马克思主义哲学才自觉地把思维和存在的关系问题作为哲学的基本问题提了出来，并把它贯彻到底，因而科学地规定了哲学研究的对象，结束了那种企图包容一切科学真理的所谓"科学之科学"的旧哲学；它坚持唯物论和辩证法的统一、唯物辩证的自然观和唯物辩证的历史观的统一，最正确、最彻底地解决了哲学的基本问题，因而用彻底唯物主义一元论的哲学代替了唯心主义、形而上学的旧哲学。马克思主义哲学之所以能够最正确、最彻底地解决哲学的基本问题，主要地是因为它立足于实践的观点，坚持理论与实践的结合，因而它以科学性和革命性高度统一的实践的战斗的哲学代替了理论和实践相脱离的剥削阶级旧哲学。

马克思主义哲学的产生是人类认识史、哲学史上的伟大革命变革，它同旧哲学有着根本性质上的区别。不论从理论内容上还是从逻辑形式上说，它都是一个极其严密的完整的科学理论体系。因此，马克思主义哲学能够给无产阶级和人民群众提供唯一科学的世界观和方法论，提供彻底变革世界的革命武器。

## 一、马克思主义哲学是彻底的唯物主义一元论

马克思主义哲学体系的完整和严密，首先表现在理论内容上，它是彻底的唯物主义一元论的体系。列宁说："马克思加深和发展了哲学唯物主义，使它成为完备的唯物主义哲学。"[①]完备的唯物主义就是彻底的唯物主义。它的唯物主义的彻底性体现为两个统一，即唯物论和辩证法的统一，唯物辩证的自然观和唯物辩证的历史观的统一。

马克思主义的唯物论不是一般的唯物论，而是同辩证法紧密结合在一起的唯物论，所以，它是彻底的唯物论。马克思主义的辩证法不是一般的辩证法，而是同唯物论紧密结合在一起的辩证法，是建立在唯物论基础上的辩证法，所以，它是真正

---

① 列宁：《马克思主义的三个来源和三个组成部分》，《列宁选集》第 2 卷，人民出版社 1972 年版，第 443 页。

科学的辩证法。我们说马克思主义哲学是唯物论和辩证法的高度统一，首先是说，它是在高级形态上的统一。在古代哲学中也有过唯物论和辩证法的结合。但是，古代的唯物论哲学和辩证法哲学以及它们的结合，都具有朴素的性质。所谓朴素，就是缺乏科学的概括和论证。马克思主义哲学中唯物论和辩证法的统一，则是建立在科学基础之上的，是经过了科学的概括和论证的，是总结和吸取了全部哲学史的理论教训的，所以是一种自觉的统一。所谓马克思主义哲学是唯物论和辩证法的高度统一，还在于它不是二者的机械的结合，而是二者的内在的统一。这个统一贯彻于马克思主义哲学的每一个原理、每一个命题，它不是偶尔的、个别的表现，而是体现着整个马克思主义哲学的根本性质。

马克思主义哲学唯物主义的彻底性表现于唯物论和辩证法的统一，就是它完全地按照世界的本来面貌认识世界。这是讲哲学理论本身的彻底性。它又表现于唯物辩证的自然观和唯物辩证的历史观的统一，就是它把唯物主义贯彻于一切领域，这是讲哲学理论贯彻和运用的彻底性。马克思以前，唯物论只是贯彻于自然领域，而在社会历史观上，虽然也有个别哲学家表述过某些唯物主义的观点，但在总体上却一直是由唯心主义占据着统治的地位。马克思主义则把唯物论贯彻到了历史领域，创立了历史唯物主义，这就把唯心主义从它的最后避难所里驱逐出去了。显然，没有历史唯物主义，没有唯物辩证的历史观，就不会有彻底的唯物主义一元论，不会有完整严密的科学的哲学体系。

二、马克思主义哲学是关于自然、社会和思维发展的普遍规律的科学

马克思主义哲学体系的完整和严密，表现在对自己研究对象的规定上，它正确地处理了哲学和具体科学的关系。马克思主义哲学是由一系列普遍适用于自然、社会和思维领域的规律和范畴所构成的科学体系，因此，它在逻辑形式上也是十分严密的。

在古代，哲学和具体科学之间，各门具体科学相互之间，都没有十分明确的界限。这是人类实践水平、认识水平和知识水平低下的表现。到了近代，随着实践和认识的发展，各门科学相互独立，哲学也同具体科学分离开来，这是人类认识史的进步趋势。但是，如前所述，近代的资产阶级哲学家们不能认识这种趋势，还是企图建立一种凌驾于科学之上的所谓"科学之科学"的哲学体系，这既不利于科学的发展，也不利于哲学的发展。只有马克思主义哲学才自觉地顺应了人类认识史的这种进步趋势，把哲学同具体科学分离开来。这不是削弱了哲学的地位，而恰恰是加强了哲学的指导地位；不是哲学被越抽越空了，而恰恰是使哲学的科学基础越来越坚实了，哲学的性质和任务越来越明确了。

哲学和具体科学是互相区别的，又是密切联系的。哲学和具体科学的联系表现于两个方面。一方面，哲学依赖于科学，哲学要以科学为基础。科学是哲学同现实生活联系的中介，抛开这个中介，就割断了哲学同现实生活的联系。因此，离开科学的土壤，任何真正有价值的哲学都不可能产生和发展。另一方面，科学又依赖于哲学，科学要以哲学为指导。哲学给科学的发展指明方向，提供正确的思维方法。

人类知识是一个多层次的体系，哲学是处在这个知识体系的最高层次上。由具体科学材料上升到哲学或者用哲学去指导具体科学，都要经过复杂的、往往是多层次的认识运动。因此，直接用哲学结论去代替具体科学的研究，把哲学当作单纯的证明工具，或者把哲学降低到实证科学的地位，甚至把哲学看作只是具体科学的注脚，都不是把哲学看成世界观和方法论的科学体系。这两种错误倾向，都是同马克思主义哲学的本性不相容的。

三、马克思主义哲学达到了在实践基础上的科学性和革命性的高度统一

马克思主义哲学之所以成为完整严密的科学体系，最根本的原因在于它在实践的基础上达到了科学性和革命性的高度统一。

马克思主义哲学区别于以往任何哲学的地方，就在于它把"改变世界"的实践提到了首位，把理论和实践的统一作为自己的根本原则。实践性是马克思主义哲学的根本特点。这个哲学是实践的战斗的哲学，这也就决定了它必然是科学性和革命性高度统一的哲学。

马克思主义哲学的实践性决定了它的科学性。所谓科学性，就是它正确地解决了思维和存在的关系问题，正确地反映了世界发展的最一般的规律，从而也就给人们提供了正确认识客观事物规律性的科学方法。只有在实践中产生并在实践中经得起检验的东西，才能称为科学的东西。马克思主义哲学就正是在实践中产生的，是在总结无产阶级革命实践经验和最新科学材料的基础上，批判地吸取了人类认识史上的一切积极成果而创立的。它的创始人和继承者们，又在新的实践中不断地检验和

发展着这个学说。在它的生命途程中，每一步上都经受着实践的考验，并汲取着生活、实践的丰富养料来充实和发展自己。它深深地根植于人类生活实践的土壤，这是它的颠扑不破的真理性所在，即它的科学性所在。

马克思主义哲学的实践性也决定了它的革命性。所谓革命性，就是它的批判的性质，就是它给人们提供了彻底变革现实的武器。显然，只有不把自己看作抽象的教条而看作行动的指南的理论学说，才能成为人们变革现实的武器，才具有革命性。在马克思主义哲学看来，问题正在于"改变世界"，它的全部价值正在于能够满足变革现实的实践需要。也正因为如此，它才成为无产阶级和人民群众改造世界的武器，才具有所向披靡的革命性。

马克思主义哲学的科学性和革命性是由它的实践性所决定的，同时也是它的阶级性所要求的。马克思主义哲学公开申明自己为无产阶级服务，它是无产阶级的革命哲学。无产阶级是最彻底的革命阶级，它要求彻底地变革现实，也就要求一种具有彻底的批判的性质、革命的性质的哲学作为自己指导思想的理论基础。无产阶级的根本利益是同社会发展的客观规律所揭示的历史前进方向完全一致的，它越是正确地认识世界，就越能有效地改造世界，越能顺利地实现自己的历史任务，也就越符合自己的根本利益，所以，它要求用以指导自己变革现实的哲学必须是具有高度科学性的哲学。

马克思主义哲学的科学性和革命性，都是由它的实践性所决定的，也都是它的阶级性所要求的，因此，这两个方面是内在地统一的。马克思主义哲学，正因为它是在实践中产生并经过实践检验的科学真理，它才能够成为无产阶级指导实践、变革现实的武器；也正因为这个哲学的实践的本性要求它超出思

想理论的主观范畴，化为群众的革命实践，它才谈得上在实践
中检验和发展自己，才能获得并保持自己的真理性、科学性。

失去了科学性，就无所谓革命性。只因为它是科学的世界
观和方法论，它才能够成为无产阶级变革现实的革命武器。同
样，失去了革命性，也无所谓科学性。一种为保守和反动做辩
护的东西，必然是歪曲现实、歪曲真理的东西，是丧失科学性
的东西。革命性和科学性是不能割裂的，如果割裂了，就既没
有革命性，也没有科学性。列宁说，马克思主义把严格的高度
的科学性和革命性结合起来，并且不是偶然的结合，即不仅因
为学说的创始人本人兼有学者和革命家的品质，"而是把二者内
在地和不可分割地结合在这个理论本身中"①。在实践基础上的
科学性和革命性的统一，是马克思主义哲学的根本理论特征。

综上所述，不论从马克思主义哲学的理论内容上、逻辑形
式上或其根本的理论特征上，都说明它是一个完整严密的科学
体系。既然如此，那么我们也就应当用严肃的、科学的态度去
学习它、研究它和运用它。在学习马克思主义哲学的方法上，
必须强调坚持理论与实践的结合。实践性是马克思主义哲学的
最根本的特点，马克思主义哲学的全部原理都要求付诸实践，
我们学习马克思主义哲学的全部目的也在于指导实践。因此，
理论联系实际的方法是学习马克思主义哲学的最根本的方法，
这是符合于马克思主义哲学的实践本性的方法。理论联系实际
是理论和实际这两个方面的结合，学习马克思主义哲学当然要
认真读书，要从理论上掌握它的基本原理，但是，学习马克思
主义的书本应当从实际出发，同现实的生活和斗争、同自己的
思想和工作紧密地联系起来。

---

① 列宁：《什么是"人民之友"以及他们如何攻击社会民主主义者？》，《列宁选集》第 1 卷，人民出版社 1972 年版，第 81 页。

# 第一章  世界的物质性

马克思主义哲学是彻底的唯物主义一元论，它的根本出发点就是坚持世界的物质统一性，即肯定世界是在时间和空间中按照自己固有的规律运动着的统一的物质世界。

世界的物质统一性原理是辩证唯物主义哲学的最重要的基石。它包含着十分丰富的内容，是多种规定的综合。要理解这个原理，就首先要具体地理解辩证唯物论的物质观、运动观、时空观，并理解它们之间的内在联系。

## 第一节  世界是物质的世界

列宁说："唯物主义的基本前提是承认外部世界，承认物在我们的意识之外并且不依赖于我们的意识而存在着"。[①]承认物质是不依赖于意识而独立存在的客观实在，承认外部世界的物质性，这是唯物主义的基本前提，当然也是辩证唯物主义的基本前提。

---

① 列宁：《唯物主义和经验批判主义》，《列宁选集》第 2 卷，人民出版社 1972 年版，第 79 页。

一、世界统一于物质

唯物主义肯定世界是统一的物质世界，世界上的一切现象都是物质的表现形态，精神现象也只是某种高级的复杂的物质形态的属性，没有离开物质而独立存在的精神的东西。世界上除了运动着的物质以外，再没有别的东西存在。

人类的实践和科学的发展都证实了这种唯物主义的观点。人们在日常的生活实践中，随时随地都可以体验到在自己的意识之外并且不依赖于自己的意识而存在着一个物质的世界，体验到自己的意识活动总是依赖于这个物质世界。唯物主义哲学不过是把人们在生活实践中形成的这种朴素的认识加以系统化，并立足于自己时代的实践水平和科学水平，给予不同程度的理论论证。

和唯物主义相反，唯心主义否认世界的物质性，认为世界上的一切都是精神活动的产物。主观唯心主义认为世界是人的主观意识的产物，如王阳明说："心外无物"，"天地万物皆在吾心中"；贝克莱说："存在就是被感知"，"物是观念的集合"。客观唯心主义认为世界是某种"客观精神"的产物，如朱熹说："理在事先"；黑格尔认为世界上的一切都不过是"绝对精神"的外化。可见，彻底的唯心论也是一元论，不过是唯心主义的一元论，它主张世界统一于精神。

除了唯物主义的一元论和唯心主义的一元论以外，还有所谓二元论的哲学。二元论否认世界的统一性，认为世界有两个互相平行、各自独立的本原。笛卡儿就是这种二元论哲学的代表。二元论企图调和唯物论和唯心论的对立，事实上是调和不了的。它承认有一个独立于物质世界之外的精神力量的存在，这就在实质上已经是一种唯心论的观点了。而且它总是回避不了物质现象和精神现象的关系问题，在说明这两类现象的关系时又总是把精神的东西说成唯一具有能动性的东西。因此，二元论归根到底要倒向唯心论。

坚持世界的物质统一性是所有唯物主义哲学的共同立场，但是，形而上学唯物主义认为世界是统一于某一种或几种具体的物质形态。因此，它不能理解物质世界的无限多样性的统一，也就不能够把世界的物质统一性原理贯彻到底，例如在社会领域，就由于无法解释社会生活的物质性而陷进了唯心论。

只有辩证唯物论才彻底地坚持了世界的物质统一性。它既同否认世界物质性的唯心论和否认世界统一性的二元论划清了界限，又同否认物质世界的无限多样性的形而上学唯物论划清了界限。这些界限，是辩证唯物论哲学同其他各派哲学在其基本哲学前提上的区别，因而带有根本的性质。

辩证唯物论之所以能够把世界的物质统一性原理坚持到底，首先就在于它对物质做出了以往任何唯物主义哲学所不能做出的科学规定，从而也就能够充分地正确利用科学发展的积极成果对世界的物质统一性做出最有力的论证。因此，理解世界的物质统一性原理的关键，是要从哲学物质概念的历史比较中理解辩证唯物论的物质概念，确立科学的哲学物质观。

二、哲学物质概念的历史发展

哲学的物质概念，是对世界的物质现象做哲学的概括。这种概括所能达到的水平直接地取决于人类理论思维的水平，归根到底取决于实践和科学发展的水平。人类的理论思维、概括能力是历史地发展的，因而哲学范畴（对唯物主义哲学来说首先是物质范畴）也是历史地发展的。

唯物主义哲学经历了三个基本的历史形态：古代的朴素唯

物论，近代的机械唯物论以及马克思主义的辩证唯物论。这些形态更替的首要标志，就是物质概念的历史变化。马克思以前的唯物论哲学，它们的优点和缺点，它们在认识史、哲学史上的进步性和局限性，也都要突出地表现在它们的物质概念上。

古代的朴素唯物论是唯物论哲学的第一个历史形态。它肯定世界的物质性，但把物质归结为某一种或几种具体的物质形态（如金、木、水、火、土、风等），把它看作世界的本原。古代朴素唯物论的最高形式是希腊德谟克利特的原子论（中国古代的元气说与此相类似），它认为世界万物是由不可分割的物质颗粒（原子）和虚空构成的。这种朴素唯物论哲学承认世界的物质性，坚持用物质的原因说明世界，在根本方向上是正确的，但它对物质的解释是简单、肤浅的，所以具有很大的局限性。实际上，这种哲学不可能把唯物主义一元论坚持到底。

近代的机械唯物论是唯物论哲学发展的第二个历史形态。它认为原子是世界的本原，而原子及其属性（如质量不变、广延性、不可分性）都是不变的。这种物质观同古代唯物主义的原子论是不同的。古代原子论是以直观存在物为原型，没有实证科学的根据，带有直观的、猜测的性质；近代机械唯物论的原子论则是以当时的实证科学为根据的。当时自然科学揭示了自然界的各种物质都由不同的元素组成，各种元素的分子又可以进一步分解为原子，原子被认为是最小的物质单位。这种有一定实证科学论证的物质观，克服了古代物质观的直观性、朴素性，是物质观上的一个进步。但是，它仍然具有很大的局限性。它把特定历史条件下关于物质结构的自然科学学说同哲学的物质概念混为一谈，仍然是把某种特殊的物质形态误认为物质的一般，表明这种物质概念的哲学概括水平还是很低的。建立在这种物质概念上的唯物主义哲学，经不起自然科学发展的考验，同样地不能把唯物主义一元论坚持到底，而给唯心主义留下了可乘之隙。

以前的唯物论哲学在探讨世界本质的问题上都做出了自己的贡献，但都未能做出科学的完满的解决。这里包含着丰富和深刻的哲学理论思维的经验教训。其中最重要的教训，就是它们没有弄清哲学的抽象和自然科学的抽象之间的联系和区别，没有找到规定哲学物质范畴的正确角度和方法，没有从世界上最广泛、最基本的两个对立面即物质和意识的关系中去抽象物质的最普遍、最基本的特性。只有马克思主义哲学才运用辩证方法，总结了哲学史的经验教训，吸取了历史上唯物论哲学的积极成果，并克服了它们的局限性，在概括最新科学材料的基础上，确定了唯一正确的哲学物质概念，为把世界物质统一性原理坚持到底确立了最重要的前提。

### 三、辩证唯物论的哲学物质范畴

制定哲学的物质范畴即对世界的物质现象进行哲学的抽象，不同于自然科学的抽象。自然科学是从物质的某一个特定的方面去抽象，哲学则是从总体上概括一切物质现象。恩格斯指出："实物、物质无非是各种实物的总和，而这个概念就是从这一总和中抽象出来的。"①这就指明了制定和把握哲学物质概念的方向，指明了哲学的物质概念是物质一般，是对一切物质现象的最普遍的特性的概括。到 20 世纪初，列宁遵循这个原则，制定出了科学的哲学物质范畴，给物质下了一个科学的定义："物质是标志客观实在的哲学范畴，这种客观实在是人通过感觉感知的，它不依赖于我们的感觉而存在，为我们的感觉所复写、

---

① 恩格斯：《自然辩证法》，《马克思恩格斯选集》第 3 卷，人民出版社 1972 年版，第 556 页。

摄影、反映"①。这个定义指出，独立于人的意识的客观实在性是一切物质现象的最普遍的特性。这就是从物质和意识的关系中给物质下定义，就是对物质所做的一种哲学的规定。

这个物质定义在 20 世纪初制定出来，是有原因的。这个定义的提出，可以说是哲学随着科学的发展而发展的一个突出例子。19 世纪末、20 世纪初，自然科学的发展有了新的重大突破，其中最重要的事实是在物理学上发现了某些元素的放射性现象，这些放射性元素会转化为另一种元素，并进而发现了原子中有电子等更小的微粒，电子的质量会随着它们速度的变化而变化。这样一来，所谓原子的不变性、不可分性以及质量不变等观念从根本上动摇了。这本来是物理学的大发展，是物理学的革命。但是，一些受着形而上学思想支配的物理学家却陷入了悲观失望之中，他们从这些现象中得出"原子非物质化了"的结论，对物理学对象的客观实在性，对物理规律的客观性，都表示怀疑了。这就是所谓"物理学的危机"。这种"危机"显然是由于一些自然科学家缺乏正确的哲学思维，不能理解自然科学新成就的哲学意义而造成的。唯心主义则利用自然科学理论发展中的这种困难而向唯物主义进攻，发出了"物质消失了"，"唯物主义已被驳倒了"的叫喊。这是自然科学发展的转折时期，特别需要正确的哲学去指明方向。这也是哲学经受自然科学检验的关键时期，特别需要对自然科学新成就的哲学意义做出正确的说明。正是在这样的时刻，列宁为了捍卫辩证唯物主义的世界观，总结了自然科学发展的新成果，制定了正确的哲学物质范畴。列宁指出，消失的不是物质，而是人们对物质的认识所达到的界限。物质是不会消失的，因为物质的唯一特性就是

---

① 列宁：《唯物主义和经验批判主义》，《列宁选集》第 2 卷，人民出版社 1972 年版，第 128 页。

它的客观实在性。哲学唯物主义是同承认物质的这个特性分不开的，因此，唯物主义是驳不倒的。

　　列宁制定的辩证唯物论的物质范畴，完全经得起人类实践和科学发展的考验。现代科学对于物质结构、物质特性的认识总是在不断地发展。例如，现在发现了三百多种基本粒子，它们具有和以往人们所认识到的物质客体不同的结构和特征；各种基本粒子都有自己的反粒子，从而设想有由这种反粒子组成的"反物质"；又如，过去只有实物粒子的观念，后来又有了"场"的观念，在所谓"真空"里充斥了各种场，如电磁场、核力场、引力场，等等。科学上的种种新的发现，都不可避免地会引起哲学上的激烈斗争。有些唯心主义哲学家就利用基本粒子新特性的发现，宣扬基本粒子的客观实在性以一种"颇为离奇的方式消失了"。可以看出，这种哲学斗争的性质，同几十年前由当时物理学的革命所引起的斗争是一样的。对于唯心主义的这种进攻，只需结合新的科学事实重申列宁的论断，就可以给予决定性的反驳。列宁说："辩证唯物主义坚决认为，日益发展的人类科学在认识自然界上的这一切里程碑都具有暂时的、相对的、近似的性质。电子和原子一样，也是不可穷尽的；自然界是无限的，而且它无限地存在着。正是绝对地无条件地承认自然界存在于人的意识和感觉之外这一点，才把辩证唯物主义同相对主义的不可知论和唯心主义区别开来。"[①]原子论、电子论、基本粒子理论，都是人类科学在认识自然界上的里程碑，都具有相对性。但是，不论原子、电子、各种基本粒子及其特性，都不依赖于我们的意识而存在，这一点却是绝对的。同样，各种"场"也是不依赖于人的意识的客观存在，起着不依赖于人的意

---

　　① 列宁：《唯物主义和经验批判主义》，《列宁选集》第 2 卷，人民出版社 1972 年版，第 268 页。

识的客观作用。即使是设想中的由反粒子组成的"反物质"，也只能是一种物质状态，也是不依赖于意识的客观实在。所以，自然科学的发展，新的科学事实的不断发现，并没有也不能够推翻辩证唯物论的物质范畴，而恰恰是使这个范畴不断地丰富和深化。

毫无疑问，辩证唯物论的物质范畴还必将随着自然科学的发展而不断地丰富和发展。但是，利用自然科学的新成就去丰富和发展哲学物质范畴的正确方向，就是要正确地解释新的科学事实的客观实在性，而不能离开这个方向。

列宁制定的哲学物质范畴，对于坚持整个辩证唯物主义的世界观具有十分重大的理论意义。

第一，它坚持了彻底的唯物主义一元论，同唯心论、二元论划清了界限。这个范畴从物质和意识的关系中规定物质，指出物质是不依赖于人的意识而独立的客观实在，意识则是物质的"复写、摄影、反映"，物质不依赖于意识，意识却依赖于物质。这就肯定了只有客观实在的物质才是本原的东西，意识则是派生的东西。

第二，它坚持了彻底的唯物主义的世界可知论，同不可知论划清了界限。这个范畴在指出物质独立于人的意识而存在的同时，又指出物质是为人的意识所复写、摄影、反映的。这就肯定了物质世界是可以被人们认识的。

第三，它坚持了辩证法的物质观，同机械唯物论划清了界限。这个范畴从物质和意识的关系这个确定的角度规定物质，就可以从千差万别、千变万化的物质现象中抽象出它的最普遍的特性即不依赖于意识而存在的客观实在性作为物质的根本特性，这就把哲学的物质概念同自然科学关于物质结构、物质具体特性等的概念区别开来了。物质的具体结构、具体特性是无限多样的，是可变的，但它们都具有不依赖于意识的客观实在性则是共同的，不变的。这样的物质概念，就把握住了物质世界的无限多样性的统一。

辩证唯物论的物质范畴不仅具有重大的理论意义，而且具有重大的实践意义，它为我们坚持实事求是、一切从实际出发的根本原则提供了哲学基础。

# 第二节　运动是物质的根本属性

世界是物质的世界，而这个物质世界是处在永恒的运动变化之中的，物质世界无限丰富的多样性正是在它的运动中展现的。只有研究物质运动及其诸方面的问题，才能把握物质世界的无限多样性的统一，才能真正理解世界的物质统一性。

## 一、运动和物质不可分割

运动是物质所固有的属性，是一切物质形态的存在形式；物质是运动的担当者，是一切运动变化的实在基础。脱离运动的物质和脱离物质的运动都是不存在的。

首先，没有脱离运动的物质。从小尺度的微观粒子到大尺度的天体，无不处在运动之中，无不经历生成和灭亡的历史。全部科学证明，不论无机界还是有机界，不论自然界还是人类社会，任何物质形态都以一定的运动形式而存在。离开运动，任何物质形态既不可能存在，也不可能被人们所认识。人们认识物质，就是认识物质的运动形式。物质的属性只有在运动中才能显示出来，也只有运动着的物质才能发出信息，作用于人的感官和仪器而被人们所认识。设想没有运动的物质，是形而上学唯物主义的特征。

同时，也没有脱离物质的运动。一提运动，总得说是什么东西的运动，总得有运动的主体。全部科学证明，一切运动变化的主体都只能是物质的东西。宏观物体是机械运动的主体，分子是热运动的主体，电子和光子是电运动和光运动的主体，生命有机体是生物运动的主体，物质资料生产方式是社会运动的主体。有没有精神的运动？当然有。思维的过程，思想的发展，就是精神的运动。但是，精神的运动是离不开人脑生理过程的基础的，而人脑就是高度严密复杂的物质体系。现代科学在对基本粒子的研究过程中发现了一些新的运动过程、运动特性，这并没有推翻运动只能是物质的运动这个根本原理，而恰恰是进一步证实了这个原理。例如，量子没有静止质量，它始终以光的速度运动着。但是，没有静止质量的运动并非不是物质的运动。没有静止质量的量子只是物质的一种特殊形式，量子运动的过程无疑也是物质运动的过程。可以肯定，科学还必然会发现新的运动过程、新的运动特性，但却永远不可能发现没有物质的运动。设想没有物质的运动，就势必把精神（主观精神或"客观"精神）看作运动的主体，即从物质以外的精神中寻找物质运动的原因，那就是唯心主义。可见，坚持物质和运动不可分的原理，是坚持整个辩证唯物主义世界观的一个必要条件。

二、静止是运动的特殊状态

运动和物质是不可分割的，这说明运动和物质一样是世界的普遍状态，说明运动是绝对的。但是，在物质世界的绝对运动的过程中，个别的物质运动形式，又存在某种静止的状态。在特定条件下物质过程之间的相互关系没有发生变化，或者在特定条件下事物仍然保持它自身的性质不变，这种情形就叫作静止。这种静止状态是相对的。所谓物质过程之间的相互关系没有变化，只是某个事物同特定的物质过程之间的关系没有变化，不是一切关系都不变化。一张桌子放在那里不动，只是就它对于地球的相对位置即相对于这特定的参考系来说没有变化，但它相对于其他的物质过程即其他的参考系来说却仍然处在运动变化之中。这时，这张桌子还同地球一起在绕着地轴旋转并一起在遨游太空。同时，它只是对于地球的相对位置来说没有进行位置移动的机械运动，却还在进行其他形式的运动，如木材腐化的化学运动等，而且在它的内部也还包含着机械的运动。同样，所谓事物保持它自身的性质不变，也只是就某个事物还没有变成别的事物这点上说，它处于一种静止的状态或稳定的状态，但它自身仍在进行种种形式的运动。例如，一个社会形态灭亡以前，就它还没有被新的社会形态所代替来说，它处在静止状态即稳定状态，但这个社会的生产力、生产关系、上层建筑各方面总在变化，这个社会的阶级关系总在发生这样那样的变动。任何事物，由于它内部的这种不停的运动，总有一天要发生性质的变化，要变成别的事物。可见，静止总是有条件的、相对的。

　　运动和静止是不可分割的。任何过程都体现着绝对运动和相对静止的统一。静止不过是指物质的个别运动形式的稳定性。尽管它在特定条件下保持着稳定性，但它总是一种运动形式。只是就这种运动形式还没有向其他运动形式转化、还没有为其他运动形式所代替来说，以这种运动形式存在的物质形态处于稳定状态或静止状态。所以，静止不过是一种特殊的运动。静止只是对运动的一种限制，它本身正是一种"有限制的运动结果"①。我们必须从运动和静止的统一中把握物质世界的运动发展。离开运动讲静止，把静止状态绝对化，是形而上学的不变论；离开静止讲运动，把运动状态绝对化，是相对主义和诡辩论的一个重要特征。（这里请注意：把运动状态绝对化和承认运动的绝对性不是一回事。辩证法承认事物发展过程有绝对的一面但反对任何一种绝对化，例如后面将要遇到的，辩证法承认矛盾斗争的绝对性又反对把斗争绝对化，承认真理的绝对性又反对把任何一种真理绝对化，等等。所谓"绝对化"就是片面化，就是把事物发展过程的某一个方面推向绝对，推向极端。）

承认绝对的运动是十分重要的，这从运动和物质的关系中已经充分地说明了。同样，承认相对的静止也是十分重要的。首先，不理解静止，就不能真正理解运动。否认相对静止，否认事物的质的相对稳定性，就无法区分事物，就根本说不清是什么东西在运动，当然也就无法把握运动。其次，否认相对静止，就不可能理解物质的多样性。物质的多样性固然是由物质的永恒的运动而产生的，却只有在各种物质形态的相对静止中才能显示出来。没有相对静止的状态，就没有物质的分化，世界只是混沌一团，谈不上什么世界的物质统一性。

这个运动和静止、绝对和相对的关系问题，是唯物辩证法学说的极其重要的问题。我们在后面将要深入研究的辩证法的三大基本规律及许多重要范畴，都是要加深对这个重要问题的理解。

## 三、物质运动有它自己的规律性

物质世界由于它的绝对运动和相对静止的统一而产生出并

---

① 恩格斯：《反杜林论》，《马克思恩格斯选集》第3卷，人民出版社1972年版，第101页。

显示出它的无限的多样性。但是，物质世界的无限的多样性并不意味着杂乱无章，而是有它自身所固有的运动规律的。认识物质的运动，最根本的就正是认识物质运动的规律性。

关于规律，唯物辩证法的经典著作家们有过许多表述。恩格斯说："自然界中的普遍性的形式就是规律。"①列宁说："规律就是关系"，是"本质的关系或本质之间的关系"②，又说："规律是现象中同一的东西"，"规律是现象中巩固的（保存着的）东西"。③根据这些论述，可以说，规律是事物发展中的本质的、必然的、稳定的联系。规律是事物的本质联系，就是列宁说的"本质关系或本质之间的关系"，它作为支配事物现象的内在的方面，体现着事物及其发展过程的根本性质。规律是事物的本质联系，也就是事物的必然联系，体现着事物发展过程中必定如此、确定不移的基本趋势，所以它和必然性是同等程度的概念。规律是事物的本质的联系，也就是事物的稳定的联系。所谓本质、本质关系或本质之间的关系，都是千差万别的现象中的共同的东西，是千变万化的现象中相对平静、相对稳定的东西。本质联系、必然联系、稳定联系等表述的意思是一致的，都说明规律是事物的一种内部联系，是事物现象中本质的、必然的、普遍的、稳定的东西，而不是事物现象中非本质的、偶然的、个别的、变动不居的方面，因而它体现事物发展的基本趋势、基本秩序。

规律是事物的一种内部联系，它也就是事物本身所固有的联系，是独立于人们的意识而存在的东西。人们不能创造和消

---

① 恩格斯：《自然辩证法》，《马克思恩格斯选集》第 3 卷，人民出版社 1972 年版，第 554 页。

② 列宁：《黑格尔〈逻辑学〉一书摘要》，《列宁全集》第 38 卷，人民出版社 1959 年版，第 161 页。

③ 列宁：《黑格尔〈逻辑学〉一书摘要》，《列宁全集》第 38 卷，人民出版社 1959 年版，第 159 页，第 158 页。

灭物质，只能改变物质的存在形态，当然也就不能创造和消灭物质运动的规律，而只能认识规律和利用规律，只能改变规律发生作用的形式和结果。

承认不承认规律为物质运动本身所固有，即承认不承认规律的客观性，是唯物论和唯心论互相斗争的重大问题。唯物主义肯定世界的物质性，肯定物质世界的客观实在性，就必然承认物质运动规律的客观性。唯心主义否认世界的物质性，也就同时否认了物质运动规律的客观性。客观唯心主义把事物的规律性说成由某种超自然的神秘力量所赋予的，主观唯心主义则把规律说成是人的意识的产物。

承认不承认、尊重不尊重客观规律，不仅在哲学理论上历来是、至今仍然是唯物论和唯心论互相斗争的大问题，而且在实际工作中也具有极其重要的意义。所谓认识世界，就是认识各种事物的规律性；所谓改造世界，就是以对事物的规律性的认识作指导去变革事物。我们的一切实际工作是顺利还是不顺利，是成功还是失败，从认识上说，其分界就在于我们的思想和行动是否符合客观事物的规律性。尊重客观规律，是辩证唯物论世界观的根本要求，是从辩证唯物论关于世界的物质统一性原理中引出的最重要的实际结论。

## 第三节　时间和空间是运动着的物质的存在形式

世界就是运动着的物质或物质的运动，而物质的运动又只有在时间和空间中才能进行。因此，时空理论也是世界物质统一性原理的不可缺少的组成部分。树立正确的时空观，不论在哲学上和科学上，在理论上和实践上都有着重要的意义。

## 一、时间空间和运动着的物质不可分割

任何事物的存在和发展都要占有一定的空间，经历一定的时间。一切物质形态，都要以时间和空间作为自己运动的存在形式。

时间是物质运动的顺序性、间隔性、持续性。事物和过程一个接着一个发生，有其依次出现的顺序，就是顺序性；事物或过程之间间隔的长短，就是间隔性；事物存在和运动过程持续的久暂，就是持续性。时间的特点是它的一维性。所谓时间的一维性，就是一个物质过程或事件的时间是用一个数值来确定的。因为时间是一维的，所以它是不可逆的。时间一维性的实质内容就是事物的发展过程不会绝对重复。所谓"机不可失，时不再来"，就是讲的时间的一维性。正是因为作为物质运动存在形式的时间是一维的，才有历史。

空间是运动着的物质的伸张性、广延性，如事物的位置、体积或规模、形状、排列次序或组合形式，等等。空间的特点是它的三维性。所谓三维性，就是通过空间的任何一点都可以也只能引出三条互相垂直的直线，通俗地说，就是任何物体都具有长度、宽度和高度的广延性，任何物体和其他物体之间的位置关系都只能是前后、左右、上下。现实的空间都必须是三维的，也只能是三维的。在数学和理论物理学中还使用"多维空间"的概念，这是科学上运用的一种抽象，这里的"多维"不一定是指广延性，而可以是一些互相联系的其他特性，这些特性的相互关系类似于三维空间各因素的相互关系，所以是"类似空间"，不是现实的空间。

时间空间和物质运动是不可分割的。离开物质运动的时间

空间和没有时间空间的物质运动都是不可能存在的。

首先，时间空间离不开物质的运动。时间空间只是形式，它总是以物质运动为内容的。如果说什么事情都没有发生过，那就是没有经历时间，就是没有这种现实的时间。如果说某个地方什么东西都没有，那就是根本没有这么个地方，就是没有这种现实的空间。所以，恩格斯说："物质的这两种存在形式离开了物质，当然都是无，都是只在我们头脑中存在的空洞的观念、抽象。"[1]从时间空间的量度也可以说明时间空间离不开物质的运动。时间就是以物质在空间中的运动来量度的，例如地球绕太阳公转一周是一年，地球绕地轴自转一周是一天；空间则是以物质在时间中的运动来量度的，例如天体之间的距离用光年来计算，微观世界内的极小的长度用电磁波等物质波的运动来测定。可见，离开物质的运动，时间和空间都是不可思议的。

同时，物质的运动也离不开时间和空间。物质的运动不能没有时间和空间的形式。如果说某个东西过去没有、现在没有、将来也不会有，那就是不存在于任何时间中的东西，也就是根本不存在的东西。不存在于时间中的东西，就是以无限大的速度运动的东西。科学证明，具有无限大速度的物质运动是不存在的。目前，物理学认为最大的速度是真空中的光速，每秒钟运行约三十万公里，也就是每运行一公里需要约三十万分之一秒，也还是要经历时间。任何事物都有它产生和灭亡的历史，即都是时间中的存在物。不存在于任何空间的东西，就是既不在这里也不在那里，不存在于任何地方的东西，这当然也就是根本不存在的东西。科学同样证明，不需要任何空间的东西是

---

[1] 恩格斯：《自然辩证法》，《马克思恩格斯选集》第 3 卷，人民出版社 1972 年版，第 556 页。

没有的，任何极微小的粒子也有位置和体积。

　　肯定了时间空间和物质运动不可分，也就肯定了时间空间的客观实在性。唯心主义正是从否认物质运动的客观实在性出发，否认时间空间的客观性，把时间空间看成观念、意识的产物。黑格尔的客观唯心主义认为时空是"绝对观念"发展到一定阶段的产物，并且是先有空间后有时间。康德的主观唯心主义把时空看成人类感性直观中的先天形式，是人通过这种先天形式去感知事物才给了事物以时间性和空间性。主观唯心主义者马赫也持类似的观点，认为时空只是人用来整理认识材料的工具。这种唯心主义的时空观是与人类生活的经验和科学发展的事实相违背的。列宁说："在人和人的经验出现以前，自然界就存在于以百万年计算的时间中，这一点就证明这种唯心主义理论是荒谬的。"①

　　总之，时间空间是运动着的物质的存在形式，它同物质运动一样是客观实在的，用这种时空观点指导我们的实际工作，就应当重视事物发展的时间条件和空间条件。不同的时间和空间具有不同的物质运动的内容，要做到从实际情况出发，就必须遵循一切以时间和地点为转移的原则。

　　二、时间空间的绝对性和相对性

　　时间空间同物质运动是不可分离的，没有不存在于时空中的物质运动，没有超时空的存在，因此，和物质运动一样，时空的存在是绝对的。但是，时间空间的具体形态、具体特性却是可变的，是随着物质运动状态的变化而变化的，因而是相对的。绝对性和相对性是时空的内在的矛盾性。坚持时空的绝对

---

　　① 列宁：《唯物主义和经验批判主义》，《列宁选集》第 2 卷，人民出版社 1972 年版，第 179 页。

性，即承认时空是物质运动自身的普遍的存在形式，就同唯心主义时空观划清了界限。承认时空的相对性，即承认时空具体形态和具体特性的可变性，就同机械论的时空观划清了界限。

牛顿经典力学的绝对时空观是机械论时空观的典型代表。牛顿的所谓"绝对时间"，就是把时间看成同物质运动无关的绝对均匀流逝的纯粹的持续性，时间就像川流不息的河流，发生什么事情也好，不发生什么事情也好，发生这样的事情也好，发生那样的事情也好，它总是均匀地流逝着。牛顿的所谓"绝对空间"，就是把空间看成脱离物质运动的绝对空虚的空框框，空间就像空箱子，不管有没有东西去占有，不管是什么东西去占有，它都是不变的。一句话，时间空间同物质运动是无关的，时间和空间相互之间也是无关的。这种时空观念同普通人们的常识是一致的，因为人们日常生活中观察的是宏观低速运动，物质运动对时空特性的影响极不明显，以至可以忽略。现代科学发展到研究接近于光速的高速运动，研究大数值能量的物理过程，物质运动对时空特性的影响比较明显，因而机械的绝对时空观已不能解释新的科学事实了。

对于改正旧的绝对时空观、证实辩证唯物主义时空观具有重大意义的是爱因斯坦的相对论。爱因斯坦的狭义相对论证明，不同地点发生的两个事件的"同时性"是相对的，它们对于一个物质体系（参考系）例如地球来说是同时的，而对另一个物质体系（参考系）例如高速火箭来说则是不同时的。狭义相对论还证明了空间广延大小和时间间隔快慢的相对性。在接近光速的高速运动的时候，物体沿着运动方向的长度会随着速度的加快而缩短，在它上面进行的过程会变缓即时间要延长。爱因斯坦的广义相对论通过对引力场的研究进一步揭示了时空特性同物质运动的紧密联系。就我们这里所论述的角度说，从爱因斯坦的相对论至少可以在时空观上引出以下两点最重要的哲学结论：第一，时空的具体特性是随着物质运动状态的变化而变化的，这就进一步证明了时间空间同物质运动不可分离；第二，时空的特性是可变的，人们的时空观念也是可变的，但时空特性和时空观念的可变性不能否定时空的客观实在性，被科学发展所揭示的新的事实推倒的是形而上学的机械时空观，而证实的却是辩证唯物论的时空观。

三、时间空间的无限性

就具体的事物来说，在时间上和空间上都是有限的。任何事物总有它产生、发展和灭亡的历史，就是说，它只是经历或长或短的有限的时间；任何事物总有它或大或小的体积或规模，就是说，它只是占有一定的有限的空间。但就整个宇宙来说，不论在时间上和空间上都是无限的。从时间来说，它无始无终；从空间来说，它无边无际。辩证唯物论关于宇宙在时间空间上的无限性的论点同科学发展的事实是相符合的。

时空的无限性同物质和运动的无限性是一致的。既然物质和运动是不能创造和消灭的，是永恒的、无限的，那么，作为物质运动的根本形式的时间空间也是不能创造和消灭的，是永恒的、无限的。相反，唯心主义哲学宣扬时空有限论，也正是为了论证物质和运动可以被创造和消灭，为时间以外、空间以外的"天国"争地盘。所以，肯定宇宙在时间空间上的无限性，是坚持世界物质统一性原理的必要条件。

无限性和有限性同样是时空的内在的矛盾性，它们是对立的统一。只有从有限和无限的辩证统一中，才能真正理解时空的无限性。无限离不开有限，有限也离不开无限。无限是由无数的有限构成的，有限中就包含着无限。任何具体事物都是有限的，即都是有它存在的界限的，但由于它的运动、转化的本性，必然要突破自己的界限。事物不断地突破自己的界限，也就是由有限趋向于无限。黑格尔说："使有限转化为无限的不是外在的力量，而是它（有限）的本性。"列宁认为，黑格尔这个思想说明了"事物本身、自然界本身、事件进程本身的辩证法"。①所以，所谓时间无限性的物质内容就是物质世界是一个永恒的运动发展过程，它从来没有固定的界限，也永远不会有固定的界限；所谓空间无限性的物质内容就是物质世界的质的多样性是无限地展开的，物质运动中由一种质向另一种质的转化是没有固定界限的；而物质世界的永恒运动和它的质的多样性的无限展开是一致的，这说明物质世界在时间上的无限性和在空间上的无限性是一致的。

## 第四节　辩证唯物论对世界物质统一性的论证

恩格斯指出："世界的真正的统一性是在于它的物质性，而这种物质性不是魔术师的三两句话所能证明的，而是由哲学和自然科学的长期的和持续的发展来证明的。"②辩证唯物论哲学关于世界的物质统一性原理，不论从科学上还是从哲学上都得到了最有力的论证。

### 一、世界物质统一性的科学证明

所谓世界物质统一性的科学证明，就是用科学发展特别是

---

① 列宁：《黑格尔〈逻辑学〉一书摘要》，《列宁全集》第 38 卷，人民出版社 1959 年版，第 114 页。

② 恩格斯：《反杜林论》，《马克思恩格斯选集》第 3 卷，人民出版社 1972 年版，第 83 页。

自然科学发展所揭示的系统事实证明下列两点：第一，不存在独立于物质世界的精神世界；第二，这个物质世界所发生的一切过程都是由物质的原因所引起的，并且各个过程是互相联系的，是统一的。

在一个长时期里，神学唯心主义利用人们对于宇宙天体缺乏科学的认识这一点，宣扬有两个世界，地面的世界和天上的世界即神的世界，并且总是天上的世界支配地面的世界，总是所谓"天国"支配人间，从而否认世界的物质统一性。因此，对于天体认识的科学对论证世界的物质统一性具有关键的意义。近代和现代关于天体演化和关于物质构造的科学，证明了根本不存在不同于地面世界的神秘的"天国"。最早冲击这种神学唯心主义世界观的是哥白尼的太阳中心说。哥白尼的太阳中心说和开普勒的行星运动定律说明，我们生活的地球和金星、木星、水星、火星、土星等一样，也是围绕太阳运动的行星。后来，运用光谱分析的方法，发现了其他天体和地球是由同样的化学元素构成的。天体物理学的发展又揭示了其他天体是和地球遵循着同样的物理运动规律。太阳就是一个巨大的热核反应堆。用高能加速器产生的基本粒子同遥远天体的宇宙射线带来的基本粒子是一样的。这一系列的科学事实，一次又一次地打破了神秘的"天国世界"的观念，论证了世界的物质统一性。

在一个长时期里，由于实践水平、科学水平的低下，人们对于许多领域缺乏科学的认识，常常不得不用虚构的联系代替客观过程本身的联系，这就不可避免地导致神学目的论之类的唯心论。近代和现代，各门科学纷纷建立起来并获得了迅速的发展，人们对于物质运动各种形式的认识越来越深入。科学的发展证明世界一切过程都是由物质的原因所引起并遵循它本身固有规律的客观物质过程。能量守恒和转化定律证明，物质运动不能创造也不能消灭，只能由一种形式转化为另一种形式，证明物质世界的各种运动形式是相互联系的、统一的。化学的发展证明，有机物和无机物是统一的，不仅有机物可以转化为无机物，而且无机物也可以转化为有机物。现代生物学进一步证明，生命现象并不神秘，用不着某种神秘的"生命力"去解释。生命只是物质世界发展的一定阶段的现象，作为生命的物质基础的蛋白体，包括蛋白质和核酸等生物大分子，它们的化学成分就是组成普通无机物的那些化学元素。达尔文的进化论及其以后的发展说明，现在的复杂的生物界，是由最初的少数原生生物通过遗传和变异的矛盾运动，由于适者生存、自然淘汰这种"自然选择"而逐渐形成的。人也不是上帝的"宠儿"，而是由类人猿进化而来的。自然界的各种植物、动物，它们相互之间以及和它们的环境之间建立起那么和谐的适应，无须用"全智全能的上帝"去解释，这完全是生物在长期的适应环境的过程中，即在生物和环境的相互作用的过程中形成的。社会科学证明，人类社会的发展也是一个归根到底由生产力的发展这种物质力量所决定的客观物质过程。

恩格斯说要由科学的"长期的持续的发展来证明"，这显然不是说现在的科学事实还不能证明世界的物质统一性，而是说，科学还要持续地发展下去，科学对世界物质统一性的证明也就要持续下去。世界的物质统一性原理是对于世界的无限性的认识，这就决定了对它的证明必须是持续的，是无限地持续的。

二、世界物质统一性的哲学证明

世界的物质统一性命题是对于永恒的、无限的东西的认识。对于这样一个命题，单纯自然科学的证明是不够的，因为即使把科学史的事实做了详尽无遗的罗列，也还是不能穷尽一切领域，也还是一种有限的证明。要论证无限的东西，就必须运用理论思维的力量、逻辑的力量，对有限的东西进行概括，从有限中发现无限，说明无限，这就是哲学的证明。

在哲学史上，各派唯物论哲学都在自己的历史水平上对世界的物质统一性做过某种哲学的论证，但它们的论证是远远不够的，并且常常是不正确的。例如，它们把世界的物质统一性看成统一于物质的某种具体形态或层次，这本身就是缺乏哲学论证的表现。只有辩证唯物论哲学才对这个命题做出了正确有力的哲学论证。

辩证唯物论对于世界物质统一性的哲学论证，主要是从以下两个方面进行的。

第一，对具体科学的成果做出正确的哲学概括。

所谓哲学证明不能归结为单纯的逻辑推理，它是要依据于实践和科学发展的事实材料的，只是它不限于具体的科学材料，而是对科学材料做出正确的理论概括，指明具体科学成果的哲学意义。这样，才能对世界物质统一性做出哲学的论证。例如，原子内部结构的新发现，与传统的机械论的物质观念不符合了；"场"的发现，与实物粒子的物质观念不符合了；这些科学上的新发现本来是对于世界物质性的新的证明，但如果不对它们进行哲学的概括或者概括得不正确，就不但不能论证世界的物质性，而且可能得出相反的结论。

各门具体科学，例如天文学、物理学、化学、生物学等，都只是从各自的角度证明了不存在不依赖于物质的神秘的东西，只是在一个个特殊的、有限的领域里证实了世界的物质性。论证世界的物质统一性命题是要从总体上论证世界的物质性，这就不仅要指明这些具体科学成果的哲学意义，而且要把各门具体科学的成果联系起来。同时，也只有把已经取得的各门具体科学的成果联系起来，才能真正揭示每一门具体科学成果的哲学意义，因为哲学的认识是对于世界的普遍本质的认识，单独地从任何一门具体科学都是达不到这种认识的。显然，要能够把各门具体科学的成果联系起来并指明它们的哲学意义，就不能不运用理论思维的力量。"没有理论思维，就会连两件自然的事实也联系不起来，或者连二者之间所存在的联系都无法了解。"①但把各门具体科学联系起来，并不是把它们罗列起来。辩证法讲无限不是有限的机械相加，因而论证无限的东西也不能采取无限地罗列有限的方法，而是要对有限的材料进行理论的概括，从个别中发现一般，从有限中发现无限。这样，才能从有限的材料出发，对无限的东西做出论证。显然，这样的论证，如果没有理论思维，没有辩证法，是绝对不行的。

第二，利用哲学发展的积极成果进行广泛的哲学论证。

世界的物质统一性命题是一个最根本的哲学命题，是一个综合性的命题。因此，对这个命题的论证也应当是综合的，而不能是单一的，即是说，应当同时论证一系列有关的哲学命题。例如，论证物质和运动的不可分割的联系，各种物质运动形式的相互联系和转化以及运动的永恒性；论证物质运动同时间空间的不可分割的联系以及时间空间的客观实在性和无限性；论证意识对于物质的绝对依赖性；论证社会生活的客观实在性；等等。这些，都属于对世界物质统一性命题的哲学论证。

同时，运用哲学发展的积极成果，揭露否认世界物质统一性的唯心论和二元论观点的荒谬性，也是对于世界物质统一性的一种哲学的论证。

对于世界物质统一性的哲学证明，也同对于它的科学证明

---

① 恩格斯：《自然辩证法》，《马克思恩格斯选集》第 3 卷，人民出版社 1972 年版，第 482 页。

一样，应当是持续的。实践和科学在发展，哲学也要随着发展。人类总是在不断地揭示新的物质现象，不断地从新的方面揭示各种物质现象的联系和统一。对于任何一种科学发现，都要求做出正确的哲学说明，否则，随时都有可能动摇世界物质统一性的命题。恩格斯说："甚至随着自然科学领域中每一个划时代的发现，唯物主义也必然要改变自己的形式。"①这首先就包括改变对于世界物质统一性命题的论证方式。我们不论在科学上还是在哲学上，永远都不能满足于已经做出的论证。

---

① 恩格斯：《路德维希·费尔巴哈和德国古典哲学的终结》，《马克思恩格斯选集》第 4 卷，人民出版社 1972 年版，第 224 页。

# 第二章　意识的起源、本质和作用

前一章对世界的物质统一性做了多方面的说明和论证，这种说明和论证还不能算是充分的。只有进一步说明意识现象，从意识的起源、本质和作用诸方面阐明意识对于物质的依赖性，才算对于世界的物质统一性做出了充分的说明和论证。这一章和前一章，都是从各自的侧面阐明物质和意识的关系，直接回答哲学的基本问题。

## 第一节　意识是物质高度发展的产物

物质没有所谓起源的问题，它是无始无终的、永恒的，而意识却有个起源的问题，它是物质发展的一定阶段的产物。物质不是精神的产物，而精神却只是物质的最高产物。就是说，意识的产生经历了由低级到高级的漫长的发展过程。

地球上物质的发展经历了几个决定性的转折：由无机界到有机界，由低级生物到高级动物，由一般动物到人类社会。与此相适应，物质的反映形式也经历了几个大的发展阶段：由一切物质所具有的反应特性到生命物质的反映形式，生命物质的反映又有由低等生物的刺激感应性到高等生物的感觉、由动物感觉到人类意识的变化。

列宁说："假定一切物质都具有在本质上跟感觉相近的特性、反映的特性，这是合乎逻辑的。"[①]宇宙万物之间是相互联系、相互作用的，有相互作用就有相互反映，所以说一切物质都具有反映的特性是合乎逻辑的。人类意识就是由一切物质所具有的反映特性逐步发展而来的。

无生命物质的反映形式，是物体以改变自身的存在（改变自身的存在状态或变为他物）去反映外界事物对它的作用。例如，物体以自己位置的变化和运动速度的变化去反映外界机械力对它的作用，石头以自己的风化去反映空气、阳光和水分对它的作用，等等。

生命物质的反映形式，是自身与外界交换质量和能量，不断新陈代谢，以维持自身的存在。生物由低级向高级进化，它们与周围环境的关系也由简单到复杂，从而生物的反映形式也就由植物和原生动物的刺激感应性进化到动物的感觉再进化到高级动物的心理活动。

从一切物质所具有的反映特性发展到高级动物的心理活动，只是人类意识发生的前史。动物心理同人类意识有着本质的区别。人类意识的产生还需经过一个决定性的质的大飞跃。

意识现象是人类所特有的。出现了人，才有人类意识。由动物心理向人类意识发展的过程也就是由动物向人类转变的过程。在这个过程中起着决定作用的是劳动。劳动也是人与周围自然界的物质变换过程，但它同其他动物所进行的物质交换过程根本不同，人不是消极地适应环境，而是能动地改变环境以适应自己生存的需要。人类劳动是有目的的活动即有意识支配的活动，人类也正是在这种活动中形成了自己的意识。以概念

---

[①] 列宁：《唯物主义和经验批判主义》，《列宁选集》第 2 卷，人民出版社 1972 年版，第 89 页。

思维为特点的人类意识离不开语言,语言也是在劳动中产生的。

劳动在意识产生过程中的决定作用，大致可以归纳为以下几个方面。

第一，劳动的需要推动着动物心理向人类意识发展。劳动是一种改造世界的活动，它要改变自然物的形态以适应人的需要。在劳动过程中，人逐渐摆脱动物的本能活动的形式而不断增强活动的目的性，这就是有对于事物发展趋势的某种预见性，因此，从事劳动这种活动就要求在一定程度上反映事物的内部联系即规律性。这是动物心理所达不到的，因为动物心理只是以具体的感性直观的形式去反映事物的外部现象，它必然向着以概念思维为特点的人类意识发展。

第二，劳动创造了人类意识的特殊物质器官——人脑。一定的反映形式、反映能力，是同一定的反映器官相联系的。人类意识这种特殊的反映形式需要有特殊的反映器官，这就是人脑。人脑也是劳动的产物。"首先是劳动，然后是语言和劳动一起，成了两个最主要的推动力，在它们的影响下，猿的脑髓就逐渐地变成人的脑髓。"[①]

第三，劳动为人类意识提供丰富的内容。动物心理是贫乏的，人类意识则丰富得不可比拟了。人类意识既然是抽象思维那就要有可供抽象和概括的东西：人类意识活动的丰富内容正是由劳动所提供的。"随着手的发展、随着劳动而开始的人对自然的统治，在每一个新的进展中扩大了人的眼界。他们在自然对象中不断地发现新的、以往所不知道的属性。"[②]显然，没有劳动提供意识活动的丰富内容，意识是不可能产生的。

---

① 恩格斯：《自然辩证法》，《马克思恩格斯选集》第 3 卷，人民出版社 1972 年版，第 512。

② 恩格斯：《自然辩证法》，《马克思恩格斯选集》第 3 卷，人民出版社 1972 年版，第 510 页。

第四，劳动锻炼并提高了人类意识反映的能力。人类意识反映的能力，不论感觉能力还是思维能力，都是在劳动实践的基础上获得和发展的。

总之，没有劳动，就没有人，也就没有人类意识。而劳动是人们协同动作，同自然界做斗争，它一开始就是社会的活动。因此，"意识一开始就是社会的产物，而且只要人们还存在着，它就仍然是这种产物"①。就是说，意识不只是由纯粹生物学的过程形成的，而同时是由以劳动为基础的社会过程形成的。

从意识的起源，清楚地说明了意识对物质的依赖性。意识的产生，是物质世界本身在自己的发展过程中一步一步地为它准备了条件，因此，不能从物质世界以外去追寻意识的起源。

# 第二节　意识是存在的反映

坚持彻底的唯物主义一元论，不仅要从哲学上对物质做出本质的规定，而且要对意识做出本质的规定。从哲学上即从物质和意识的关系上规定意识的本质，就在于肯定意识是人脑对客观存在的反映。

## 一、意识是人脑的机能

为了弄清意识反映存在的过程，首先必须了解意识过程的生理机制。

意识的器官是人脑这种高度严密复杂的物质体系。意识过程是心理过程，它是以人脑进行的生理过程为基础的，而生理

---

① 马克思和恩格斯：《费尔巴哈》，《马克思恩格斯选集》第1卷，人民出版社1972年版，第35页。

过程是一种物质过程。心理过程对于生理过程的依赖，是表现意识依赖于物质的一个方面。

在一个长时期里，人类不了解自己意识现象的生理机制，这种科学上的困难一直被唯心主义和宗教神学所利用。首先解开意识活动之谜的，是巴甫洛夫的条件反射理论。巴甫洛夫的研究说明，动物和周围环境之间的相互作用是通过反射活动进行的。反射分为条件反射和无条件反射。无条件反射是天生的，是由遗传而来的本能活动。条件反射则是后天的，是由后天活动的经验而建立的。接受外部的具体实物的刺激所引起的条件反射，叫作第一信号系统，人以外的动物都只具有这个信号系统。由动物进化到人，人的实践活动是有目的地改造周围世界的活动，他所需要反映的内容比之其他动物丰富得不可比拟，因而单有第一信号系统远远不够了，于是又出现第二信号系统，即信号的信号——语言。在第一信号系统基础上的反映只是感性的反映，在第二信号系统基础上的反映则是抽象概括即理性的反映了。人的意识活动就是在第一信号系统和第二信号系统基础上进行的思维活动。

## 二、意识是客观世界的主观映象

人脑只是意识的器官，它好比是生产意识产品的"加工厂"。意识的产生还需要有"原材料"。它的"原材料"只能来源于客观物质世界。这是表现意识依赖于物质的又一个重要方面。

马克思说："观念的东西不外是移入人的头脑并在人的头脑中改造过的物质的东西而已。"①列宁说："感觉是客观世界、

---

① 马克思：《〈资本论〉第一卷第二版跋》，《马克思恩格斯选集》第 2 卷，人民出版社 1972 年版，第 217 页。

即世界自身的主观映象。"①马克思和列宁说的都是意识是客观存在的反映，是客观世界的主观映象。

意识是客观世界的主观映象这个命题最准确地表述了意识的本质。意识无疑是一种主观映象，属于主观的范畴。就是说，就意识的形式来讲，是主观的。不论意识的感性形式还是意识的理性形式都是主观的，客观世界无所谓感性或理性。但是，任何意识都总是客观世界的主观映象。就是说，意识的内容都是客观的。感性形式所反映的内容是客观事物的外部现象，理性形式所反映的内容是客观事物的内在本质。正因为意识的形式是主观的，所以意识对客观事物的反映只能是近似的反映，有时甚至是歪曲的反映。然而，任何一种反映，尽管是近似的甚至是歪曲的反映，都总是对于客观世界的反映；任何一种意识，即使是最荒唐的意识，都总是有它的客观原型。否认意识形式的主观性或否认意识内容的客观性，都会导致对于意识本质的歪曲理解。否认意识形式的主观性，把意识看成同物质一样，是庸俗唯物论的观点；否认意识内容的客观性，把意识看成主观自生的东西，则是唯心论的观点。

三、意识和思维模拟

理解意识的本质，还需要正确地认识意识和思维模拟的关系。随着科学技术的发展，人的智能活动包括思维活动可以部分地用机器去模拟。在这种情况下，有人认为机器可以完全代替人脑甚至超过人脑。因此，如何看待思维模拟的问题就成了辩证唯物论哲学在说明意识的本质时不可回避的重要问题。

智能模拟是同控制论的创立和发展分不开的。控制论就是

---

① 列宁：《唯物主义和经验批判主义》，《列宁选集》第 2 卷，人民出版社 1972年版，第 117 页。

把动物和机器的某些控制机制加以类比，找出它们共同的特点和规律。控制论的研究指明，动物（包括人）和机器在控制机制上的共同特点就是信息变换和反馈。正因为人和机器、意识过程和一般信息过程有某些相似，才可以用机器去模拟智能活动、思维活动。但相似不是等同，所以又只能是模拟，而不能完全代替。

机器之所以不能完全代替人脑，其主要理由有以下几个方面。

第一，智能模拟即人工智能只是人类智能的物化，并且只是一部分智能活动可以物化。思维活动中的信息只有被形式化、符号化才能为电子计算机所接受，这对于许多不能化为精确数量的信息是办不到的。

第二，既然是机器模拟思维，那就是机械地进行的，而人的思维过程则是一个有目的的创造性的认识过程。机器不可能提出任何一个新问题，人类思维则由于它的创造的本性，总是不断地提出新的问题，并自觉地寻求对于问题的解答。这就是说，机器模拟思维是被动的，人类思维是能动的。因此，机器模拟思维并不是脑力劳动，它不能代替脑力劳动，而只能是人类脑力劳动过程中所运用的物质手段。

第三，更重要的是，人类思维不仅是自然的产物，而且是社会的产物。虽然可以说人脑也是一部结构极其复杂的"机器"，但是人类的思维能力却不能仅仅从这部"机器"的复杂的生理结构去说明，因为它是人类在长期的历史的实践中经过训练而获得的。即使退一步说，科学技术发展到可以完全地复制出人脑这部机器，那也还是不行的。不用说电脑，就是真正的人脑，如果没有社会生活的训练也不能思维。著名的狼孩的例子就很好地说明了这一点。

机器模拟思维这个科学技术上的新事实进一步说明，意识只能是人脑的机能，只能是人脑对客观存在的反映，是只有社会的人才能具有的。

# 第三节　意识的能动作用

意识的作用问题，也是物质和意识关系问题的一个重要方面。这个问题，在近现代哲学史上一直是唯物论和唯心论斗争的重大问题，在现实生活中也是思想领域里最值得注意的问题之一。

## 一、辩证唯物论在意识作用问题上的基本理论立场

辩证唯物论哲学对于物质的意识相互关系的理解既是唯物的又是辩证的。它肯定物质决定意识，又承认意识具有能动性，承认意识对物质的反映和作用都是能动的。肯定物质决定意识，就是肯定意识对物质的依赖性；肯定意识的能动性，就是肯定意识对于物质又具有一定的独立性。意识是由物质派生的，是对物质的反映，意识作用的发挥也受着物质世界的客观规律和客观条件的制约，因而意识对物质的依赖性是绝对的。意识的独立性是在物质决定意识这个前提下的独立性，因而意识对物质的独立性是相对的。坚持意识对于物质的绝对的依赖性和相对的独立性的统一，就是辩证唯物论哲学在意识作用问题上的基本理论立场。

从这个基本理论立场出发，辩证唯物论在意识的作用问题上，既反对机械决定论，又反对唯心论。机械决定论是机械地看待物质决定意识的原则，只讲物质对意识的决定作用，否认

意识的相对独立性，抹杀意识对物质的能动的反作用。唯心论则在否认意识对于物质的依赖性的前提下去讲意识的独立性，把意识的独立性说成绝对的，从而抽象地发展意识的能动性。所谓抽象地发展，就是片面地发展，就是脱离物质对意识的决定作用而片面地夸大意识的作用。这两种错误理论都歪曲了物质和意识的关系。

## 二、意识能动性的表现

毛泽东在《论持久战》里说，"一切事情是要人做的"，"做就必须先有人根据客观事实，引出思想、道理、意见，提出计划、方针、政策、战略、战术，方能做得好。思想等等是主观的东西，做或行动是主观见之于客观的东西，都是人类特殊的能动性。这种能动性，我们名曰'自觉的能动性'，是人之所以区别于物的特点"。[①]这就告诉我们，自觉的能动性是人和物区别的特点，而人之所以具有自觉的能动性，首先就在于人是有思想等主观意识的。

如果笼统地说能动性，那就不仅为人所具有，而且也是为动物所具有的。恩格斯说过："动物通过它们的活动也改变外部自然界，虽然在程度上不如人所做的那样。"[②]动物对它周围环境中那些对自己的生命活动有意义的东西也能做出反映，也能采取趋利避害的行为，所以说，动物也是有某种能动性的。但是，动物的能动性不是主观能动性，因为它没有"主观"，没有自己的主观世界，也就是没有意识。它不是自觉的能动性，而只是盲目的能动性。所谓自觉的能动性，就是在自觉的活动中

① 毛泽东：《论持久战》，《毛泽东选集》第 2 卷，人民出版社 1969 年版，第 477 页。
② 恩格斯：《自然辩证法》，《马克思恩格斯选集》第 3 卷，人民出版社 1972 年版，第 515 页。

表现的能动性，而所谓自觉的活动就是有目的的活动，有主观意识支配的活动。可见，人之所以具有自觉的能动性，首先正是因为人具有意识，因为人的意识具有能动性。

意识的能动性就是指人类意识活动的主动性、创造性，它主要地表现在以下两个方面。

第一，它表现于意识活动本身是一个主动的创造性的过程。

意识的主体是实践着的人。人的意识活动是在实践基础上发生的，也是围绕着一定的实践目的进行的，因而人在反映客观对象时总是基于实践的需要而带着一定的主观倾向的，是有选择的。就是说，人的意识活动是自觉地进行的，是一个富有创造性的能动的过程。意识的这种能动性质表现于意识活动的感性形式和理性形式。

人的感性的意识活动不同于动物的感觉。人是在变革事物的过程中感知事物的，是为着变革事物的目的而感知事物的，因此，它在量上和质上都远远地优越于动物的感觉。从量上看，人是要积极地改造自然界使之适合于人的需要，是要把本来对于人的生命活动没有直接意义的东西变成有意义的东西，这就会大大地扩大感知对象的范围。同时，因为人是在变革事物的过程中感知事物，这就能够感知到事物的多方面的属性，感知到事物的变换着的形态；也因为人是通过实践去变革事物，这就可以使事物隐藏于内部的联系获得可感知的形态而被人感觉到。另外，人还可以运用实践的力量，制造各种观测工具，来扩大和延长自己的器官。因此，人的感觉在量上比动物的感觉要丰富得多。从质上看，人是带着变革事物的目的去感知事物的，就是说，是有理性的东西渗透于其中的。动物只是感觉而不能理解，它有感觉而不能意识到自己在感觉什么。人则是带着理解去感觉的，人的感觉和人所特有的思维是紧密联系的。

因此，人的感觉活动是人的整个意识活动的有机部分，是人的整个意识活动的一个阶段，它在本质上不同于动物的感觉活动。

人的意识的能动性更主要地表现于它的理性形式。意识活动的理性形式是以运用概念的抽象思维为特点的。感觉只反映事物的个别的、有限的、暂时的东西，理性的思维却可以从个别中找到一般、从有限中找到无限、从暂时中找到永久，可以认识到事物的本质和规律。认识到事物的规律性就是认识到事物发展的基本趋势，这才有预见性，才有行动的目的性，才真正谈得上自觉的能动性。马克思说，人的劳动活动的特点就在于，"劳动过程结束时得到的结果，在这个过程开始时就已经在劳动者的表象中存在着，即已经观念地存在着"。[①]在一个新事物创造出来以前，人就可以预先具有这个新事物的观念，并且正是在这个观念的支配和指导下去创造这个新事物的。这就是人的活动的创造性、能动性所在。而人之所以能够在一个事物被创造出来以前就具有这个事物的观念，就是由于人具有理性思维的抽象能力和推理能力，因而可以超出直接的感性经验的范围，超出现存事物的思想范围。可见，主要地正是因为有了意识活动的理性形式，才使人的意识不是跟在实际过程的后面机械地描述现实，而是主动地创造性地反映现实。

第二，它表现于意识对改造世界的实践活动的指导作用。

意识的过程既然是一个主动地创造性地反映现实的能动过程，那么，由于它的能动的本性，它就不会停留在思想意识的主观范畴，而必然地要见之于客观的东西，要转化为实践。意识对于实践的指导作用，是它的能动性的最突出的表现。

人的活动和动物活动的区别就在于有没有意识的指导。动物的活动虽然也可以使自然界发生变化，但是，它丝毫也不懂

---

① 马克思：《资本论》第 1 卷，人民出版社 1975 年版，第 202 页。

得自己活动的意义。动物没有意识的指导，它只是本能地以自身的器官同周围环境互相作用，它所引起的自然环境的改变只是自然界的事物相互作用的一种表现。而人的活动，因为是有目的的活动，是有意识指导的活动，所以它不仅可以强化客观世界的变化过程，而且可以去创造客观世界并不现成地存在的东西，从而在自然界深深地打下自己意志的印记。

是不是自觉地、正确地发挥意识的能动作用，同实际工作的顺利和困难、成功和失败关系极大。人所进行的一切活动都是经过人的头脑的，都是由意识支配的。从事一切工作都要思想领先，这无疑是一个辩证唯物主义的原则。问题在于是不是自觉地坚持这个原则。自觉地坚持思想领先的原则就可以增强行动的自觉性，减少盲目性。问题更在于是由什么样的思想领先。正确的思想领先，用正确的意识指导行动，就能取得工作的成功，促进我们事业的发展；错误的思想领先，用错误的意识指导行动，就会造成工作的挫折和失败，阻碍我们事业的发展。因此，不论从事任何工作，首先都要端正思想，抵制和克服不正确的思想。

从辩证唯物主义关于意识能动作用的原理也可以理解建设社会主义精神文明的意义。建设高度的精神文明，用革命的思想和革命的精神激发起广大群众建设社会主义的巨大热情，这会对于整个社会生活产生强大的积极的影响，会极大地促进社会主义物质文明的建设。

三、实现意识能动作用的途径

意识对于物质具有能动的反作用，并不是意识可以直接地作用于外界物质。只有物质的力量才能直接地作用于物质的东西。意识作用于外界物质，必须首先化为实践的物质力量。例如，人制造某一种产品，这无疑是在关于这个产品的观念指导下改变自然物，但人的这个观念本身却是不能引起自然物的任何变化的。马克思说："单个人如果不在自己的头脑的支配下使自己的肌肉活动起来，就不能对自然发生作用。"①人的肌肉的活动当然不同于他头脑中的观念的活动，这是一种物质的活动。人使用工具去作用于物质也是依靠肌肉的活动，因为工具不过是人的器官的延长。马克思在《资本论》里引了黑格尔的这样一段话："理性何等强大，就何等狡猾。理性的狡猾总是在于它的间接活动，这种间接活动让对象按照它们本身的性质互相影响，互相作用，它自己并不直接参与这个过程，而只是实现自己的目的。"②黑格尔的这个论述是深刻的。理性（意识）的"狡猾"即力量就在于，它支配人按照物的本性，利用物与物之间的相互作用，去改变物的存在形式，以适应人的需要。这正是说的人的意识作用于物质的特点，说明意识只有通过指导实践这个途径才能实现自己的作用。

既然意识的作用在于它通过指导实践，让对象按照它们本身的性质互相影响、互相作用，那么意识要正确地指导实践以实现自己的作用，就首先必须正确地反映对象本身的性质即正确地认识客观事物的规律性，并正确地认识客观对象实现其相互作用所必需的条件。如果人们的意识不能正确地反映自然物的本性和规律，如果人们不能根据这种认识去创造必要的条件，那就不可能正确地利用各种物质力量之间的互相作用，按照自己的意志去改变自然物的形态，就实现不了自己的目的，实现不了意识的能动作用。显然，人们正确地认识客观规律，创造必要的客观条件，都是一点儿也离不开实践的。

---

① 马克思：《资本论》第 1 卷，人民出版社 1975 年版，第 555 页。
② 参见马克思：《资本论》第 1 卷，人民出版社 1975 年版，第 203 页。

　　总之，意识的能动性根源于实践的能动性，它是在实践的基础上产生的，又只有通过指导实践这个根本途径才能发挥出来，表现出来。抛开实践去谈意识的能动作用，就会导致精神万能论。

# 第三章　唯物辩证法是关于
## 联系和发展的科学

　　唯物辩证法是一个理论内容极为丰富的科学体系，是毫无片面性弊病的哲学学说。为了完整地把握唯物辩证法学说的科学体系，首先必须了解它的总的特征。唯物辩证法的总的特征就是联系的观点和发展的观点，它的所有规律和范畴，都是从不同的方面揭示事物的普遍联系和变化发展的本质的。

## 第一节　唯物辩证法是关于普遍联系的科学

　　不论自然界或人类社会，首先呈现在人们眼前的，就是一幅由事物的普遍联系而交织起来的画面。所谓辩证地认识客观世界，首先就是把握世界的普遍联系。普遍联系的观点，是唯物辩证法学说的第一个总的特征，以至于恩格斯曾说"辩证法是关于普遍联系的科学"。①

### 一、联系的客观性普遍性

　　联系是一个普遍的哲学范畴，它指的是事物之间以及事物内部各要素之间的相互制约、相互作用。

---

① 恩格斯：《自然辩证法》，《马克思恩格斯选集》第 3 卷，人民出版社 1972 年版，第 521 页。

联系是客观的，是客观事物本身所固有的。坚持普遍联系的观点，首先就是要从客观事物本身所固有的联系出发，反对用主观臆想的联系强加于客观事物，去代替客观事物本身的联系。普遍联系的观点作为辩证法学说的基本观点，它当然也是建立在唯物论的基础之上的。坚持联系的客观性，就是在联系观点上坚持了唯物论，这是唯物辩证法同唯心辩证法和诡辩论的重要区别所在。唯心辩证法只讲概念的逻辑联系，由概念、理念的逻辑联系派生出客观事物的联系；诡辩论的一个重要特征则是主观任意地联系，就是从主观臆想出发把风马牛不相及的东西联系在一起。抛开联系的客观性去讲普遍联系，就会从根本上背离唯物辩证法。

联系是普遍的，世界上一切事物都处在同其他事物的联系之中。从宏观世界到微观世界、从无机界到有机界、从自然界到人类社会，各种事物无不处在普遍联系、交互作用之中，整个世界就是一个万事万物相互联系的统一整体，孤立的事物是不存在的，也是不可能存在的。因此，对于任何事物都不能用孤立的观点去观察，这是唯物辩证法的一个根本要求。

由于事物之间以及事物内部各个要素之间的普遍的联系，因而任何一个事物都是在不同的范围和层次上作为一个整体而存在和发展的。坚持普遍联系的观点，就要正确地理解整体和部分的关系。首先，部分离不开整体。离开整体的部分，就失去了它原来的意义，成为一种不可思议的东西，它既不能存在，也不能被认识。因此，对于任何事物都必须用整体性的观点，从它的总联系中去认识它的各个部分，这样才能真正认识各个部分。一个企业、一个单位是一个整体，整个国家是一个整体，都是由无数的方面或部分组成的，各个方面或部分是相互制约的。如果缺乏整体性的观点，就不可能处理好各个部分的问题，就会顾此失彼，使各个部分失去合理的配合，使整体失去合理的平衡。整体性的观点和方法，在现代科学发展中，在现代化大经济的组织管理中，在一切实际工作中，越来越显示出重要的意义。当然，整体也离不开部分。整体是由部分组成的。离开部分就无所谓整体。因此，不认识一个个部分，也就不能清晰地把握整体。离开部分的整体，抽掉了各个部分的整体，只能是一种空洞的抽象。

唯物辩证法肯定事物的普遍联系，并不是否认事物的区别，而恰恰是以承认事物的区别为前提的。如果否认区别，事物之间只是混沌一团，就说不清是什么东西和什么东西相联系，也就无所谓联系。唯物辩证法要求在有区别的东西之间看到它们固有的联系，又在有联系的东西之间看到它们的区别。只见区别不见联系，就会把本来有联系的事物割裂开来，绝对对立起来，这是绝对主义。只见联系不见区别，就会抹杀事物的质的界限，把所谓普遍联系歪曲为"此亦彼也，彼亦此也"，这是相对主义。

## 二、联系的多样性

联系是普遍的，又是多样的。不同的联系对于事物的存在和发展所起的作用也是各不相同的。唯物辩证法肯定联系的普遍性，又要求具体地分析联系的特殊性，即认识联系的多样性。

任何事物都是处在多样联系之中的，都会表现出联系的多样性。事物自身内部各个要素之间互相联系着，这是内部联系，是事物变化的根据；它同周围的其他事物之间也互相联系着，这是外部联系，是事物变化的外部条件。有些联系是本质的、必然的联系，它规定事物发展的基本趋势，对事物的存在和发展具有根本性的意义；有些联系则是非本质的、偶然的联系，它不能决定事物发展的基本趋势，而只能在一定程度上影响事物发展的进程，对事物的存在和发展不具有根本性的意义。有些联系是直接联系，不经过任何中间环节而直接地影响事物的存在和发展；有些联系则是间接联系，要经过若干中间环节而曲折地影响事物的存在和发展。此外，还可以从另外的角度，把它们区分为主要的联系和非主要的联系、决定性的联系和非决定性的联系，等等。对于所有这些区分以及不同的联系在事物发展中的不同作用，都必须具体地加以分析和研究。从一定意义上说，我们所谓认识，就是认识事物的各种联系；我们所谓实践，就是处理事物的各种关系或联系。如果不去分析和研究联系的多样性、特殊性；那么，所谓坚持普遍联系的观点就会成为一句空洞的套语，对于具体问题的认识和解决都不会有任何意义。所以，对于辩证法的联系的观点，也像对于它的其他一些根本观点一样，坚持普遍性和特殊性的统一具有重要的方法论意义。

三、辩证法的联系观点和科学的发展

辩证法的普遍联系的观点和科学发展的关系是极其密切的。从一方面说，辩证法的普遍联系的观点是被科学发展的历史所证实的，并将越来越被科学的发展所证实。从另一方面说，用辩证法的普遍联系的观点指导科学研究，大大促进了科学的发展，并将越来越给予科学的发展以重大影响。

在 19 世纪以前，自然科学的发展基本上处于搜集材料的阶段，各门科学、各种自然过程之间的联系没有被充分揭示出来，辩证法的联系观点不具备坚实的科学基础，因而孤立地看问题的形而上学思维方式占据着统治的地位。19 世纪以后，在自然科学的发展上以搜集材料为主的阶段已经结束，人们已经发现自然界的许多重要的运动规律，各种自然过程之间的内在联系逐步被揭示清楚了。其中，特别是细胞学说、能量守恒和转化定律、达尔文的进化论这三个伟大的科学发现，使人们对自然界的辩证联系的认识大大地前进了。能量守恒和转化定律揭示了各种物质运动状态之间的普遍联系，细胞学说和达尔文的进化论揭示了生物界内部以及生物与环境之间的联系。另外，门捷列夫的周期表揭示了各种化学元素之间的联系，马克思主义的社会科学揭示了各种社会现象之间的相互联系以及社会同自然的联系，等等。以后的自然科学和社会科学的继续发展更加证实了普遍联系的观点，也更加需要运用普遍联系的观点去指导。

现代科学发展的一个重大特点，就是各门学科互相渗透，形成了科学的整体化趋势。它的突出表现是数学方法向包括生物学和社会科学在内的所有学科广泛渗透，还出现了系统论、控制论、信息论等研究普遍联系的某些共同方面的新学科。现代科学发展的整体化趋势表明人类对客观世界普遍联系的认识越来越深入和具体了，也表明普遍联系的原理对于科学的发展具有越来越重要的指导意义。这里面，对于研究联系观点与科学发展的关系问题，比较值得注意的是系统论的哲学意义。系统论固然不能等同于辩证法的普遍联系的学说，它尽管具有跨学科的性质，却还不是一般世界观，不是哲学，但是，系统论无疑是包含了辩证法普遍联系的思想，并且它进一步证实和丰富了普遍联系的原理。

四、唯物辩证法的条件论

确立了唯物辩证法的联系的观点，也就确立了唯物辩证法的条件论的观点。条件也是一个具有广泛意义的哲学范畴。简单地说，同某一事物相联系的、对它的存在和发展发生作用的因素就是这个事物的条件。因此，有多少种联系也就会有多少种条件。

斯大林有一句名言："一切以条件、地点和时间为转移。"[①]这句话所表达的观点是唯物辩证法的一个根本观点。这里说的地点和时间也是条件，是事物存在和发展的空间条件和时间条件。所以，归根到底是一切以条件为转移。认识事物，要认识事物的条件；改造事物，也是要改变事物存在的条件。离开条件，一切都谈不上。

辩证唯物论哲学在条件问题上也坚持唯物论和辩证法的统一。坚持条件论的唯物论，就是承认条件的客观性，承认人们的认识和实践受着条件的制约。坚持条件论的辩证法，就是承认条件的复杂性、可变性。

事物的联系是复杂的、多方面的，因而事物所处的条件也是复杂的、多方面的，有内部条件和外部条件、有利条件和不利条件、一般条件和特殊条件、主要条件和非主要条件（包括必要条件和非必要条件、基本条件和非基本条件），等等。而且，这些区分也是相对的，只有人的实践才是上述这些区分的实际确定者，因人们实践的对象、范围、目的等不同，在一种情况下是这种性质的条件，在另一种情况下又成了那种性质的条件。事物的发展是受各种条件制约的，条件本身也是受其他条件制约的。可见，条件问题是一个极其复杂的问题，切不可简单化。在条件问题上的简单化的观点是违反辩证法的。

事物的具体联系是可变的，因而事物所处的条件也是可变的。承认联系、条件的可变性，才能承认事物的变化发展。人

---

① 斯大林：《论辩证唯物主义和历史唯物主义》，《斯大林选集》下卷，人民出版社 1979 年版，第 430 页。

的活动是以客观条件为转移的，同时又是参与条件的变化的。人类的历史就是不断为自己创造新的生存条件的历史，简单地说就是改变条件的历史。否认条件的可变性，当然也就在条件问题上离开了辩证法。然而，马克思主义的辩证法是建立在唯物论的基础之上的，在条件问题上也是这样。唯物辩证法承认条件的可变性，但又认为条件的变化也是遵循它自己的规律的，从人对条件的改变来说，人们改变条件也要遵循客观事物本身变化的规律，并且要依赖于一定的条件。这样，才又坚持了条件论的唯物论。

上述这些，应当说还不是唯物辩证法的条件论的全部内容，但却可以看出，条件论确实是唯物辩证法学说的一个重要组成部分，它同普遍联系的原理是密切相关的。

从条件论的重要意义也可以看出唯物辩证法的普遍联系原理的重大实践意义。我们想问题、办事情，都不能抛开事物的联系，也就是要充分估计各种条件的影响。离开具体条件去想问题，只能陷入没有根据的空想。不顾条件去做事情，就会成为盲目蛮干的鲁莽家。

## 第二节 唯物辩证法是关于发展的科学

唯物辩证法是最完整深刻而无片面性弊病的关于发展的学说。发展的观点是唯物辩证法学说的又一个总的特征。发展的观点和普遍联系的观点是密不可分的。

### 一、事物的相互联系和事物的运动变化

事物的相互联系和相互作用是同一的。联系总是事物之间

相互的联系，它是通过相互作用表现出来的。事物之间的相互作用必然引起事物的状态或者性质的变化。就是说，正是事物之间的相互联系、相互作用构成了运动。形而上学否认运动，也首先是因为它否认了联系。恩格斯在谈到 19 世纪以前将近四百年里形而上学思维方式占据统治地位的原因时说："把自然界的事物和过程孤立起来，撇开广泛的总的联系去进行考察，因此就不是把它们看作运动的东西，而是看作静止的东西；不是看作本质上变化着的东西，而是看作永恒不变的东西；不是看作活的东西，而是看作死的东西。"[①]

没有联系不能构成运动，也不能显示运动。即使是位置移动这种最简单的机械运动，也是通过联系来显示的。位置就是一种联系。一个物体离开了它同周围物体的联系就不能确定它的位置，更无从说明它的位置的变化。最简单的位移尚且如此，其他复杂的运动形式就更加如此。越是复杂的运动，越是要通过复杂的联系去显示。

同样，离开事物的运动也不能理解事物的联系。相互联系是通过相互作用表现出来的，而相互作用本身就是一种运动的态势。否认运动，就意味着否认相互作用，也就否认了联系。离开运动讲联系是僵死的联系。这种僵死的联系在客观世界是不存在的，它只存在于形而上学的僵死的头脑中。

二、运动形式的多样性

联系的普遍性说明了运动的普遍性。运动是物质的根本属性，是物质世界的普遍状态。但是，物质运动的形式又是多样的。物质世界之所以表现出无限的多样性，正是因为物质的运

---

① 恩格斯：《反杜林论》，《马克思恩格斯选集》第 3 卷，人民出版社 1972 年版，第 60—61 页。

动形式是无限多样的。恩格斯曾经针对那种把物质运动归结为机械运动一种形式的机械论观点，提出了一个重要命题：运动就是"一般的变化"①。恩格斯指出："运动，就最一般的意义来说，就它被理解为存在的方式、被理解为物质的固有属性来说，它包括宇宙中发生的一切变化和过程，从单纯的位置移动起直到思维。"②他并且根据当时科学所达到的水平，按照从低级到高级、从简单到复杂的顺序，把物质运动归纳为机械的、物理的、化学的、生物的和社会的五种基本运动形式，在每一种基本的运动形式中又包含许多具体的运动形式。尽管由于自然科学的迅速发展，许多新兴边缘学科的出现，人们对于物质运动形式分类的认识会不断有所发展，但是，恩格斯的这些基本思想仍然具有指导的意义。

承认运动形式的多样性，就要求在认识物质的运动时注意研究各种运动形式之间的区别、联系和转化。

第一，各种物质运动形式之间是互相区别的。运动形式之间的互相区别，是在于它们具有不同的物质基础和特殊矛盾。所谓区分不同的物质形态，就是区别不同的物质运动形式。因此，不要把各种运动形式混淆起来，把高级运动形式归结为低级运动形式，把复杂的运动形式归结为简单的运动形式。

第二，各种物质运动形式之间是互相联系的。运动形式之间的互相区别不是互相隔离。低级运动形式是高级运动形式的基础，高级运动形式是由低级运动形式发展而来的。割裂高级运动形式同低级运动形式之间的联系，就无法说明高级运动形式的起源。割裂各种运动形式之间的联系，也无法从物质运动

---

① 恩格斯：《自然辩证法》，《马克思恩格斯全集》第 20 卷，人民出版社 1971 年版，第 591 页。

② 恩格斯：《自然辩证法》，《马克思恩格斯选集》第 3 卷，人民出版社 1972 年版，第 491 页。

的无限多样性中认识它的统一性。

第三，各种物质运动形式之间是互相转化的。各种运动形式之间的相互转化是它们之间相互联系的最突出的表现。这是物质世界的普遍现象。能量守恒和转化定律指明，各种物质运动形式互相转化前后，总的能量是不变的。它证明，运动是不能创造和消灭的，是永恒的、绝对的，而具体的运动形式则有它产生和灭亡的历史，因而是暂时的、相对的。就每一种具体的运动形式来说，它的产生，就是由别的运动形式转化而来；它的消灭，就是向别的运动形式转化而去。

唯物辩证法关于运动形式多样性的原理对于我们了解和促进科学的发展，具有重要的指导意义。

首先，它提供了科学分类的客观依据。我们之所以能够区分各门具体科学，确定各门科学的研究对象，就是因为物质运动的各种形式之间有着质的区别。

同时，它提供了理解科学发展过程的一个正确方法。恩格斯说："研究运动的性质，当然应当从这种运动的最低级、最简单的形式开始，先理解了这些最低级的最简单的形式，然后才能对更高级的和更复杂的形式有所阐明。"①高级运动形式是由低级运动形式发展而来的，研究高级运动形式的科学也就只有在研究低级运动形式的科学获得了充分发展的基础上才能发展起来。因此，利用低级运动形式的规律和方法去研究更高级的运动形式，是科学研究中的必要环节。把这种方法一概斥之为"还原论"是错误的。只有把高级运动形式归结为低级运动形式才可以叫作"还原论"，对于这种还原论是必须防止和克服的。

---

① 恩格斯：《自然辩证法》，《马克思恩格斯选集》第 3 卷，人民出版社 1972 年版，第 491 页。

### 三、发展是新事物的产生和旧事物的灭亡

运动的概念和发展的概念是有区别的。唯物辩证法所理解的发展是有确定内容的，它把发展理解为新东西的生成过程，理解为旧东西的灭亡、新东西的产生。毛泽东说："新陈代谢是宇宙间普遍的永远不可抵抗的规律。"[①]新事物必然战胜和取代旧事物，这是从整个唯物辩证法学说所引出的理论结论。唯物辩证法的几个基本规律都是从各自的侧面阐明这个结论。

所谓新事物，是指符合历史发展的必然趋势、代表历史的前进方向、具有远大前途的事物。所谓旧事物，就是丧失了它存在的历史必然性、因而日趋灭亡的事物。应当从实质上辨别新事物和旧事物，而不能只看它在形式上是否新奇，因为新的形式可以包含旧的内容，旧事物可以在新的形式中恢复，新事物也可以利用某些旧形式；也不能只看出现时间的先后，因为先出现的不一定是旧事物，后出现的也不一定是新事物。

新事物在最初出现的时候总是比较弱小的，但是，它最终一定会战胜暂时强大的旧事物。这是因为，新事物符合历史的前进方向，适合于它存在的历史条件。新事物是在旧事物的"母胎"里孕育成熟的，它克服了旧事物中一切消极的、腐朽的东西，又吸取了旧事物中一切积极的、仍然适合新的历史条件的东西，并增添了在新的历史条件下产生的、为旧事物所不可容纳的新东西，因此，它在内容上总是比旧事物丰富，在形态上总是比旧事物高级和复杂，它比旧事物要优越得多。尽管它的成长不可避免地要经历由小到大、由弱到强的曲折的发展过程，但从最终结局来说，它必然战胜旧事物。

---

① 毛泽东：《矛盾论》，《毛泽东选集》第 1 卷，人民出版社 1969 年版，第 297 页。

理解新事物不可战胜的规律，不仅在理论上对于理解辩证唯物主义世界观和方法论的精神实质具有十分重要的意义，而且对于我们树立正确的人生观也具有十分重大的意义。运用这个规律去理解社会历史，可以使我们确立共产主义必胜的坚定信念，增强为美好事业奋斗的革命精神。新生事物不可战胜的规律，是无产阶级革命坚定性的客观根据，是无产阶级革命英雄主义、革命乐观主义的客观基础。

## 第三节　对立统一学说是唯物辩证法的实质和核心

唯物辩证法既然是一个科学体系，那么就会有它的核心。这个核心就是对立统一学说。

关于对立统一学说在唯物辩证法中的核心地位，经典著作家们有过一系列明确的论述。马克思和恩格斯在唯物辩证法学说的创立时期，主要的工作是批判地吸取哲学史上辩证法思想的积极成果并把它置于唯物主义的基础之上，着重地阐明辩证法规律的客观性、普遍性。尽管如此，他们关于对立统一学说是唯物辩证法的实质和核心这个基本思想还是十分明确的。恩格斯说："所谓客观辩证法是支配着整个自然界的，而所谓主观辩证法，即辩证的思维，不过是自然界中到处盛行的对立中的运动的反映而已，这些对立，以其不断的斗争和最后的互相转变或向更高形式的转变，来决定自然界的生活。"①马克思也说："两个相互矛盾方面的共存、斗争以及融合成一个新范畴，就是

---

① 恩格斯：《自然辩证法》，《马克思恩格斯选集》第 3 卷，人民出版社 1972 年版，第 534 页。

辩证运动的实质。"①列宁深入地研究了辩证法学说各个组成部分的内在联系，明确地指出对立统一是辩证法的实质和核心。他列举了辩证法的各个要素之后说："可以把辩证法简要地确定为关于对立面的统一的学说。这样就会抓住辩证法的核心，可是这需要说明和发挥。"②毛泽东在《矛盾论》里，在指明对立统一规律的基本理论内容的同时说："如果我们将这些问题都弄清楚了，我们就在根本上懂得了唯物辩证法。"③可见，唯物辩证法的经典著作家们在这个问题上的基本思想是一致的，也是很明确的。

对立统一学说之所以是唯物辩证法的实质和核心，其主要理由可归纳为以下几个方面。

第一，对立统一规律揭示了普遍联系的根本内容和变化发展的内在动力。事物联系的根本内容就是互相对立的矛盾双方之间的联系，事物发展的源泉和动力就在于事情内部矛盾双方的对立统一。对立统一是联系和发展的实质。

第二，对立统一是贯穿于唯物辩证法各个规律和范畴的中心线索。量和质、肯定和否定以及一系列具有对偶性的范畴都是对立统一的关系。对立统一是唯物辩证法各个规律和各对范畴的实质。

第三，矛盾分析法是最根本的认识方法。把握事物的对立统一，是辩证认识的实质。

既然对立统一学说是唯物辩证法的实质和核心，因此，承认不承认对立统一规律也就是唯物辩证法和形而上学两种世界

---

① 马克思：《政治经济学的形而上学》，《马克思恩格斯选集》第 1 卷，人民出版社 1972 年版，第 111 页。

② 列宁：《辩证法的要素》，《列宁选集》第 2 卷，人民出版社 1972 年版，第 608 页。

③ 毛泽东：《矛盾论》，《毛泽东选集》第 1 卷，人民出版社 1969 年版，第 274 页。

观斗争的实质和核心。

　　要正确地把握唯物辩证法的科学体系，就必须全面地理解对立统一规律在唯物辩证法中的地位。在这个问题上，既要反对把辩证法各个规律、范畴平均看待以至否定对立统一规律的核心地位的倾向，又要反对把唯物辩证法学说简单化，用对立统一规律去代替其他规律和范畴的倾向。

# 第四章　质量互变规律

世界上一切事物都有质和量两种规定性，都会有质和量这两种规定性的变化，即质变和量变。质变和量变是互相过渡、互相交替的。质量互变是世界的普遍规律。

## 第一节　质、量、度

要理解质量互变规律，首先要理解质、量、度这几个重要范畴。

### 一、质

质是使事物成为它自身并使该事物同其他事物区别开来的内部规定性。质既然是一事物和其他事物区别开来的规定性，那也就是事物存在的直接规定性。有这种规定性，就表明这个事物存在；没有这种规定性，就表明这个事物不存在，也就是这个事物丧失了它的存在而变成了别的事物。所以，质和事物的存在是直接同一的。

事物和质是不能分开的。任何事物总是一定质的事物，没有任何质的规定性的事物是不存在的。而任何一种质，也总是一定事物的质，离开特定事物的质也是不存在的。

质是事物的内在的规定性。它是内在的，又表现于外，表现为事物的属性。事物的属性是通过和其他事物的关系而表现出来的，即通过和其他事物的相互作用、相互比较而表现出来的。马克思说："一物的属性不是由该物同他物的关系产生，而只是在这种关系中表现出来。"①这就是说，事物的属性是事物自身所固有的，它只是在同其他事物的关系中表现出来，却不是其他事物所赋予的。

由于事物同其他事物的联系是多方面的，因而事物的属性也会多方面地表现出来，这里，重要的是区分本质属性和非本质属性。确定事物的质，主要的是要把握它的本质属性。对于把握某种特定的质来说，非本质的属性是无关紧要的。然而，本质属性和非本质属性的区分是相对的。对于表现事物的这一种质来说，是本质属性；而对于表现事物的另一种质来说，则可能是非本质属性。例如对一个人，社会科学可以研究他的社会的质，医学可以研究他的生理的质。对于表现人的社会的质来说，他的社会属性是本质属性；而对于表现人的生理的质来说，他的生理方面的属性是本质属性，社会属性则是非本质的属性。区分事物的本质属性和非本质属性，要把人的实践作为实际的确定者。人是为了实践的需要而去认识事物，区分事物的质和属性的。人们在认识事物的质的时候固然应当力求全面性，力求把握事物各方面属性的总和，但是，没有必要、事实上也不可能同时地把握到事物的全部的属性。人们对事物的质和属性的认识只能随着实践的发展而增加和发展，在一定的时期里，只需要也只能够认识事物与人的实践紧密相关的那些方面的质和属性，并从这些方面去改造事物。这里需要注意，所谓把人的实践作为区分事物本质属性和非本质属性的实际确定

---

① 马克思：《资本论》第 1 卷，人民出版社 1975 年版，第 72 页。

者，是从认识角度讲的，并不是说人的实践可以赋予事物以某种本质属性或非本质属性。

认识事物的质是非常重要的。所谓划清各种界限，就是要区分各种事物的质的规定性。没有区别，就没有认识。事物的质的界限不清，就必然在认识上和实践上犯错误。我们党几十年的历史经验证明，在政治上分清敌我，在重大的理论和政策问题上分清是非，是决定革命事业成败的关键问题。

## 二、量

量也是事物本身所固有的规定性。它是指事物存在和发展的规模、程度、速度以及构成事物的成分在空间上的排列等可以用数量表示的规定性。

量的规定性和质的规定性不同，它和事物的存在不是直接同一的。就是说，量的规定性的变化在一定的范围内不会影响事物的存在，即不会改变事物的质，在这个范围内的量的差别只是同质事物之间的差别。

事物和量是不能分开的。任何事物总是具有一定的量的事物，没有任何量的规定性的事物是不存在的。同样，任何量的规定性也总是一定的事物的规定性，离开具体事物的所谓纯粹的量只存在于思维的抽象中。而且，即使是像数学这样从纯粹形态上研究量的科学，归根到底也是对于客观事物的量和量的关系的反映，数和形的概念的原型是客观世界的数量关系和空间形式。

事物的量的规定性也同质的规定性一样，是多方面的。人们同样不需要、不可能同时把握事物的全部的量，而是根据实践的需要，去研究事物同人的实践紧密相关的某一方面或某些方面的量。

　　从认识事物的顺序来说，总是由认识事物的质进入到认识事物的量。区分事物的质是认识的开始。人们只有首先区分事物的质，确定某个事物是什么，然后研究它的量才有意义；也只有首先区分事物的质，才有可能去研究事物的量，因为人们只有在同质的事物中才能进行量的比较和区分。但是，在认识了事物的质以后，又必然地要进入到认识事物的量。由认识质进入到认识量，是认识的深化。在没有对事物的量的规定性获得精确的认识以前，在没有把握住决定事物质量的数量界限以前，对事物的质的认识只能是初步的、粗浅的。例如，对于各种颜色的初步的粗浅的区分固然在认识开始时就可以做到，但只有认识了它们的量的规定性（电磁波的波长）才算知道了这些区分的原因，才算有了科学的认识。一种科学只有当它达到了能够运用数学时才算真正发展了。这个道理，就是要由质和量的统一来说明。任何事物都是质和量的统一，质和量这两个方面是互相规定、互相制约的，不同质的事物有不同的量的规定，因此，如果不认识制约着质的量，那么对于质的认识也就不能不是肤浅的。认识由低级到高级、由浅入深的发展，都依赖于提高对于事物质和量的统一的认识。

　　三、度

　　任何事物都是质和量的统一，没有无质之量，也没有无量之质。度就是反映事物质和量的统一的哲学范畴。

　　所谓度，就是事物保持自己质的量的限度（或幅度、范围），是和事物的质相统一的限量。度是事物保持自己质的量的限度，也就是保持自己存在的量的限度。在这个限度以内的变化，虽然也或大或小地、这样或那样地影响到事物状态和特性的变化，但是不能改变事物的质，即不能破坏事物的存在。超出这个限度，量的变化就会引起质的变化，即能破坏事物的存在，使事物变为他物。需要注意的是，度和所谓"关节点"或"临界点"不是一回事。度是事物保持其质的量上的限度、幅度、范围，而"关节点"或"临界点"则是这个限度、幅度、范围的极限或界限。度的两端都有这个极限。

在度里，质和量是对立的统一。一方面，质和量双方是对立的。质限制量的变化范围，量的变化又总是力图打破这种限制，超出旧质规定的范围。另一方面，双方是统一的。质离不开量，量离不开质，质由一定的量来规定，质又规定量的范围。例如，水的液态质是由 0℃至 100℃这种量来规定的，没有这个规定，它就不再是水，而成了冰或蒸气；水的液态质又规定量的范围只能在 0℃至 100℃之内，如果不是水而是冰或蒸气，那么它的温度不是低于 0℃就是高于 100℃。只有从质和量的对立统一中，才能把握度这个范畴的辩证性质。

度这个哲学范畴对于指导人们的认识和实践具有重要的方法论意义。人们对事物的认识是否正确和准确，在很大程度上就要看是否把握了事物的度。毛泽东说："胸中有'数'。这是说，对情况和问题一定要注意到它们的数量方面，要有基本的数量的分析。任何质量都表现为一定的数量，没有数量也就没有质量。我们有许多同志至今不懂得注意事物的数量方面，不懂得注意基本的统计、主要的百分比，不懂得注意决定事物质量的数量界限，一切都是胸中无'数'，结果就不能不犯错误。"[①]这里说的"决定事物质量的数量界限"就是度。在一切实践活动中都要掌握"适度"的原则。所谓"掌握火候""注意分寸"，都是讲的"适度"。适度，就是主观的认识和行动要符

---

① 毛泽东：《党委会的工作方法》，《毛泽东选集》第 4 卷，人民出版社 1969 年版，第 1332 页。

合于客观事物本身的度。事物在一定条件下必须保持它的质的稳定性，只有这样，才能充分发挥它的积极作用，也才能有它本身的正常发展。在这种条件下，就要注意保持事物的度，要使量的变化不超出度的范围，不能去破坏事物的质的规定性。决不能认为，在任何情况下，破坏事物的度，改变事物的质，都是好事；在任何情况下，保持事物的度，保持事物质的稳定性，都是保守主义。而当客观过程发展到一定阶段，事物质变的条件已经成熟，只有质变才能有事物的前进发展的时候，就必须积极促进事物超出它原有的度，促进客观过程飞跃到一个新的阶段。这时候，如果死守着事物原有的度，不敢打破所谓"常规"，那就是真正的保守主义。不论保持事物的度或超出事物的度，都不能带有任何主观随意性，而必须从客观过程本身发展的实际情况出发。

# 第二节　质和量的相互转化

质和量作为既对立又统一的双方，是可以相互转化的。量可以转化为质，质可以转化为量，这就是量变和质变的互相过渡，就是所谓质量互变。

## 一、量变和质变

量变是事物的量的规定性的变化，是事物数量的增减和场所的变更。这是一种微小的、不显著的变化。日常见到的统一，平衡、静止等，就是事物处在量变过程中呈现的面貌。

质变是事物的质的规定性的变化，是事物由一种质态向另一种质态的飞跃，是事物性质上的变化。这是一种突变，是一种显著的变化。

量变和质变区别的根本标志，看其是在度的范围以内的变化还是超出度的范围的变化。量变是在原有度的范围以内的变化，是在度的范围内的渐进，所以，它表现事物发展过程的渐进性即连续性。质变是一种超出原有度的范围的变化，是对原有度的突破，所以，它表现事物发展过程中渐进性的中断即间断性。

可见，量变和质变是事物运动的两种不同形式或不同状态。量变是事物的相对稳定状态，质变是事物的显著变动状态。量变和质变的统一，体现事物发展过程中相对稳定性和绝对变动性的统一。

## 二、量变和质变的相互转化

事物的运动变化总是先从量变开始的。量的变化一旦超出了原有的度，就会引起质的变化，这就是由量变到质变的转化。质变完成以后，在新质的基础上又开始新的量变过程，这就是由质变到量变的转化。

量变向质变转化的原理包含两个方面的内容：量变是质变的必要准备，质变是量变的必然结果。

量变是质变的必要准备，就是说任何质变都是由量变引起的，都必须有量变的基础。所谓质变，就是对原有度的突破。任何事物都有它保持自身存在的度，即保持自己质的量上的限度。要引起质变，就要使事物在量上的变化突破这个限度。如果没有这种量变的准备，就不会有质变。

质变是量变的必然结果，是讲的质变的必然性。事物的量的变化达到一定程度，就会突破原有的度而引起事物根本性质的变化。世界上任何事物，都没有不能突破的限度。所以，质变是必然的。否认这一点，就否认了发展。唯物辩证法认为，量变是重要的，它的重要性正在于没有量变就不会有质变。实际上，"没有量变就不会有质变"这句话同时也说明了质变的重要性，说明量变的重要性正在于它为质变做准备。事物量变的成果最终都是通过它所造成的质变体现出来的。离开质变，离开同质变的联系，量变就没有意义。不仅如此，而且如果没有质变，量变本身也最终会为旧质的框框所局限而陷于停滞。否认质变的必然性、必要性是绝对错误的。列宁说："辩证的转化和非辩证的转化的区别在哪里呢？在于飞跃，在于矛盾性，在于渐进过程的中断，在于存在和非存在的统一（同一）。"①可见，承认不承认质变、飞跃，是区分辩证法和形而上学两种发展观的重要标志之一。

质变向量变的转化，就是讲质变可以引起新的量变，为新的量变开辟道路。质变是事物由旧质态转变为新质态，是旧事物变成新事物。新事物又有自己相对稳定的发展阶段，又有在新的度的范围内的变化即新的量变。当然，新的量变又在为新的质变做准备。

事物由量变转化为质变，又由质变转化为量变，如此循环往复，以至无穷，构成了世界的无限多样的辩证发展。这就是质量互变规律的基本内容。

三、批判否认质量互变规律的形而上学观点

否认质量互变规律的形而上学观点，有两种相反的表现形式。

一种形而上学观点否认质变必须有量变的准备，自然科学

---

① 列宁：《黑格尔〈哲学史讲演录〉一书摘要》，《列宁全集》第 38 卷，人民出版社 1959 年版，第 314 页。

中生物学领域的"激变论"就是这种形而上学观点的典型。"激变论"认为有机界的变化是由突然性的灾变所引起的，否认新物种代替旧物种的质变是由生物本身发展过程的量变准备起来的，而认为是突然的灾变消灭了旧物种，又由某种神迹创造的新物种代替了它们。这种观点，实质上是否认了事物自身的发展和变化。在政治实践中，无政府主义和"左"倾盲动主义也是持这种观点。他们认为，举行社会的革命变革不需要有积蓄革命力量的准备时期。这就是否认必要的量变准备而侈谈质变、革命。这样的革命是不会成功的，这样侈谈革命的人也不是真正的革命者。真正的革命者不仅要有勇于进行根本变革的革命精神，而且要有为促进根本变革进行脚踏实地的准备工作的实际精神。革命如此，办一切事情都如此。办任何事情都受着质量互变规律的支配。如果不愿做脚踏实地、埋头苦干的努力，而是急于求成、"揠苗助长"，就不可能取得任何成功，而只能招致失败。

另一种形而上学观点否认质变是量变的必然结果，否认量变必然引起质变，即否认质变的必然性、必要性。自然科学中和哲学中的庸俗进化论就是这种观点。它认为发展只是量变，只有量的渐进，没有质的飞跃。这种观点"不能解释事物的质的多样性，不能解释一种质变为他种质的现象"①，因而也是完全错误的。政治实践中的改良主义、右倾机会主义就是以这种庸俗进化论作为哲学基础的。他们只要量变，反对质变，主张用点点滴滴的改良来代替革命、取消革命。持这种观点的人当然不会是什么革命者。真正的革命者绝不是满足于微小的进步和改良的庸人，他们在进行脚踏实地的细小工作的时候始终

---

① 毛泽东：《矛盾论》，《毛泽东选集》第 1 卷，人民出版社 1969 年版，第 276 页。

不失去革命的远大目标。

## 第三节　质量互变的客观普遍性和 质变量变的复杂性

### 一、质量互变的客观普遍性

质量互变规律是客观的普遍的基本规律，它的客观普遍性已经为人类实践和科学发展的事实所充分证实。

首先，世界上不同质的层次的物质客体，就是由量的不同分割造成的。星系、行星、物体，分子、原子、原子核，基本粒子，都是因其大小和质量的不同而区分为不同质的层次。

门捷列夫的周期表揭示，由于原子量的变化会引起元素在质上的变化。现代科学测定，原子核内质子数目的变化会引起元素的质变。

"化学可以称为研究物体由于量的构成的变化而发生的质变的科学。"[①]化学的化合和分解就是吸引和排斥两种对立力量此消彼长的结果。在由同样几种元素组成的化合物中，仅仅由于它们组成比例上的不同，也会产生不同质的化合物。还有元素的原子数和比例都相同，它们的分子式一样，只是由于原子之间排列顺序不同、结构方式不同，也会形成不同质的化合物。

在生物界，虽然它的许多变化不能像物理、化学领域中的变化那样可以用精确数量表示出来，但是质量互变规律的作用仍是十分明显的。生物的进化也是由量变进到质变，是在生物

---

① 恩格斯：《自然辩证法》，《马克思恩格斯选集》第 3 卷，人民出版社 1972 年版，第 487 页。

自身遗传和变异的矛盾运动中，变异因素在量上的不断积累达到了一定程度，压倒了遗传方面，才引起生物物种的质变。

人类社会的发展，也是一个量变和质变、进化和革命互相交错的过程。生产力在量上的不断增长达到了一定程度时就会同现存的生产关系发生冲突，引起生产方式的质的变革。

在思想领域里，这个规律同样地起作用。感性材料积累到一定程度就会引起质变，形成概念，形成理性的认识。科学上的天才发现，不是一朝一夕的创造，而是长期的勤奋的实践和探索的结果。一种好的品德是长期培养的，一种坏的品德也是逐渐形成的。

总之，"这一规律在每一步上都被证实了"①。

## 二、量变质变的复杂性

质量互变是客观的普遍的基本规律，但是量变和质变及其相互转化的实际过程却是十分复杂、丰富多彩的。量变质变的复杂性主要表现于两个方面：一是量变质变形式的多样性；二是量变和质变的互相渗透。

事物的量变形式是多种多样的，基本上可以分为两种形式：一种是事物在数量上的增减；另一种是事物的构成成分在空间关系上即排列次序和结构方式上的变化。事物的质变、飞跃形式也是多种多样的，也基本上可分为两类：一类是爆发式飞跃；另一类是非爆发式飞跃。爆发式飞跃是解决矛盾的对抗的质变形式，这种形式的飞跃是经过充分的量变准备之后，新事物同旧事物发生剧烈的外部对抗，使新事物迅速战胜和取代旧事物。非爆发式飞跃是解决矛盾的非对抗的质变形式，这种形式的飞

---

① 恩格斯：《自然辩证法》，《马克思恩格斯选集》第 3 卷，人民出版社 1972 年版，第 490 页。

跃不是新旧事物之间发生剧烈的外部对抗，而是通过新质要素的逐渐积累和旧质要素的逐渐衰亡而实现的。事物的质变形式是由事物本身的性质和它所处的条件决定的。不同性质的事物采取不同的形式实现质变，同样性质的事物因条件不同也可能采取不同的质变形式。

量变质变的复杂性更突出地表现于量变和质变的互相渗透、互相包含，这就是在总的量变过程中包含着部分质变，质变过程具有量的特征。

总的量变过程中的部分质变有阶段性的部分质变和局部性的部分质变这两种情形。阶段性的部分质变是事物在发展过程中根本属性和非根本属性变化的不平衡性造成的。事物的根本属性表现事物的根本的质，只要事物的根本属性不变，事物就保持着自己质的相对稳定性，这时，事物就处在总的量变过程中。但是，事物除了它的根本属性以外还具有一些非根本的属性。事物的根本属性是相对稳定的，是同事物过程共始终的，而事物的非根本属性则是变动不居的。因此，在事物根本属性不变的情况下，它的某些非根本属性可能发生重大的变化，使事物过程显出阶段性来。局部性的部分质变是由于事物各个组成部分变化的不平衡性造成的。全局的根本性质未变，它的某些部分发生了质的变化，这就是局部性部分质变。我国新民主主义革命胜利发展的过程就最典型地说明了这种局部性部分质变的情形。研究总的量变过程中的部分质变，要划清两个界限。一是要把它同单纯的量变区别开来。部分质变虽然发生在总的量变过程中，但就这个部分来说已经是质变，部分质变也需要量变做准备。二是要把它同根本质变区别开来。部分质变只是某一个部分的质变而不是整个事物的质变，就整个事物来说仍然只是量变范围内的变化。诚然，由于事物范围的极其广大和发展的无限性，上述这些区别都具有相对的性质。

质变过程具有量的特征，就是质变过程中会发生新质因素在量上的扩张和旧质因素在量上的缩减。当事物质变开始时，新的质不是同时地占领全盘，而是首先突破一点或几点，然后在数量上迅速扩张，同时旧质因素也就迅速地缩减。任何质变总是一个过程。有些事物的质变似乎是"一下子"完成的，"一下子"也是一个过程，因而总有一个旧质因素和新质因素在数量上消长的过程。研究这种情形也要划清两个界限。一是它同量变的界限。它虽然表现为量的特征，但属于质变过程，既不是为质变做准备的那个量变，也不是质变所引起的新的量变，而是质变过程本身，是质变的完成过程。二是它同部分质变的界限。部分质变是在根本质变开始以前发生的，是根本质变的准备，属于总的量变过程，而质变过程中旧质因素和新质因素在量上的消长则是在根本质变开始以后发生的，属于根本质变过程。

在坚持质量互变规律的客观普遍性的同时，深入地研究这个规律的特殊性，即研究这个规律发生作用的种种复杂情形，对于我们具体地理解和运用这个规律，都是十分必要的。

# 第五章　对立统一规律

列宁说，辩证法"主要的注意力正是放在认识'自己'运动的泉源上"。[①]对立统一规律就揭示了事物"自己"运动的泉源，它指明事物内部的矛盾性是事物发展的内在动力。

## 第一节　矛盾的同一性和斗争性

对立统一规律是关于事物矛盾运动的规律，要理解对立统一规律，首先就要理解辩证法的矛盾范畴。

矛盾就是对立统一。辩证矛盾就是反映事物内部互相对立的方面之间又斗争又同一的关系的哲学范畴。斗争性和同一性是辩证矛盾的基本属性。因此，理解辩证法的矛盾范畴，就是要弄清矛盾的斗争性和同一性的科学含义以及它们之间的相互关系。矛盾的斗争性指矛盾双方互相排斥、互相分离的性质，矛盾的同一性则是指矛盾双方互相联系、互相吸引的性质，这就是矛盾斗争性和同一性的总的含义。在分别地研究矛盾的斗争性和同一性的具体含义的时候，不可忘记它们的这个总的含义，否则，就不能理解斗争性和同一性为何是表现矛盾运动过

① 列宁：《谈谈辩证法问题》，《列宁选集》第 2 卷，人民出版社 1972 年版，第 712 页。

程中两种互相对立又互相联结的倾向。

## 一、矛盾的同一性

同一性是一个具有广泛含义的哲学范畴。矛盾的同一性具有极为丰富的内容和无限多样的表现形式。列宁和毛泽东都用过许多术语来表达这个范畴，如同一性、统一性、一致性、互相渗透、互相贯通、互相依赖、互相依存、互相联结、互相合作、同等作用，等等。毛泽东在《矛盾论》里还用了很多日常用语来说明矛盾同一性的表现，如统一、团结、联合、调和、均势、相持、僵局、静止、有常、平衡、凝聚、吸引，等等。这正说明矛盾同一性的具体形式是无限多样的，要防止简单地把同一性归结为某一种具体表现形式。如果简单狭隘地理解同一性，就会导致抹杀同一性，把同被狭隘地理解的某种具体形式不同的其他形式所表现的同一性，不认为是同一性。

矛盾同一性的具体表现形式尽管是无限多样的，但无论何种形式，都表现着矛盾运动中的一种倾向，即矛盾双方互相联系的倾向。所谓同一性表现矛盾双方互相联系的倾向，这里讲的"联系"不是广义上讲的，而是狭义上讲的，是同"相互排斥"相对应的，就是指的相互联结、相互吸引。不表现这种相互联系的倾向的，不是同一性。因此，矛盾同一性的含义可以归纳为两个方面：第一，矛盾双方的相互依赖；第二，矛盾双方的相互贯通。

矛盾双方的相互依赖或相互依存，就是说矛盾一方的存在和发展要以另一方的存在和某种发展为条件，矛盾着的每一方面都不能孤立地存在和发展。对立的双方中，每一方都是它自己的对方的对方，如果失去自己的对方，它当然也就不能作为自己对方的对方而存在，它作为这个矛盾中的一方也就不存在了。这就是矛盾双方的相互依存。"不是冤家不聚头"。两个东西正因为是"冤家"即对立面，才能聚到一起，构成一个统一体，即获得同一性。例如，生和死、祸和福、顺利和困难、剥削和被剥削，其中每一个方面脱离了它的对立面都不能存在。矛盾双方不可分割地联系着，构成一个统一体。自然界、社会和人类思维中的任何事物、现象都是作为这样的矛盾统一体而存在的。需要注意的是，我们在把握矛盾双方相互依赖的同一性的时候，必须具体地分析矛盾双方是什么样的具体的同一关系，是双方哪些规定性之间的同一关系。

矛盾双方不仅相互依存，而且是由此达彼，相互贯通的。矛盾双方的这种贯通性，进一步表明了双方的内在联系。矛盾双方的互相贯通又主要表现于两种情形：一是双方的相互渗透；二是双方相互转化的趋势。

矛盾双方既然具有相互吸引的趋势，那么双方就不会是截然分开的，而是"你中有我，我中有你"，相互渗透、相互包含的。例如，工业和农业的矛盾双方，工业中包含农业的成分，如粮食、原料等，农业中包含工业的成分，如农业机械设备、化肥等；认识过程中感性认识和理性认识的矛盾双方，感性中包含着理性的因素，理性中包含着感性的因素。即使是对抗性的矛盾，双方也不是绝对对立，不是在一切方面都对立，也是互相渗透的。矛盾双方的相互渗透表现矛盾双方相互联系的性质是很明显的。

矛盾双方在一定条件下是可以相互转化的。公有制转化为私有制，私有制转化为公有制；战争转化为和平，和平转化为战争；真理转化为谬误，谬误转化为真理；等等。一切矛盾着的双方无不在一定条件下向它的对方转化。这种相互转化的过程之所以能够发生、能够实现，就是因为对立面之间本来存在着由此达彼的贯通性。毛泽东在《矛盾论》里解释矛盾同一性的时候举例说："你们看，被统治的无产阶级经过革命转化为统治者，原来是统治者的资产阶级却转化为被统治者，转化到对方原来所占的地位。……试问其间没有在一定条件之下的联系和同一性，如何能够发生这样的变化呢？"①这里讲得很清楚，对立面之间如何能够互相转化，就是因为双方具有在一定条件之下的联系和同一性。"如何能够"的问题，就是转化的可能性的问题即转化的趋势的问题。列宁在谈到黑格尔关于每一事物都是"和它自己的他物有区别"的辩证思想时指出："非常正确而且重要：'他物'是自己的他物，是向自己的对立面的发展。"②矛盾的转化是事物向自己的对立面转化，而不是向任何别的东西转化。所谓"自己的对立面"，就是本来和自己相互依存着的对立面，即和自己内在地联系着的对立面。所以，对立面之间互相转化的趋势最鲜明最深刻地表现了对立双方的内在的同一性。

## 二、矛盾的斗争性

矛盾着的对立面是不同性质的两个方面，是在性质上对立的两个方面。因此，凡是矛盾，双方都具有互相排斥的性质，即互相分离、互相反对、互相限制、互相否定的性质，这就是矛盾的斗争性。对抗性矛盾很明显，非对抗性矛盾也是这样的。例如，工业和农业的矛盾，一方面双方是互相依赖的；另一方面双方又互相限制，农业发展的状况限制工业发展的规模、速度等，工业状况又限制农业发展的速度以至于性质（大农业还

---

① 毛泽东：《矛盾论》，《毛泽东选集》第 1 卷，人民出版社 1969 年版，第 303 页。

② 列宁：《黑格尔〈哲学史讲演录〉一书摘要》，《列宁选集》第 38 卷，人民出版社 1959 年版，第 288 页。

（是小农业）。一切矛盾着的双方无不具有相互排斥的斗争性。

是小农业）。一切矛盾着的双方无不具有相互排斥的斗争性。

　　矛盾的斗争性和同一性一样，也是具有广泛含义的哲学范畴。它是对于矛盾双方相互排斥的辩证现象的最高概括，同样具有最大的概括性和普遍性，具有极为丰富的内容和无限多样的表现形式。首先，不同的矛盾，其斗争性具有不同的表现形式。阶级社会中敌对阶级之间的矛盾斗争表现为流血的和不流血的生死搏斗，革命队伍内部、人民内部的矛盾斗争则表现为同志式的批评和自我批评、多种形式的讨论协商，等等；生物界的生存竞争表现为生物之间的互相吞噬，生物进化过程中的矛盾斗争则表现为遗传与变异的互相排斥，等等。其次，同一类矛盾在其发展的不同阶段上，斗争性的表现形式也会不同。矛盾展开的初期，矛盾双方的对立处于萌芽状态，斗争较为隐蔽；随着矛盾自己运动的发展，对立越来越明朗化，越来越充分展开，斗争也就越来越明显。所谓矛盾的激化就是指斗争的激化。在矛盾发展的不同阶段上，矛盾的激化程度不同，矛盾斗争性的表现形式也就不同。

　　但是，不管矛盾斗争形式如何不同，都只是斗争性的差别性的问题，不是斗争性的有无的问题。因此，不可把矛盾的斗争性归结为某一种具体形式，例如归结为你死我活的对抗这一种形式。否则的话，其结果或者是把斗争形式的变换误认为矛盾斗争的消失，在不存在对抗的地方就不承认斗争，从而抹杀矛盾的斗争性；或者是把一切斗争都看成对抗，这就歪曲了矛盾的斗争性。

### 三、矛盾同一性和斗争性的相互联结

　　同一性和斗争性是辩证矛盾的两种基本属性，失去其中任何一种都不成其为矛盾。因此，这两个方面是不可分离的，没

有脱离斗争的同一，也没有脱离同一的斗争。

矛盾的同一性就是对立面之间的同一性，正因为是对立面，才谈得上它们之间的同一性。如果本来是一个东西，是相同的东西，那就无所谓相互依存、相互贯通，无所谓同一性。辩证法的同一，都是包含差别和对立的同一。恩格斯说："同一性自身包含着差异性，这一事实在每一个命题中都表现出来，在这里述语是必须和主语不同的。"①例如，说百合花是一种植物，这里就有个别和一般的差异，属和种的差异。如果说百合花是百合花，这种绝对同一的命题当然是毫无意义的。包含对立于其自身的同一，就是受斗争性制约的同一。正因为同一受斗争的制约，正因为斗争必然要打破同一，这种同一才不是无条件的、永恒的、僵死的同一，而是有条件的同一、历史的同一，即所谓具体的同一。脱离对立的同一，是绝对的同一或抽象的同一，这是旧的形而上学世界观的基本原则。绝对同一就是绝对肯定。如果事物只能和自身同一，不能在自身中包含它的对立面，包含它的否定的方面，没有否定因素的推动，当然也就不会有事物的发展，就必然地把事物看成永久不变的东西。所以，这种绝对同一的形而上学世界观历来是旧事物的拥护者用以对抗新事物的思想武器。不破除这种绝对同一的形而上学观点，就不能树立辩证法的观点。

矛盾的斗争性是结成一个矛盾统一体的对立双方之间的斗争性，它是以双方能够结成一个矛盾统一体即具有内在的同一性为前提的，因此，斗争性也是受同一性制约的。脱离同一性的斗争性即脱离同一的对立，是绝对对立。绝对对立就是非此即彼，就是把对立看成矛盾双方具有绝对分明的和固定不变的

① 恩格斯：《自然辩证法》，《马克思恩格斯选集》第 3 卷，人民出版社 1972 年版，第 537 页。

界限。辩证法不承认什么绝对的同一，当然也不承认什么绝对的对立。恩格斯说："辩证法不知道什么绝对分明的和固定不变的界限，不知道什么无条件的普遍有效的'非此即彼'，它使固定的形而上学的差异相互过渡，除了'非此即彼'又在适当的地方承认'亦此亦彼'，并且使对立互为中介。"①辩证法除了承认"非此即彼"即承认差别和对立以外，又在适当的地方承认"亦此亦彼"即承认一定条件下的同一。否认同一的绝对对立，也就是绝对否定。它同绝对同一的观点形式上相反，实质上相同，同样会否认事物的发展。如果不破除绝对对立的观点，也不能树立辩证法的观点。

同一性和斗争性互相联结的实际内容就是二者互相制约。它们之所以必定要互相联结，谁也不能离开谁，就是因为它们是互相制约的。所谓同一离不开斗争，就是同一性离不开斗争性的制约；所谓斗争离不开同一，就是斗争性离不开同一性的制约。有了二者的互相制约，才能构成双方又斗争又同一的矛盾运动，才有事物的合乎规律的发展。"互相制约"这个思想极其重要。

懂得了矛盾的同一性和斗争性互相联结、互相制约的道理，也就懂得了在认识事物时必须做到在对立中把握同一，又在同一中把握对立。这正是辩证认识的实质所在。


## 第二节　矛盾是事物发展的动力


事物在各种外部条件的影响下，其内部矛盾着的双方既互

---

① 恩格斯：《自然辩证法》，《马克思恩格斯选集》第 3 卷，人民出版社 1972 年版，第 535 页。

相依存又互相排斥，既同一又斗争，使双方力量处在此消彼长的不断变化中。一旦矛盾双方的力量对比发生了根本的变化，便引起矛盾双方的相互转化，于是新矛盾取代旧矛盾，新事物取代旧事物。一般地说，这就是事物发展的实在过程。

矛盾的同一性和斗争性都对事物的发展起着不可抹杀的作用。同一性和斗争性是互相联结、互相制约的，是不可分割的。在事物的发展过程中，不论同一性或斗争性都不能孤立地起作用。因此，孤立地去研究同一性或斗争性的作用是不辩证的。但是，为了深入地认识事物内部矛盾双方又同一又斗争怎样推动事物的发展，又有必要首先对它们在事物发展中各起何种特定的作用分别地加以分析，然后再把它们综合起来。

## 一、同一性在事物发展中的作用

同一性在事物发展中的作用在于，它提供矛盾双方得以存在和发展的条件，从而也就孕育着扬弃旧的矛盾的条件。分别地说，这种作用可以从以下几个方面去认识。

第一，矛盾的同一性使矛盾双方能在互相依存中得到发展。

矛盾一方的发展要以另一方的某种发展为条件。对立面相互依存的同一不只是静态的同一，而是发展中的同一。这就是说，矛盾双方不只是互为存在的条件，而且是互为发展的条件，矛盾一方的发展是依赖于另一方的某种发展的。

任何事物都是在矛盾统一体中发展。固然，当矛盾双方力量的变化达到某一个限度时，就会引起矛盾统一体的分解，但是，这个矛盾双方力量变化的过程本身却是在对立面互相依存的矛盾统一体中实现的。使事物脱离它的对立面去发展，如毛泽东所批评过的"单打一""唱不得对台戏""只要香花，不要毒草"等，都只能是人为的，在客观上是不可能的。这种人为的、使事物脱离自己对立面的发展，只能是畸形的发展，甚至是倒退，因为这是违背事物的辩证本性的。

矛盾一方的发展依赖于另一方的某种发展，是事物发展的普遍规律。在自然界，例如恶劣的环境本是限制着生物的生长的，但又有促进生物生长的作用。在恶劣环境的长期作用下，物种会产生变异，当物种一旦适应了这种环境以后，这种恶劣的环境反而成了这个物种生存和发展的条件。越是在恶劣环境下生长起来的生物，越是苗壮。在社会生活的领域里，这同样是普遍的情形。对于双方没有根本利益冲突的一类矛盾来说，这是十分明显的。在经济生活中，例如各个部门、各个环节之间是互相依存的，我们实行的一系列"两条腿走路"的方针就是依据于对这种矛盾关系的正确认识；在政治生活中，例如民主和集中，只有在高度民主的基础上才能有高度的集中，只有民主制的充分发展才能有集中制的充分发展，反之亦然；在文化科学事业中，例如普及和提高，越是普及，提高就越有基础，而提高又促进更高水平上的普及；在认识的发展中，例如理论和实践，实践越广阔越深入，理论才能越正确越深刻，而理论越是正确、彻底，实践也就会越有成效。即使是社会领域中双方存在着根本利益冲突的那一类矛盾，情形也是这样的，只是在表现形式上有所不同而已。在这一类矛盾中，彼方的发展一方面是对此方发展的一种限制，但另一方面，在客观上又是对此方发展的一种刺激和促进。例如，在革命势力和反动势力的矛盾中，反动势力要求得发展，必定要限制革命势力的发展，但它同时又刺激或促进着革命势力的发展。反动势力越是疯狂镇压革命势力，革命势力对反动势力的反抗也越是加剧，革命力量也就在斗争中发展。在思想领域里，真理和谬误的矛盾也是这样。一种新的错误理论的出现，促使人们去探索足以制胜这种错误理论的新的真理。一种错误思潮的泛滥和猖獗，推动着与它针锋相对的正确思潮的传播和发展。思想史上唯物论和唯心论、辩证法和形而上学竞长争高，就是这种情形。我们所谓重视反面教员的作用，就是自觉地利用对立面来发展自己。

第二，矛盾的同一性使双方能够互相利用、互相吸取有利于自身的因素而得到发展。

矛盾双方的互相依存、互相贯通，在事物发展过程中必然表现为双方互相利用，互相吸取有利于自身的因素。

矛盾一方的某些因素为另一方所吸取和利用，这也是事物发展的普遍情形。这种情形，对于自然界的矛盾和社会生活中双方不存在根本利害冲突的一类矛盾来说是十分明显的。即使对于社会生活中，一方是积极因素另一方是消极因素的一类矛盾，甚至是双方存在着根本利害冲突的矛盾来说，也是这样的，只是表现形式有所不同罢了。这里面，包括如下这样两个方面的情况。

其一是双方包含着可以互相利用的共同因素。例如，无产阶级和资产阶级这矛盾双方的对立主要是阶级利益、思想体系等的对立，并不是在一切方面都对立。资产阶级在它存在和发展的几百年里，在发展生产力和发展科学文化方面所取得的成果，就是无产阶级可以和需要加以利用的。对资产阶级的一切采取全盘否定、全盘拒绝的态度，那是愚蠢的形而上学。任何矛盾双方的对立都不是绝对对立，不是在一切方面都对立，而总是有某些可以互相利用的共同因素。因此，一切新事物的发展都要利用旧事物中有利于自己发展的某些因素，有的是现成地利用，有的是加以改造后利用。

其二是矛盾一方各个组成因素发展的不平衡所造成的矛盾性可以为另一方所利用。例如，构成反动势力的各个集团和派别发展的不平衡性造成了它们之间的矛盾，这种矛盾就可以为革命势力所利用。在科学发展中，各种错误学说之间的差异和矛盾可以为正确学说的发展所利用。在哲学发展中，各派唯心主义之间的差别和矛盾可以为唯物主义的发展所利用，列宁就说过："当一个唯心主义者批判另一个唯心主义者的唯心主义基础时，常常是有利于唯物主义的。"①

第三，矛盾双方的内在同一性规定着事物发展的基本趋势。

事物的发展是向自己的对立面转化。所谓"自己的对立面"就是本来和自己相互依存着的对立面，就是自身包含着的否定方面。例如，生物的进化不是向任何别的方向进化，而只是向它自身的变异因素所指示的方向进化。这说明，生物进化的方向是由生物自身遗传和变异的同一性所规定的。可见，离开事物内部矛盾双方的具体的同一性，就无从确定事物发展的基本趋势。

从上述几个方面，说明同一性在事物发展中具有重要的积极作用。因此，我们必须正确地利用矛盾的同一性去促进事物的发展。这就是要学会在对立中把握同一，防止在相互同一的矛盾双方中夸大其中某一个方面而忽视另一个方面，防止和克服思想上的各种片面性。

固然，同一性是表现事物的相对稳定性的。然而，稳定性并不在任何情况下都是消极的东西。恩格斯说过，辩证法哲学不承认任何最终的、绝对的、神圣的东西，但是，"它也有保守的方面：它承认认识和社会的每一个阶段对自己的时间和条件来说都有存在的理由"。②事物的稳定性也是辩证法所承认的，

---

① 列宁：《黑格尔〈哲学史讲演录〉一书摘要》，《列宁全集》第 38 卷，人民出版社 1959 年版，第 313 页。
② 恩格斯：《路德维希·费尔巴哈和德国古典哲学的终结》，《马克思恩格斯选集》第 4 卷，人民出版社 1972 年版，第 213 页。

这就是辩证法的保守的方面。承认这个保守的方面，承认矛盾双方在一定条件下相互依存的同一性，就是承认事物在自己的时间和条件下存在的历史正当性。显然，辩证法的这个保守的方面同所谓保守主义不是一回事。保守主义是把这个保守的方面绝对化，是只承认保守性而不承认革命性。辩证法承认保守的方面，却反对把保守的方面绝对化，而认为这个保守的方面是相对的。因为同一性是受斗争性制约的，矛盾双方的斗争迟早要打破同一，所以矛盾双方相互依存的同一不是无条件的、凝固不变的，也就是说，事物的稳定性只是相对的，而事物的变动性则是绝对的。这就是辩证法的革命性质。

## 二、斗争性在事物发展中的作用

毛泽东在《矛盾论》里指出："无论什么事物的运动都采取两种状态，相对地静止的状态和显著地变动的状态。两种状态的运动都是由事物内部包含的两个矛盾着的因素互相斗争所引起的。"[①]事物运动的相对静止和显著变动的状态即量变状态和质变状态都是由于事物内部矛盾的斗争所引起的，因而对于斗争性的作用也就可以从它在事物的量变状态和质变状态所起的作用去加以研究。

斗争性在事物量变过程中的作用，就在于它推动着矛盾双方力量的变化。斗争就是互相排斥、互相限制，就是矛盾一方限制对方的发展并打破对方对自己的限制。在这种斗争中必然造成矛盾双方力量的不平衡性，这种不平衡性达到一定程度就形成矛盾双方力量对比的根本变化，这就为矛盾的转化即事物的质变准备了条件。（应当注意，在这个量变过程中同一性也是

---

① 毛泽东：《矛盾论》，《毛泽东选集》第 1 卷，人民出版社 1969 年版，第 306—307 页。

起作用的，已如上述。）

　　斗争性在事物质变过程中的作用更加显著，也更加重要，可以说，在事物质变过程中斗争性起着决定性的作用。质变就是事物的发展超出原有度的范围，就是突破事物存在的限度。这当然是依靠矛盾的斗争而实现的。只有把矛盾双方相互排斥的斗争贯彻到底，才有矛盾双方相互依存的分离，才有旧矛盾统一体的分解，才有事物的质变。

　　总之，矛盾双方力量对比的变化是靠斗争推动的；矛盾双方力量对比发生了根本的变化，矛盾双方各自沿着自己的方向发展到了它的最高点即事物发展达到了它存在的极限时，要突破这个限度，更要依靠斗争。所以，矛盾斗争性的作用是不能抹杀、不能低估的。那种片面的抽象的"斗争哲学"在理论上的错误不在于它讲了矛盾斗争性的作用，而在于它片面地夸大并歪曲了矛盾斗争性的作用。

　　研究斗争性在事物发展中的作用时，应当注意以下几个问题。

　　第一，辩证法肯定矛盾斗争性在事物发展中的推动作用，却决不认为斗争本身就是发展。斗争和发展不是一个概念，斗争只是事物发展的推动力量。

　　第二，辩证法肯定矛盾的斗争可以起到推动事物发展的作用，却决不认为一切斗争都能够推动事物的发展。辩证法所揭示的事物的前进发展实质上是新事物战胜旧事物。不言而喻，只有新事物反对旧事物的斗争才能推动事物的前进，与此相反的斗争则正是阻碍事物前进发展的力量。

　　第三，即使是新事物反对旧事物的斗争，也不是一切斗争都能推动事物的前进发展，不是一切对于斗争的限制都是对于事物前进发展的限制。矛盾的斗争要受到各种因素的制约，首先就受到同一性的制约。同一性对斗争性的制约，最明显地表现于两个方面。其一是它制约着斗争的形式。具体的同一性不同，矛盾的性质就不同，因而矛盾斗争的具体形式也就不同。例如敌我矛盾和人民内部矛盾，这两类不同性质的矛盾，其斗争的形式是截然不同的。所谓"斗争就是政策"是绝对错误的。其二是它制约着斗争的界限。任何一种斗争都要有限度，不是一切斗争都好，不是越斗越好，斗得越狠越好。同一性对斗争界限的制约又大体上有这样几个方面：首先，彼方有利于此方发展的因素就应是此方斗争的界限。矛盾双方总是有可以互相利用的因素。矛盾双方的斗争只是在对于对方限制着自己发展的那些方面展开，而不能把对方的一切都斗掉，不是打倒一切，不是乱斗一气。其次，即使对于彼方限制此方发展的消极因素，也要以有利于化消极因素为积极因素作为此方斗争的界限。这种斗争也不是一概地越狠越好，不是没有界限，没有政策。我们即使在战争那样残酷的斗争中也不杀投降的敌人，也遵守"敌人不投降才叫它灭亡"的原则。最后，也是最重要的，是事物在有其存在的历史理由的时候，斗争不能任意地破坏事物的存在。当事物矛盾双方的相互依存在一定条件下仍然有利于事物的发展，有利于各种积极因素充分发挥的时候，就不能轻率地破坏这种相互依存的关系。这时候，保持矛盾双方相互依存的同一性，使矛盾统一体不破裂，就是斗争的界限。

我们既坚决肯定矛盾斗争性在事物发展中的不可低估的重要作用，又要求注意选择最适合于矛盾的性质和条件的斗争形式，注意掌握最适合于新事物发展的斗争界限，这就是所谓掌握斗争的艺术。我们干革命，搞建设，就是破坏旧世界，创造新世界。我们决不能不要斗争，决不能停止斗争，同时，又决不能不讲究斗争的艺术。

### 三、对立面同一的相对性和斗争的绝对性

矛盾的同一性和斗争性是相互联结、相互结合的，它们在事物发展过程中的作用也是相互联系、相互结合的。毛泽东说："有条件的相对的同一性和无条件的绝对的斗争性相结合，构成了一切事物的矛盾运动。"①只有同一性和斗争性的结合，才有事物的矛盾运动。而同一性和斗争性在事物矛盾运动中所处的地位是不同的，因此，又只有深入认识二者在矛盾运动中的不同地位，即认识同一的相对性和斗争的绝对性，才能理解同一性和斗争性是怎样互相结合的，才能理解事物发展过程的实质。

同一性的相对性就是指它的条件性。任何矛盾统一体及贯穿于其中的同一性的存在都是受着特定条件的限制的，只有当某种特定条件具备时，矛盾双方才具有互相依存的同一性，才共居于一个统一体中；当某种特定条件消失时，矛盾双方就丧失其同一性，就不能共居于一个统一体中。辩证法认为，任何一种条件都不是凝固的，而是可变的，因此，任何矛盾的同一性都是可变的、暂时的、相对的。

斗争性的绝对性就是指它的无条件性。所谓斗争性的无条件性，并不是说矛盾的斗争不需要一定的条件，不处在一定的条件之下。矛盾的斗争当然要受到条件的制约或限制，但它与同一性不同。同一性是矛盾运动过程中稳定的、保守的方面，它受着条件的限制而它本身却不能打破条件的限制；斗争性则是矛盾运动过程中活跃的、能动的方面，它既受着条件的限制又能够打破条件的限制，并能够创造矛盾发展所必需的新条件。因此，矛盾斗争的存在是不受任何条件限制的，即是说，矛盾

---

① 毛泽东：《矛盾论》，《毛泽东选集》第 1 卷，人民出版社 1969 年版，第 307 页。

双方相互排斥的趋势是在任何条件下都要贯彻下去的。矛盾的斗争不仅贯穿于每一具体矛盾运动的始终，而且存在于新旧矛盾交替的过程中，是促使旧矛盾让位于新矛盾的根本力量。正如没有无矛盾的状态一样，也没有无斗争的状态，矛盾的斗争是普遍的、永恒的、绝对的。

列宁说："对立面的统一（一致、同一、均势）是有条件的、暂时的、易逝的、相对的。相互排斥的对立面的斗争则是绝对的，正如发展、运动是绝对的一样。"①这就告诉我们，矛盾斗争的绝对性和同一的相对性的原理，同事物运动的绝对性和静止的相对性的原理，是一致的。一致当然不是等同。前者比后者更实质一些。就是说，矛盾斗争的绝对性和同一的相对性的原理，从实质上说明了事物的运动是绝对的，静止是相对的。因此，反过来，运动绝对性和静止相对性的原理也就可以作为理解矛盾斗争绝对性和同一相对性的门径。

毛泽东在《矛盾论》里说，事物的运动采取相对地静止和显著地变动这两种状态，"事物总是不断地由第一种状态转化为第二种状态，而矛盾的斗争则存在于两种状态中，并经过第二种状态而达到矛盾的解决"。②所谓相对地静止的状态，就是事物的量变状态，实质上就是矛盾双方保持相互依存的同一的状态。所谓显著地变动的状态，就是事物的质变状态，实质上就是矛盾双方相互依存的同一处于分解的状态。事物总是由第一种状态转化为第二种状态，就是说，事物的矛盾运动总是要由保持矛盾双方的同一进入这种同一的分解。这两种运动状态的更替，说明同一只是矛盾的一种特殊状态，矛盾的同一性只是

---

① 列宁：《谈谈辩证法问题》，《列宁选集》第 2 卷，人民出版社 1972 年版，第 712 页。
② 毛泽东：《矛盾论》，《毛泽东选集》第 1 卷，人民出版社 1969 年版，第 307 页。

暂时的、相对的。而斗争性则不同。它存在于两种状态中，而且在第二种状态下更为发展了。事物的运动之所以必然地要由第一种状态进入第二种状态，也正是因为矛盾的斗争必然地要打破同一。这说明斗争是矛盾的普遍状态，矛盾的斗争性是绝对的。

从运动和静止的关系入门去理解斗争性和同一性的关系，就可以认识到，正如运动以静止为条件又不断地打破静止一样，矛盾的斗争离不开同一却又破坏着同一。斗争性存在于事物的量变和质变两种状态中，同一性也存在于两种状态中。在第一种状态是很明显的。在第二种状态中，也不是只有斗争性而没有同一性，只不过这种状态中的同一是在瓦解中的同一。所以说，斗争离不开同一，斗争是以同一的存在为条件的。但斗争又始终在破坏着同一。在第一种状态下，斗争性一方面起着某种维护同一的作用，另一方面又在孕育着破坏同一的因素；而在第二种状态下，斗争性主要就是起着破坏同一的作用。（反过来说就不行。同一虽然也离不开斗争，但却不能破坏、阻挡斗争。同一固然制约斗争，但只是制约斗争的形式、界限等，而不能阻挡斗争倾向的贯彻。）

斗争离不开同一又破坏着同一，这一点是理解斗争绝对性和同一相对性问题的关键。它说明斗争性和同一性在事物矛盾运动中所处的地位是显然不同的。斗争性和同一性作为矛盾的两种基本属性，谁也离不开谁，在每一个具体矛盾的运动过程中它们都始终存在，只是在矛盾的不同发展阶段上它们存在的形态是不同的。斗争性在事物发展的两种状态都存在，在第二种状态具有更发展的形态。同一性也在事物发展的两种状态都存在，但在第二种状态则是一种趋于瓦解的形态。我们讲斗争性和同一性是相互联结的，它们就是以斗争离不开同一又破坏着同一这种关系相互联结的。如果一讲斗争性破坏着同一性，就看不到斗争性离不开同一性，认为斗争性是始终存在的，而同一性在第二种状态是不存在的；或者，一讲斗争性离不开同一性，又看不到正是这种斗争性在不断地破坏着同一性，从而看不到二者在矛盾运动过程中所处的不同地位，认为二者要么都是绝对的，要么都是相对的。这两种观点都是片面的。

还应注意，同一的相对性和斗争的绝对性是要说明它们在矛盾发展过程中所处的地位不同，却不能简单地看成它们各自的重要性的不同。不能认为，因为斗争性是绝对的、同一性是相对的，所以斗争性永远是最重要的，同一性则是不重要的。这显然是一种曲解。绝对和相对的关系不等于重要和不重要或主要和次要的关系。在任何矛盾的运动中，在矛盾发展的任何阶段上，以及在矛盾运动的任何条件下，斗争的绝对性和同一的相对性的关系都是不会改变的。但斗争性和同一性何者在事物发展中起着更为重要的作用，人们在解决矛盾的实践活动中应当把何者提到更为重要的位置，这是因矛盾的性质和特点不同，矛盾发展的阶段不同，以及矛盾运动所处的具体条件不同，而不尽相同的。

总之，在任何事物的发展过程中，矛盾的斗争性和同一性都有其各自的不可抹杀的作用，片面地夸大某一个方面的作用而否定另一个方面的作用都是错误的。发展就是对立面的同一和斗争，就是矛盾的相对的同一性和绝对的斗争性的辩证统一。事物内在的矛盾性就是事物发展的动力。

毛泽东指出："事物发展的根本原因不是在事物的外部而是在事物的内部，在于事物内部的矛盾性。任何事物内部都有这种矛盾性，因而引起了事物的运动和发展。"①从事物内部的矛盾即事物内部矛盾双方的又同一又斗争去说明事物的发展，就会把事物的发展看作事物的必然的自己的运动，这是唯物辩证法发展观的最基本的观点。当然，每一事物的运动都是和它周围的其他事物互相联系、互相影响的，但是，事物发展的根本原因是事物内部的矛盾性，而一事物和他事物的互相联系、互相影响则是事物发展的第二位的原因。"唯物辩证法认为外因是变化的条件，内因是变化的根据，外因通过内因而起作用。"②各种外部条件只有通过对于事物内部矛盾某一方面的加强或者削弱，才能起着加速或者延缓事物发展的作用。

　　唯物辩证法关于事物内部矛盾是事物发展的动力的原理对于我们正确认识党的独立自主、自力更生的方针和对外开放的政策具有重要的指导意义。我们必须把基点放在发展自己的力量上，但同时又要重视外部条件的创造和利用。一方面，要坚定不移地实行对外开放，为振兴经济、加速现代化建设争取良好的外部条件；另一方面，又必须坚持独立自主的方针，对外开放也应立足于这个基点，要以有利于发展自己的力量为原则，要从我国现代化建设的内在需要出发，去决定吸取或排斥外来的那些东西。

# 第三节　矛盾的普遍性和特殊性

　　矛盾的普遍性和特殊性的问题，是正确理解和运用对立统

---

　　① 毛泽东：《矛盾论》，《毛泽东选集》第 1 卷，人民出版社 1969 年版，第 276 页。
　　② 毛泽东：《矛盾论》，《毛泽东选集》第 1 卷，人民出版社 1969 年版，第 277 页。

一规律的一个十分重要的问题。研究对立统一规律，必须着重研究矛盾的普遍性和特殊性的关系。

## 一、矛盾的普遍性

矛盾的普遍性指矛盾是世界的普遍状态。毛泽东指出，矛盾的普遍性有两个方面的含义："其一是说，矛盾存在于一切事物的发展过程中；其二是说，每一事物的发展过程中存在着自始至终的矛盾运动。"[①]这就是说，矛盾无处不有，无时不在，矛盾普遍地存在。肯定了矛盾的普遍性，也就肯定了对立统一规律是普遍规律，这是坚持彻底的辩证法的前提。

列宁在论证矛盾的普遍性的时候，列举了当时各门基础科学中的基本的或重要的矛盾，同时强调指出，辩证法不是实例的总和，辩证法内容的正确性"必须由科学史来检验"。[②]所谓用科学史检验，就是用科学发展的系统事实来检验。

各门科学的发展，不断地揭示了各个领域、各种物质运动中的矛盾。

首先，在机械运动中，最简单的位移就包含着矛盾。恩格斯说："运动本身就是矛盾；甚至简单的机械的位移之所以能够实现，也只是因为物体在同一瞬间既在一个地方又在另一个地方，既在同一个地方又不在同一个地方。这种矛盾的连续产生和同时解决正好就是运动。"[③]位移就包含着连续和间断的矛盾，就是连续和间断的对立统一。除位移外，机械运动中还有作用力和摩擦力、向心力和离心力的矛盾，等等。机械运动是

---

① 毛泽东：《矛盾论》，《毛泽东选集》第 1 卷，人民出版社 1969 年版，第 280 页。

② 列宁：《谈谈辩证法问题》，《列宁选集》第 2 卷，人民出版社 1972 年版，第 711 页。

③ 恩格斯：《反杜林论》，《马克思恩格斯选集》第 3 卷，人民出版社 1972 年版，第 160 页。

最低级的运动形式，一切运动形式都包含着机械运动。既然机械运动包含着矛盾，那么，一切运动形式就都不能不包含矛盾。当然，唯物辩证法不能满足于这样的单纯的逻辑的论证，而是要不断地用科学事实去丰富自己的论证。

在物理运动中，除了包含机械运动中的矛盾，还包含了更为复杂的矛盾，如分子热运动中的矛盾、电磁运动中的矛盾、基本粒子运动中的矛盾，等等。

在化学运动中，除了包含机械运动、物理运动中的某些矛盾，还包含了它所特有的矛盾，如化合和分解、酸和碱、阳离子和阴离子的矛盾，等等。

在生物运动中，不仅包含了机械运动、物理运动、化学运动中的某些矛盾，还包含了同化和异化、遗传和变异的矛盾，等等。

社会运动是更为复杂的运动形式。在任何社会中都有生产力和生产关系、经济基础和上层建筑的矛盾。在阶级社会中，有剥削阶级和被剥削阶级的矛盾，剥削阶级内部有各个集团、派别间的矛盾，被剥削阶级的各个阶层也有矛盾。在社会生活的各个方面，不论是物质生活、政治生活和精神生活的各个领域都有其种种复杂的矛盾。

在思想领域里，也充满了矛盾。人们思想中的对立统一观念就是客观矛盾在人们头脑中的反映。正是各种矛盾构成了人们的思想运动、认识运动。思维过程中有感性和理性、分析和综合、归纳和演绎的矛盾；认识发展中有真理和谬误的矛盾；等等。

科学的发展不断地揭示出各个领域中的矛盾，每一个新的揭示都是对于矛盾的客观普遍性的新的论证。这种揭示客观过程矛盾运动的科学认识永远不会完结，因而唯物辩证法对于矛盾客观普遍性的科学论证也就不会完结。

科学发展的历史不仅证实了矛盾普遍地存在于自然、社会、思维各个领域，而且证明了，正是由于矛盾的推动才有了科学的发展，科学上的每一个重大的进步都是它揭露和解决了某一个领域的矛盾。

要理解和坚持矛盾的客观普遍性，还必须在理解科学史所揭示的事实材料的基础上，从理论上弄清辩证矛盾和逻辑矛盾的区别。唯心主义、形而上学攻击唯物辩证法的矛盾学说所采用的一个主要手法，就是把客观的辩证矛盾和荒谬的逻辑矛盾混为一谈，认为存在的只是逻辑矛盾，借口逻辑矛盾只存在于不正确的思维中而否认辩证矛盾的客观普遍。例如杜林就说："矛盾的东西是一个范畴，这个范畴只能归属于思想组合，而不能归属于现实。"现代西方哲学如新康德主义、实用主义、新实证主义等，都是用这种手法否认矛盾的客观普遍性。因此，弄清辩证矛盾和逻辑矛盾的区别对于坚持矛盾的客观普遍性具有十分重要的意义。

所谓逻辑矛盾，是人们的思维过程不合逻辑、违反逻辑规则造成的，是思维中的自相矛盾。所谓辩证矛盾，就是指对立同一，是对立面之间的又对立又同一的关系及其在人们思维中的正确反映。列宁说："'逻辑矛盾'——当然在正确的逻辑思维的条件下，——无论在经济分析中或在政治分析中都是不应当有的。"①列宁又说："就本来的意义说，辩证法就是研究对象的本质自身中的矛盾。"②前者是指的逻辑矛盾，后者则是指的辩证矛盾。任何科学的认识都要求排除荒谬的逻辑矛盾，任

---

① 列宁：《论对马克思主义的讽刺和"帝国主义经济主义"》，《列宁全集》第 23 卷，人民出版社 1958 年版，第 33 页。
② 列宁：《论对马克思主义的讽刺和"帝国主义经济主义"》，《列宁全集》第 23 卷，人民出版社 1958 年版，第 33 页。

何科学的认识又都正是在于研究对象自身所固有的辩证矛盾，所谓认识事物就是认识事物的矛盾。所以，承认矛盾的客观普遍性正是科学认识的首要前提，这同允许思维中的逻辑矛盾是完全不相干的两回事。

## 二、矛盾的特殊性

矛盾是自然界、社会和人类思维领域的普遍现象，但是，世界上的事物、现象是千差万别的。不同的事物，其内部对立同一的具体关系是各不相同的，这就是矛盾的特殊性或差别性。事物内部矛盾的特殊性规定事物的特殊的本质。

毛泽东在《矛盾论》里对矛盾的特殊性问题做了层层深入的阐述，并提出了一套分析矛盾特殊性的科学方法。他指出，要分析各种物质运动形式中的矛盾，要分析各种物质运动形式在其各个发展过程中的矛盾及矛盾的各个方面，在每个发展过程中又要分析在其各个发展阶段上的矛盾及矛盾的各个方面。分析了事物在其发展的各个过程以至各个阶段上的矛盾和矛盾各个方面的特点，分析了每一种矛盾及矛盾的每一个方面各占何等特定的地位，然后再把对于这些方面的认识综合起来，就可以达到在矛盾的总体上，在其相互联结上，认识矛盾的特殊性。

矛盾的特殊性表现着事物内部矛盾及其运动过程的复杂性。任何事物都是一个复杂的矛盾体系，是由多种矛盾、由多方面的对立统一所构成的体系或系统。认识矛盾的特殊性，就是要从构成矛盾体系的诸多矛盾及其关系中去把握其特殊性。这主要可从以下三个方面去研究。

第一，任何事物都是根本矛盾和非根本矛盾的统一。

根本矛盾是贯穿于事物和过程的始终并规定事物和过程的

基本性质的矛盾。非根本矛盾是不一定贯穿于事物和过程的始终、不规定事物和过程的基本性质的矛盾。每个事物，都有它的根本矛盾，同时又都包含一些非根本的矛盾。根本矛盾不到过程完结之日是不会消灭的。"但是根本矛盾在长过程中的各个发展阶段上采取了逐渐激化的形式。并且，被根本矛盾所规定或影响的许多大小矛盾中，有些是激化了，有些是暂时地或局部地解决了，或者缓和了，又有些是发生了，因此，过程就显出阶段性来。"①

根本矛盾和非根本矛盾之间的关系是辩证的。根本矛盾规定和影响非根本矛盾的发展，非根本矛盾的发展又反过来影响根本矛盾，加速或延缓根本矛盾的解决，从而加速或延缓事物的发展过程。因此，既要把握住根本矛盾的变化，又要把握住各种非根本矛盾发展的状况。如果不注意研究根本矛盾和非根本矛盾的区别、联系及其变化，就不能把握事物发展过程及其不同阶段的特殊本质，就不能认识矛盾的特殊性。

第二，任何事物都是主要矛盾和非主要矛盾的统一。

事物作为一个矛盾体系是一个动态的体系，它内部各种矛盾力量是不断变化着的，这就必然造成矛盾力量的不平衡性。这种不平衡性表现着各种矛盾力量的不同地位、不同作用，它首先就是主要矛盾和非主要矛盾的区别。

主要矛盾是在一个矛盾体系中居于支配地位、因而对事物的发展过程起着决定作用的矛盾。非主要矛盾则是在一个矛盾体系中不居于支配地位、因而对事物的发展过程不起决定作用的矛盾。需要注意的是，主要矛盾和根本矛盾不是一回事，它们是两个反映事物矛盾运动不同方面的范畴。根本矛盾是从规

_____

① 毛泽东：《矛盾论》，《毛泽东选集》第 1 卷，人民出版社 1969 年版，第 289 页。

定过程性质的角度确定的，而主要矛盾则是从它在复杂的矛盾体系中所占的地位确定的。这二者在有些情况下是重合的，那就是当某一个矛盾既规定过程的基本性质又在矛盾体系中居于支配地位的时候，这个矛盾既是根本矛盾又是主要矛盾。而在另外的情况下，这二者就不是重合的，主要矛盾只表现于根本矛盾发展的一定阶段，它是根本矛盾在其发展的一定阶段上的主要表现。

在事物的发展过程中，各种矛盾力量的发展总是不平衡的，总会有居于支配地位的主要矛盾，又有居于从属地位的非主要矛盾。有时似乎平衡，但不是绝对平衡。因此，主要矛盾和非主要矛盾的区分是普遍现象，这是表现矛盾复杂性的一个重要方面。

认识一个复杂的矛盾体系，必须把握它的主要矛盾。抓不住主要矛盾，就把握不了中心，找不到重点，就无从了解事物矛盾的特殊性，也找不到解决矛盾的方法。但是，这决不意味着可以忽视对于非主要矛盾的研究。主要矛盾和非主要矛盾作为两种对立的矛盾力量，它们总是相互作用的，主要矛盾对非主要矛盾的发展固然有着巨大的作用，而非主要矛盾也会反过来影响主要矛盾的发展和解决。同时，主要矛盾和非主要矛盾的区分并不是凝固不变的，而是可以相互转换的。因此，只有既注意研究事物的主要矛盾又注意研究事物的非主要矛盾，注意研究各种矛盾力量相互关系的变化，才能预见主要矛盾的变化，并且在主要矛盾一旦发生变化时，在认识上和行动上及时地把主要精力转移到新出现的主要矛盾上来。

第三，任何矛盾都是主要矛盾方面和非主要矛盾方面的统一。

矛盾力量的不平衡性还表现于每一种矛盾的双方力量发展

的不平衡。不论主要矛盾或者非主要矛盾，其对立的双方中总有一方处于支配的地位，起着主导的作用，这就是主要矛盾方面，另一方则处于被支配的地位，不起主导的作用，是非主要矛盾方面。认识任何矛盾，都要分清它的主要方面和非主要方面。找不着主要矛盾方面就不能辨别事物的性质，因为事物的性质主要地是由取得支配地位的矛盾的主要方面规定的。但这并不意味着可以忽略非主要的矛盾方面。非主要的矛盾方面并不是完全被动的方面，它也会影响和制约主要的矛盾方面。矛盾着的双方总是互相制约、互相作用的。在实际生活中常常有这样的情形：为了加强主要的矛盾方面，反而要首先加强非主要的矛盾方面，为了加强重点，反而首先要向非重点上用力气，这就是所谓相反相成的道理。

认识主要矛盾和非主要矛盾、主要矛盾方面和非主要矛盾方面这种矛盾力量的不平衡性，就是要求坚持唯物辩证法的两点论和重点论的统一。所谓重点论，就是对于一个矛盾体系中的各种矛盾不能平均看待，而应当着力抓住主要的矛盾；对于每一个矛盾的双方也不能平均看待，而应当着力把握它的主要方面。所谓两点论，就是在认识一个复杂的矛盾体系时，既注意它的主要矛盾，又不忽视它的非主要矛盾；在认识每一个矛盾的发展时，既注意它的主要矛盾方面，又不忽视非主要矛盾方面。两点论和重点论是不能分割的。辩证法的两点论是有重点的，两点论中内在地包含着重点论。辩证法的重点论是以同时承认非重点为前提的，重点论中内在地包含着两点论。两点论和重点论的统一，是认识矛盾特殊性所必须坚持的基本原则。

## 三、矛盾的普遍性和特殊性的关系

矛盾的普遍性和特殊性的关系，也就是共性和个性、一般和个别的关系。一般和个别是两个不同的方面，不可混淆。列宁说："任何一般都是个别的（一部分，或一方面，或本质）。任何一般只是大致地包括一切个别事物。任何个别都不能完全地包括在一般之中。"①一般只是同类个别事物的共同的本质的东西，并不包括个别事物所独有的东西。所以，不能用矛盾的普遍性代替特殊性，也不能用矛盾的特殊性代替普遍性。但是，矛盾的普遍性与特殊性又是相互联结的。列宁又说："个别一定与一般相联而存在。一般只能在个别中存在，只能通过个别而存在。任何个别（不论怎样）都是一般。"②一方面，矛盾的普遍性不能脱离特殊性，普遍性寓于特殊性之中。另一方面，矛盾的特殊性也不能脱离普遍性。任何个别事物都不是孤立的，都同其他事物相互联系，都包含着同其他事物共同的东西。同时，由于事物范围的极其广大和发展的无限性，因而矛盾普遍性和特殊性的区分也是相对的。在一定场合为普遍性的东西，在另一场合则成了特殊性，反之亦然。

可见，任何事物的内部都既包含了矛盾的普遍性又包含了矛盾的特殊性，或者说，都既包含了普遍的矛盾又包含了特殊的矛盾。普遍矛盾是同类事物所共有的矛盾，规定着同类事物的共同的本质。特殊矛盾是各个具体事物所特有的矛盾，规定着具体事物的特殊的本质。任何事物都是普遍矛盾和特殊矛盾的统一。因此，认识任何事物，都要研究它内部包含的普遍矛盾和特殊矛盾及其相互联结。

认识矛盾的普遍性是重要的。"必然性和普遍性是不可分割

① 列宁：《谈谈辩证法问题》，《列宁选集》第 2 卷，人民出版社 1972 年版，第 713 页。
② 列宁：《谈谈辩证法问题》，《列宁选集》第 2 卷，人民出版社 1972 年版，第 713 页。

的。"①如果事物只是各各特殊，没有事物之间的共同性、普遍性，那就不会有必然性、规律性，因为规律就是现象中同一的、普遍的东西。但是，尤其重要的是认识矛盾的特殊性。显然，如果不认识事物的特殊矛盾，也就谈不上对于事物普遍本质的认识，因为普遍本质是存在于各个特殊的具体事物之中的。事物的特殊矛盾规定事物的特殊本质，不认识事物的特殊本质就等于没有认识。所以，列宁说，具体地分析具体的情况，是"马克思主义的最本质的东西、马克思主义的活的灵魂"。②

普遍矛盾和特殊矛盾的统一表现了客观矛盾的复杂性，也决定了人的认识过程的复杂性。人们认识事物，总是从分析具体事物的特殊矛盾开始。从其中概括出对于事物普遍矛盾的认识，又以这种对于普遍矛盾的认识作指导，去进一步研究具体事物的特殊矛盾，并以此丰富对于普遍矛盾的认识。这是一个从特殊到普遍、又从普遍到特殊的循环往复的无限的认识发展过程，充分体现了认识过程的矛盾性、曲折性，体现了主观和客观的具体的历史的统一。我们党强调的马克思列宁主义的普遍真理同革命的具体实践相结合的原则，就是以唯物辩证法关于普遍矛盾和特殊矛盾相统一的原理作为它的理论基础的。我们党提出的建设有中国特色的社会主义，是这个基本原则在新的历史时期的坚持和发展。我们既要坚持马克思主义科学社会主义的普遍原则，又不把这些原则变成僵死的教条，变成先验的图式，而是要从中国的国情出发去运用这些原则，并在实践中发展这些原则。从中国的国情出发，就是从研究中国的矛盾特殊性出发，这也就是从实际出发。它充分体现了马克思主义

① 列宁：《费尔巴哈"对莱布尼茨哲学的叙述、分析和机制"一书摘要》，《列宁全集》第 38 卷，人民出版社 1959 年版，第 434 页。
② 列宁：《共产主义》，《列宁选集》第 4 卷，人民出版社 1972 年版，第 290 页。

的实践精神。建设有中国特色的社会主义是一个过程，从实践上说，是一个创造"中国特色"的过程；从认识上说，是一个以马列主义普遍原则为指导去探索中国社会主义建设的特殊规律的过程。这只有经过在实践基础上由特殊到普遍又由普遍到特殊的多次循环往复的辩证认识运动才能够完成。经过这个实践和认识的辩证运动，不论对"中国特色"还是对科学社会主义普遍原则的认识都会不断地加深。

矛盾的普遍性和特殊性相统一的原理，是反对教条主义和经验主义的思想武器。教条主义的错误是使矛盾的普遍性离开矛盾的特殊性，把对于普遍矛盾的认识绝对化，拒绝具体地研究事物的特殊矛盾。经验主义的错误则是使矛盾的特殊性离开矛盾的普遍性，把对于具体的特殊矛盾的认识绝对化，拒绝普遍理论的指导。教条主义和经验主义各执一端，作为错误的思想方法，都不能达到对于事物矛盾运动的正确认识。

四、矛盾解决形式的多样性

认识矛盾是为了解决矛盾。研究矛盾的特殊性就是为了寻求解决矛盾的正确形式和方法。矛盾解决的具体形式是多种多样的，但矛盾解决的基本形式可以分为以下两种。

第一种，是解决矛盾的量变形式。这就是事物在其发展中产生出适合于矛盾双方在其中运动的形式。马克思说："商品的交换过程包含着矛盾的和互相排斥的关系。商品的发展并没有扬弃这些矛盾，而是创造这些矛盾能在其中运动的形式。一般说来，这就是解决实际矛盾的方法。"[1]在商品经济存在的历史条件下，商品内部的矛盾可以通过它所创造的商品流通的形式而不断地得到解决。太阳系的各个行星和太阳之间的吸引和排

---

[1] 马克思：《资本论》第 1 卷，人民出版社 1975 年版，第 122 页。

斥的矛盾，可以通过创造出使行星围绕太阳运动的椭圆形式而得到解决。这种形式，是事物处在量变过程中解决矛盾的基本形式。在事物的量变过程中也可以而且必须使矛盾得到一定程度的解决，不能一提解决矛盾就是质变。这种解决矛盾的形式固然不是矛盾根本解决的形式，却不可抹杀它的积极作用。

第二种，是解决矛盾的质变形式。这就是扬弃旧矛盾，产生新矛盾，旧事物为新事物所取代。矛盾解决的质变形式也不是千篇一律的，从我们已经认识到的情况看，大体上有以下几种形式。

其一是矛盾一方克服另一方。这是大量存在的解决矛盾的形式。矛盾经过一个双方力量变化的准备过程之后，一方压倒另一方，就使矛盾得到解决。例如，无机界的吸引克服排斥或排斥克服吸引，生物界的优胜劣败，社会生活中的革命战胜反动、先进克服落后、和平压倒战争，认识领域中的真理克服谬误、科学战胜迷信等，都是这种解决矛盾的形式。

其二是矛盾双方"同归于尽"，为新的对立双方所代替。不论在历史上还是在现实中，这种解决矛盾的形式都是存在的。人类历史的不同阶段上所经历的几大阶级对抗，就其最终结局来说，都是采取了这种解决矛盾的形式。

其三是有些矛盾经过一系列的发展阶段，最后达到对立面的融合，即融合成一个新事物。例如，城市和乡村的矛盾、脑力劳动和体力劳动的矛盾就是将以这种形式得到解决的。随着向共产主义社会转变的各种条件逐渐成熟，这些矛盾着的对立面之间的差别会不断缩小，最后达到融合，形成完全新型的居民点和完全新型的劳动。承认这种解决矛盾的形式同所谓矛盾调和论是有原则界限的：第一，这是解决矛盾而不是调和矛盾，它的结果不是维护旧事物而是扬弃旧事物，产生新事物；第二，这里所谓对立面的融合不是矛盾运动的出发点，而是矛盾运动的结果；第三，它不是取消斗争，而是经过了不同形式的斗争的。

解决矛盾的质变形式究竟有哪些，尚有待于深入的科学研究去发现，重要的是必须打破那种认为解决矛盾只能有一种形式的片面观点。

在研究矛盾解决形式的多样性时，要特别注意区别社会生活中解决对抗性矛盾和非对抗性矛盾的不同形式。对抗性矛盾是在双方根本利益互相冲突的基础上的矛盾，一般地要采取外部对抗的形式去解决。非对抗性矛盾是在双方根本利益一致基础上的矛盾，只能采取发展共同利益、内部协商讨论、批评与自我批评以及其他调整矛盾双方的利益和相互关系的形式去解决。哲学上正确区分对抗性矛盾和非对抗性矛盾及其不同的解决形式，是在政治上正确区别和处理敌我矛盾和人民内部矛盾的理论基础。

# 第六章　否定之否定规律

否定之否定规律也是唯物辩证法的一个基本规律。否定之否定规律的基本内容，就是揭明事物的发展是由肯定到否定再到否定之否定，如此循环往复的螺旋式上升的辩证过程。研究否定之否定规律要把握的基本思想就是事物自己发展自己，它是唯物辩证法关于事物"自己"运动这一根本思想的更深入更具体的展开。

## 第一节　肯定和否定

任何事物的内部都包含着肯定和否定两个方面。从研究事物的发展过程这个角度说，事物内部的矛盾运动就是肯定和否定的对立同一的运动。研究否定之否定规律，首先就要弄清肯定和否定这对范畴的含义及其关系，特别是要弄清否定的辩证含义。

### 一、肯定和否定的对立统一

事物的肯定方面是事物中维持其存在的方面，也就是肯定这一事物为它自身的方面。事物的否定方面，是事物中促使它灭亡的方面，也就是促使它转化为他事物的方面。肯定方面和否定方面是互相斗争着的。当肯定方面仍然处于支配地位的时候，事物保持它原有的性质，也就是还保持它自身的存在，而一旦否定方面取得支配地位，那就是事物转化到自己的对立面，达到对事物自身的否定。辩证法三大基本规律的各对基本范畴所表示的倾向是一致的。肯定方面居于主导地位，就是事物处于相对稳定的状态即量变的状态，也就是矛盾双方保持相互依存的同一的状态。否定方面向主导的地位转化，就是事物处于显著变动的状态即质变的状态，也就是矛盾双方相互依存的同一分解的状态。

肯定和否定是对立的统一。肯定和否定是事物内部所具有的两种互相对立的因素、趋势，肯定是保持事物的存在，否定则是破坏事物的存在，肯定不是否定，否定不是肯定。但是，这二者的对立不是绝对对立、绝对排斥，它们又是辩证地统一的，就是说，它们是相互依存、相互渗透的。它们的相互依存，就是既没有离开否定的肯定，也没有离开肯定的否定。它们的相互渗透，就是肯定中包含着否定，否定中包含着肯定。

没有离开否定的肯定。肯定自己是这个事物，是因为首先否定了自己是别的事物。黑格尔说："规定性是肯定地建立起来的否定。"①这个话是很辩证的。没有否定就不可能建立肯定即建立事物的规定性。离开否定的肯定，单纯的肯定，那不是辩证的肯定。抛开一事物和它自己的他物之间的联系和转化而谈的肯定，只能是一种抽象的肯定，是不包含任何真实内容的肯定。

没有离开肯定的否定。否定不是把某个事物化为乌有，而只是改变这个事物存在的形态，对这种形态的否定，也就是对与它对立的另一种形态的肯定。否定只是建立新的肯定的必然

---

① 黑格尔：《逻辑学》上卷，商务印书馆 1966 年版，第 105 页。

环节。所以，在这个意义上同样可以说，否定就是肯定。离开肯定的否定，单纯的否定，那不是辩证的否定。

肯定中包含着否定。辩证法讲的肯定，不是绝对肯定，而是包含着否定的肯定。例如，死亡是对生命的否定，但在生命中就包含着死亡的因素，离开死亡就没有生命。所以，恩格斯说："今天，不把死亡看作生命的重要因素、不了解生命的否定实质上包含在生命自身之中的生理学，已经不被认为是科学的了，因此，生命总是和它的必然结果，即始终作为种子存在于生命中的死亡联系起来考虑的。辩证的生命观无非就是这样。……生就意味着死。"①排除否定因素的肯定，不包含否定的肯定，是僵死的肯定，那就没有矛盾，没有发展。

否定中包含着肯定。辩证法讲的否定，不是绝对否定，而是包含着肯定的否定。辩证法的否定不是简单地宣布没有，不是转化为绝对的无。排除肯定因素的否定，不包含肯定的否定，就是否定一切，这同样没有事物的发展。

## 二、辩证的否定是发展的环节和联系的环节

否定是一个十分重要的辩证法范畴。辩证法的否定观最集中地体现了辩证法的批判的革命的实质。马克思说："辩证法在对现存事物的肯定的理解中同时包含对现存事物的否定的理解，即对现存事物的必然灭亡的理解；辩证法对每一种既成的形式都是从不断的运动中，因而也是从它的暂时性方面去理解；辩证法不崇拜任何东西，按其本质来说，它是批判的和革命的。"②在辩证法看来，世界上任何事物都不是永恒的、绝对的，

---

① 恩格斯：《自然辩证法》，《马克思恩格斯选集》第 3 卷，人民出版社 1972 年版，第 570 页。
② 马克思：《〈资本论〉第一卷第二版跋》，《马克思恩格斯选集》第 2 卷，人民出版社 1972 年版，第 218 页。

迟早是要被否定的。辩证的否定是事物发展的推动力量。列宁把否定看作辩证法中最重要的因素，这同把对立统一规律看成辩证法的核心是一致的。

正确理解辩证否定，关键在于把事物的否定理解为事物的自我否定，即通过事物内在的矛盾运动而进行的自身否定。事物的"自己"运动就是通过这样的自身否定而实现的。辩证的否定作为事物的自我否定，作为事物自己否定自己的否定，具有以下两个最基本的特点。

第一，辩证的否定是发展的环节。事物的否定方面是事物自身包含的破坏事物自身存在的方面。由于这个否定因素的增长而发生的否定，是对事物存在的否定，即对事物的质的根本否定，因此，它是旧事物向新事物的转变，是新旧事物的决裂，体现着发展过程中的非连续性即连续性的中断。否定是一切事物前进发展的杠杆。不论自然界、社会和人们思想的发展都是经过一个一个的否定而实现的。没有否定，事物就永远是老样子，就永远没有发展。

第二，辩证的否定是联系的环节。既然是事物自己否定自己，是事物自身孕育的否定因素来否定自己，这个否定因素是在事物自己身上孕育、生长的，是吸取了事物自己发展中的一切有益的养料而生长的，那么，当它作为新的事物起来否定旧的事物的时候，也就是带着旧事物的"母腹"中一切积极的有益的东西脱胎而出的。所以，这种否定又体现着新旧事物之间的历史的联系，体现着发展过程中的连续性。正因为新旧事物之间通过否定这个环节又联系起来，才有历史。

这种作为发展环节和联系环节的辩证否定就是扬弃。扬弃就是对旧事物既克服又保留。所谓克服，是对旧事物的质的根本否定，它在新旧事物之间划出一条确定的界限，因而体现着发展过程中的非连续性；所谓保留，是对旧事物中一切积极的东西的吸取，因而体现着新旧事物之间的历史的联系，体现着发展过程中的连续性。事物经过辩证否定而实现的发展过程，都是连续性和非连续性的统一。

不论在自然界、社会还是人类思维的领域，到处存在着这种辩证的否定。在无机界，一种运动形式否定另一种运动形式，都不是使某种运动形式绝对消失，它的某些因素必然地包含于新的运动形式之中。在生物界，新物种否定旧物种，使新旧物种之间划出一条确定的界限，但是，新物种在它的新质因素的长期积累过程中必定要吸取和保留旧物种中某些能够继续适应环境的特性，并把它加以改造而容纳于遗传质中，这就又使新旧物种之间存在着血缘关系。在人类社会，新的社会形态否定旧的社会形态，都是以新的经济基础和上层建筑代替了旧的，但又都吸取、保留并改造了旧社会中在发展生产力和科学文化方面的一切积极成果。在思想认识领域，一种新的学说否定旧的学说时，也总是要吸取旧学说中一些有科学价值的东西的。马克思主义的产生是人类思想史上最伟大的革命变革，但它又最充分地吸取了人类思想史上一切优秀的积极成果。辩证的否定，都是包含肯定的东西的否定。

## 三、辩证的否定观同形而上学否定观的对立

同把否定看成事物的自我否定的辩证否定观相对立，形而上学否定观认为否定是外加的否定，因而是绝对否定，是否定一切。形而上学是在绝对不相容的对立中思维，它的信条是："是就是，不是就不是，除此以外都是鬼话。"在它看来，在有肯定的地方就没有否定，在有否定的地方就没有肯定；要么是肯定一切，绝对肯定；要么是否定一切，绝对否定。因此，形

而上学论者理解的否定既不是发展的环节，也不是联系的环节。在哲学史上，大家所熟知的费尔巴哈对黑格尔哲学的态度，就是形而上学否定观的一个典型例子。费尔巴哈在否定黑格尔的唯心主义体系时，把黑格尔哲学中辩证法的合理内核也否定了。俄国十月革命后出现的所谓"无产阶级文化派"，主张抛弃以往的一切文化遗产，要一切从零开始，在空地上建立所谓"无产阶级"自己的文化，这也是形而上学否定观的典型。林彪、"四人帮"鼓吹的"对着干"的口号更是一个否定一切的口号，他们妄图消灭一切有价值的东西，使我国的历史遗产和科学文化遭到了一场空前的浩劫。可见，这种形而上学的否定观会在人类实践中造成怎样严重的危害。

批判形而上学否定观，坚持辩证法的否定观，有着重要的实际意义。辩证的否定是事物发展的推动力量，没有否定就没有发展。因此，应当十分重视事物发展中的否定因素的意义，在实际生活中就应当热情支持作为否定因素的新生事物。同时，辩证的否定是包含肯定的否定，是扬弃，因此，要善于在肯定中看到否定，在否定中看到肯定，对一切事物都应采取科学的分析态度，不要做肯定一切或否定一切的简单结论。例如，对于古代文化，既不搞肯定一切的复古主义，也不搞否定一切的虚无主义；对于外国文化，既不是全盘照搬，也不是一概排斥，而是有鉴别、有选择、有批判地借鉴和吸取。

# 第二节　否定之否定

事物的"自己"运动是由事物内部的矛盾所推动的运动。所谓矛盾就是肯定物和否定物的对立统一。由于事物的内在的矛盾性的活跃引起发展，也就是由于事物的内在的否定性的活跃引起发展。从这点上可以说，否定之否定规律是对立统一规律的展开。但是，否定之否定规律有它自己独具的内容，它从整体上、从事物发展过程各个阶段的联系上揭示了事物发展的辩证规律性。它表明，事物发展的辩证内容是事物自己发展自己、自己完善自己，事物发展的辩证形式是螺旋式上升（或波浪式前进）。

## 一、事物自己发展自己的辩证内容

事物总是不断地向着自己的对立面转化。一个事物否定了它的对立面，它自己也终究要被否定。马克思说："一切发展，不管其内容如何，都可以看作一系列不同的发展阶段，它们以一个否定另一个的方式彼此联系着。"[①]但是，这个过程不是一种直线式的发展，不是一个一个的否定不断地无限地延续下去而使后来的发展同原来的出发点毫不相干。事物的发展总是由肯定到否定再到否定之否定，在否定之否定阶段综合了前两个阶段的全部积极成果，并作为事物继续发展的基础。事物自己发展自己、自己完善自己的辩证运动必然是这种否定之否定的运动。

首先，这种辩证运动必然使否定之否定成为可能的。既然事物是由它自己所孕育的对立面去否定自己，那么这个否定就是事物发展自己、完善自己所必需的一个环节，如恩格斯所说的，"做第一个否定的时候，就必须做得使第二个否定可能发生或者将有可能发生"。[②]例如，把麦粒种在土地上会长成植株，

① 马克思：《道德化的批判和批判化的道德》，《马克思恩格斯选集》第 1 卷，人民出版社 1972 年版，第 169 页。
② 恩格斯：《反杜林论》，《马克思恩格斯选集》第 3 卷，人民出版社 1972 年版，第 182 页。

这是植株对麦粒的否定，它必然使麦粒对植株的否定即否定之否定可能发生。如果使麦粒霉烂掉，这种否定就是恩格斯说的"恶劣的、没有结果的否定"。"没有结果"，就无所谓被以后的发展阶段所综合。就是说，这种否定不是辩证的否定，不是事物自己发展自己的环节，它再没有继续发展的可能了，当然也就谈不上否定之否定规律的作用。这说明，只要是事物的合乎规律的发展，都必然会有第二次否定即否定之否定。

同时，事物也必须有第二次否定、必须有两次向对立面的转化，才能表现出自己发展的完整过程。肯定和否定（即第一次否定）这两个方面都有各自的片面性，只有第一次否定还不能充分解决矛盾。必须经过第二次否定，经过否定之否定，才能克服这两个方面的片面性，达到对立面的统一。否定之否定，既克服了肯定阶段和否定阶段的片面性，又保留了这两个阶段的积极成果，因此说，它是整个发展过程的综合。

正是在这个意义上，恩格斯曾经把否定之否定称作整个辩证过程的核心。没有否定之否定的阶段，就不会有事物自己发展自己的完整过程。例如，人类劳动的发展过程就是一个否定之否定的过程，是由体力劳动和脑力劳动的统一到它们的分裂再到它们的统一的发展过程。在原始社会，是体力劳动和脑力劳动的原始统一，这是在脑力劳动极不发达的基础上的统一。这种原始统一具有极大的片面性，它极大地阻碍着人类劳动的发展。到了阶级社会，出现了体力劳动和脑力劳动的分裂，否定了它们的原始统一。这种分裂是发展脑力劳动的必要条件，是历史的巨大进步，它创造了人类的文明，加速了生产力的发展。但是，它克服了体力劳动和脑力劳动原始统一的片面性，却又带来了新的片面性。在体力劳动和脑力劳动分裂的状况下，脑力劳动的发展也只是片面的、畸形的发展，并且是以摧残着绝大多数体力劳动者的聪明才智作为补偿的。只有经过第二次否定，才能克服这两个方面的片面性，使脑力劳动和体力劳动的矛盾获得充分的解决。就是说，体力劳动和脑力劳动的分裂又必将被它们高度统一的形式所否定。在这个阶段上，才能使每个社会成员的体力和智力得到全面的发展。它又回到了体力劳动和脑力劳动的统一，仿佛又回到了原来的出发点，但这是在更高阶段上的回复。这个阶段综合了人类劳动发展过程的全部积极成果，在这个阶段上的劳动，才真正符合人类劳动的本性。又例如，实践的发展，也是遵循着由实践到认识再到实践的否定之否定过程的。在肯定阶段的实践，即作为发展过程出发点的实践是不自觉的，它带有很大的自发成分，这是它的片面性。只有从实践中获得了对于实践的对象、手段、过程、结果等的认识，才使实践成为自觉的实践即有科学认识作指导的实践。这是实践发展的否定阶段，认识的阶段。认识是对实践的否定，它克服了肯定阶段的实践的片面性（即其自发性），但它本身又具有片面性。认识是主观范畴的东西，它只有再回到实践中去经受检验并得到修正和补充，才能发现和克服自己的片面性，因此，认识又必然被实践否定（扬弃）。只有经过这样一个由肯定再到否定再到否定之否定的发展过程，才能显示一项具体实践活动发展的完整过程。任何事物的自己发展自己的辩证过程，都是遵循着否定之否定的规律而实现的。

可见，在事物发展中所进行的一个否定接着一个否定的过程，是一个不断地扬弃旧的矛盾的过程。这种不断的扬弃，就是不断进行的辩证的综合。在事物的矛盾运动过程中，总是要采取否定之否定的形式综合对立双方的积极因素，才能确立事物继续发展的基础；总是后来的发展阶段综合以前发展阶段的一切积极成果，才能有事物由低级到高级、由简单到复杂的发展，才能有事物自己发展自己、自己完善自己的运动。这就是否定之否定规律的实质内容。

## 二、事物螺旋式发展的辩证形式

事物自己发展自己的辩证内容，决定了必然采取螺旋式发展的辩证形式。事物是通过自我否定而发展，是由于自身孕育的否定因素的活跃而发展。这种发展是前进的，却又总是在事物自己创造的基础上前进，因而不可能是直线式的前进，而只能是沿着像螺旋一样的曲线前进的。

螺旋式上升的形式，就是圆圈式发展的形式。由肯定到否定再到否定之否定，在否定之否定阶段综合了肯定阶段和否定阶段的积极成果，达到了对立面的统一，完成了一个发展的周期，可以看作一个圆圈。一个圆圈就是一个综合。"小"圆圈后面有"大"圆圈，就是说，"小"圆圈又作为一个环节被综合在"大"圆圈里。越是后面的圆圈就越"大"，因为被它综合的东西越多，它也就越丰富、越具体。事物就是以这种螺旋式上升的形式，由简单到复杂、由低级到高级发展的。

螺旋式或圆圈式的发展，就是一种"回到出发点的运动"。列宁说："一般说来，运动和生成可以不重复，不回到出发点，在这样的情况下，这种运动就不是'对立面的同一'。但是，无论天体运动，或机械运动（地球上的），或动植物和人的生命——它们都不仅把运动的观念，而且正是把回到出发点的运动即辩证运动的观念灌输到人类的头脑中。"①"回到出发点的运动"是辩证运动的根本标志。事物的否定方面否定了肯定方面，但肯定方面的积极因素被保存下来了，它同否定方面的积极因素

---

① 列宁：《拉萨尔〈爱非斯的晦涩哲人赫拉克利特的哲学〉一书摘要》，《列宁全集》第38卷，人民出版社1959年版，第389—390页。

结合在一起，成为事物继续发展的基础。这个否定方面也有它的片面性，要为下一次的否定所扬弃。这样，原来的肯定方面中被保存下来的积极因素，在第二次否定即否定之否定中就成了一种对否定方面进行扬弃的力量。当然，它不是原封不动地保留下来的，而是在整个运动过程中改变了形态，是同更高级的东西结合在一起的，但是，从形式上看，这使整个运动成为一种"回到出发点的运动"。

"回到出发点的运动"使事物的发展呈现出螺旋式上升或波浪式前进的发展形式，表明事物的发展是前进性和曲折性的统一。

前进性指明事物运动的方向，是从简单向复杂、从低级向高级上升的。否定就是质变。两次否定都是质变，都是新东西代替旧东西，因而都是前进的运动。第一次否定是前进，它克服了旧事物的消极因素，又保留了旧事物中的某些积极因素。第二次否定仍然是前进。由肯定到否定是事物走向自己的反面，由否定到否定之否定是由原来事物的反面走向这个反面之反面，但后一个反面不是它由之转化而来的那个正面，而是新的反面。对于第一次否定这个中间环节来说，它原来的肯定以及它后来的否定（即否定之否定）都是反面。正因为是同一个东西的反面，所以会有某些类似，会表现为仿佛是向原来的正面回复的情况，但仅仅"仿佛"而已。这里，第一，它不是在原来基础上的回复，而是在更高基础上的回复；第二，它不是全部回复，而只是某些特性、特征的回复；第三，它不是本质上的回复，而只是某些外表特征的回复。因此，它不是回到原来的旧东西，而是向新东西的转化，它不是循环，更不是倒退，而是前进。

曲折性指明事物运动的道路，是像螺旋或波浪一样有曲折、有起伏的。事物经过两次否定，形成"回到出发点的运动"，使发展过程呈现周期性。这种周期性就表现着事物发展过程的曲折性。由肯定到否定再到否定之否定，就如波峰到波谷又到新的波峰一样，是有起伏地曲折地前进的。这种周期性是事物前进运动中的周期性，因而它不是闭锁的，而是开放的。每一周期的终点又是下一周期的起点，一个周期接着一个周期，形成由无数"圆圈"衔接起来的发展链条。平常所谓"循环往复，以至无穷"一类的话，就是表述事物发展的这种规律性。

唯物辩证法关于事物发展过程的前进性和曲折性相统一的原理告诉我们，事物发展的总趋势是前进的，因而新生的事物是不可战胜的；但事物的发展又不可能是直线式的，新生事物必然经过一个曲折的发展过程才能最后战胜和取代旧事物。只看到前进性而看不到曲折性，只想走直路，就会"欲速则不达"，甚至导致事业的失败；只看到曲折性而看不到前进性，就会失去应有的勇气和信心，当然也谈不上事业的成功。这两种片面性，都会给实际工作带来严重的危害。毛泽东常说的一句话，即"前途是光明的，道路是曲折的"，说的就是我们事业发展中的前进性和曲折性的统一。这句话所表达的辩证法，对于指导我们现在和将来的工作都有着重要的方法论的意义。

## 第三节　否定之否定的普遍性和特殊性

### 一、否定之否定的普遍性

否定之否定规律也是一个在自然界、人类社会和思维领域中普遍地起作用的基本规律，它的客观普遍性也为人类实践和科学发展的历史所充分地检验和证实。在自然界，例如元素周期性的变化就最典型地表现了否定之否定规律的作用。由轻元素到重元素的变化，就是一个由碱金属到非金属再到碱金属的否定之否定过程，排列在每个周期之首的碱金属的化学性质十分相似，但一个比一个更活泼更强烈。在人类社会，例如由原始社会的公有制到私有制再到共产主义公有制、由脑力劳动和体力劳动的原始统一到它们的分裂再到它们的高度统一等，都是经历着肯定—否定—否定之否定的发展过程。在思维领域，例如朴素辩证法被形而上学否定，形而上学又被科学辩证法否定；在具体认识过程中，由实践到认识再到实践，由感性到理性再回到感性，由个别到一般再回到个别等等，也都是遵循着否定之否定规律的。

　　否定之否定规律本来是一个普遍的基本规律，却总是有人对它的普遍性表示怀疑。这里，除了否定之否定规律比其他规律需要在一个更长的发展过程中，需要在事物的周期性的变化中才能充分显示出它的作用这一点以外，还有一个重要的认识上的原因，就是有些人把肯定—否定—否定之否定的三段式形式化、教条化了。如果头脑里装着一个三段式的先验图式，要求把客观过程套进这个先验图式，那就势必是"削足适履"。在某些过程套不进去的时候，就会认为否定之否定不是普遍的规律。

　　否定之否定是在自然界、社会和思维领域里真实地发生的过程，并不是在某个辩证论者头脑里构造出来的先验的公式。辩证法无疑是承认"三段式"的，因为客观事物的辩证运动就是这样一种由肯定到否定再到否定之否定的有节奏的运动。但是，"辩证法的'三分法'是它的外在的表面的方面"①，它只是从形式方面反映了客观的辩证运动。因此，不能形式主义地对待这个形式，以至把它变为僵死的公式，而是要把否定之否定规律作为研究的指南，去具体的分析事物的发展过程。我们应当是既不否定形式，又反对形式主义。不能因为肯定形式，就容忍形式主义，当然也不能因为反对形式主义，就连形式本身也否定了。

要把形式本身和形式主义区别开来，就要正确理解所谓"三个环节两度否定"。所谓"三个环节"，实际上也就是事物发展周期的出发点、经过点和复归点。但是，这个"点"并不是几何学上的抽象的点，这三个点连接起来构成一个现实的运动过程。所谓"两度否定"，就是经过两次否定使出发点和复归点联系起来。构成一个发展的周期，必须有两次否定，也只能是两次否定。第一次否定使事物的运动离开出发点，第二次否定即否定之否定又使事物的运动回到出发点。可以说，由这两度否定所构成的整个运动过程都是处在"经过点"上，它是事物的运动回到出发点的中介。

否定之否定是一种哲学的概括，"三段式"是从形式方面对于这种哲学概括的表述，它表述的是事物的运动经过辩证否定这个中介再返回到出发点的规律性。至于这个"中介"的具体特点、包括多少具体的发展阶段等，只是这个规律借以表现的特殊形式的问题。研究这种特殊形式，在原则上属于具体科学的任务。恩格斯曾以大麦和昆虫为例，在具体地说明了大麦和昆虫所经历的麦粒—植株—麦粒和卵—虫—卵的否定之否定过程以后说："至于其他植物和动物，这个过程的完成并不是这样

① 列宁：《黑格尔〈逻辑学〉一书摘要》，《列宁全集》第38卷，人民出版社1959年版，第129页。

简单，它们在死亡以前，不只是一次而且是多次地结果、产卵或生育后代，但是在这里，这对我们来说是无关紧要的；在这里，我们只是要说明，否定的否定真实地发生于有机界的两大界中。"①就是说，各种植物、动物生长过程的具体情况的复杂性如何，对于做出"否定之否定"的哲学概括来说是无关紧要的。这也给我们在方法论上一个启示。研究辩证法的基本规律，既要注意把普遍性和特殊性联结起来，也要注意把这二者区别开来。如果不注意这二者的区别，用特殊代替一般，就会以具体形式的差别性去否定某个规律的普遍性。

二、否定之否定的特殊性

从上面的论述已经可以看出，对于否定之否定在不同过程中的表现必须进行具体的研究。不研究这个规律的特殊性，对于它的普遍性的认识也不可能真正确立。对于否定之否定规律的特殊性，可以从以下几个方面认识。

首先，不同性质的事物具有不同的否定方式。任何否定都是质变，都是对旧事物的扬弃即又克服又保留，这是否定过程的一般性质。但是，不同性质的事物，又有其不同的否定方式即扬弃旧事物的特殊方式，对旧事物如何克服如何保留都会表现出自己的特点，这就是否定过程的特殊性质。研究否定之否定规律的特殊性，首先就是要把握各个否定过程的特殊性质。

其次，同样性质的事物，在不同的条件下，其否定之否定过程也会表现出不同的情况和特点。

再次，任何事物的发展过程都要表现出曲折性，但不同的过程，其曲折性的表现又是不同的，这也是否定之否定规律的

---

① 恩格斯：《反杜林论》，《马克思恩格斯选集》第 3 卷，人民出版社 1972 年版，第 176 页。

特殊性。大体上有两种曲折：一种是前进中的"回复"，这是事物前进发展所必需的组成部分；另一种是"逆转"，它本身不属于事物的前进发展，而是倒退。这两种曲折的区别，也是因为条件的不同，前者是在正常条件下发生的，后者则是在异常条件下发生的。就正常的"回复"来说，不同的发展过程也会表现出不同情况和特点，有的"回复"现象比较明显，有的"回复"现象就不甚明显，这都只能从对于事物的性质和条件的具体分析中得到说明。

　　总之，研究否定之否定规律，也像研究辩证法的其他基本规律一样，在坚持它的客观普遍性的前提下，应着重于它的特殊性的研究。只有研究否定之否定规律发生作用的种种特殊性，才能对它有正确的理解和运用。

# 第七章　唯物辩证法诸范畴

唯物辩证法学说是由一系列科学的哲学范畴所构成的理论体系。范畴是基本的概念，是人的思维对于事物普遍本质的概括和反映。各门具体科学的范畴只在自己所研究的特定领域里具有普遍的意义，哲学范畴则是反映整个世界普遍本质的最一般的概念，唯物辩证法哲学的范畴就是对于事物之间最普遍的辩证关系的概括和反映。学习和研究唯物辩证法学说，必须把握它的范畴体系，除了在研究它的基本规律时所涉及的若干范畴以外，还需研究几对从不同侧面反映事物对立统一关系的基本范畴。

## 第一节　原因和结果

人同自然界区分开来，有了自己相对稳定的主观世界，就开始了有目的的活动。人在实践活动中时刻要考虑采取什么样的行动才能达到目的，即什么样的行动能引出预期的结果。经过这样无数次的反复，就在人的头脑里形成了因果观念。如果没有最起码的因果观念，人们就谈不上提出和实现自己的目的。可见，原因和结果的范畴是人和自然界区分过程中的较早的阶段，是人类认识和掌握自然现象之网时较早抓住的纽结之一。

### 一、原因和结果及其辩证关系

世界上一切现象都处在普遍联系、相互制约中。每一种现象都是由另外一些现象所引起的，它自己也必然要引起另外一些现象。一种现象，对于被它所引起的现象来说是原因，对于引起它的现象来说就是结果。事物、现象之间这种引起和被引起的关系就是因果关系。这种引起和被引起的关系，一般地说有它在时间上的顺序性，先因后果是因果联系的特点之一。但是，并不是任何先后相继的现象之间都存在着因果联系。

原因和结果的关系是辩证的。这种辩证关系主要表现在以下两个方面。

第一，原因和结果的区分是确定的，又是不确定的。物质世界是各种事物相互联系、相互依赖的统一整体，事物的发展是一个生生不已的因果链条。只有当我们从世界的普遍联系中抽出某一特定对象加以考察时，只是从无限的因果链条中抽取它的某一段来考察时，原因和结果的区分才是确定的。在这样有限的范围内，原因就是原因，结果就是结果，不能倒因为果，或倒果为因。超出这个有限的范围，原因和结果的区分就是不确定的了。如果从事物的错综复杂的普遍联系去看，那么，每一个事物在这种关系中是原因，在另一种关系中就是结果；或者，如果从事物发展的整个因果链条去看，那么，每一个环节都既是结果又是原因，它是由前一现象所引起的结果，又是引起后一现象的原因。所以，恩格斯说："原因和结果这两个观念，只有在应用于个别场合时才有其本来的意义；可是只要我们把这种个别场合放在它和世界整体的总联系中来考察，这两个观念就汇合在一起，融化在普遍相互作用的观念中，在这种相互作用中，原因和结果经常交换位置；在此时或此地是结果，在彼时或彼地就成了原因，反之亦然。"①认识因果联系的这种辩证性质，防止把因果对立绝对化，就可以提高实践活动的预见性和自觉性。人们办一件事情，不仅要看到它在当前的后果，而且要看到它的更长远的后果，不仅要看到它的某一方面的后果，而且要看到它的多方面的后果，要全面地把握原因和结果相互转化的发展链条，善于估计自己行动的长远影响和多方面的影响。有些事情，在眼前可能取得某种有利的结果，但这个结果又会成为原因，引出某种坏的结果，甚至坏的结果还会引出更坏的结果。例如生态平衡的破坏就常常是这样造成的。当人们去砍伐森林，毁坏草原、湖泊以扩大一点儿耕地面积的时候，就没有想到，扩大耕地面积这一结果会成为一种原因，它造成水土流失、抗旱蓄洪能力破坏，从而引出了更大得多的土地面积成为荒芜不毛之地的结果。

第二，原因和结果是互相作用的。事物之间的作用总是相互的，有甲事物对乙事物的作用，就有乙事物对甲事物的反作用。因此，一现象是引起另一现象的原因，被它所引起的现象又反过来作用于它，成为它进一步发展的原因。例如，生产力的发展是引起生产关系变革的原因，生产关系的变革又是引起生产力进一步发展的原因，生产力和生产关系在发展过程中是互为因果的。认识因果关系的这种辩证性质，就可以正确地利用事物之间的相互作用去促进事物的发展。

二、因果联系的客观普遍性和多样性

因果联系的客观性，指因果联系是客观事物本身所固有的，是独立于人的意识之外，不以人的意识为转移的，人们的因果

---

① 恩格斯：《反杜林论》，《马克思恩格斯选集》第3卷，人民出版社1972年版，第62页。

观念只是对于客观事物因果关系的反映。因果联系的普遍性，指因果联系无所不在，世界上一切事物无不处在一定的因果关系中，既没有无因之果，也没有无果之因。

人类实践和科学发展的历史充分证实了因果联系的客观普遍性。人们在实践活动中不仅能够观察到某种现象之后必定要出现另一种现象，而且可以创造或改变某种现象，从而制造出自己所预期的某种结果。即使不能得到预期的结果，也是一种结果，这种结果也是有原因的。科学史证明，以前不知道原因的现象，后来找到了原因，因此，现在尚不知道原因的现象，将来也一定会找到它的原因。

承认因果联系的客观性、普遍性，是唯物主义的决定论。坚持唯物主义决定论的原则，是科学地认识世界和有目的地改造世界的逻辑前提。同唯物主义决定论相对立的是唯心主义的非决定论。非决定论或者否认因果联系的存在，或者否定因果联系是客观世界本身所固有的。例如，休谟认为，所谓因果联系不过是一种心理习惯；康德认为，因果性只是人用来整理感性经验的一种先天的知性形式，自然界本身是不存在因果性的。现代唯心主义如实用主义也是极力鼓吹非决定论，否认客观的因果制约性。同唯物主义决定论相对立的，还有宣扬"因果报应"的宿命论、神学目的论。这种唯心主义虽然承认因果性，却把某种"客观"精神作为决定事物变化的终极原因。宗教唯心论者认为，只要追溯事物的终极原因就可以把人们引向上帝。恩格斯指出，如果要追溯事物变化的终极原因，那么它就在物质世界自身，就是物质现象间的相互作用，"我们不能追溯到比对这个相互作用的认识更远的地方"。①妄图从物质世界之外寻

---

① 恩格斯：《自然辩证法》，《马克思恩格斯选集》第 3 卷，人民出版社 1972 年版，第 552 页。

找事物变化原因的唯心主义目的论是极其荒唐的。

因果联系是客观的普遍的，但它的表现又是复杂的、多样的。因果联系的复杂性、多样性也是它的辩证性质的表现。对于因果联系的复杂性多样性，主要地可以从以下几种情形认识。

第一，不同领域的因果联系具有不同的特点。例如，在社会领域不同于自然领域，社会领域的因果关系是通过人的有意识有目的的活动表现出来的，自然领域则不是如此。在自然领域里，微观世界也不同于宏观世界。现代资产阶级哲学中，有的企图利用量子力学中的测不准关系去证明微观世界中的基本粒子具有"自由意志"，否认微观世界的因果制约性。其实，测不准关系只是说明微观世界的因果制约性具有同宏观世界不同的特点，只是说明不能像牛顿经典力学测定宏观客体的速度和位置那样去测定微观粒子的速度和位置，并不说明微观世界没有因果制约性。这些，都正好说明必须认识不同领域中因果联系的特殊性，否则，对于因果联系的客观普遍性的认识也不能真正确立。

第二，重大的结果有重大的原因，持续存在的结果有持续地起作用的原因。因此，不能用小原因去说明大事件，不能用暂时起作用的因素去说明持续发展着的现象。黑格尔说过，用小原因去说明大事件，"这样来解释历史是非常肤浅的"。例如，某个国家的元首或皇太子被刺而引起了战争，这是战争的导因，是小原因，它说明不了战争这种重大事件的发生。战争的真正深刻的原因应当从政治经济关系的发展中去寻找。

第三，一因可以多果或同因可以异果。例如，通电可以照明，也可以酿成火灾。

第四，一果有多因或异因有同果。例如，"左"倾或右倾错误都会给革命事业造成恶果。所谓"殊途同归"就是讲的这种情形。

研究事物的因果联系，一定要从实际出发，具体地分析引起某种结果的具体原因。

唯物辩证法的原因和结果的范畴具有重要的方法论意义。在认识上，承认因果联系的客观普遍性和复杂性是获得科学认识的逻辑前提。在实践上，正确地把握事物的因果联系是自觉的实践活动的必要条件。对于任何事情，只有知其然又知其所以然，才有行动的自觉性，才能避免盲目性。在实际工作中，所谓总结经验教训就离不开认识事物的因果关系。认识到获得成功的原因，就可以继续加强这些原因，争取更大的成功；认识到招致失败的原因，就可以努力消除这些原因，避免失败并转败为胜。

## 第二节　必然性和偶然性

因果联系只是世界普遍联系的一个方面，尽管它也很复杂，但不能包括世界普遍联系的丰富内容。当人们深入考察因果联系的时候，就可以发现两种不同的联系：必然联系和偶然联系。必然性和偶然性同因果性有密切关系，但又不等同于因果性，它们是揭示事物发生、发展和灭亡的不同趋势的范畴。

### 一、必然性和偶然性及其在事物发展中的作用

必然性是客观事物的联系和发展中合乎规律的确定不移、不可避免的趋势。偶然性则是事物的联系和发展中不确定的、并非必定如此的趋势，它可以出现也可以不出现，可以这样出现也可以那样出现。任何事物的发展过程都存在必然性和偶然

性两种趋势。这一点，需要从事物矛盾运动的过程去说明。事物是一个复杂的矛盾体系，既有根本矛盾又有非根本矛盾，而且还处在同其他事物的复杂联系中。事物内部的根本矛盾规定过程的基本性质，也就决定着事物发展的必然趋势；同时，由于某些非根本矛盾或外部条件的影响，又会使发展过程出现各种摇摆和偏差，表现为种种偶然性。

必然性和偶然性在事物发展过程中都起作用，但它们的作用是不同的。必然性是事物发展中居于支配地位的、一定要贯彻下去的趋势，它决定事物发展的前途和方向。偶然性则是事物发展中不居支配地位的趋势，一般地说，它只是对事物发展的进程起着加速或者延缓的作用，只是影响过程的具体特点。

还需注意，必然性和偶然性的区分是相对的。世界是一个极其复杂的普遍联系的整体。正像因果联系是无限发展的链条一样，必然和偶然也是错综交织的。一种现象对于某一过程、某一联系来说是必然的，对于另一过程、另一联系来说则是偶然的。因此，在运用这对范畴的时候应当注意做具体的分析。

二、必然性和偶然性的辩证关系

必然性和偶然性是事物联系和发展中两种对立的趋势，但二者又是统一的。必然性和偶然性的辩证统一可以从以下几个方面去把握。

第一，必然的东西同时是偶然的，没有纯粹的必然性。

必然性总是要通过大量偶然性表现出来，并通过偶然性为自己开辟道路，世界上没有赤裸裸的必然性。某些看来是纯粹必然性的东西，实际上是伴随着偶然性的。正因为这样，事物的发展过程才是丰富的、生动的。

只承认必然性，否认偶然性，是机械决定论。这种观点认为事物的存在和发展包括它的一切详情细节都是为纯粹的必然性准备好了的。例如 18 世纪法国的机械唯物主义者霍尔巴赫说，在大风扬起的尘土的旋涡里，"没有任何一个尘土的分子……其分布是偶然的"。这种机械决定论在理论上失足的一个重要的认识上的原因，就是把必然联系和因果联系混为一谈，把偶然性和无因果性混为一谈，以为凡是有原因的就都是必然的，用因果联系的普遍性去否认偶然性。

对于这种否认偶然性的机械决定论，唯物辩证法的经典著作家做过许多精彩的批判。首先，这种观点会导致宿命论，它实质上还没有摆脱神学目的论。如果把事物发展过程中一切细枝末节都说成必然性，都说成是早就注定了的，那么，把这叫作必然性也好，或者把这叫作上帝的旨意、叫作"天数"也好，对于科学来说都没有原则的区别，实质上都是宿命论的观点。其次，它表面上强调必然性，实际上是把必然性降低到偶然性。把一切都看成必然性，就把本来是偶然的东西也看成了必然性。这样一来，也就取消了科学，因为科学的任务就是要通过偶然性去揭示必然性。

第二，偶然的东西同时是必然的，没有纯粹的偶然性。

偶然性是必然性的补充和表现形式，任何偶然性都服从于内部隐藏着的必然性。恩格斯说："在表面上是偶然性在起作用的地方，这种偶然性始终是受内部的隐蔽着的规律支配的，而问题只是在于发现这些规律。"[①]

宣扬纯粹的偶然性，否认必然性，是唯心主义形而上学的非决定论。这种观点把一切现象都看成只是偶然的，这样的话，世界上就没有什么不可能发生的事情，也没有什么一定要发生

---

① 恩格斯：《路德维希·费尔巴哈和德国古典哲学的终结》，《马克思恩格斯选集》第 4 卷，人民出版社 1972 年版，第 243 页。

的事情。用这种观点去看待人类社会，社会就是一个偶然性的王国，就是一个大赌场，人生就是一场赌博。无怪乎宣扬这种非决定论的实用主义哲学的代表人物杜威说："人发现自己生活在一个碰运气的世界里面；他的存在，说得坏一点，就是一场赌博。"显然，否认必然性，同样是十分错误的。

这里，还有一种割裂必然性和偶然性的辩证统一的形而上学观点，必须提起注意。这种形而上学，既承认必然性，也承认偶然性，但认为有些事情是纯粹必然的，是注定如此的，有些事情则是纯粹偶然的，是偶然的奇迹。它似乎既不同意机械决定论，又不同意非决定论，而实际上却恰恰兼具这二者的片面性。这种观点在科学上的突出表现，就是主张只有必然的东西才是科学研究的对象，偶然性是同科学无关的，甚至认为"偶然性是科学的敌人"。他们不知道，任何事物的发展过程都是必然性和偶然性的辩证统一，科学的任务正是要从偶然性中发现必然性。科学史说明，在科学实践中的某种偶然的机遇常常可以导致科学上的重大发现。如果只有必然性才是科学研究的对象，那么人们怎么知道某个东西是必然的？所以，说科学只研究必然的东西，就无异于说科学只研究那已经知道它是必然的东西，人们还不知道的东西是科学所不需要研究的东西。恩格斯早就针对这种观点指出："这样一来，一切科学都完结了，因为科学正是要研究我们所不知道的东西。"①

第三，必然性和偶然性是相互转化的。

在一定条件下，偶然性可以转化为必然性，必然性也可以转化为偶然性。例如，生物的某些新的性状在开始时或在一个长时期内只是个别的性状，具有偶然性。但恰恰是这些个别的

---

① 恩格斯：《自然辩证法》，《马克思恩格斯选集》第 3 卷，人民出版社 1972 年版，第 541 页。

性状适合于改变了的环境，它在新的环境中逐渐发展并巩固下来，以至最后使生物有机体发生根本变化，这种性状也就成了新的物种的必然性状。相反，生物的一些必然性状由于越来越不适应环境的变化，越来越退化，以至成了偶然的东西。

必然性和偶然性这对辩证范畴对于指导人们的认识和实践具有重要的方法论意义。首先，既然必然性是决定事物发展的根本方向和趋势的东西，那么，要使自己的行动具有目的性、自觉性，就必须认识必然性。只有认识必然和利用必然才有自由。同时，偶然性在事物发展中也是起作用的，因此，又要善于估计和应付各种偶然情况的发生，要善于利用有利的偶然机会去推动工作，要注意防止和消除不利的偶然因素的影响。

# 第三节　可能性和现实性

必然性通过偶然性为自己开辟道路而得到实现，要经历由可能向现实转化的过程。

## 一、可能性和现实性的含义

现实是指一切有内在根据的、合乎必然性的存在。对现实这个范畴必须从发展的观点去把握。客观现实是处在不断变化发展之中的。过去的现实逐渐失去了它的现实性才发展为现在的现实，现在的现实也会失去它的现实性而发展为新的现实。这就是说，从发展的观点看，现实的东西既是现实的又是不现实的。因此，现实这个范畴不是简单地说明个别事实和现象的存在，而是客观实在的事物及其种种内在联系的综合。

可能性是和现实性相对立的范畴，它指包含在事物之中的、预示事物发展前途的种种趋势。事物具有某种发展的可能性，是由于它具有某种发展的内在根据。把握可能性这个范畴，不仅要把它同现实性区别开来，而且对于可能性本身也要注意区别种种不同情况。

第一，要区分可能性和不可能性。可能的东西是在现实中可以找到它出现的根据的东西。不可能的东西是在现实中没有它出现的任何根据的东西，是在任何时候、任何条件下都不能实现的东西。区分可能性和不可能性是任何自觉实践的逻辑前提。如果不管可能和不可能的客观区别，把可能当作不可能，能够办成的好事也不办，或者把不可能当作可能，硬要去干白费力气的蠢事，都不会有自觉的、成功的实践。

第二，要区分现阶段可以实现的可能性和只在将来阶段才可以实现的可能性。现阶段可以实现的可能性是在现实中具有它实现的充分根据和必要条件的东西。只在将来阶段才可以实现的可能性则是在现实中虽有某种根据，但根据不充分，或根据没有展开，或缺乏它实现的必要条件的东西。这种区分同样是十分重要的。我们不能把现阶段应当做到也可以做到的事情推迟到遥远的将来，也不能把只有在将来才能做到的事情勉强地提到当前的议事日程上来。

第三，对于现阶段可以实现的可能性，应区分两种相反的可能性。事物发展的可能性在于事物具有发展的内在根据，这个根据也就是事物内部的矛盾性。事物内部的矛盾性规定着事物发展具有两种基本趋势，这就是两种相反的可能性。这两种相反的可能性不会同时地都变成现实，其中一种可能性的实现也就是另一种可能性的丧失。区分两种相反的可能性，准备最坏的可能，争取最好的可能，从最坏处着眼，向最好处努力，这是在实践中取得成功、避免失败的重要条件。

第四，对于客观可能性除了注意上述种种质上的区分以外，还需注意它的量上的区分，即区分可能性之大小。这样，才能真正做到量力而行，正确地规定自己行动的目的和任务，并努力创造条件，增大有利的可能，减少和避免有害的可能。

## 二、可能性和现实性的辩证关系

可能和现实是对立的统一。

可能和现实是对立的。可能不是现实，现实不是可能。从事一切工作都应当从现实出发，而不能从可能出发，不能以可能代替现实。列宁说："马克思主义的政策是以现实的东西，而不是以可能的东西为依据的。"[①]可能的东西，是可能出现也可能不出现的东西，以这样的东西作为出发点是不牢靠的。固然，正确地估计各种可能性是必要的和重要的，但对于客观可能性的正确认识本身也必须从现实出发。可能性和现实性相比，现实性占据着首位。

可能和现实又是统一的，二者是互相依赖，互相规定的。可能是尚未展开的现实，现实是已经充分展开和实现了的可能。现实之所以成为现实，它首先必须是可能的，不可能的东西永远不会成为现实。可能之所以成为可能，它必须是在现实中存在着某种根据的，就是说，可能虽然只是将来的现实，但它的根据却在现在的现实之中，在现实中没有任何根据的东西永远是不可能的。因此，可能和现实是不能割裂的。

可能性和现实性这对辩证范畴对于指导人们的认识和实践也具有重要的方法论意义。可能转化为现实，现实又转化为新的可能，这是事物自身发展的客观过程。但是，在社会过程和

---

① 列宁：《给印涅萨·阿尔曼德（1916 年 12 月 25 日）》，《列宁全集》第 35 卷，人民出版社 1959 年版，第 256 页。

有人的作用干预的自然过程里，人的主观能动性也是起着重要
作用的。可能与现实的统一，使人有发挥主观能动作用的可能。
可能可以向现实转化，现实又可以向新的可能转化，因此，人
们可以经过自己的正确努力去实现光明的前途，并可以在现实
中不断展示光明的前景。可能和现实的对立，又使人有发挥主
观能动作用的必要。可能向现实的转化需要经历一个或快或慢
的发展过程，这是一个条件变化的过程。条件如何变化，当然
在很大程度上取决于人的主观努力。特别是在社会领域里，社
会过程中的不同的可能性往往是由不同的社会势力自觉地支持
的，因而在由可能向现实转化过程中人的主观能动作用具有更
加突出的意义。

## 第四节　形式和内容

具备了构成某一事物内容的要素，就是有了产生这一事物
的可能；但只有当这些要素以该事物所要求的形式结合起来或
表现出来时，这一事物的产生和存在才成为现实。所以，要深
入理解事物的发展过程，还要研究形式和内容这对辩证范畴。

### 一、事物是内容和形式的统一

内容是构成事物的一切要素的总和。但应注意，所谓要素
不是"零件"，所谓总和不是拼凑。构成内容的要素包括事物的
各种内在矛盾以及由这些矛盾所规定的运动过程和趋势、事物
的种种特性等。例如生物体的内容就不只是它的各种器官，而
且是整个生命运动过程。形式是内容诸要素相互结合的结构或
表现内容的方式。例如，生产关系是生产的社会形式，是生产

力各要素互相结合的形式；语言是表现思想内容的形式。

任何事物都有内容和形式两个方面，都是内容和形式的对立统一体。没有无内容的空洞形式，也没有无形式的纯粹内容。只有内容而无形式或只有形式而无内容的事物在现实世界里是根本不存在的。

事物的内容是无限丰富的，与此相适应，事物的形式也是无限多样的。世界上的事物千差万别，各有其特殊的内容，也有与其相应的特殊形式。

还应看到，形式和内容的区别是相对的。在一种事物中是形式，在另一种事物中就是内容。例如，生产关系在生产方式中是形式，是生产的社会形式；而在社会形态中，它作为社会的经济基础就是内容。只是在一定的范围内，形式和内容的区别才是确定的。

## 二、形式和内容的辩证关系

形式和内容是对立的统一。它们作为统一事物的两个对立的方面是相互作用、相互影响的，在形式和内容这对矛盾中，内容是事物存在和发展的基础，形式则是在一定内容的基础上产生的，因此，一般地说，内容居于支配的地位，形式则居于从属的地位，内容决定形式，形式必须适合于、服从于内容。但是，形式不只是消极被动的。它本来就是在一定内容的基础上、为适应内容发展的需要而产生的，因而它对自己的内容也就具有积极的反作用。形式对内容的反作用有两种情形：适合于内容的形式对内容的发展起着推动的作用；不适合于内容的形式则对内容的发展起着阻碍的作用，它会成为一种桎梏，严重地束缚甚至破坏内容的发展。

内容决定形式，形式反作用于内容。这种相互作用，构成了形式和内容的矛盾运动。在这种矛盾运动中，内容是比较活跃的、易变的，形式则是相对稳定的。内容的变化迟早要引起形式的变化。当内容处在量变阶段时，原来的形式同它是基本适合的；内容发展到质变，旧的形式也会过时，也要随着发生质变，要以新形式代替旧形式。形式同内容由基本适合到基本不适合再到基本适合，如此循环往复以至无穷，这从一个侧面说明了事物发展的辩证过程。

在研究形式和内容的矛盾运动的时候，在根据内容的变化决定抛弃和创造、改造和保留某种形式的时候，必须充分认识形式和内容关系的复杂性。这里，大致有如下几种情形。第一，同一内容在不同条件下可以有多种形式，例如，同样是剥夺剥夺者，可以没收，也可以实行赎买；同样内容的艺术，可以是小说、诗歌、戏剧或电影。第二，同一形式可以容纳或表现不同的内容，例如，商品、货币、工资的形式可以表现资本主义的经济内容，也可以表现社会主义的经济内容。第三，旧的内容可以采取新的形式，例如，在阶级斗争、政治斗争中，旧事物旧思想就常常以新的形式复活。第四，新的内容也可以有选择有批判地利用旧形式，例如，按劳分配在内容上是崭新的，但它可以采取工资这种旧形式。所有这些，都要求我们去具体地研究具体的情况。

掌握形式和内容这对辩证范畴同样具有重要的方法论意义。首先，要善于根据内容的发展，适时地、正确地变革旧形式。列宁把"抛弃形式、改造内容"作为辩证法的一个要素①，说明这是一个普遍原理。人们改造客观事物，首先当然是改造事物的内容，但是为了改造内容，促进内容的辩证发展，又必

---

① 列宁：《谈谈辩证法问题》，《列宁选集》第 2 卷，人民出版社 1972 年版，第 608 页。

须注意改造事物发展的形式，注意选择和创造最适合于新事物发展的形式。当某种形式已经不适合于内容发展的时候，就要及时地变革旧的形式，创造一种新的形式去代替它；而当某种形式仍然适合于内容的发展，仍然有利于各种积极因素的作用发挥的时候，就不能轻率地破坏这种形式，任意地变换形式。其次，根据形式和内容的辩证关系，应当在一切实际工作中都既重视形式的作用又反对形式主义。所谓形式主义，就是片面夸大形式的作用，不顾内容而只注意形式。实际工作中不求实效而一味追求热闹的形式，学风上文风上的各种八股，都是形式主义的表现，都要注意防止和克服。

## 第五节　现象和本质

现象和本质是同形式和内容关系密切又不尽相同的一对范畴。内容和形式是讲的事物构成的要素及其结合方式，本质和现象则是讲的事物的内在方面和外在方面。

### 一、现象和本质的辩证关系

本质是事物的根本性质，是构成事物各要素之间的内在联系。这里所谓"内在"，也包含隐藏于内部的意思。事物的本质是由事物本身包含的特殊矛盾规定的。本质同规律、必然性是同等程度的概念，但又比规律、必然性这些范畴更宽泛些，它是事物内部包含的一系列规律性、必然性的综合。

现象是事物的外部联系和表面特征。这里所谓"外部"，就是外露的意思。现象里包括真象和假象。假象是一种虚假的现象，它也是本质的一种表现，是本质在特定条件下的一种反面表现。应当注意，假象和错觉不是一回事。错觉是人的感觉上的错误造成的，属于主观的范畴；假象则是由客观存在的种种条件造成的，它是现象的一种，属于客观的范畴。

本质和现象的区别大致有以下几个方面：第一，现象是事物的外在方面，是暴露于事物外表的东西，因而是人的感官可以直接感知到的，本质则是事物的内在方面，是隐藏于事物内部的东西，因而是人的感官所不能直接感知，只有依靠思维才能把握到的；第二，现象是多变的、易逝的，本质则是相对平静、相对稳定的；第三，现象是丰富多样的，本质则是比较深刻、单纯的，现象是分别地表现本质的个别方面，它是反映事物的个别性的范畴，本质则是现象中共同的东西，它是反映事物的一般性或普遍性的范畴。此外，现象和现象之间、本质和本质之间也有它们在程度上的差别，现象有重要的、比较不重要的，本质有深刻的、比较不深刻的，有所谓初级本质、二级本质、更高级本质，等等。

本质和现象的关系是对立的统一。

本质和现象是对立的。本质不是现象，现象不是本质。因此，不能把本质当作现象，也不能把现象当作本质。

本质和现象又是统一的。本质是现象的本质，是现象的内部联系；现象是本质的现象，是本质的外部表现。任何一种本质总要通过大量现象表现出来，没有不表现为现象的本质，因此，本质虽然是隐藏着的，但终归是隐藏不住的。任何一种现象也总是从一定的侧面表现着本质，就是说，任何一种现象总有某种本质的东西隐藏于其后。不仅真象，就是假象也表现着本质，而且从假象中发现本质往往更为重要。

唯心主义大多割裂本质和现象的统一。主观唯心主义的感觉论片面夸大现象而否认本质的客观实在性。例如贝克莱认为事物只是"感觉的集合"，本质是一种"虚无"。康德虽然承认本质的客观存在，却认为本质是不可捉摸的"自在之物"，从而得出了不可知论的结论。某些客观唯心主义者则否认现象的价值而把本质绝对化和神秘化。例如柏拉图认为，作为世界最后本质的理念是永恒的，可感知的现实事物不过是这个本质的影子。割裂本质和现象的统一是错误的，抹杀本质和现象的对立也是错误的。列宁指出过，诡辩论的一个重要特征就是"离开事变的内部联系而抓住事件的表面相似之处"[①]，这就是抓住表面现象而掩盖和歪曲事物的本质。表面上相似的东西，完全可以是本质上毫不相干的东西。除了歪曲地表现本质的假象以外，同一现象可以表现不同的本质，同一本质在不同的条件下即在不同的联系中也可以表现为不同的现象，因此，如果单从现象上看问题就难免流于诡辩。

## 二、科学认识的任务是透过现象揭示本质

本质和现象既是对立的，又是统一的，这才使科学研究既是必要的，又是可能的。正因为有本质和现象的对立，才有科学研究的必要。"如果事物的表现形式和事物的本质会直接合而为一，一切科学就都成为多余的了。"[②]又正因为本质和现象是统一的，才有进行科学研究的可能。本质总要通过现象表现出来，现象总是表现着本质，因此，人们才能够通过对于大量现象的分析研究去发现事物的本质，达到科学的认识。

唯物辩证法关于本质和现象辩证关系的原理说明，对于任何事物，都不能脱离现象而凭空地把握它的本质，也不能停留

---

① 列宁：《俄国的休特古姆派》，《列宁全集》第 21 卷，人民出版社 1959 年版，第 99 页。

② 马克思：《资本论》第 3 卷，人民出版社 1975 年版，第 923 页。

于现象的领域而不去深入于本质的认识。认识是为了指导实践，对事物现象的认识是不能指导实践的，只有达到了对于事物内在本质的认识才能够指导实践。所以，认识的任务就是透过现象揭示本质。

从现象进入本质是认识的深化，却不是认识的终止。由现象进到本质，在一定程度上认识到了事物的规律性以后，还必须在这种认识的指导下，继续地研究还没有研究过或还没有深入研究过的现象，这样才能补充、丰富和加深对于事物本质和规律的认识。这是一个由现象到本质、又由本质到现象，如此循环往复的辩证过程。

可见，本质和现象这对范畴，比其他几对范畴更带有综合的性质。研究辩证法的全部规律和范畴，落脚点都正是在于要从现象中认识事物的本质。下面将要集中地学习的认识论原理，从一定意义上说，也正是要研究如何从现象中认识本质、为什么要从现象中认识本质以及如何检验和发展对于事物本质的认识等问题。

# 第八章　辩证唯物论的认识论是能动的反映论

从广义上说，即从哲学是世界观和方法论的统一这个意义上说，全部哲学都包括认识论。在前面各章所阐发的原理，都要求理解它的方法论、认识论的意义。从狭义上说，所谓认识论就是以人的认识本身作为研究对象的哲学理论，它研究认识的对象和途径、认识的能力和限度、认识和形式和方法、认识发生发展的过程、认识正确与否的标准以及认识的作用，等等。所有这些内容讲的都是如何解决主观和客观的矛盾。人类的一切活动都是认识世界和改造世界，都是解决主观和客观的关系问题。认识世界是人类活动的重要内容，是各门科学的根本任务，因此，对于认识问题的研究无疑是哲学的重大课题。认识论在哲学中，尤其在近现代哲学中占据着十分重要的地位。

马克思主义哲学是彻底的唯物主义一元论，它的认识论当然是唯物主义的反映论，即主张认识是人的头脑对于客观世界的反映。但是，它又不同于一般唯物主义的反映论，而是能动的反映论。马克思主义的认识论也当然是唯物主义的世界可知论，主张世界是可以被人们认识的。但是，它又不同于一般的唯物主义可知论，而是建立在能动的反映论基础上的可知论。马克思主义认识论之所以能由一般唯物主义的反映论前进到能动的反映论，关键就在于它把科学的实践观点引进了认识论，并作为全部认识论的基础。"生活、实践的观点，应该是认识论的首先的和基本的观点。"①同时，有了科学的社会实践的观点也就能够坚持认识论的辩证法，因为有了社会实践的观点，就能看到主客观的相互作用，就能看到主客观的矛盾运动，就能把认识看成一个辩证的发展过程。立足于社会实践的观点，坚持辩证法的观点，就能够科学地解决认识论中的一系列重大问题。弄清辩证唯物论的认识论为何是能动的反映论，就是要理解实践观点以及辩证观点在整个认识论中的意义，就是要理解这两个基本观点是怎样把它和唯心论、不可知论以及形而上学唯物论的认识论对立起来和区别开来的。

## 第一节　辩证唯物论的认识论同唯心论的对立

辩证唯物论和唯心论在认识论上的根本对立，就是承认反映论还是否认反映论。列宁概括了两条根本对立的认识路线："从物到感觉和思想"的路线与"从思想和感觉到物"的路线。前者是唯物论的认识路线，后者是唯心论的认识路线。

唯心论坚持"从思想和感觉到物"的路线，认为思想、感觉等精神的东西不是对于外部客观世界的反映，客观物质世界反而是由感觉、思想等主观的、精神的东西所派生的。客观唯心论认为，认识来自某种"客观"精神或神的启示，人的认识就是对于某种"客观"精神的认识。主观唯心论认为，认识是人的头脑里所固有的，是主观臆想的产物，是心灵的自由创造。总之，唯心论都是以不同的方式、不同的论点和论据去对抗反映论。

---

① 列宁：《唯物主义和经验批判主义》，《列宁选集》第 2 卷，人民出版社 1972 年版，第 142 页。

唯物论坚持"从物到感觉和思想"的路线，就是把"物"作为出发点，从客观的物质世界出发，引出感觉和思想等主观的东西，就是把感觉和思想等主观的东西看成对客观物质世界的反映。这就是反映论的路线。除了把意识等同于物质的庸俗唯物论以外，反映论是各派唯物论哲学在认识论上的共同立场，当然也是辩证唯物论哲学的基本立场。辩证唯物论坚决肯定认识是人脑对于客观外界的反映，人的头脑只是"加工厂"，其原料和半成品一概来自外部的客观世界。辩证唯物论立足于实践的观点，认为人们只有在实践中才能接触客观外界，从客观外界取得产生意识产品的原料或半成品，也只有在实践过程中才有人脑这个"加工厂"的活动。它立足于科学的实践观点，就不仅是承认了而且是科学地论证了唯物主义反映论的基本观点。

把认识看成人们在实践基础上对于客观外界的反映，也就必然把这种反映看成能动的反映。因此，辩证唯物论是承认并高度重视认识的能动性的。也正因为它立足于实践的观点，才能科学地说明认识的能动性。辩证唯物论在实践的基础上把能动性的原理和反映论的原理内在地统一起来。它在反映论的基础上或前提下去讲认识的能动性，而它重视认识的能动性，把能动的原则贯彻于反映论，也正是为了坚持彻底的反映论。能动的反映论或"能动的革命的反映论"的提法，就是把反映论和能动性统一起来的提法，它体现着认识论中唯物论和辩证法的统一。

唯心论攻击马克思主义认识论的一个重要手法，就是把反映论和能动性对立起来。例如，西方实用主义者胡克认为马克思强调了认识的能动性而抛弃了反映论，恩格斯和列宁则是坚持了反映论而否定了认识和实践的能动性，"就不能避免宿命论和怀疑论"，这显然是一种歪曲。林彪、"四人帮"攻击和篡改马克思主义的认识论，也是采用了这种手法。他们说什么，坚持"存在第一、思维第二，客观第一，主观第二"的原则就是"完全抹杀人的主观能动作用"，就是对辩证唯物论的"歪曲"。这就是把反映论和主观能动性说成水火不相容的东西，就是打着批判机械论的旗号去攻击唯物论，打着坚持"能动性"的幌子去攻击反映论。

辩证唯物论作为彻底的唯物论哲学，在认识论上首先就要同唯心论的认识论彻底划清界限，这就是要坚持反映论的立场。认识论的各个原理，包括能动性的原理，都必须在反映论的前提下去阐明。离开了反映论就绝不是唯物论，更不是辩证唯物论。

## 第二节　辩证唯物论的认识论同不可知论的对立

世界是否可以被人所认识，这也是认识论的一个重要前提。辩证唯物论肯定思维是对存在的反映，也就肯定了人的认识可以提供客观世界的正确图景，肯定了世界是可以认识的。能动的反映论内在地包含了可知论，它同不可知论是根本对立的。

### 一、可知论和不可知论的对立

唯物主义哲学都主张反映论，也就都主张可知论。唯心主义哲学不承认反映论，不承认客观物质世界是认识的对象，从这点上说，它实际上取消了客观物质世界可知或不可知的问题。但是，它认为自己所肯定的那个世界是可以被认识的，从这个意义上说，彻底的唯心论也都是可知论。例如，主观唯心论认为"物是感觉的复合""存在就是被感知"，因此，人认识了自己的感觉，也就是认识了存在，认识了世界。客观唯心论认为"客观精神"是现实世界的创造主，自然界、社会和人类本身都是"客观精神"的产物，人认识这个"客观精神"及其产物，也就是"客观精神"在发展中自己认识自己。思维能够认识那一开始就已经是思想内容的内容，这是不言而喻的，所以，它所指的那个世界是可以被认识的。可见，可知论和不可知论同唯物论和唯心论是哲学上既有密切联系又有明显区别的两种界限，不可混淆。

所谓不可知论，就是认为世界不可认识或不可完全认识。这种哲学一般地都回避世界就其本质而言是物质的还是精神的问题。例如休谟，他认为人所知道的只是自己的感觉，至于感觉之外的客观世界是否存在，感觉是否反映这个客观世界，这样的问题不仅不可回答，而且连提出来都是不可以的。康德同休谟略有不同，他承认有客观世界存在，有"自在之物"存在，但这个"自在之物"本身是不可知的，因为人只同自己的感觉打交道，而感觉与外在事物没有共同之处，所以人只能认识事物的现象，隐藏在现象背后的本质是不可认识的。另外还有一些不可知论者，是这样或者那样地规定人的认识的限度。例如，赫尔姆霍茨从蚂蚁能够看见紫外线而人看不见紫外线这个事实中得出结论说，人的感官的局限性就构成了人的认识的限度。耐格里认为，人们只能认识个别的、有限的东西，不能认识一般的、无限的东西。这些观点，都是怀疑人的认识能力，怀疑科学知识的客观性、可靠性，都是否认人类能够认识或能够充分认识世界。这种不可知论哲学的社会作用，就是调和科学和宗教的对立，贬损知识，给信仰保留地盘和开辟地盘。

## 二、辩证唯物论对不可知论的批判

旧唯物主义和自然科学的唯物主义都在一定程度上论证了可知论，批判了不可知论。他们的批判在原则上是正确的，但由于没有运用实践的观点和缺乏辩证法的观点，因而这种批判是不深刻、不彻底的。黑格尔从辩证唯心论的立场出发，对于不可知论、特别是康德的不可知论做过很重要的批判。他在一定程度上运用了实践的观点和辩证法的观点，因而他对于不可知论的批判是在马克思以前的哲学史上最有价值的批判。但是，黑格尔始终是站在唯心主义立场上去批判的，这同辩证唯物论站在能动的反映论的立场上的批判是根本不同的。

只有辩证唯物论哲学，因为它站在能动的反映论的立场上，才给予了不可知论最为全面、最为彻底的批判。

首先，最关键的一点，就是它运用了科学的社会实践的观点。恩格斯针对康德主义者所谓"自在之物"不可知的观点指出："对这些以及其他一切哲学上的怪论的最令人信服的驳斥是实践，即实验和工业。既然我们自己能够制造出某一自然过程，使它按照它的条件产生出来，并使它为我们的目的服务，从而证明我们对这一过程的理解是正确的，那么康德的不可捉摸的'自在之物'就完结了。"①我们可以根据对某一自然过程的认识去制造这一自然过程并使它为自己的目的服务，这样，这一自然过程就不再是"自在之物"而成了"为我之物"。实践的力量就在于把一个一个的"自在之物"变成"为我之物"，从而证明没有什么不可被认识的东西。至于用人的感官的局限性来划定人的认识的限度这一点，也可以运用实践的观点给予彻底的

---

① 恩格斯：《路德维希·费尔巴哈和德国古典哲学的终结》，《马克思恩格斯选集》第 4 卷，人民出版社 1972 年版，第 221 页。

驳斥。这里，第一，人们可以依靠实践去制造各种观测工具来延长和扩大自己的感官。科学技术在这方面的成就越来越突破了人的生理机制的局限，人们可以借助于各种仪器，在越来越大的程度上和越来越广阔的领域里，把感官所无法感知的信息放大到可感知的范围或转化为可感知的形式。人类在这方面的实践能力是无穷无尽的，现在已有的仪器的特殊构造当然不会是人类认识的最终界限。第二，更加重要的是，人除了感官，还有在实践基础上发展起来的思维活动。感官只能认识个别的、有限的东西，依靠思维则可以从个别中认识一般，从有限中认识无限，可以深入事物的内部去发现事物的本质和规律。总之，人的认识能力包括感觉能力和思维能力是随着人类实践的发展而发展的，这种发展是无止境的，是无限的。

其次，辩证唯物论在科学的实践观点的基础上运用了辩证法的观点，正确地阐明了认识过程中的多方面的对立统一，因而全面地论证了世界的可知性，从理论上批驳了不可知论。它阐明了主观和客观的对立统一，论证了思维和存在的相互转化；阐明了现象和本质的对立统一，阐明了没有不表现本质的现象也没有不表现为现象的本质，论证了人可以透过现象认识事物的本质；阐明了个别和一般的对立统一，阐明了一般寓于个别之中，论证了人可以从个别中认识到一般；阐明了有限和无限的对立统一，阐明了无限寓于有限之中，论证了人可以从有限中认识无限，也论证了人的认识可以由有限趋向于无限；阐明了偶然性和必然性的对立统一，阐明了必然性通过偶然性开辟道路，偶然性是必然性的表现和补充，论证了人可以通过偶然性认识必然性；如此等等。这些都是对于世界可知性的科学论证。上述种种对立统一的关系都是客观过程和认识过程的辩证法，离开客观过程和认识过程本身的对立统一关系而夸大其中某一个方面的局限性，都可以成为滑向不可知论的一个认识根源。辩证唯物论对于这诸多方面的对立统一关系的揭示，也都可以看成对于不可知论的批判。

诚然，我们批判不可知论，论证世界的可知性，并不是说我们已经认识到了一切，或者说将有一天人类再没有需要认识的东西。认为原则上没有不可认识的东西，同认为已经没有没有认识的东西，完全是两回事。坚持彻底的唯物主义可知论，可以给我们以科学的信念，使我们懂得，只要勤于实践，勇于探索，并采取科学的认识方法，那就不论自然界或人类社会和思维领域中的任何奥秘和规律性都可以被揭示出来，今天揭示不了的，明天和后天总要被揭示出来，人类认识世界和改造的前景是无限光明、远大的。

## 第三节　辩证唯物论的认识论同旧唯物论的根本区别

辩证唯物论的认识论之所以能够彻底克服唯心论和不可知论，就在于它不是停留在一般唯物主义反映论的立场，而是克服了旧唯物主义直观反映论的局限性，前进到了能动的反映论。它同旧唯物主义认识论的根本区别主要在于以下两点。

第一，它把科学的社会实践的观点引进认识论，并作为全部认识论的基础。

马克思以前的唯物论都坚持反映论的基本立场，其中有些哲学家还在一定程度上阐明过实践在认识中的作用，具有能动的反映论的思想因素。例如，17世纪英国唯物主义者培根就十分注重技术和实验对于科学发展的作用。他认为人不能只是被动地观察自然，而应当主动地进行实验，迫使自然界暴露其隐蔽的方面而引起人们的注意。18 世纪法国唯物主义者狄德罗也认为观察、思考和实验是认识自然的三种方法，通过实验可以"探访自然"，"多方面地拷问自然"，从而得到新的知识。这些思想是很可贵的。但是，他们只注重技术、实验活动这一种具体的实践形式，并不真正懂得社会实践在认识中的决定作用。19 世纪德国的著名唯物主义哲学家费尔巴哈也讲实践，他甚至说过理论不能解决的问题实践能够解决，但他讲的实践是日常生活的活动。总之，在马克思以前，尽管有些唯物主义哲学家对于实践的意义有所论述，但从总体上说，他们并没有对实践及其在认识中的作用做出全面的科学的说明和论证，更谈不上把科学的实践观点作为认识论的基础。

离开实践的观点，是旧唯物主义认识论的最根本的缺陷。由于它脱离实践的观点去说明认识问题，因而它的认识论是消极直观的反映论。马克思说："从前的一切唯物主义——包括费尔巴哈的唯物主义——的主要缺点是：对事物、现实、感性，只是从客体的或者直观的形式去理解，而不是把它们当作人的感性活动，当作实践去理解，不是从主观方面去理解。"①所谓对事物、现实、感性等"不是从主观方面去理解"，就是不从人对它们的干预和改造的角度去理解，没有把它们当作人的实践活动的对象和结果去理解。这样，它就看不到人对于客观世界的反作用。另一方面，它又不能把作为认识主体的人的活动本身理解为客观的物质活动即实践的活动，而像费尔巴哈那样仅仅把理论的活动看作真正人的活动。这样，它就看不到人为什么能够反作用于客观世界以及通过什么途径反作用于客观世

---

① 马克思：《关于费尔巴哈的提纲》，《马克思恩格斯选集》第 1 卷，人民出版社 1972 年版，第 16 页。

界。所以，在旧唯物论看来，主观和客观的关系只是反映和被反映的关系，而没有改造和被改造的关系，人的认识过程只是自然界作用于人的感官所引起的反映，只是消极的、被动的、直观的反映。所以直观性是旧唯物主义认识论的根本的特点和缺点。

辩证唯物主义把科学的实践观点引进认识论并将其作为全部认识论的基础，就从根本上克服了旧唯物主义反映论的直观性。它指出，主观与客观不仅是反映和被反映的关系，而且首先是改造和被改造的关系。人们认识事物，不是消极地静观事物，而是在主动地作用于事物即变革事物的过程中反映事物。因此，这种反映是能动的反映。

第二，它把辩证法应用于反映论，正确地阐明了认识的全部过程。

形而上学的唯物主义的另一个根本缺陷就是不能把辩证法应用于反映论，应用于认识的过程和发展。形而上学唯物主义由于缺乏辩证法的观点，看不到主客观之间的相互作用，只看到客观决定主观，看不到主观又反作用于客观，看不到主观的能动作用，这就不了解主观和客观的对立统一，不能把人的认识看成主观和客观的矛盾运动的过程。

辩证唯物论把辩证法应用于反映论，揭示了认识过程中的多方面的对立统一，例如主观和客观、认识和实践、感性和理性、有限和无限、相对和绝对等多方面的辩证关系，因而全面地揭示了认识过程的辩证性质。这样，就不是把认识看成主观对客观的机械的反映，看成一个平滑的、直线的过程，而是看成一个充满矛盾的能动的过程。

# 第四节　辩证唯物论对认识主体和客体的规定

从辩证唯物论的认识论同其他哲学认识论的对立和比较中可以看出，它们的分歧是同它们对于认识的主体和客体及其关系的不同理解密切联系的。辩证唯物论之所以能够从一般唯物论的反映论前进到能动的反映论，首先就在于它运用实践的观点和辩证的观点对认识的主体和客体做出了科学的规定。

唯心主义把作为主体的人的本质归结为灵魂、自我意识等，实际上是把主体看成某种精神的实体，看成只是思维着的精神。客观唯心主义认为存在于人和人类之外的某种"客观"精神才是主体，主观唯心主义则把主体归结为人的意识。旧唯物主义批判了这种观点，认为主体只能是人，是有血有肉、有思想有感情的人，但是，它对人的理解是抽象的、狭隘的。它把人看成只是生物学意义上的人，而看不到人的社会本质，看不到人和其他动物的本质区别。这样，人就只是自然界的消极被动的一部分，人的认识就只是消极的直观。毛泽东说："马克思以前的唯物论，离开人的社会性，离开人的历史发展，去观察认识问题，因此不能了解认识对社会实践的依赖关系，即认识对生产和阶级斗争的依赖关系。"[①]这讲的就是旧唯物论不能科学地规定认识的主体，因此它不能立足于社会实践的观点而建立科学的认识论。

马克思主义认为，认识的主体是在社会历史中实践着和认识着的人。主体是人，而不是唯心主义所认为的什么精神的实

---

① 毛泽东：《实践论》，《毛泽东选集》第 1 卷，人民出版社 1969 年版，第 259 页。

体或思维着的精神，但又不是旧唯物主义所理解的抽象的人，而是现实的人。所谓现实的人，就是在历史中行动的人即从事社会实践活动的人。正因为是实践着的人，他才是认识着的人。在历史中行动的人，是在一定社会关系中进行实践活动和认识活动的人，因而总是社会的人。

马克思主义揭示了人的社会本质，就把作为认识主体的人看成既属于自然界又不同于自然界的特殊部分，是一种同自然界相对立的、改造自然界的力量。人具有自觉的能动性，人认识外部世界不是消极地直观外部世界，而是在主动地作用于外部世界的过程中反映外部世界。这就能够把社会实践的观点贯穿于认识论，就有可能建立科学的认识论。

各派哲学关于客体的观点同它们关于主体的观点是相应的。唯心主义把客体看成主观意识的产物或某种客观精神的"外化"。旧唯物主义反对这种观点，认为客体是不依赖于任何意识的客观实在，但是，它把客体看成直观存在的自然物体。它只是从客体的或者直观的形式去理解客体，而不是从主观方面去理解客体，这就把客体看成同主体的现实活动无关的东西。

马克思主义认为，所谓客体就是现实的人实践和认识的对象。它是独立于意识的客观实在，而不像唯心主义所认为的是由意识、观念所创造、所"外化"的东西，但又不像旧唯物主义所认为的只是人们直观的对象，而是人们改造、变革的对象。正因为是人们变革的对象，它才成为人们认识的对象。作为单纯的直观对象的客体，在人们实际的认识过程中是不存在的。作为认识客体的东西，是人们在实践中加以改造、变革的东西，是人们实践活动的对象和结果。例如某一片原始森林，一直独立于人和人的意识而存在，但只有当人们去开发它，当它被纳入社会生产的范围的时候，它才成为客体。

　　主体和客体是一对辩证概念，它们是相互对应的，是相互依存、相互规定的，其中每一方都从它的对方获得自己的规定性。

　　主体是从客体方面获得自己的规定性。只有在社会历史中实践着和认识着的人，才能获得主体的地位。所谓实践着和认识着的人，就是改造客体和认识客体的人。离开了同自己所改造和认识的客体的关系，那就只是抽象的人，是不具有主体地位的人。从主体和客体的关系中规定主体，就在主体概念中用现实的人代替了抽象的人。

　　同样，客体是从主体方面获得自己的规定性。客体是主体的活动所指向的对象。客观事物只有被社会地历史地活动着的人所改造和认识，才能获得客体属性，就是说，客观事物只有在被主体改造和认识时才成为客体。客体属性是客观事物在主体改造和认识它的活动中表现的属性。客体属性和客观实在性不是一个概念。那些没有进入主体活动领域的自然物质当然具有客观实在性，但它却不具有客体的属性；那些进入主体活动领域的自然物质具有了客体的属性，但它的客观实在性并不因此而丧失。物质世界的客观实在性是不以任何主体的活动为转移的，以主体的活动为转移的只是客观事物是否具有客体的属性。因此，这样的主客体观点不是离开了唯物论，而只是离开了旧唯物论，是社会实践的观点在主客体问题上的贯彻和运用。

　　主体和客体是在社会实践过程中相互作用的，因此，主体、客体及其相互关系也就是在这种相互作用中历史地变化的。主体的变化必然引起客体的变化。随着主体实践能力和认识能力的提高，会开辟越来越广阔的实践和认识的领域，形成新的客体。同样，客体的变化也促进主体的变化。人们要去认识新的事物或深入认识事物新的层次，要为满足新的需要而去扩大变革事物的领域，就要求自己的实践水平和认识水平有新的提高，要求主体具有新的认识能力，掌握新的认识手段，等等。

总之，主体和客体是认识论的一对十分重要的范畴。马克思主义运用实践的观点和辩证的观点科学地规定了认识的主体和客体，就为科学地解决认识论的一系列问题确立了逻辑的前提。

# 第九章　认识和实践

认识过程是主体和客体相互作用的过程。主观和客观的矛盾是认识过程的基本矛盾。主观和客观的矛盾是在实践的基础上产生又是在实践的基础上解决的，它只有通过认识和实践的矛盾才能够具体化，才能够展开。所以，辩证唯物论的认识论的主要内容就是正确地阐明认识和实践的关系。

## 第一节　辩证唯物论的实践观

### 一、科学的实践概念

实践的概念并不是马克思第一次使用的，旧唯物主义和唯心主义哲学中都有一些哲学家讲过实践，但只有马克思主义才有科学的实践概念。

旧唯物主义只看到孤立的个人的活动，而不懂得社会实践的意义；只是把实践理解为日常生活的活动，或者只看到技术实验这一种具体的实践形式，从总体上并不懂得改造世界的活动的意义。总之，旧唯物主义不理解实践的社会性、能动性。

唯心主义则把实践归结为纯粹主观的、精神的活动。主观唯心论把实践看作主体的一种意识活动。例如，中国明代的王阳明说："一念发动处，便即是行了。"这就是把实践归入意识。西方某些唯意志论哲学所强调的行动或实践，也都是指的主体的意志活动。实用主义也是一种主观唯心主义哲学，它把实践归结为应付环境的本能活动，把实践看成只是主观需要的满足。黑格尔的客观唯心论哲学是重视实践的作用的，他把实践理解为人的有目的的活动，把实践看成达到真理的认识过程中的一个环节，这里包含着宝贵的合理因素。但是，黑格尔是把一切活动包括实践活动都精神化了的，在他看来整个历史都不过是观念的发展，一切都是在思想范围内实现的，所以，他讲的实践仍然只是精神性的活动。总之，唯心主义是否认实践的客观物质性，也大多不理解实践的社会性。

马克思主义哲学从自己哲学的基本前提出发，从主观与客观的关系中规定实践的科学含义。它把实践看作主观与客观对立统一的基础；劳动实践使人同自然界区分开来，使主观和客观对立起来；人通过实践认识客观世界、改造客观世界，又使主观和客观统一起来。实践是主观见之于客观的活动。它不是纯客观的活动，也不是纯主观的活动。它是改变客观世界的活动，所以它是一种客观的活动；它又是人所进行的活动，所以它又是有主观意识指导的能动的活动。作为这种主客观统一的基础的实践，主要是指变革现实的活动，但也包括为变革现实所必需、以变革现实为目的的探索现实的活动，如天文观察、地质考察、社会调查、军事侦察，等等。辩证唯物论的实践概念可以这样规定：实践是人类有目的地能动地改造和探索现实世界的社会性的客观物质活动。

## 二、实践的主要特征

实践的主要的或基本的特征可以归纳为以下三个方面。

第一，实践是客观的活动。

马克思在《关于费尔巴哈的提纲》里把实践叫作"人的感性活动""客观的活动"。<sup>①</sup>列宁在《哲学笔记》里写道，"客观过程的两个形式：自然界（机械的和化学的）和人的有目的的活动"<sup>②</sup>，肯定人的有目的的活动即实践也是客观过程的一种形式。这讲的都是实践的客观性。

实践的客观性可从这样两个方面去说明：其一，构成实践活动的要素都是客观实在的。实践的对象、工具或手段是客观实在的；实践的主体即实践者虽然是有思想的，但也是客观物质世界发展的产物，也是客观实在的。其二，实践的过程和结果是客观的。实践的过程是主体与客体即人与客观世界的相互作用，是受客观规律和客观条件制约的；正因为如此，实践的结果也必然是客观的。

坚持实践的客观性，就同唯心主义的实践观划清了界限。正是实践的客观性决定了认识的客观性，实践为认识提供客观内容和客观标准。只有坚持实践的客观性，才能坚持认识论的唯物论。

第二，实践是能动的活动。

动物的活动也是客观的、感性的，但不能叫作实践，只有人的活动才能叫实践。动物没有自己的主观世界，它在自然界面前只是受动的，只是以自己的存在去影响自然界，而不能在自然界留下自己的意志的印记。人则是有主观世界的，人的活动是有思想支配的。人的活动同动物活动的区别就在于人具有自觉的能动性，是从事有目的的能动的活动。人离开动物愈远，

---

① 马克思：《关于费尔巴哈的提纲》，《马克思恩格斯选集》第 1 卷，人民出版社 1972 年版，第 16 页。

② 列宁：《黑格尔〈逻辑学〉一书摘要》，《列宁全集》第 38 卷，人民出版社 1959 年版，第 200 页。

实践的水平愈高，就愈是显示出它的能动的性质。

坚持实践的能动性，是辩证唯物论的实践观同旧唯物论的实践观的界限所在。正是实践的能动性决定了认识的能动性。正因为认识是在能动的实践基础上发展的，所以它才是能动的发展，才有由感性到理性、由认识到实践、由一个认识过程到另一个认识过程的能动的飞跃。只有坚持实践的能动性，才能坚持认识论的辩证法。

第三，实践是社会的历史的活动。

实践一开始就是社会地进行的，孤立的单个人的活动是根本不可能的。尽管有些常以个人活动的方式进行，但任何个人活动都不能离开社会的联系。作为实践主体的人总是社会的人即处在一定社会关系中的人。实践的过程就是社会的人协同动作以改造现实世界的过程。

实践的社会性也决定了实践的历史性。实践的内容、性质、范围、水平都受着社会条件的制约，都是随着社会条件的变化而变化的，因而都是具体的、历史的。

正是实践的社会性历史性决定了认识的社会性历史性。是否坚持实践的社会性，这既是辩证唯物论的实践观区别于唯心主义实践观的地方，也是它区别于旧唯物主义实践观的地方。

实践的客观性、能动性、社会性这三个主要特性是内在地联系着的。坚持实践的客观性不排斥它的能动性，实践不是一般的客观的活动，而是人的改造世界的客观活动，是有目的的、创造性的、能动的活动。坚持实践的能动性也不排斥它的客观性，实践虽然是人的有目的的创造性的能动的活动，但不是人们随心所欲的活动，而是受着客观规律支配、受着客观条件制约的活动。坚持实践的客观性和能动性又都是同坚持实践的社会性相联系的。实践是受社会历史条件制约的活动，这也就说明它是客观的活动；正因为作为实践主体的人是社会的人，他才不同于动物，才有主观世界，才谈得上改造客观世界的能动的活动。实践的客观性、能动性和社会性的统一，体现着马克思主义实践观中唯物论和辩证法的统一、辩证唯物论和历史唯物论的统一，这正是马克思主义认识论中唯物论和辩证法的统一、辩证唯物论和历史唯物论的统一的客观基础。

### 三、实践的基本形式

实践的具体形式是多种多样的。随着社会分工的发展，实践的形式会越来越多样化。但是，就其基本形式来说，可以归纳为以下三种。

第一种基本形式是物质资料的生产实践。这是处理人同自然界的关系的活动，是人类社会赖以产生、存在和发展的基础。人总是要首先解决吃、穿、住的问题才谈得上从事其他的活动，一切其他的活动都归根到底是在生产实践发展的基础上所引起的社会分工的结果。人们通过生产实践逐渐了解自然的现象、自然的性质、自然的规律性，以及人同自然的关系，也在一定程度上了解人与人之间的关系，了解社会关系。固然，认识社会关系的重要途径是社会斗争（在阶级社会里主要是阶级斗争），但是，对于社会斗争、阶级斗争本身的认识也是离不开生产实践的。不了解某个时代的生产状况，就无法了解那个时代的社会关系、阶级关系、政治状况等。因此，生产实践是人类认识的最基本的源泉。

第二种基本形式是处理社会内部人与人的关系的活动。人类的生产实践不但不排斥而且恰恰要求有其他形式的实践、特别是处理人们自身相互关系的实践与之配合。生产活动是在一定的社会关系中进行的。生产实践的发展要求创立和维护那些适合于它的社会关系，调整或改革那些不适合于它的社会关系，这就要进行处理人与人之间的社会关系的活动。在阶级社会里，人与人之间的社会关系主要是阶级关系，处理人与人之间关系的活动主要是阶级斗争。因此，阶级斗争对于人的认识发展有着重大的影响。

第三种基本形式是科学实验。这是由前两种实践形式分化出来的，是同前两种形式紧密联系又有其相对独立性的一种实践形式。它不是直接地改造世界，而是以认识世界为直接目的，为提高改造世界的自觉性和成效而进行的一种探索性的活动。科学实验就其萌芽形式来说自有人类实践以来就存在，但它作为一种独立的实践形式则是随着近代科学的产生而出现的。科学实验就是运用实践的手段，把认识对象放在理想的环境中考察，暂时撒开它的复杂的联系，排除各种偶然因素的干扰，以便得出普遍的可靠的结论。随着社会实践的发展，需要处理的问题越来越复杂，科学实验的必要性也就越来越明显，但无论如何，它总是服从和服务于直接改造世界的生产实践及处理社会关系的实践的。

# 第二节　实践在认识中的决定作用

要理解实践的观点是认识论的基础，首先就要理解，在实际的认识过程中，实践是整个认识过程的基础。

## 一、实践是认识的源泉

客观世界是人的认识的对象，但显然不是客观世界的一切事物都同时地成为人们事实上的认识对象，成为客体。人的认识领域是随着实践的发展而逐步扩大的。客观世界中哪些事物在事实上成为人们认识的对象，成为客体，归根到底是由主体的活动即人们改造客观世界的实践需要和实践水平决定的。从认识发生和形成的实际过程看，人们也总是在变革事物的过程中反映事物的。人们是在变革事物的实践中接触事物，从而感知事物的现象，又是在变革事物的实践中暴露事物的内在联系，从而理解事物的本质。即使是对于某些为人的实践活动所无法进入或难以进入的领域如遥远的天体、深部的地层等，固然不是也不能通过直接变革它们的活动去认识，而只能通过探索性的观测活动去认识，但也是和人的其他形式的变革事物的实践紧密联系的。显然，如果没有各种观测仪器和工具的制造，要在这些领域获得科学的认识就是不可能的。所以，归根到底说来，认识来源于实践。

认识来源于实践和认识来源于客观世界，这两个命题在马克思主义认识论里是可以统一也应当统一的。认识来源于客观世界的命题无疑是正确的，但它还只是停留在一般唯物主义反映论的提法上，只有用认识来源于实践的命题对它加以规定，才从一般唯物论的反映论前进到了辩证唯物论的能动的反映论。这两个命题的统一，同关于认识主体和客体的科学规定是一致的。

坚持实践是认识的源泉，就是坚持了认识论的唯物论。唯心论的"天才论""天赋聪明论"是根本违反这个基本观点的。世界上绝不会有什么"天赋聪明"。人的知识必须在实践中获得，人的才能必须在实践中增长。才能也属于知识的范畴，是知识转化为才能。虽然有知识不一定有才能，但没有知识一定不会有才能。知识只能在实践中获得，知识向才能的转化也必须经过实践的途径。诚然，人们的大脑和感官在生理素质即禀赋上是有差别的，但不能把这种差别加以夸大。从认识论上说，这只是人们进行实践和认识的一种物质条件，并不是人们的实践水平和认识水平本身，不是人们实际的实践能力和认识能力本身，它对于形成人们在知识和才能上的差别不起决定的作用。马克思说过："搬运夫和哲学家之间的原始差别要比家犬和猎犬之间的差别小得多，他们之间的鸿沟是分工掘成的。"①所谓由分工掘成的，就是由实践的地位、实践的领域及其深度、广度等造成的，不是天生的。有的人生理素质本来不错，但不勤奋实践和学习，结果不学无术；有的人生理素质可能要略差一些，但实践和学习非常勤奋，路子走得也正，结果学识渊博，甚至很有造诣。这番道理就是实践论的道理，就是实践是认识的源泉的道理。

在理解实践是认识的源泉这个原理的时候，有两个问题需要弄清楚。第一个问题是，说实践是认识的源泉，并不否认认识的发展有它一定的独立性，并不是说每一门科学的每一个原理都直接地发源于实践。例如，数学上的许多定理和公式以及哲学的原理，就是来自其他科学部门的知识推导。但这种独立性只是相对的，因为各门具体科学知识是来自实践的，进行推导的逻辑规则也是实践的升华。第二个问题是，说实践是认识的源泉，并不否认学习间接经验的重要性和必要性。就每个人的知识来说，多数是间接经验的东西，是从读书和传授中得来的。如果贬低书本知识，轻视教育，拒绝学习前人和别人的东西，那就是对于实践是认识的源泉的原理做了简单化的甚至是歪曲的理解。肯定学习间接经验的必要性和重要性，同肯定实践是认识的源泉是一致的，因为间接经验和直接经验是密切联

---

① 马克思：《政治经济学的形而上学》，《马克思恩格斯选集》第 1 卷，人民出版社 1972 年版，第 124 页。

系的，在我们这里是间接经验，在前人和他人那里则是直接经验，所以就知识的总体说，它是发源于直接经验的，是来自实践的。而且，人们在接受间接经验时，也或多或少地要以某种直接经验为基础。

二、实践是认识发展的动力

认识只有在实践中才能产生，也只有依赖于实践才能发展。认识的客体、主体以及主客体的关系都是随着实践的变化而变化的。认识随着实践的发展而发展，是认识依赖于实践的一个重要方面，对于实践是认识发展的动力的原理，可以从以下三个方面去说明。

第一，实践的需要不断地提出认识的新课题，推动着认识向前发展。

认识上的新的课题，归根到底是由实践提出的。古代水利工程、建筑、航海、战争等的需要提出的问题构成了古代力学研究的主要课题；丈量土地、衡量容积、计算时间等的需要提出的课题构成了数学研究的主要课题。这些课题的提出，推动着古代人们的认识不断发展。近代自然科学的巨大发展，也应归于资本主义生产关系的兴起而出现的社会生产力大发展的需要。恩格斯说："如果说，在中世纪的黑夜之后，科学以意想不到的力量一下子重新兴起，并且以神奇的速度发展起来，那么，我们要再次把这个奇迹归功于生产。"[①]现代科学的突飞猛进，当然也首先是来自生产实践需要的推动。

近代和现代科学的发展越来越明显地表现出它的相对独立性，科学研究的课题有时并不是直接地来自实践的需要，而是

---

① 恩格斯：《自然辩证法》，《马克思恩格斯选集》第 3 卷，人民出版社 1972 年版，第 523 页。

所谓"纯理论项目"。即使是这样的项目，人们也关心它的成果可能有何种实际的意义。至于人们最关心的多数项目还是由实践的需要提出来的，只是其中有的同近期需要有关，有的则同更长远的需要有关。

第二，实践提供认识发展的可能性及其实现的必要条件。

首先，实践提供解决认识课题的经验材料。认识上任何课题的解决，都必须积累必要的经验材料。例如，如果没有人类长期观察天体的经验和知识的准备，尤其是如果没有 15—16 世纪工业、商业、航海业等实践活动的发展所积累的经验材料，哥白尼的太阳中心说是不可能产生的。无产阶级革命实践的发展要求从理论上认识无产阶级的历史使命及其实现的道路和条件，而这个理论课题的解决又依赖于无产阶级革命实践的充分发展提供足够的经验材料。这都说明，只有实践才能提供解决一切认识课题的可能性。

其次，实践的发展，特别是近代以来的生产实践，还为科学认识提供必要的实验仪器和工具。实验仪器和工具是人类认识的重要手段。如果没有一定的实验手段，近代现代的许多认识课题的解决都是不可能的。现代工业的发展创造了越来越强大的实验手段，如射电望远镜、电子显微镜、光谱分析仪、雷达、声呐、人造卫星、宇宙探测器等现代化的观测手段，还提供了用于变革对象的各种超高温、超低温、超高压、超真空的实验条件以及巨大的回旋加速器、粒子对撞机等实验设施。这样，就使人们真正可以做到用技术向自然界挑战，强迫自然界回答人们所提出的问题，使人们能够不断地开辟新的认识领域，解决新的认识课题。

第三，实践改造了人的主观世界，锻炼和提高了人的认识能力。

认识的发展同作为认识主体的人本身的发展是分不开的。如果人的主观世界没有得到相应的改造和发展，就不能驾驭各种经验材料，不能有效地运用各种认识手段。人的主观世界的改造和发展也是依赖于实践的。

人的认识能力是在实践中提高的。恩格斯说："人的思维的最本质和最切近的基础，正是人所引起的自然界的变化，而不单独是自然界本身；人的智力是按照人如何学会改变自然界而发展的。"[①]人的认识能力包括感觉能力和思维能力，主要是指思维能力。在人类理性思维的发展中，任何一种能力的获得和发展都离不开实践。人的分析和综合的抽象能力从根本上讲，是来自实践的，人的实践活动本身就是一种分析和综合的活动。人的推理能力也是在实践中发展的，有目的的实践活动本身就是一种推理，是"行动的推理"。正是先有行动的推理才有逻辑的推理，是先有实践的逻辑才升华为思维的逻辑。这不仅从整个人类思维能力的发展来说是如此，而且从每个个人的思维能力的发展来说也是如此。

实践在认识中的决定作用或实践是认识的基础这个原理，除了包括实践是认识的源泉和认识发展的动力这两个方面的内容以外，还应包括实践是认识的目的和检验认识的标准这两个方面的内容。这后两个方面，将在下面有关章节阐述。

## 第三节　认识的辩证运动

实践在认识中的决定作用，充分地具体地体现在认识的辩

---

① 恩格斯：《自然辩证法》，《马克思恩格斯选集》第 3 卷，人民出版社 1972 年版，第 551 页。

证运动中。

列宁说："从生动的直观到抽象的思维，并从抽象的思维到实践，这就是认识真理、认识客观实在的辩证的途径。"①毛泽东进一步阐明了认识的过程是在实践的基础上由感性认识能动地发展到理性认识，又由理性认识能动地指导实践，实践、认识、再实践、再认识，循环往复以至无穷的辩证运动过程。

## 一、从感性认识到理性认识的运动

由实践到认识的运动，就是在实践基础上由感性认识能动地发展到理性认识的运动。

（一）认识的感性阶段和理性阶段

人的认识过程包括感性阶段和理性阶段，或者说，人的认识包括感性形式和理性形式。这两个阶段或两种形式的认识都是在实践基础上产生的，都是对于客观世界的反映。

感性认识是人们的感觉器官直接感受到的关于事物的现象、事物的外部联系的认识。感性认识的形式有感觉、知觉、表象（观念）。感觉反映的是事物的个别特性，是大脑通过眼、耳、鼻、舌、身五个官能与外界事物直接接触而产生的认识，它是意识对外部世界的直接反映，是意识和外部世界的直接联系，是感性认识的起点，当然也是整个认识的起点。知觉是在大脑中把有关事物的感觉组合在一起而形成的整体的感性形象，它是比感觉高一级的认识形式。表象（观念）是大脑对于过去的感觉和知觉的回忆，是感性形象的再现，但仍是对于客观对象的形象化的认识，仍是感性认识的形式，只不过是它的最高形式。感性认识的三种形式已经体现出由部分到全体、由

---

① 列宁：《黑格尔〈逻辑学〉一书摘要》，《列宁全集》第38卷，人民出版社1959年版，第181页。

低级到高级、由直接到间接的发展趋势，但无论哪一种形式都没有超出对事物现象认识的范围。感性认识的特点是它的直接性即直接感受性。这既是它的优点也是它的缺点。优点在于它是对事物的直接反映，这是它的可靠性所在，也是它之所以成为认识过程的起点、成为理性认识的基础的原因所在。缺点在于它只是对事物外部现象的反映，这是它的局限性所在，也是它必须上升到理性认识的原因所在。

理性认识是借助于抽象思维所把握到的关于事物的本质、事物的内部联系的认识。理性认识的形式有概念、判断、推理。概念是对于同类事物的共同的、一般的特性的反映。任何概念都是在概括，都是超出感性的直观，因此，概念的形成标志着认识上的质的飞跃。判断是对于事物之间的联系或关系的反映，在逻辑形式上表现为概念之间的联系或关系。推理是从事物的联系中由已知合乎规律地推出未知的反映形式。理性认识的这几种形式是相互联系的，是综合地起作用的。理性认识的特点是它的间接性即抽象性，这也既是它的缺点又是它的优点。缺点在于它是对事物的间接反映，要以感性认识为中介，靠抽象概括而完成，这就比较容易脱离现实，离开事物的本来面貌。优点就在于它是对事物的本质、事物的内部联系的反映，能够更深刻地反映事物。理性认识的抽象性是就其反映的形式来说的。因为它反映的是事物的内在本质，是隐藏在事物内部的东西，所以是不能靠感官直接地反映的，而必须靠抽象的思维去把握，这就使它具有抽象的形式。但从内容上说，它也是对于客观存在的反映，无论概念、判断、推理都有它们的客观原型。同类事物中客观存在着的共同的东西是概念的原型，事物之间客观存在着的联系或关系是判断的原型，客观过程之间的联系、过渡和推移则是推理的原型。

（二）感性认识和理性认识的辩证关系

感性认识和理性认识是认识过程中两个不同质的阶段，但它们又是辩证地统一的。

第一，理性认识依赖于感性认识。

理性认识是更深刻、更正确、更完全的认识，但它不是凭空产生的，而是在获得大量感性材料的基础上经过科学的抽象思维而形成的。没有感性认识就不会有理性认识。

感性认识是同实践直接联系的，是人在实践中直接接触客观事物所得到的认识，因此，理性认识对于感性认识的依赖，实际上表现着认识对于实践的依赖。毛泽东说："从认识过程的秩序说来，感觉经验是第一的东西，我们强调社会实践在认识过程中的意义，就在于只有社会实践才能使人的认识开始发生，开始从客观外界得到感觉经验。一个闭目塞听、同客观外界根本绝缘的人，是无所谓认识的。认识开始于经验——这就是认识论的唯物论。"[1]说这是认识论的唯物论，因为这里解决的是认识的来源的问题，是认识如何发生的问题。否认理性认识依赖于感性认识，也就否认了认识依赖于实践，就会导致唯心论。

站在这个观点的反面的是把理性认识绝对化的唯理论。唯理论有唯心主义唯理论和唯物主义唯理论的区别。唯心主义唯理论不仅否认理性认识依赖于感性认识，而且否认理性认识是对客观存在的反映。例如笛卡儿就持这种观点，他认为有一种所谓"天赋观念"，这些观念不是从感觉中得来的，而是生来就有的。唯物主义唯理论承认人的知识是关于客观世界的知识，但认为感性认识是靠不住的，甚至是造成认识上的混乱和错误的原因，只有理性认识是可靠的，理性认识不依赖于感性认识，

---

[1] 毛泽东：《实践论》，《毛泽东选集》第 1 卷，人民出版社 1969 年版，第 267 页。

人凭借"直觉"就可以把握客观事物。例如，斯宾诺莎所持的就是这种观点，他断言只有凭理性的能力从定义、公理中推论出来的知识才是真实可靠的。所谓先验论就是唯理论。在我们党的历史上曾经犯过的教条主义的错误，就是类似哲学史上的唯理论或先验论的错误，它奉行本本主义，把一般的理论原则绝对化，把理论当作僵死的教条，拒绝对于具体经验的研究，就是否认理性认识依赖于感性认识的道理。

第二，感性认识有待于深化、发展为理性认识。

认识必须由感性上升到理性。这是由认识的目的和任务决定的。认识是为了指导实践，这就要能够预见事物发展的趋势，因而必须获得对于事物的规律性的认识即理性的认识。单凭感性的认识是不能指导实践的。

毛泽东说："认识有待于深化，认识的感性阶段有待于发展到理性阶段—这就是认识论的辩证法。"①之所以说这是认识论的辩证法，因为这里解决的是认识的发展的问题。从感性认识到理性认识是认识过程的质变，是认识由低级阶层向高级阶段的飞跃。既然是认识的质变、飞跃，就不是一个平滑的、渐进的过程，而是一个充满矛盾的能动的过程，体现着人的认识过程的辩证性质。

站在这个观点的反面的是片面夸大感性认识的经验论。经验论也有唯心主义的经验论和唯物主义的经验论。唯心主义的经验论不仅否认理性认识，而且否认感性认识是客观事物的反映，否认感性经验的客观内容，认为经验只是主观的内省体验。唯物主义的经验论承认感性经验是客观事物的反映，但认为感性经验是唯一可靠的，理性认识是靠不住的，或者认为理性认

---

① 毛泽东：《实践论》，《毛泽东选集》第 1 卷，人民出版社 1969 年版，第 267 页。

识和感性认识没有质的不同，理性认识只是对感性经验的分类整理，不会增添新的内容。例如经验主义的著名代表洛克断言，"凡是在理性中所有的，最初无不在感觉之中"，认为对于事物的普遍的、本质的认识只是理性的产物，是空洞的抽象。这是自牛顿以来在科学领域中的传统观点。这种狭隘经验论的观点同现代科学的发展越来越不能调和。现代科学研究的领域越来越远离感觉经验所能达到的层次和范围，抽象思维在科学认识中的作用和意义越来越突出，因而越来越尖锐地暴露出这种经验论的片面性。我们党的历史上犯过的实际工作中的经验主义的错误，也是类似于哲学史上的唯物主义经验论的错误。它把一时一地的局部经验绝对化，拒绝理论的指导，就是否认感性认识有待于深化、发展到理性认识的道理。

第三，感性认识和理性认识互相渗透。

感性认识和理性认识既然是统一的认识过程中的两个阶段，那么它们就是不能截然分开的。在实际的认识过程中，二者是互相包含、互相渗透的。

首先，感性中渗透着理性。人的一切活动包括认识活动本身都是有目的的，有理性指导的，所以，人的感觉不同于动物的感觉，它是有理性渗透于其中的感觉。任何一种作为认识过程的一个环节的感性认识，都是在理性的指导下进行的。理性的指导越自觉，或者说，理性的渗透越强烈，感觉也就越深刻。所谓只有理解了的东西才能更深刻地感觉它，讲的就是这个道理。

同时，理性中也渗透着感性。理性认识是在概括大量感性材料的过程中形成的，是以感性材料为基础的，因此，不论它具有怎样抽象的形式都摆脱不了感性的东西，而且它总是要以语言文字等感性形式作为物质外衣的。

　　诚然，对于认识论的研究来说，区分这两种认识形式、两个认识阶段是必要的、重要的，了解它们在实际的认识过程中的互相渗透的情形，是为了防止把它们的区分绝对化。

　　（三）由感性认识向理性认识飞跃的条件和方法

　　由感性认识到理性认识，是使认识超出对事物的感性直观而深入到事物的内在本质，是向不同质的认识阶段过渡，是认识过程中的飞跃。同在其他领域里实现的任何一种飞跃一样，实现由感性认识到理性认识的飞跃也是有条件的。同时，这种认识上的飞跃，作为主体自觉实现的过程，又是依赖于一定的必要的方法的。

　　首先，实现这个飞跃要有必要的感性材料作为基础。毛泽东在《实践论》里指出，作为理性认识的基础的感性材料必须具备两个条件。一是十分丰富而不是零碎不全。理性认识是要进行抽象、概括，必须有可供概括的足够材料。依据零星的感觉、印象，依据一鳞半爪的感性材料，不足以形成理性的认识。二是合于实际而不是错觉。依据道听途说的东西是做不出正确的结论的。显然，要获得十分丰富并合于实际的感性材料，就要深入实践，深入调查。所谓"没有调查就没有发言权"，说的就是没有必要的感性材料作为基础就不可能形成正确的理论结论。

　　同时，实现这个飞跃要有科学的思维方法。由感性到理性，就是通过大脑对感性材料进行加工处理，就是毛泽东说的"将丰富的感觉材料加以去粗取精、去伪存真、由此及彼、由表及里的改造制作工夫，造成概念和理论的系统"。①这个"改造制作"的过程是一个思考的过程，是一个对感性材料进行矛盾分

---

　　① 毛泽东：《实践论》，《毛泽东选集》第 1 卷，人民出版社 1969 年版，第 268 页。

析的过程，这就必须有科学的辩证思维的方法。在这个过程中运用的逻辑方法主要有归纳和演绎、分析和综合、由抽象到具体的方法等。简单地说，归纳就是从个别事实走向一般的结论、概念，演绎是从一般原理、概念走向个别的结论。分析是把对象分解为各个方面从而认识其中的每一个方面，它的任务是分析出构成对象的基础和本质的东西即把事物各个方面联系在一起的东西；综合则是在把对象分解为各个方面的基础上再把各个方面组合成一个整体，它的任务是在思维中把对象的各个本质的方面按其内在联系有机地结合成一个统一的整体。从抽象到具体的方法，就是从感性的具体出发，通过分析，由感性的具体达到抽象的规定，然后，再通过综合，由抽象的规定达到思维的具体。此外，"理想化"的方法，比较、分类、统计的方法等，也是重要的逻辑方法。值得指出的是，在从感性认识上升到理性认识的过程中，除了上述种种逻辑的方法外，还要发挥例如幻想、想象、猜测、直觉等非逻辑方法的作用。

总之，实现由感性认识到理性认识的飞跃，就是在获得十分丰富和合于实际的感性材料的基础上，经过一系列逻辑的思考和创造性的想象，形成由概念、判断、推理所构成的理论的体系。显然，这是一个能动的飞跃过程，它充分体现了认识过程的能动的性质，也要求认识的主体充分地发挥自觉的能动性。只有勤于实践和善于实践，才能在实践中获得十分丰富和合于实际的感性材料；只有勤于思考和善于思考，才能对已经获得的感性材料进行正确的"改造制作"。古今中外，一切在科学上有成就、有建树的人，都是充分发挥了自觉的能动性，既勤于和善于实践、又勤于和善于思考的人。

## 二、从理性认识到实践的运动

在实践的基础上由感性认识发展到理性认识，只是认识过程的一个阶段，而且对于马克思主义的认识论来说还不是最重要的一个阶段。毛泽东说："认识的能动作用，不但表现于从感性的认识到理性的认识之能动的飞跃，更重要的还须表现于从理性的认识到革命的实践这一个飞跃。"①完成对于一个具体事物的认识，需要经过由感性认识到理性认识又由理性认识到实践的飞跃。

（一）理性认识向实践飞跃的必要性

对于理性认识向实践飞跃的必要性即这一飞跃在整个认识运动中的重要性，可以从两个角度去说明。

从实践的角度说，理性认识向实践的飞跃是一个认识指导实践的过程。实践是认识的基础，又需要认识的指导。所以，在实现了由感性认识到理性认识的飞跃之后，还必须也必然要实现由理性认识到实践的飞跃。第一个飞跃只是第二个飞跃的准备，第二个飞跃则是第一个飞跃的目的或归宿。认识世界是为了改造世界，理论必须指导实践。如果有了正确的理论，并不实行，那么，这种理论再好也是没有意义的。毛泽东说："马克思主义看重理论，正是，也仅仅是，因为它能够指导行动。"②可见，第一个飞跃是重要的，它的重要性正是要由第二个飞跃的必要性、必然性去说明。正是因为认识要指导实践，要求预见事物发展的趋势，才需要去认识事物的内在本质和规律性，才需要使认识由感性上升到理性。如果认识不是为了指

---

① 毛泽东：《实践论》，《毛泽东选集》第 1 卷，人民出版社 1969 年版，第 269 页。

② 毛泽东：《实践论》，《毛泽东选集》第 1 卷，人民出版社 1969 年版，第 269 页。

导实践，如果从认识到实践的飞跃不是必要的、必然的，那么，由感性认识到理性认识的飞跃也就不是必要的，而是可有可无的。这就说明，认识过程中的这两个飞跃是内在地联系着的。从对于一个具体事物的认识运动来说，第一个飞跃是在实践中形成思想的阶段，第二个飞跃则是在实践中实现思想的阶段。

从认识的角度说，理性认识向实践的飞跃，是一个在实践中检验认识的过程，是一个经过实践的检验而修正、补充、丰富和发展认识的过程。在实践的基础上由感性的认识上升到了理性的认识，还必须把这种理性的认识放回到实践中去检验。只有经过实践的检验，使其中正确的部分被证实了，错误的部分被纠正了，不完善的部分被充实了，并用从新的实践经验中所概括的新的理论结论去丰富了，这时候，对于一个具体事物的认识才算完成了。

（二）理性认识向实践飞跃的条件和途径

由感性认识到理性认识的飞跃是使认识超出对事物的感性直观而深入到事物的内在本质，由理性认识到实践的飞跃则是使认识超出思想意识的主观范畴而化为客观的实践，这后一个飞跃更是认识过程中的能动的飞跃。实现这一个飞跃，也要依赖于一定的必要的条件，并且要遵循正确的途径的。归纳起来，主要地应做到以下几个方面才能正确地实现这个飞跃。

第一，要尽可能正确地实现第一个飞跃，形成相对正确的理性认识。在实践基础上由感性认识发展到理性认识的阶段，同从理性认识飞跃到实践的阶段，作为统一的认识过程中的两个阶段，是内在地衔接在一起的，是互相依赖的。从实践中来的东西，都能够回到实践中去。但是，从实践中来的东西可能是正确的，也可能是不正确的。不正确的东西，错误的思想，也会在实践中产生影响，它会转化为一种破坏的力量。因此，首先必须正确地形成理性的认识，并注意排除和克服错误思想的干扰，这是正确地实现这一个飞跃的前提条件。当然，所谓正确只是相对的，只是从总体上要求的。

第二，要坚持理论和实际相结合的原则，把一般的理论原则具体化。虽然理性的认识也是从实践中来的，但实践是不断变化的。认识和实践的统一是在认识运动中的统一，不是在形成了某种理性的认识，形成了某种理论、政策、计划、办法等以后，就可以一成不变地、千篇一律地在实践中到处硬套，用既成的理论去裁剪实践。在实践中形成了一般的理论原则，当它再回到实践中去指导实践的时候，又要充分注意倾听实践的呼声，研究实践中的新情况新问题，要把已经形成的理论原则具体化，使之更适合于具体的复杂多变的实际情况，这样才能切实地、有效地指导实践，正确地实现从理性认识到实践的飞跃。

第三，要使理论掌握群众。这是实现理性认识向实践飞跃的根本途径。马克思、恩格斯指出："思想根本不能实现什么东西。为了实现思想，就要有使用实践力量的人。"[①]人民群众就是使用实践力量的人。因此，要实现思想，就要使思想掌握群众。而要使思想掌握群众，就要在群众中宣扬思想，同时批判错误的思想，在阶级斗争中，在社会问题上，还往往要开展批判以至摧毁支持错误思想的旧的社会势力的斗争。

第四，要有正确的实践方法即工作方法。没有正确的实践方法，也是不能实现由理性认识到实践的飞跃的。这里，特别要强调采取"一切经过试验"的方法。这是在把理论化为大规模的群众实践之前必须经过的一个中间阶段。采取这个方法，

---

① 马克思和恩格斯：《神圣家族》，《马克思恩格斯全集》第 2 卷，人民出版社 1957 年版，第 152 页。

可以说是上述几条要求的综合体现。经过试验，可以检验和修正已经获得的理性认识；经过试验，首先使理论在一定范围内见诸实践，有助于把一般的理论原则具体化；经过试验，通过事实教育群众，可以使群众逐步地理解理论原则的正确性；经过试验，可以探索和创造一些实现理论的合于实际的实践方法。

从理性认识到实践的飞跃，鲜明地体现了认识过程的能动性质。实现这个飞跃，同样要求认识的主体充分地发扬自觉的能动性。

### 三、认识过程的反复性和认识发展的无限性

人们对于一个复杂事物的认识，往往不是一次就可以完成的，而是需要经过由实践到认识、由认识到实践的多次反复才能够完成。这是因为人们的认识不能不受着主客观条件的限制。从认识的对象看，事物的各个方面及其本质有一个暴露的过程。事物的方面，只有在事物的多种多样的联系中即与不同事物的相互作用中，才能逐步地暴露；事物的本质，只有从事物多方面表现出来的现象中，从这些现象的联系中，才能够逐步揭示出来。而事物的各个方面、各种现象只能随着人们变革事物的实践过程在深度和广度上的发展而不断暴露。从认识的主体看，人的认识能力有一个提高的过程。人的认识受着知识水平的限制，受着科学技术条件的限制。人的知识水平是通过实践和学习而提高的，科学技术条件的限制是通过实践而逐步打破的。因此，认识不是一次可以完成的。在自然科学的发展中，对于某一自然现象的认识，往往需要经过实验、认识、再实验、再认识的多次反复，一次实验即使成功了，也往往只是发现和认识了一些方面，却同时又暴露出新的方面需要通过新的实验去认识。认识社会生活更是如此。例如我们党制定一项政策或办

法，在多数情况下是以草案的形式下达，经过一些试验，经过多次反复的修订才作为正式文件下达。认识可以一次完成的论点，是把认识过程中主观与客观、认识与实践的复杂的矛盾运动简单化的论点，是不符合唯物辩证法的认识论的。

人们的认识经过由实践到认识、由认识到实践的多次反复，达到了主观认识和客观过程的规律性的符合，并且在实践中达到了预想的结果，这时候，对于某一具体事物、具体过程的认识来说，算是完成了。但是，对于过程的推移来说，则并没有完成，也不可能完成。"任何过程，不论是属于自然界的和属于社会的，由于内部的矛盾和斗争，都是向前推移向前发展的，人们的认识运动也应跟着推移和发展。"①客观过程的推移是没有终点的，人们的认识运动也就没有止境。人的认识的发展是无限的，它表现为"实践、认识、再实践、再认识"的无限循环，表现为由低级阶段向高级阶段不断推移的永无止境的前进运动。

"实践、认识、再实践、再认识"的循环往复、无限发展的认识运动，体现着主观和客观、认识和实践的具体的、历史的统一。认识发展的过程就是主观和客观的矛盾展开的过程。主观和客观的矛盾是在实践中产生和解决的。客观实践是具体的、历史的，因而主观对客观的认识也是具体的、历史的。主观与客观的统一，认识和实践的统一，都是具体的历史的统一。

所谓"具体的历史的统一"，就是说，人们的认识和客观过程的符合是在一定的具体历史条件下的符合，是在社会实践发展的一定的具体历史阶段上的符合。人们的认识超越于客观实践的发展阶段或落后于客观实践的发展阶段，都是离开了主观

---

① 毛泽东：《实践论》，《毛泽东选集》第 1 卷，人民出版社 1969 年版，第 272 页。

和客观、认识和实践的具体的历史的统一。当着客观过程向前推移，具体条件发生重大变化，实践发展到了新的历史阶段的时候，如果认识仍然停留在原来的阶段上，那么，认识就脱离了客观实践在新阶段上的具体的历史的特点，就会使思想落后于实际，这常常是保守主义错误、右倾错误的认识根源；而当着客观事物发展的某一具体过程尚未结束，人们硬要超越必经的历史阶段，这同样脱离了客观实践的具体的历史的特点，就会陷入无谓的空想，这常常是冒险主义错误、"左"倾错误的认识根源。毛泽东说："我们的结论是主观和客观、理论和实践、知和行的具体的历史的统一，反对一切离开具体历史的'左'的或右的错误思想。"①这是辩证唯物论研究认识的辩证运动所得出的基本结论。

---

① 毛泽东：《实践论》，《毛泽东选集》第 1 卷，人民出版社 1969 年版，第 272 页。

# 第十章 真理

认识发生发展的过程，就是通过实践而发现真理，又通过实践而证实真理和发展真理的过程。马克思主义哲学给人类、特别是给工人阶级提供了一个伟大的认识工具，也就是提供了一个认识真理和运用真理的伟大工具。坚持真理，为真理而斗争，这是各个时代先进的人们的庄严口号，尤其是共产党人的最庄严的口号。真理问题在整个马克思主义哲学中占着十分重要的地位。

真理论是认识论的一部分。离开认识，无所谓真理。因此，能动的反映论的观点也就是马克思主义真理论的基本观点。

## 第一节 客观真理

### 一、真理的客观性

所谓真理，就是客观事物的规律在人的意识里的正确反映。

客观真理或真理的客观性，就是说真理是客观的。说"真理是客观的"与说"规律是客观的""条件是客观的"等不同。真理是一种认识，属于思想意识的范畴。它的形式是主观的。所以，不能把"真理是客观的"这个命题误解为真理是客观存在。真理的客观性是就真理的内容说的，是指真理中的包含着不依赖于任何主体的客观内容，真理性的认识是对于客观世界的正确反映。可见，承认不承认客观真理，就是从真理观的角度对哲学基本问题第一个方面的回答。

辩证唯物论坚持物质第一性、意识第二性，从这个基本前提出发，必然承认人们认识的内容来自客观世界，这也就承认了客观真理。所以，列宁说："认为我们的感觉是外部世界的映象；承认客观真理；坚持唯物主义认识论的观点，——这都是一回事。"[①]

肯定真理的客观性必然否定真理的阶级性。真理性的认识中包含着不依赖于任何主体的客观内容，也就表明它包含着不依赖于任何阶级的客观内容。客观规律是不依赖于任何人、任何阶级的，作为客观规律的正确反映的真理也就不以任何阶级的意识、愿望、要求等如何而定。不管某个阶级承认不承认、拥护不拥护，只要是正确反映了客观事物规律的认识就是真理。例如，社会主义必然代替资本主义的论断是真理，是因为它正确反映了社会发展的客观规律，并不是因为它符合了无产阶级的意志和要求，当然也不会因为资产阶级不赞成、不喜欢这个论断而不是真理。

真理是没有阶级性的，因此，在真理面前人人平等。既然真理的内容是客观的，判定真理和谬误的标准也是客观的，都是不以任何人、任何阶级的意志为转移的，那么，它就对任何人都"一视同仁"。真理在谁手里，不取决于阶级出身，也不取决于权位高低，而取决于有没有老老实实的科学态度。只要尊重客观实际，努力使自己的认识符合于客观事物的规律，就有

---

① 列宁：《唯物主义和经验批判主义》，《列宁选集》第 2 卷，人民出版社 1972 年版，第 129 页。

可能掌握真理。当然，反动阶级的人们在涉及他们阶级利益的问题上，由于他们阶级立场的限制，是不可能有老实的科学态度的，但这是从另外一个不同的理论角度提出的问题。同时，"真理面前人人平等"，也说明任何人都要服从真理。坚持真理、为真理而斗争的人，是自觉地服从真理；违背真理的人，逃不脱实际生活的惩罚，表明他摆脱不了真理的支配，从这个意义上可以说，他是被迫地服从真理。人人要受真理的支配，其实际内容就是人人要受客观规律的支配。

诚然，否定真理的阶级性并不是说人们对于真理的认识和运用不受阶级的制约和影响。在阶级社会里，人们在一定的阶级地位中生活，总是从一定阶级的利益出发去观察问题的，因而总是受着阶级立场的制约的。反动阶级的根本利益同社会发展的基本趋势相背离，他们不愿和不敢承认社会发展的客观规律，因此，他们害怕真理，力图掩盖和歪曲真理，更谈不上运用真理。革命的先进的阶级的根本利益同社会发展的基本趋势相一致，他们需要真理，能够在一定程度上认识真理。尤其是无产阶级，它是最进步、最革命、最有前途的阶级，它的根本利益同社会历史前进发展的基本趋势完全一致，因而它最需要真理，也最能认识和运用真理。"科学愈是毫无顾忌和大公无私，它就愈加符合于工人的利益和愿望。"①但是，这里讲的是对真理的认识和运用，而不是讲真理本身。对真理的认识和运用受到阶级的制约和影响，是讲的主体的阶级性，是讲的认识和运用真理的人的阶级性，这和真理本身是否具有阶级性是不同的两回事。

客观真理论是真理论的唯物论。同唯物论相反，唯心论从

---

① 恩格斯：《路德维希·费尔巴哈和德国古典哲学的终结》，《马克思恩格斯选集》第 4 卷，人民出版社 1972 年版，第 254 页。

意识第一性、物质第二性的基本哲学前提出发，否认认识的客观内容，也就必然否认客观真理。

客观唯心论者例如黑格尔，虽然不直接地否认真理的客观性，甚至还很强调真理是不依赖于人的意识的，但是，他把世界看成"绝对精神"的体现，所谓真理无非是"绝对精神"的自我认识，是"绝对精神"通过人而达到对它自身的认识。这就同宗教把"上帝"看作真理的化身、把对真理的认识看作"上帝"对人的启示一样，归根到底还是否认了不依赖于任何意识的客观真理。

主观唯心论者把真理看成纯粹主观的东西，主张主观真理论。例如俄国马赫主义者波格丹诺夫认为"真理是思想形式，是人类经验的组织形式"。按照这种说法，宗教也是真理，因为任何宗教也都是"思想形式""人类经验的组织形式"。为掩人耳目，他们又添上"社会""普遍"一类的字眼，说真理是具有"普遍意义"的"社会的组织起来的经验"，等等。这同样可以把宗教称作真理，因为宗教在一些国家还普遍流行，还具有"普遍意义"。只要是把真理说成纯粹主观的东西，就掩盖不了主观真理论的唯心主义实质。

主观真理论的最典型、最恶劣的代表是实用主义。实用主义真理观的基本观点是"有用即真理"。它的一个代表人物詹姆士说："你可以说'它是有用的，因为它是真的'，也可以说'它是真的，因为它是有用的'。"这显然是荒谬的。真理是用的，但有用的不一定是真理。谎言和诡辩对于野心家、骗子手来说是有用的，但永远不能成为真理。真理之成为真理，并不是因为它有用，而是因为它正确反映了事物的客观规律；只因为它正确反映了客观事物的规律从而能够指导人们改造客观事物的实践活动，它才是有用的。实用主义从"有用即真理"的基本观点出发，宣扬"人造真理"论，认为真理只是"人造"的，只是人造了出来满足人的主观需要、给人带来利益的工具。这种"人造真理"论必然是多元的真理论。各有各的需要，也就各有各的真理，"公说公有理，婆说婆有理"。这就完全抹杀了真理和谬误的界限，在实际上取消了真理。学习辩证唯物论关于客观真理的理论，就要坚决抵制和肃清实用主义一类的主观真理论的恶劣影响。

## 二、真理和谬误

真理是客观事物的规律在人的意识里的正确反映，客观事物的规律在人的意识里的错误反映就是谬误。坚持真理，就要排除谬误，这是一个问题的两个方面。有真理就一定会有谬误，谬误是真理发展过程中不可摆脱的对立面。在人类认识发展过程中之所以必然地有真理和谬误的对立，主要可以从以下两个方面去说明。

第一，人们把握真理的能力是受着历史条件的局限的。主观和客观的统一，只能是具体的历史的统一。人们总是在一定的具体历史条件下去认识世界的，具体的历史条件制约着人们的认识水平、实践水平，也就制约着人们把握真理的能力。在阶级社会中，人们把握真理的能力还要受着阶级地位的制约。固然，历史条件是不断变化的，人们可以不断地打破旧的条件的局限，但却永远不可能不受局限。

第二，人的认识过程的复杂性提供了产生错误的可能性，而且具备着种种条件使这种可能变成现实。人的认识过程是充满矛盾的复杂过程，是近似于圆圈的曲线，这个曲线的每一个片断都有可能被夸大为独立的完整的直线，这条直线就可能把人引向谬误。而且，具备着种种条件使这种可能变成现实。这里，有客观过程本身的复杂性，如真象和假象、现象和本质、偶然和必然的矛盾以及客观联系的错综复杂，等等；有客观过程暴露程度的局限性；有人的主观状态的局限性，如主体的立场、观点、方法、精神状态包括自觉程度的局限性，以及前面所说的认识能力的局限性，等等。

错误是难以避免的。无论多么伟大的思想家、政治家、科学家都难免有失误，无论任何时代的人们都不可能只有正确的科学见解而毫无错误，都一定会留下许多错误交给后代人去纠正。真理和谬误是贯穿于人类认识过程始终的一对不可避免的矛盾。

真理和谬误作为矛盾着的双方，它们也是既对立又统一的。恩格斯说："真理和谬误，正如一切在两极对立中运动的逻辑范畴一样，只是在非常有限的领域内才具有绝对的意义；……如果我们企图在这一领域之外把这种对立当作绝对有效的东西来应用，那我们就会完全遭到失败；对立的两极都向自己的对立面转化，真理变成谬误，谬误变成真理。"①这就是说，真理和谬误是对立的，它们之间有明确的界限，不能互相混淆。但是，这种对立只是在非常有限的范围内才有绝对的意义，它们之间的界限不是凝固的，而是不断变动的，真理和谬误是可以在一定条件之下相互转化的。

真理向谬误的转化表现于如下两种情形。

第一，超出真理所适用的条件和范围，就会变成谬误。任何真理都有它适用的条件和范围，这就是真理的界限。如果超出这个界限，就如列宁所说的，"只要再多走一小步，仿佛是向

————————

① 恩格斯：《反杜林论》，《马克思恩格斯选集》第3卷，人民出版社1972年版，第130页。

同一方向迈的一小步，真理便会变成错误"①。真理的界限是
时而扩张时而缩小的，如果不顾时间、地点、条件的变化去运
用真理，便可能走向谬误。

　　第二，把真理性的认识从完整的理论体系中孤立出来，就
会变成谬误。真理是全面的，它所包含的各个方面是相互联系、
相互制约的。离开这种联系和制约，任何一个方面都可能变成
谬误，常见的许多所谓"走极端"、片面性就是属于这种情况。
例如，认识能动性的理论如果脱离了辩证唯物论的整个体系，
脱离了唯物主义反映论的制约，而把它孤立出来，就会变成唯
心主义的谬误。

　　谬误向真理的转化也表现于如下两种情形。

　　第一，谬误改变了它的条件和范围，就可能变成真理。由
真理转化而来的谬误，只要使真理恢复到它所适用的条件和范
围，就成为真理。这和真理向谬误的转化是同一个道理。

　　第二，谬误可以作为正确的先导，可以从谬误中引出真理
性的认识。这里，既包括从自己所犯的错误中汲取教训，纠正
错误，取得正确认识，这就是所谓"失败为成功之母"；也包括
利用敌人的根本错误，利用反面教员，使我们更深刻地认识问
题，发现真理，这就是所谓"毒草可以肥田"。这两种情形性质
不同，但其哲学内容是一样的，都是谬误向真理的转化。

　　真理和谬误既相互对立，又相互依赖，相互转化，这是对
立统一规律在认识领域里的表现。毛泽东说："正确的东西总是
在同错误的东西做斗争的过程中发展起来的。真的、善的、美
的东西总是在同假的、恶的、丑的东西相比较而存在、相斗争

---

　　① 列宁：《共产主义运动中的"左派"幼稚病》，《列宁选集》第 4 卷，人民出版
社 1972 年版，第 257 页。

而发展的。……这是真理发展的规律。"①当然，说这是真理发展的规律，并不是说这里概括了真理发展的全部规律性，它只是揭示了真理发展规律性的一个重要方面。

认识到真理在同谬误斗争中发展的规律性，对于我们坚持和发展真理、防止和修正错误具有重要的指导意义。其意义主要在于以下几点。第一，既然错误是不可避免的，那么就应当允许人犯错误，允许人改正错误。第二，既然真理和谬误是可以相互转化的，那么，我们就要善于在克服错误中发现真理。同时，在运用真理时必须注意具体条件的分析，掌握真理的界限，防止真理转化为谬误。第三，既然真理总是在同错误的斗争中发展的，那么，就应当提高防止错误和克服错误的自觉性。坚持真理和修正错误是不可分割的，要坚持真理，就必须修正错误；不修正错误，就不能更好地坚持和发展真理。作为一个辩证唯物主义者，要为真理而奋斗，就要勇于同各种错误做斗争，包括勇敢地揭露和修正自己所犯的错误。第四，既然真理在同错误的斗争中发展是一种客观的规律性，那么，就应当自觉地运用这个规律去发展真理。我们党提出的"百花齐放，百家争鸣"的方针，就是一个自觉地运用真理发展的规律，在思想、文化、科学领域里通过自由的讨论而达到坚持真理、修正错误的方针。作为一个辩证唯物主义者，就必须坚决维护和执行这个方针。

## 第二节　绝对真理和相对真理

真理是人们的认识中同客观事物的规律相符合的内容，但

---

① 毛泽东：《关于正确处理人民内部矛盾的问题》，《毛泽东选集》第5卷，人民出版社1977年版，第390页。

这个"符合"是一个过程，是一个由相对到绝对的发展过程，它体现着主观和客观的具体的历史的统一。把真理看作过程，就是唯物辩证法关于绝对真理和相对真理相互关系问题的基本思想。

承认客观真理，是真理论的唯物论，因为它解决的是真理认识的来源问题；承认绝对真理和相对真理的统一，是真理论的辩证法，因为它解决的是真理认识的发展问题。辩证唯物论在真理观上坚持唯物论和辩证法的统一，肯定每一种真理性的认识都是客观真理，又都是绝对真理和相对真理的统一。

一、真理的绝对性和相对性

所谓绝对真理或真理的绝对性，就是指真理性认识的客观可靠性、确定性。这可以从以下两个方面去理解。

第一，任何真理都是客观真理，都具有客观可靠性，也就是具有绝对性。任何真理都是对于客观事物规律的正确反映，都同谬误有原则的界限，在它所反映的限度和范围内都永远不能被推翻，这就是它的绝对性。例如，对于物质结构认识中的原子论，是对于物质结构在某一个层次上的正确反映，在它所反映的物质结构层次这个限度内就永远是真理，后来的电子论、基本粒子理论并没有推翻原子论。牛顿力学（如牛顿三定律和万有引力定律）在它正确反映了宏观低速运动的某些方面这个限度内永远是真理，后来爱因斯坦的相对论及量子力学等，都只是揭示了牛顿力学所不能反映的那些物理运动的规律，而没有推翻牛顿力学。所以，列宁说："当一个唯物主义者，就要承认感官给我们揭示的客观真理。承认客观的即不依赖于人和人类的真理，也就是这样或那样地承认绝对真理。"①

第二，任何真理性的认识都是向着无限发展着的物质世界接近，都表示着人类认识前进发展的一个阶段，都作为人类认识的积极成果被肯定下来而成为认识继续发展的基础，这就是它的确定性，也就是它的绝对性。人类认识按其本性来说是能够正确认识无限发展着的物质世界的。认识每前进一步，就是向着认识无限发展着的物质世界接近一步，也就是在客观真理的体系中增添了绝对真理的颗粒。

所谓相对真理或真理的相对性，就是指真理性认识的近似性、不确定性。人们在一定条件下对于客观过程及其规律的正确认识是有限度的，因此，任何真理性的认识虽然是客观可靠的，但却只能是近似的，它不能穷尽客观对象；尽管在它所反映的限度和范围内，它的真理性是确定的，但它只能是在特定的限度和范围内对于客观世界的正确反映，这说明它的真理性又是不确定的，它必定要突破原来的界限而向前发展。

对于真理性认识的相对性也可以从两个方面去说明。

从对整个宇宙的认识来说，任何真理性的认识都只能达到对它的某些部分、某些片断的正确反映。宇宙在时间上和空间上都是无限的，人们的认识总是处在一定的有限的时间和空间内的认识，因而总是具体的、有限的，世界上总还有许许多多的领域、许许多多的事物没有认识到。承认世界上还有未被认识的东西，承认真理性的认识还有待于扩展，也就承认了相对真理，承认了真理的相对性。

从对于某一具体事物的认识来说，任何真理性的认识都只是对它的某些方面、对它的一定程度或一定层次的正确反映，

① 列宁：《唯物主义和经验批判主义》，《列宁选集》第 2 卷，人民出版社 1972年版，第 132 页。

都只具有近似的性质。承认人们的认识不能穷尽认识的对象，承认真理性的认识有待于深化，也就承认了相对真理，承认了真理的相对性。

有一种意见认为，绝对真理是不包含错误的真理，相对真理则是包含错误的真理。这种意见混淆了真理和错误的界限。真理就是真理，错误就是错误。凡是认识中包含的符合于客观事物规律的内容就是真理。凡是认识中包含的不符合于客观事物规律的内容就是错误。相对真理之称为相对真理，不是就它包含了错误而言的，而是就它对客观事物规律的正确反映有一定的限度而言的。相对真理或真理的相对性讲的是真理性的认识同客观事物规律的符合具有局限性，讲的是认识中尚未获得某些同客观事物规律相符合的内容，而错误则是认识中已经具有的内容，只是这些内容同客观事物规律不相符合。这显然是两回事。

真理的绝对性和相对性同人的认识能力的内在矛盾性是紧密联系的。恩格斯说："一方面，人的思维的性质必然被看作是绝对的，另一方面，人的思维又是在完全有限地思维着的个人中实现的。这个矛盾只有在无限的前进过程中，在至少对我们来说实际上是无止境的人类世代更迭中才能得到解决。从这个意义来说，人的思维是至上的，同样又是不至上的，它的认识能力是无限的，同样又是有限的。按它的本性、使命、可能和历史的终极目的来说，是至上的和无限的；按它的个别实现和每次的现实来说，又是不至上的和有限的。"①既然人的思维能力是至上的又是不至上的，是无限的又是有限的，那么，作为思维成果的真理也就必然地既是无限的、绝对的，又是有限的、

---

① 恩格斯：《反杜林论》，《马克思恩格斯选集》第3卷，人民出版社1972年版，第126页。

相对的。

## 二、绝对真理和相对真理的辩证关系

绝对真理和相对真理是揭示真理发展过程的两个不同的方面，但它们又是辩证地统一的。这种辩证统一主要地表现于两个方面。

第一，它表现于绝对真理和相对真理的相互联结。

相对不能脱离绝对，绝对也不能脱离相对。任何客观真理都既具有绝对性又具有相对性，都是绝对真理和相对真理的统一。任何真理，都只是在一定条件下、在一定范围内和一定程度上对客观现实的正确反映，因而具有相对性；但是，对于这个特定的条件、范围和程度来说，既然是对客观现实的正确反映，那么它在这个限度内就永远不能被推翻，因而又具有绝对性。

马克思主义是客观真理，它也是绝对真理和相对真理的统一。它正确地反映了自然、社会和思维发展的普遍的客观规律，正确地反映了无产阶级革命运动发展的普遍的客观规律，是经受了实践考验的，是不能被驳倒的；而且，马克思主义的产生是人类认识史上的伟大革命，它把人类认识大大地向前推进了一步，并为人类进一步向绝对真理的接近开辟了道路。从这点上说，它具有绝对性。但是，马克思主义并没有结束真理，它还需要继续向前发展；同时，马克思主义的普遍原理固然是不能否定的，它的个别原理却有其适应的特定条件和范围，会被新的原理所代替。从这点上说，它又具有相对性。就是马克思主义的普遍原理，它作为客观真理也是绝对真理和相对真理的统一。它是放之四海而皆准的，这是它的绝对性，然而，普遍的原则需要具体化，它只能指导而不能代替对于具体事物的认识，也只是开辟了认识真理的道路而并没有结束真理，这又是它的相对性。我们懂得了这个绝对真理和相对真理相互联结的辩证法，也就懂得了对于马克思主义既要坚持又要发展的道理。

第二，它还表现于相对真理向绝对真理的辩证转化。

真理是一个过程，是一个由相对走向绝对的永无止境的转化、发展的过程。任何客观真理都是由相对真理向绝对真理转化过程中的一个环节。相对真理和绝对真理的界限是不断改变的，它们的统一是具体的历史的统一。随着实践和认识的发展，这种统一也不断地由低级阶段向高级阶段发展。

列宁说，相对真理和绝对真理的区分"正是这样'不确定'，以便阻止科学变为恶劣的教条，变为某种僵死的凝固不变的东西；但同时它又是这样'确定'，以便最坚决果断地同信仰主义和不可知论划清界限，同哲学唯心主义以及休谟和康德的信徒们的诡辩划清界限"。[①]说相对真理和绝对真理的区分是"确定"的，这就是说，它们是有界限的，不能抹杀相对和绝对的区别，不能用真理的相对性去否定真理的绝对性。相对之中有绝对，相对的东西不只是相对的，每一种真理性的认识中都包含着绝对真理的成分，这样才同信仰主义、不可知论等划清了界限。说相对真理和绝对真理的区分又是"不确定"的，这就是说，它们之间的界限不是固定的，而是历史地变化的。绝对不能脱离相对，绝对寓于相对之中，任何包含着绝对真理的认识同时又具有相对的性质，还需要向前发展，这样才防止了把科学变成恶劣的教条。

---

① 列宁：《唯物主义和经验批判主义》，《列宁选集》第 2 卷，人民出版社 1972 年版，第 135 页。

### 三、对绝对主义和相对主义真理观的批判

割裂相对真理和绝对真理的辩证统一的形而上学真理观表现为两个极端：绝对主义和相对主义。辩证唯物论承认绝对真理，但坚决反对绝对主义；它承认相对真理，但坚决反对相对主义。

绝对主义的真理观就是片面夸大真理的绝对性而否认真理的相对性，用真理的绝对性去排斥真理的相对性，不承认绝对真理只是寓于相对真理之中，把人们在一定历史条件下达到的有限的认识绝对化，否认真理的发展。教条主义就表现了这种绝对主义的真理观，它把马克思主义的普遍真理绝对化，使马克思主义变成僵死的教条。

相对主义的真理观就是片面夸大真理的相对性而否认真理的绝对性，用真理的相对性去排斥真理的绝对性，否认绝对真理的存在，从而否认了客观真理的存在。实用主义在中国的代表胡适把这种相对主义的观点表述得很彻底，他说："我们人类所要的知识，并不是那绝对存在的'道'哪，'理'哪，乃是这个时间，这个境地，这个我的这个真理。那绝对的真理是悬空的、是抽象的、是笼统的、是没有凭据的，是不能证实的。"[①] 世界上没有什么绝对真理，只有这个时间、这个境地、这个我的这个真理。这个"我"有这个真理，那个"我"有那个真理。"此亦一是非，彼亦一是非"，有理可以成为无理，无理可以成为有理，没有是非界限，没有任何原则。所以，列宁说："从赤裸裸的相对主义的观点出发，可以证明任何诡辩都是正确

---

① 胡适：《实验主义》，《胡适文存》，一集，卷二，上海科学技术文献出版社 2015 年版，第 224 页。

的。"①相对主义否认了真理和谬误的界限，也就否定了真理本身。

绝对主义和相对主义既然是同一种形而上学世界观和方法论的两个极端，那就是可以互相转换的。在认识史上，常常可以看到从一个极端走向另一个极端，从绝对主义走向相对主义或者相反的情形。如果用绝对主义的观点看待某种学说，把它看成真理的终极形式，一旦新的科学事实暴露了这种学说的局限性，那就有可能对整个科学真理发生怀疑，把绝对主义的科学观的破产看成科学本身的破产，由绝对主义而滑向相对主义。19 世纪末、20 世纪初的所谓"物理学危机"就是一个典型的例子。在实际生活中，在社会思潮的转变上，也可以看到这种情形，在对待马列主义、毛泽东思想的态度上就是如此。林彪、江青反革命集团曾宣扬绝对主义的"顶峰论""句句是真理"，而事实说明并不存在"顶峰"，也不可能"句句是真理"，伟大的无产阶级革命领袖人物也会有失误，甚至有某些严重的错误，于是，一些不坚定的人们就由此而认为没有什么绝对真理，没有可以信仰的理论学说，把绝对主义、教条主义的破产看成马克思主义的"危机"，这就由绝对主义滑向了相对主义。这些事实深刻地说明，正确地理解绝对真理和相对真理的辩证关系，不论对于科学认识还是革命实践都是极为重要的问题。

## 第三节　实践是检验真理的标准

检验认识的标准问题是真理论、认识论中极为重要的问题，是一个不论在理论上还是在实际生活中都引人关注的重大问

---

① 列宁：《唯物主义和经验批判主义》，《列宁选集》第 2 卷，人民出版社 1972 年版，第 136 页。

题。对于检验认识的标准问题的不同回答，同对于认识的源泉问题的不同回答一样，直接地鲜明地体现着不同的认识论路线的性质。

## 一、实践是检验真理的唯一标准

马克思说："人的思维是否具有客观的真理性，这并不是一个理论的问题，而是一个实践的问题。人应该在实践中证明自己思维的真理性，即自己思维的现实性和力量，亦即自己思维的此岸性。关于离开实践的思维是否具有现实性的争论，是一个纯粹经院哲学的问题。"①在马克思以前的哲学史上，关于真理标准问题的争论都是离开实践的，因而是没有也不可能有什么结果的。

唯心论哲学是从主观认识中寻找认识是否具有真理性的标准。有的主张以所谓"圣人"之言作为标准，如中国封建社会奉行"以孔子的是非为是非"；有的主张以自己的观念作为标准，如中国明代的王阳明提出把所谓"良知"作为"自家标准"；有的人如贝克莱以及波格丹诺夫等马赫主义者主张以多数人的感觉、意见作为标准，感觉、意见尽管是多数人的，但仍是主观范畴的东西，这仍然是从主观认识中找标准；实用主义主张以"有用""效果"作为标准，它所讲的"效果"不是客观实践的效果，而只是主观需要的满足，这也是地道的主观标准。以上这些观点的共同点是从主观意识中寻找真理的标准，因而属于主观唯心论的真理观。黑格尔的客观唯心论有所不同。他接近于赞成实践标准，但他讲的实践只是精神的活动，到头来也还是从精神的领域寻找认识的真理性的标准。

---

① 马克思：《关于费尔巴哈的提纲》，《马克思恩格斯选集》第 1 卷，人民出版社1972 年版，第 16 页。

　　旧唯物论哲学从物质第一性、意识第二性的基本哲学前提出发，主张以是否符合客观现实作为真理的标准。这实际上只是回答了什么是真理的问题，并没有回答如何检验真理的问题，还是没有找到检验真理的标准。

　　只有马克思主义哲学才真正科学地解决了真理的标准问题。检验认识的真理性，就是检验主观认识是否同客观现实相符合。只在主观范围内，找不到主观认识同客观现实相符合的标准；只在客观事物中寻找，客观事物本身不能回答人的认识是否同它相符合。只有作为主客观"交错点"的实践才能把主观和客观加以对照，判明主观是否符合于客观。实践是主观见之于客观的东西，实践的过程是把人的主观目的加以物化，实践的结果就是物化了的主观目的。因此，一种认识是否正确，只有人们用关于客观事物的认识作指导去进行变革客观事物的实践，这种实践的结果才能做出回答。

　　列宁说："实践高于（理论的）认识，因为实践不仅有普遍性的优点，并且有直接的现实性的优点。"[①]思维、理论也具有现实性，理论是现实的反映并能转化为现实，但是，它没有直接的现实性。只有实践才具有直接的现实性。因此，理论只有化为实践，在实践中才能表现和证明自己的现实性。这就是只能用实践去检验理论的理由所在。当然，实践的普遍性的优点也是同它成为检验理论的标准有关系的。实践是人的有目的的活动、有理性支配的活动，是以在一定程度上认识客观规律性为前提的。规律具有普遍的形式，以对于客观规律性的认识为指导的实践也就具有普遍性。正因为如此，人才能够通过变革事物的实践去不断地暴露事物的本质，能够不断地在实践经验

---

　　① 列宁：《黑格尔〈逻辑学〉一书摘要》，《列宁全集》第 38 卷，人民出版社 1959 年版，第 230 页。

中总结出带普遍性的认识，也才能够用实践去检验具有普遍性的理论。

总之，检验真理的标准之所以只能是实践，是由真理的本性和实践的特点所决定的。真理性的认识是同客观事物规律相符合的认识，恰恰只有实践能够检验这种"符合"，因为只有实践才兼具主观性和客观性，又兼具普遍性和直接的现实性。

## 二、实践标准的确定性和不确定性

辩证唯物论在真理标准问题上同样坚持唯物论和辩证法的统一。坚持实践是检验真理的唯一标准，就是坚持了唯物论。同时，对于实践标准又要求辩证地看待。所谓辩证地看待实践标准，主要包含两个意思：一是对于实践标准本身应看到它既是确定的又是不确定的，二是肯定实践是检验真理的标准，又不排斥逻辑的证明。

实践标准的确定性（或绝对性），说的就是实践是检验真理的唯一标准。只有实践才能够检验认识的真理性，实践也一定能够检验认识的真理性，现在检验不了的，将来一定能够做出检验。实践标准的不确定性（或相对性），说的就是实践标准的局限性。实践本身具有社会的历史的局限性，它作为检验真理的标准也就具有社会的历史的局限性，这就是列宁说的："实践标准实质上决不能完全地证实或驳倒人类的任何表象。"[①]

理解了实践是检验真理的唯一标准，也就理解了实践标准的确定性。对于实践标准的不确定性，主要地可以从以下两个方面去理解。

第一，只有社会实践的总和才是检验认识的比较可靠的标

---

① 列宁：《唯物主义和经验批判主义》，《列宁选集》第 2 卷，人民出版社 1972 年版，第 142 页。

准，个别人、部分人的局部的实践不足以成为可靠的标准。实践是社会的。社会的人抱有各不相同的甚至直接对立的实践目的，处在各不相同的甚至直接相反的实践条件下，经历着各不相同的实践过程，也就会取得各不相同的以至完全相反的实践效果。因此，如果从实践的局部情形去看，就往往是不同的甚至相反的理论都可以找到实践的根据。在自然科学史上，常常是两种对立的学说都有自己的实践材料的依据。社会现象更加复杂。对于社会认识的真理性，如果以个别人的实践所提供的事实材料作为标准，那就会显出更大的不确定性。列宁说："在社会现象方面，没有比胡乱抽出一些个别事实和玩弄实例更普遍更站不住脚的方法了。……如果从事实的全部总和、从事实的联系去掌握事实，那么，事实不仅是'胜于雄辩的东西'，而且是证据确凿的东西。如果不是从全部总和、不是从联系中去掌握事实，而是片断的和随便挑出来的，那么事实就只能是一种儿戏，或者甚至连儿戏也不如。"[①]列宁这段话，也是讲的实践标准的不确定性。

第二，一定历史阶段的实践有它的历史的局限性，不足以完全地证实或者驳倒某种认识。真理是一个过程，实践检验真理也是一个过程。通过实践而发现真理、证实真理和发展真理，都体现着认识和实践的具体的历史的统一。一定历史阶段上的实践不能完全地暴露事物的内在本质，不能使人们获得完全正确的认识，也不能完全地证实或者驳倒某种认识。在一定历史条件下被实践证实或驳倒了的东西，在新的历史条件下会暴露出新的方面，对于新的方面的认识又需要实践去检验。如果把实践标准绝对化，就会把一定历史阶段上的认识绝对化。

---

① 列宁：《统计学和社会学》，《列宁全集》第 23 卷，人民出版社 1958 年版，第 279 页。

列宁说："这个标准也是这样的'不确定'，以便不至于使人的知识变成'绝对'，同时它又是这样的确定，以便同唯心主义和不可知论的一切变种进行无情的斗争。"①辩证唯物论坚持实践标准的确定性和不确定性的统一。承认实践标准的不确定性是以承认它的确定性为前提的。所谓"不确定性"，并不是说实践不是客观的唯一的标准，并不是说还可以有别的标准，或者认识可以不受实践的检验，而是说的这个标准本身具有局限性，不可把这个标准及它所检验的认识绝对化。同样，承认实践标准的确定性，也要同时承认它的不确定性。所谓"确定性"，并不是说它本身确定不变，可以把这个标准及它所检验的认识凝固化，而是说的不能在实践以外寻找真理的标准，任何认识都要经受实践的检验。总之，检验真理的标准只有实践，但这个标准又具有局限性。不能一说只有这个标准就不承认它的局限性，也不能一说它有局限性就认为它不足以作为真理的标准。实践标准的确定性和不确定性不是非此即彼、绝对排斥的，而是辩证地统一的，这同真理本身的绝对性和相对性的统一是一致的。

## 三、实践检验和逻辑证明

逻辑证明是一种探索真理、认识真理和论证真理的手段。理解实践检验和逻辑证明的关系，主要的是要弄清逻辑证明的必要性和局限性。

对于逻辑证明的必要性，主要可从以下几个方面去理解。

第一，实践必须有逻辑思维作为指导。人类实践不同于动物活动，它是一种有意识有目的的活动。人的活动的目的源于

---

① 列宁：《唯物主义和经验批判主义》，《列宁选集》第 2 卷，人民出版社 1972 年版，第 142 页。

现实又高于现实。人要确定自己行动的目的，就要对客观事物的内在联系和发展趋势有所认识，这就不能不依靠逻辑思维。例如盖一座楼房，必须事先根据已有的经验和知识，经过严密的逻辑论证制订出蓝图，然后才能施工。尽管最后要由实践去检验设计是否科学，但逻辑的证明在这里是绝对必需的。逻辑证明对于革命理想的确立和坚定，具有重要的意义。理想应立足于现实，但又高于现实，不然就不成其为理想。实现共产主义的社会制度是我们最崇高的理想，这个伟大理想就是建立在对于共产主义必然代替资本主义这个理论结论的真理性坚信不疑的基础之上的。而马克思和恩格斯关于共产主义必然代替资本主义的结论，则正是他们依据对资本主义社会客观矛盾的分析，通过严密的逻辑论证得出的科学结论。在这个理论指导下的共产主义运动，在每一步上都证实了它的真理性。只有坚信逻辑思维的力量，才有实践的自觉性，才有行动的决心和信心。如果什么事情都要等实践完全证实了才敢相信，才敢付之实行，那就什么都谈不上，实践本身也谈不上，所谓实践检验认识也就成了一句空话。

第二，实践的经验只有依靠逻辑的手段才能上升到理论的形态。实践具有普遍性，但就实践借以进行的形式来说却总是具体的、特殊的。只有依靠逻辑的方法才能从特殊性中概括出普遍性，才能依据各种特殊的经验材料而造成具有普遍性的概念和理论的系统，使实践经验具备理论的形态。实践提供的结论，都需要运用逻辑的方法，才能做出理论的说明和论证。如果没有逻辑的帮助，它就始终停留在感性经验的范畴，不能具备理论的形态，也就不具有真理的形式。

第三，在实践检验真理的过程中必须辅之以逻辑的证明。逻辑的证明，是从理论上判明某一命题的正确性。证明是推理的一种应用。在逻辑上准确无误是思维过程正确反映现实的必要条件，一个思维过程假如在逻辑上证明了是错误的，就不会是真理，因此，逻辑证明是实践检验真理过程中一种不可缺少的辅助手段。同时，可以作为真理标准的是社会实践的总和。如果没有从特殊到普遍、从普遍到特殊的逻辑推理，没有由此及彼的逻辑推理，就把握不了实践的总和，就实现不了实践和理论的结合与对照，也就实现不了它检验真理的作用。越是具有普遍性的命题和理论，越是离不开逻辑的证明。

可见，逻辑证明的作用是不可抹杀的。排斥逻辑证明而把实践标准简单化，就会陷入经验主义。但是，又不可夸大逻辑证明的作用。肯定逻辑证明的作用和坚持实践是检验真理的唯一标准是一致的。逻辑的证明只是论证真理的手段，而不是检验真理的标准。归根到底说来，真理只能由实践去检验。逻辑证明的作用本身的"根"和"底"也在于实践，也要由实践的基础来说明。第一，逻辑思维本身就是实践的产物，是人类的实践经过亿万次的重复才在人的意识中以逻辑的格固定下来。人是在实践中向客观世界学会逻辑的，逻辑的力量是实践所赋予的。第二，逻辑的证明归根到底是以实践为基础的。逻辑证明的过程不是一个单纯的思维的过程，它是不能脱离实践的基础的。首先，逻辑证明的前提必须是已经被实践证明为正确的知识；其次，逻辑推理所遵循的逻辑规则是经过人类实践亿万次地检验了的，逻辑推理的过程中每一步都要倾听实践的呼声；更重要的是，逻辑的证明不能做出最后的判定，只有经过实践的检验才能对某种认识的真理性做出最后的判定。总之，排斥或贬低实践标准而片面夸大逻辑证明的作用，就会陷入唯心论。

# 第四节　认识世界和改造世界

马克思说："哲学家们只是用不同的方式解释世界，问题在于改变世界。"①在实践中发现真理和发展真理，目的不仅在于说明世界，更重要的还在于改造世界。认识世界是为了改造世界，又只有通过改造世界的实践才能认识世界。可见，只有理解改造世界的意义，才能真正把握整个马克思主义认识论的精神实质。

关于认识世界和改造世界的问题，在前面已经讲过许多重要道理。这里，还需要弄清几个重要问题，以便能够从总体上有所把握。

## 一、必然和自由

人们认识世界和改造世界都是为了取得自由和扩大自由，反过来说，人们要取得自由和扩大自由，都离不开认识世界和改造世界。

从认识论上说，所谓自由就是对必然的认识和对客观世界的改造，或者说，就是认识必然和利用必然。

自由首先是对于必然的认识。不认识必然就不会有自由。恩格斯说："意志自由只是借助于对事物的认识来做出决定的那种能力。因此，人对一定问题的判断愈是自由，这个判断的内容所具有的必然性就愈大。"②这句话也可以换过来说：包含必

---

①　马克思：《关于费尔巴哈的提纲》，《马克思恩格斯选集》第 1 卷，人民出版社1972 年版，第 19 页。

②　恩格斯：《反杜林论》，《马克思恩格斯选集》第 3 卷，人民出版社 1972 年版，第 154 页。

然性愈大的判断，就愈是自由的判断。自由的判断是建立在对于客观必然性的正确认识基础上的判断，因此，它应当是坚定明确的判断。主观的武断当然不可能是自由的判断，就是那种犹豫不定、模棱两可的判断，也不是自由的判断。如果碰到一件事情，总拿不定主意，觉得这也是那也是，或者这也不是那也不是，这就是一种很不自由的表现，因为这种犹豫不定、模棱两可是对客观必然性无所认识的结果。可见，只有认识必然才有自由。认识必然就是认识世界。不去认识世界，在这个世界里是不会有什么自由的。这是从思想认识的范围内说明必然和自由的统一。

认识必然固然是取得自由的前提，但还只是取得自由的第一步。如果只是停留在认识上，那就还不是真正的实际上的自由。真正的实际上的自由，是人们基于对必然的正确认识而去利用必然，使客观必然性为自己服务，这就是按照客观世界的规律去改造客观世界。只有当人们用对于客观必然性的认识作为指导，去进行改造世界的实践活动，在实践中达到了预期的目的，才算取得了实际上的自由。

毛泽东说："认识的能动作用，不但表现于从感性的认识到理性的认识之能动的飞跃，更重要的还须表现于从理性的认识到革命的实践这一个飞跃。"①认识过程中的这两个飞跃，同必然向自由的飞跃是一致的。从感性认识飞跃到理性认识，就是把握事物的本质，把握事物的内在联系，把握事物的规律性。这就是认识必然，就是认识世界。从理性认识到革命的实践，就是拿了这种对于客观事物的规律性、必然性的认识作为指导，去改造客观事物，以达到自己预期的目的。这就是利用必然，就是改造世界。毛泽东说："辩证唯物论的认识运动，如果只到

---

① 毛泽东：《实践论》，《毛泽东选集》第 1 卷，人民出版社 1969 年版，第 269 页。

理性认识为止，那么还只说到问题的一半。而且对于马克思主义的哲学说来，还只说到非十分重要的那一半。"①同样的道理，必然向自由的转化，如果只停留在认识必然的阶段，那还只是这个转化过程中非十分重要的阶段。从必然向自由飞跃的决定性的阶段，是依据对必然的认识去利用必然的阶段，也就是依据对必然的认识去改造客观世界的阶段。改造世界的社会实践是必然向自由转化的基础，认识必然和利用必然都一点儿也不能离开社会实践。强调这一点，是马克思主义的哲学自由观同其他一切哲学自由观的根本区别所在。

总之，所谓自由就是正确地认识世界和有成效地改造世界，也就是正确地认识必然和成功地利用必然，绝不是在幻想中摆脱客观必然性而独立。人们认识世界和改造世界，都要服从客观必然性，受客观必然性的制约。人们只有严格地遵循客观必然性才能正确地认识世界和有成效地改造世界，才能获得自由和扩大自由。这就是唯物主义决定论的基本观点。

在必然和自由的问题上，要坚持唯物主义的决定论，就要反对两种错误的观点。一种是唯心论的观点，它鼓吹脱离客观必然性的自由，认为自由不受必然性的制约，人们不是通过认识必然、利用必然取得自由，不是依靠正确地认识世界和有成效地改造世界而取得自由。这种观点甚至根本否认客观必然性的存在，认为世界只是偶然性的王国，人们可以按照自己的意志去自由行动。另一种错误观点是机械论的观点，它把必然决定自由的唯物主义决定论歪曲为机械的决定论，认为必然只是处处限制着人们的自由，似乎人们能够得到什么样的自由和能得到多少自由，都同人们的主观努力无关，而是事先注定了的，这实质上是一种宿命论的观点。这种观点，抹杀了人的主观能

―――――――――
① 毛泽东：《实践论》，《毛泽东选集》第 1 卷，人民出版社 1969 年版，第 269 页。

动性的意义，在实际上取消了认识世界和改造世界的问题。

二、改造客观世界和改造主观世界

认识世界是为了改造世界。改造世界包括两个方面的任务：改造客观世界和改造主观世界。这两个方面是不可分割的，是互相促进的。

首先，改造客观世界的活动要求不断地改造人们的主观世界。固然，人的活动要受客观规律的支配。列宁说："人在自己的实践活动中面向着客观世界，依赖于它，以它来规定自己的活动。"①这就是客观决定主观。但是，从客观决定主观的原理中却不能得出主观状态没有意义的结论。认识客观世界和改造客观世界都是主体的自觉活动，都是受着人们自己的思想支配的。因此，要正确地认识世界和改造世界，就要求主体具有同认识和实践发展的一定历史水平相适应的最佳状态。

改造主观世界包括多方面的内容。它首先包括改造人们的精神状态。改造客观世界是复杂而艰苦的变革活动，如果没有高度的自觉性，没有朝气蓬勃的革命精神和进取精神，是谈不上有成效地改造客观世界的。主体的精神状态是许多因素决定的，例如人生观、理想、道德情操和意志，等等。主观世界的改造还包括改造人们的立场、观点、方法。所谓立场，不仅仅是阶级立场、政治立场。当然，在社会历史问题上，阶级立场、政治立场是首要的，但不仅限于此，而应从广义上理解，这就是观察和处理问题的角度或出发点。所谓观点和方法，首先是指世界观和方法论。改造观点和方法，首先就是要消除唯心论形而上学的影响，确立唯物辩证法的观点和思想方法。改造立

---

① 列宁：《黑格尔〈逻辑学〉一书摘要》，《列宁全集》第 38 卷，人民出版社 1959年版，第 200 页。

场、观点和方法，也就是改造主观世界同客观世界的关系。改造主观世界还包括改造人们的认识能力。方法也表现为能力。能力或才能属于知识的范畴，是由知识转化为能力。因此，改造认识能力也就包括提高知识水平和更新知识结构，等等。这些说明，改造客观世界的活动要能够顺利进行，要能够卓有成效，就要求主体的主观世界的全面的改造。

同时，人们主观世界的改造又必须在改造客观世界的实践中进行。人是通过认识自己所引起的客观世界的变化来认识自己的。因为通过实践所引起的客观世界的变化就是人的心理、智慧、才能的物化，所以，客观世界也就成为一面镜子，可以由它映照出人自己的主观世界。人们正是通过改造客观世界的实践而认识到自己的心理和才能，认识到自己的主观世界，认识到主观世界同客观世界的关系，并且依据这种认识，去改造自己的主观世界，改造主观世界同客观世界的关系的。显然，如果不通过改造客观世界的实践而获得这种"自知之明"，就不会有改造主观世界的自觉性。还应当看到，主观世界的改造并不只是一个认识的问题，从根本上说，这是一个实践的问题。不论是革命精神、革命意志的砥砺，立场、观点、方法的锻炼，还是认识能力的提高，都必须通过实践。脱离了改造客观世界的实践这个根本途径，是谈不上主观世界的改造的。

人们通过实践改造客观世界，也通过实践改造主观世界，客观世界的改造和主观世界的改造是同一的历史过程。在这个过程中，改造客观世界和改造主观世界是互相促进的。马克思和恩格斯指出："人创造环境，同样环境也创造人。"①客观世界、主观世界，以及主观世界同客观世界的关系，都是在实践

---

① 马克思和恩格斯：《费尔巴哈》，《马克思恩格斯选集》第 1 卷，人民出版社 1972 年版，第 43 页。

的基础上，在它们的相互作用、相互促进中历史地发展的。人类的历史就是不断地改造客观世界又不断地改造自己主观世界的历史。

### 三、马克思主义认识论和党的思想路线

无产阶级和革命人民认识世界、改造世界的斗争，都必须有无产阶级政党的正确的思想路线的指导。我们研究马克思主义认识论在政治实践上的最根本的意义，就在于深刻地理解和自觉地实行党的思想路线。

思想路线就是实际工作中的认识论路线。党的思想路线是马克思主义认识论在实际工作中的体现，马克思主义认识论是党的思想路线的理论基础。它们之间的关系可以从理论的功能和实践的要求这两个角度去说明。

从理论的社会功能方面说，马克思主义认识论必须化为党的思想路线，这是由马克思主义认识论的实践的本性所决定的。所谓马克思主义认识论的实践的本性就是指它把实践的观点作为全部学说的基础，它的全部理论原则都要付诸实践。马克思主义认识论的理论要付诸实践，成为党的实际工作的指南，就首先要把它化为党的思想路线。否则，就不能实现马克思主义认识论作为实践指南的作用。

从另一方面说，党的实际工作需要马克思主义认识论的指导，这是党所领导、所从事的革命实践的内在要求。党所领导的革命实践是改造客观世界的伟大斗争，它要不断开创革命事业胜利发展的新局面，就必须不断探索各个领域的客观规律，并成功地利用客观规律，这就不能没有科学的认识论的指导。要使党的实际工作遵循着马克思主义认识论指导而胜利发展，这首先也是通过把马克思主义认识论的基本原理化为实际工作

的思想路线这一环节而实现的。

马克思主义认识论和党的思想路线的统一，生动地体现了马克思主义哲学的理论和实践的统一。

党的思想路线的内容就是：一切从实际出发，理论联系实际，实事求是，在实践中检验真理和发展真理。这四个方面构成一个整体，是马克思主义认识论基本原理的全面贯彻。它的核心是"实事求是"。这几个方面都是围绕着"实事求是"，都是为了达到"实事求是"。

毛泽东对"实事求是"做过很好的解释。他说："'实事'，就是客观存在着的一切事物，'是'就是客观事物的内部联系，即规律性，'求'就是我们去研究。我们要从国内外、省内外、县内外、区内外的实际情况出发，从其中引出其固有的而不是臆造的规律性，即找出周围事变的内部联系，作为我们行动的向导。"①这就是要从客观实际情况出发，经过我们努力的科学的研究和探索，认识客观世界的规律性，达到真理性的认识，并用这种认识去指导我们的行动。

"一切从实际出发"讲的是认识和实践（思想和行动）的出发点。不是从主观想象出发，也不是从某种理论原则出发，而是从实际情况出发。从实际情况出发决定我们的工作方针，这就是客观决定主观。它确立了正确的思想路线的前提。只有"一切从实际出发"，才谈得上实事求是。

"理论联系实际"讲的是理论和实际的关系。正确处理这个关系是达到"实事求是"的重要条件。"一切从实际出发"并不是不要理论的指导。只有在科学理论的指导下去研究实际情况，才能得到正确的结论，才能达到实事求是。但是，这个理论必

---

① 毛泽东：《改造我们的学习》，《毛泽东选集》第 3 卷，人民出版社 1969 年版，第 759 页。

须是从实际中来的，只有从实际中总结、概括出来的理论才能再回到实际中去。割裂理论和实际的统一，就是教条主义和经验主义。教条主义片面强调理论，而拒绝对具体的实际情况的研究，它不是一切从实际出发，而是从某种理论原则出发，从"本本"出发。经验主义片面强调实际经验而拒绝理论的指导，它歪曲了"一切从实际出发"的原则，实际上并不是，也不能真正做到从实际出发。教条主义和经验主义作为两种片面的思想方法，都是主观主义的，都是背离"实事求是"的。

"在实践中检验真理和发展真理"，指明了达到"实事求是"的根本途径。只有经过实践的检验，才能判定某种认识的真理性，才能保证"实事求是"。同时，"实事求是"是一个过程，它体现着主观和客观、认识和实践的具体的历史的统一。如果不在实践中发展真理，把某种本来正确的认识凝固化，而不去反映客观实践在新的发展阶段上的具体的历史的特点，那也会背离实事求是。要做到"实事求是"，就要在马克思主义理论的指导下，不断地研究新情况、新问题，不断地在实践中发展真理，防止思想僵化。

可见，党的思想路线是一条完整的马克思主义认识论路线，是我们党的实际工作经验的全面总结。

历史和现实都充分证明，能不能坚持这条思想路线，关系到我们革命和建设事业的成败。只有坚决实行党的思想路线，才有可能制定和执行正确的政治路线、组织路线，才能科学地总结历史经验，调查研究现实情况，去解决国内和国际事务中提出的各种新问题，才能防止和克服一切"左"的和右的错误倾向。

# 第十一章 人类社会的发展是自然历史过程

列宁指出："马克思加深和发展了哲学唯物主义，使它成为完备的唯物主义哲学，把唯物主义对自然界的认识推广到对人类社会的认识。"[①]把唯物主义推广到对人类社会的认识，形成唯物主义的历史观，这是使马克思主义哲学成为完备的即彻底的唯物主义的一个根本标志。

把唯物主义推广到对人类社会的认识，就是把人类社会看成物质世界的一部分，把人类社会的发展看成同自然界一样是遵循自身固有规律的客观过程，并从这个唯物主义的哲学前提出发，揭示物质世界的普遍规律在人类社会领域的特殊表现，即揭示人类社会不同于自然界的特殊本质和特殊规律。

为了理解这种唯物主义历史观的基本观点，首先应有对于人类社会发展图景的总体的把握，这就是要对人类社会的形成、人类社会存在和发展的基础等问题有个初步的了解。

## 第一节 人类社会是自然历史地形成的

人类社会是一个不同于自然界的特殊领域，但又是从自然

---

① 列宁：《马克思主义的三个来源和三个组成部分》，《列宁选集》第 2 卷，人民出版社 1972 年版，第 443 页。

界分化出来的，是自然界长期发展的产物。

## 一、劳动在人和人类社会形成过程中的决定作用

人类历史的第一个前提无疑是有生命的个人的存在。没有人就没有社会，人和人类社会是同时形成的。

人类起源问题曾经是科学上的重大难题。一百多年前，英国著名生物学家达尔文创立了进化论，以确凿的科学事实论证了人是从古猿进化而来的，有力地驳斥了"上帝创造人"的谬论，为历史唯物论关于人类起源的观点提供了自然史的基础。但是，它并没有真正科学地解决人类如何产生的问题，其根本缺点就在于把人类的起源仅仅归结为生物学的过程。恩格斯说："甚至达尔文学派的最富有唯物精神的自然科学家们还弄不清人类是怎样产生的，因为他们在唯心主义的影响下，没有认识到劳动在这中间所起的作用。"[①]只有马克思主义的历史唯物论关于劳动创造人的理论，才真正科学地解决了人类起源的问题。

劳动是人和自然之间的物质变换，是人去改造外部自然，以便"在对自身生活有用的形式上占有自然物质"[②]。人在改造外部自然的同时，也改造着自身的自然，改变着自己的躯体，改变着自己的体力和智力。劳动是专属人的活动，而人本身也正是由劳动所创造的。

"人是劳动的产物"和"劳动是专属人的活动"这两个命题看来是互相矛盾的，实际上二者是一致的。说劳动创造了人本身，并不是说在人类形成以前就有了某种劳动的既成形式。劳动形式也有一个由动物的本能劳动转变为人类的自觉劳动的过

① 恩格斯：《自然辩证法》，《马克思恩格斯选集》第 3 卷，人民出版社 1972 年版，第 515 页。
② 马克思：《资本论》第 1 卷，人民出版社 1975 年版，第 202 页。

程。人类自觉劳动形式的形成，同人的肉体组织即人的躯体的
形成、人类社会关系即人类社会本身的形成，是同一个历史过
程。

　　大约在两三千万年前，由于大地和气候条件发生了巨大的
变化，当时是自然界最高级动物的古猿不得不从树上生活改营
地面生活。在适应新的生活条件的过程中，古猿的机体逐渐发
生了变化。第一个具有重大意义的变化就是手和脚的分化，腿
和脚越来越适于支撑身体和直立行走，手却能越来越多地从事
劳动。从这时起，人类就处在形成过程中了。正在形成中的人
的劳动虽然还没有摆脱动物的本能劳动的形式，但正是这种劳
动在人的形成过程中起了决定的作用。

　　首先，由于劳动，人类的社会关系在猿的群体关系的基础
上得以逐步形成。古猿的活动是以群体的形式进行的。在残酷
的自然力量面前，古猿必须"以群的联合力量和集体行动来弥
补个体自卫能力的不足"①。劳动的发展，即在更大程度上征
服自然力量的需要，必然使这种群体的联系越来越广泛和密切。
这样，随着生产劳动这个新的因素的出现和它的发展，猿的群
体关系就逐渐变成了人的社会关系。

　　同时，劳动的发展和正在形成中的社会关系的发展，又推
动着意识和语言的形成。"随着手的发展、随着劳动而开始的人
对自然的统治，在每一个新的进展中扩大了人的眼界。他们在
自然对象中不断地发现新的、以往所不知道的属性。另一方面，
劳动的发展必然促使社会成员更紧密地互相结合起来，因为它
使互相帮助和共同协作的场合增多了，并且使每个人都清楚地
意识到这种共同协作的好处。一句话，这些正在形成中的人，

---

　　① 恩格斯：《家庭、私有制和国家的起源》，《马克思恩格斯选集》第4卷，人民
出版社1972年版，第29页。

已经到了彼此间有些什么非说不可的地步了。"①可见，意识和表达意识的语言都是在劳动中并和劳动一起产生的。

人类社会关系、意识、语言等，是劳动发展的产物，它们又反过来促进劳动的发展，推动着动物的本能劳动的形式最终向人类自觉劳动形式的转变。人类劳动和动物本能活动的根本区别就在于它是有意识有目的地进行的积极改造自然界的活动，其根本标志就是制造和使用生产工具。显然，如果没有意识、语言、社会关系等的形成和发展，真正的人类劳动是不可能的。

总之，人类最终从自然界分化出来的根本标志是制造和使用工具进行有意识目的的改造自然的劳动，而造成这一分化的推动力量也是劳动。是劳动创造了人本身。这是关于人和人类社会形成过程的唯一科学的说明。人类社会就是在自然界长期发展的基础上，在劳动这个决定性的因素的推动下，自然历史地形成的。

劳动创造了人，劳动是全部人类生活的第一个基本条件，是人和人类社会存在、发展的基础。只有从生产劳动的观点出发，才能真正理解人类社会的全部历史。因此，可以说，物质资料生产劳动的观点是历史唯物主义的首先的和基本的观点。

## 二、人类社会是一个复杂的有机体

劳动使人和人类社会从自然界中分化出来，在人类生活中产生了一系列不同于自然界的特殊的因素、特殊的方面。这些特殊的因素和方面，按照它们的内在联系构成了一个特殊的系统，这个特殊的社会系统也就有着不同于自然界的特殊的活动

① 恩格斯：《自然辩证法》，《马克思恩格斯选集》第 3 卷，人民出版社 1972 年版，第 510—511 页。

规律和发展规律。

人类社会离不开自然界。人要生存，就要制造和使用生产工具，进行改造自然界的物质生产劳动，同自然界进行不停息的物质变换；为了进行生产劳动，人们相互之间就要结成一定的生产关系；而为了保障和发展生产关系，就要建立各种社会制度和社会组织，并且要产生与各个时代的生产关系相适应的意识形态；等等。人类社会好比是一座大厦，有它的基础，也有在这个基础上耸立的上层建筑。社会的各个要素，特别是像生产力、生产关系和上层建筑这样的基本要素，是互相联系、互相作用的，其中一个要素的变化会引起其他要素甚至整个社会的变化。人类社会就是一个由它的各个要素、各个方面互相联系、互相制约而构成的复杂的有机体。这就叫作社会有机体。

社会有机体的观念是历史唯物主义的一个基本观念。只有把人类社会看作一个复杂的有机体，把握这个有机体的一般特征，才能有对于人类社会的科学认识。列宁在指明研究社会的方法时说："辩证方法是要我们把社会看作活动着和发展着的活的机体的。"① "活的机体"这一概念高度概括地揭示了社会历史的辩证本性，它包含这样两个相互联系着的基本含义：第一，社会是一个有机体，是一个由各个方面、各种因素按照它们的内在联系而构成的复杂系统；第二，这个机体是活的机体，是遵循一定的规律而活动着、发展着的。因此，确立社会是一个"活的机体"的观念，并把这种观念化为方法，就是要把社会作为系统去看，作为过程去看，这正是唯物辩证法的联系的观点和发展的观点在研究社会历史中的应用。

历史唯物论认为社会是一个复杂的有机体，这同资产阶级

---

① 列宁：《什么是"人民之友"以及他们如何攻击社会民主主义者？》，《列宁选集》第1卷，人民出版社1972年版，第54页。

社会学的所谓"社会有机论"是根本不同的。英国资产阶级社会学家斯宾塞曾经把人类社会的发展同生物有机体的发展混为一谈，认为动物的器官有三个系统，分别担负营养、分配和调节的职能，那么人类社会也就有三个阶级来分别担当社会机体的这三个职能，工人阶级担任营养职能，商人阶级担任分配职能，工业资本家阶级担任调节职能，而政府就代表神经系统。这种理论，把社会机体同生物机体做简单的机械的类比，把社会矛盾混同于生物体的矛盾，完全抹杀了社会有机体根本不同于自然界的特殊本质，因而是一种反科学的谬论，其目的是要为资本主义社会的永恒合理性做论证。

社会有机体有它独具的社会本质，体现着极其复杂的社会关系。社会有机体的有机性质，主要在于各种社会关系之间的有机联系。在人们的社会关系中，作为社会物质关系的生产关系是基本的原始的关系，是决定其他一切社会关系的东西，就是说，全部社会关系都是在生产关系的基础上形成的，是物质生产关系把整个社会机体统一起来。一定的生产关系的总和构成一定的社会经济形态，而所谓社会有机体的概念，就如列宁所说的，正是"把社会经济形态看作特殊的社会机体的唯物主义概念"[①]。社会经济结构是社会有机体的骨骼。因此，列宁说："要研究这个机体就必须客观地分析组成该社会形态的生产关系，必须研究社会形态的活动规律和发展规律。"[②]这就是要抓住生产关系这个骨骼，以生产关系为基础，去研究包括政治关系、思想关系在内的整个社会关系，研究各种社会关系之间的相互联系，从而揭示社会有机体的活动规律和发展规律。

---

① 列宁：《什么是"人民之友"以及他们如何攻击社会民主主义者？》，《列宁选集》第 1 卷，人民出版社 1972 年版，第 34 页。
② 列宁：《什么是"人民之友"以及他们如何攻击社会民主主义者？》，《列宁选集》第 1 卷，人民出版社 1972 年版，第 32 页。

　　生产关系的总和所构成的社会经济结构是整个社会的上层建筑赖以竖立的现实基础，它本身又是同物质生产力的一定发展阶段相适合的，是由生产力的状况所决定的。生产力、生产关系（经济基础）和上层建筑是社会有机体的最基本的要素。所谓社会有机体的有机性质在于各种社会关系之间的有机联系，主要的也就是在于生产力、生产关系和上层建筑这三个领域之间的有机联系。这三个领域构成的两对矛盾——生产力与生产关系的矛盾、经济基础与上层建筑的矛盾，就是社会有机体的内在的基本矛盾。一切社会现象包括阶级社会里的阶级斗争和社会革命等，都归根到底要由这三个基本要素之间的相互制约、相互作用去说明。

　　总之，人类社会就是一个在物质资料生产活动发展的基础上活动着和发展着的活的机体，它有着同自然界根本不同的特殊矛盾和特殊本质，遵循着同自然界的运动不同的特殊的发展规律。历史唯物论作为科学的历史观，就是活动着和发展着的社会有机体的普遍本质的理论再现。

# 第二节　　人们在既定的物质条件下创造历史

　　人类社会形成以后，开始了它自己相对独立的历史发展。人类史不同于自然史，它是人们自己创造的。但是，人们创造自己的历史也是依赖于一定的物质条件的。人们赖以创造历史的条件，当然也就是人类社会赖以存在和发展的条件。要认识社会发展的规律性，就要理解社会赖以存在和发展的各种物质条件及其相互关系。

　　这种物质条件包括社会生活所依赖的自然条件即地理环境

和人口因素，以及物质资料的生产方式。其中，起决定作用的是物质资料的生产方式。而为了深刻理解物质资料生产方式的决定作用，也就必须同时正确地理解地理环境和人口因素的作用。

## 一、地理环境

所谓地理环境，就是指环绕社会的各种自然条件，包括地理位置以及这一地理位置上的地形、气候、土壤、山林、水系、地下矿藏、水利资源、动物、植物，等等。构成社会地理环境的自然条件显然不是指无边无际的整个自然界，而是指能够直接地或间接地作用于人类社会，因而构成人类生产和生活的物质条件的那一部分自然界。自然界的哪些部分进入社会地理环境的范畴，是历史地改变着的。

地理环境是人们创造历史所依赖的必要的物质条件。人们总是在一定的地理环境中生活，在一定的地理环境中创造自己的历史。因此，地理环境对社会的发展起着不可忽视的重要作用。

首先，地理环境提供社会所需要的物质资料的来源。它提供两类天然富源：一类是提供生活资料的天然富源，如肥沃的土壤、可供食用的动物、植物，等等；一类是提供劳动资料的天然富源，如金属、煤炭、石油、森林、沙石、水力、太阳能，等等。这两类天然富源都是人类社会所不可缺少的。固然，人类生存和发展所需要的财富都是通过劳动创造的，但单有劳动还不能创造财富，只有劳动和自然界一起才是一切财富的源泉。固然，人类征服自然的能力是不断提高的，人类可以日益摆脱自然界的支配而反过来支配自然界，但却永远也不能脱离自然界。所谓支配自然界，不过就是越来越深刻地认识了自然界，并且依据这种认识而越来越扩大着对天然富源的利用。

地理环境既然提供人类社会必需的生产和生活资料的来源，那么，它就不能不在一定程度上影响生产的发展，从而影响社会的发展。在劳动的社会性质、技术装备等等条件相同的情况下，自然条件不同，劳动生产率也就不同。马克思说："劳动的不同的自然条件使同一劳动量在不同的国家可以满足不同的需要量，因而在其他条件相似的情况下，使得必要劳动时间各不相同。"[①]因此，一般地说，在提供比较富足的天然资源的地理环境中，社会的发展就会快一些，反之就会慢一些。不仅天然资源的富足与否会影响到社会的发展，而且一个国家和民族的地理位置也会影响到它的社会发展的速度。

历史唯物主义肯定地理环境的作用，就要求人们正确地利用地理环境。人类社会和它周围的地理环境是一个密不可分的整体。地理环境固然给人类提供天然资源，但如果违反自然界本身的客观规律而滥用资源，也会给人类带来巨大的灾难。人类社会和它周围的环境构成一个生态系统，必须保持好生态的平衡，使地理环境的变化有利于社会的发展。要达到这一点，当然不取决于地理环境本身，而取决于人能不能正确地利用地理环境。在这个问题上，不论在历史上还是在现实生活中都是有着深刻的教训的。

否认或忽视地理环境的作用，不是历史唯物主义的观点。但是，夸大地理环境的作用也是错误的。地理环境尽管对于社会的发展起着重要的作用，但不能起决定的作用。如果把地理环境的作用夸大到决定社会发展的地位，那就陷入了资产阶级的地理环境决定论。这种地理环境决定论认为，人的发展也和动物、植物一样是由地理环境决定的。例如，它的一个主要代

---

① 马克思：《资本论》第 1 卷，人民出版社 1975 年版，第 562 页。

表人物、法国的启蒙学者孟德斯鸠认为，气候是一种决定的因素，酷热的气候有害于力量和勇气，寒冷的气候给人的头脑和身体以某种力量，使人们能够从事持久、艰巨、伟大而勇敢的行动，因而热带民族陷于奴隶地位，寒带民族保持自由的地位。另一个代表人物、英国的社会学家巴克尔则是把气候、食物、土壤和地形说成决定人类生活和命运的四个主要因素。这种地理环境决定论在资产阶级上升时期具有一定的反封建、反宗教的意义，它否定了从上帝那里寻找社会发展原因的宗教唯心主义，而主张用自然界的原因去说明社会的发展，但是，从根本上说，它还是没有超出历史唯心主义的范围。地理环境决定论在理论上的错误，主要可从以下几个方面去分析。

第一，这种理论不懂得地理环境和社会生活是两种不同质的东西，抹杀了社会发展的内在的特殊规律性。这种理论不能解释社会发展的历史和现状。它不能解释，为什么在极不相同的地理环境中，在世界的不同地区和民族那里，社会却经历了大致相同的经济发展阶段，并且都有大致相同的社会结构形式和意识形态与之相适应；它不能解释，为什么在同样的地理环境里，在同一个地区，社会生活却有很大的差别。整个地球以及地球各个部分的地理和气候固然是变化的，但把它同社会的变化相比较却显得很微小和缓慢。地理和气候要以若干万年为单位才能显出它的变化，而社会的变化则在几千年、几百年、几十年，在革命时期甚至只在几年或几个月里就显现出来了。那样缓慢的、不显著的自然变化，显然不可能成为社会生活中如此迅速、如此巨大的变化的原因。社会的发展变化有它自身固有的原因，有它自身固有的特殊规律性，这个原因、这种规律性只能从物质资料生产方式中去寻找。

第二，这种理论不懂得，地理环境对社会发展的影响一般地不是直接实现的，而要通过社会本身的因素才能影响社会的发展。自然条件只是给生产发展和社会发展提供了某种可能性，这种可能性是否变成现实以及在什么程度上变成现实，还要取决于一定的社会条件即取决于社会生产发展的状况和整个社会的状况。

首先，地理环境各个因素在什么意义上、什么水平上影响社会的发展，是受着社会生产力水平的制约的。马克思在把天然富源区分为提供生活资料的天然富源和提供劳动资料的天然富源时指出："在文化初期，第一类自然富源具有决定性的意义；在较高的发展阶段，第二类自然富源具有决定性的意义。"①这两类天然富源在不同的历史时期对于人类生活具有不同的意义，就是由于不同时期社会生产力发展的水平不同。在文化初期，也就是在生产力水平极其低下的情况下，人类主要是从自然界谋取现成的产品，这时候，提供生活资料的天然富源显然具有决定性的意义；随着生产力水平的提高，人们越来越可以按照自己的目的，利用自然界提供的原料材料等，去生产出适合自己需要的产品，在这种情况下，提供劳动资料的天然富源就越来越具有决定性的意义。地球上许许多多的东西，一直是同社会生产无关的，只是随着生产力的发展才一个一个地成为生产中不可缺少的资源。生产发展水平越高，地理环境被人改造和利用就越充分，它作为影响社会发展的一个因素也就越能显示出它的意义。

同时，社会制度对于改造和利用地理环境也有着十分重要的影响。在不同的社会制度下，对于改造和利用地理环境会采取不同的态度和方式，会获得不同的结果。在资本主义制度下，资本家为了追求超额利润，进行掠夺性开采，造成了资源的巨

---

① 马克思：《资本论》第 1 卷，人民出版社 1975 年版，第 560 页。

大浪费。在旧中国，谈不上利用丰富的资源去为民造福，只是在建立了社会主义制度以后才使这种局面得到根本改变。

总之，地理环境是在一定的社会生产方式下去影响生产发展和社会发展的，它不能决定社会的发展，而它本身对社会发展所起作用的方向和大小却恰恰是由生产方式这种社会的因素所决定的。

第三，这种理论不懂得，人在自然界面前不是消极地被决定的。社会的人是具有自觉的能动性的，人可以主动地利用自然界提供的有利条件，可以改变自然界造成的不利条件，化不利条件为有利条件，从而按照自己的需要，依据自然界的客观规律，去创造日益丰富的物质财富，进而改造人类的社会生活。人们的历史活动不能不受着地理环境所提供的既定条件的制约，却又是参与条件的改变的。人们创造历史的过程，就是不断地为自己创造新的生存条件的过程。人类生活的地理环境早已是、并且越来越是"人化的自然"。人类历史是人们自己创造的，人类的命运是由人类自己掌握的。地理环境决定论把自然条件夸大到决定人类生活命运的地步，就必然把自然力量神秘化，并由此而导致宿命论。因此，尽管它否定了直接从"上帝"说明社会发展根源的宗教唯心论，却仍然没有脱离历史唯心论的窠臼。

地理环境决定论发展到帝国主义时代的地缘政治学，就失去了任何进步性，而成了一种十足的反动理论。地缘政治学宣扬国际政治现象是受地理环境制约的，是地理决定政治。它把地球分成"中心区""边缘区"等若干区域，宣扬"文明"民族对居住在边缘区域的"愚昧"民族的统治是由地理环境"预先选定"的。这是公开宣扬侵略有理，为帝国主义的侵略行为做论证，是反动的唯心史观。

## 二、人口因素

所谓人口因素包括人口的数量、质量、构成以及人口的发展和分布等方面。恩格斯说，生产本身有两种，"一方面是生活资料即食物、衣服、住房以及为此所必需的工具的生产；另一方面是人类自身的生产，即种的繁衍"。[①]这两种生产是不可分割、缺一不可的。没有人类自身的生产和再生产，就没有物质资料生产的世代延续，也就没有社会的存在和发展。人口因素也是社会存在和发展的经常的必要的条件，对社会的发展起着重要的作用。

首先，没有一定数量的人口就不能组成社会，不能进行社会的物质生产。这一点，在人类社会产生的初期表现得最为突出。人要脱离动物状态，就要以群的联合力量来弥补个体能力的不足，因而具备足够数量的人口就是进行生产的前提条件。所以，马克思和恩格斯说："这种生产第一次是随着人口的增长而开始的。"[②]

其次，在一个国家和地区，人口的密度和增长速度是否同生产发展的状况和需要相适应，会对生产的发展和社会的发展起着加速或者延缓的作用。人口的密度和增长速度同生产的发展基本相适应，就能促进生产的发展，从而有利于整个社会的发展；反之，就会阻碍生产的发展，从而延缓整个社会的发展。例如，当生产力发展的水平达到了能够去开发更广阔的资源的时候，人口过于稀少就不利于生产的发展，这时，有劳动能力的人口的增加就可以起着促进生产和社会发展的作用；而当人

---

① 恩格斯：《家庭、私有制和国家的起源》，《马克思恩格斯选集》第 4 卷，人民出版社 1972 年版，第 2 页。
② 马克思和恩格斯：《费尔巴哈》，《马克思恩格斯选集》第 1 卷，人民出版社 1972 年版，第 25 页。

口增长过快，超过了生产力发展的水平，破坏了人口与资源之间相对平衡的比例时，供养过多的人口就会成为社会发展的沉重负担。

此外，人口的构成状况和人口质量也对生产和社会的发展有着不同程度的影响。

总之，人口因素可以对社会的发展起到加速或延缓的重要作用，否认或忽视这种作用不是历史唯物主义的观点。但是，人口因素对社会的发展不起决定的作用。人口状况不能说明一个社会的性质；人口状况的变化不能成为引起社会变化的决定性原因，它不能决定社会结构和社会制度的变更，不能说明一种社会制度正好由某一种新的社会制度所代替，恰恰相反，人口状况本身却要受着社会条件首先是物质资料生产方式的制约。对于社会的发展起着决定作用的，只能是物质资料生产方式的变化。固然，生产方式的作用是通过人的活动表现出来的，但是，人口和人的活动不是一个概念。人口状况只是人们赖以创造历史的一种客观物质条件，而不是人们的历史创造活动本身。所谓人们在既定的物质条件下创造历史，也就包括了在既定的人口状况下创造历史。

把人口说成社会状况和社会变更的决定因素，是一种历史唯心主义的观点。马尔萨斯的人口论就是这种人口决定论的一个代表。他从抽象的纯生物学的人口观点出发，杜撰了一条所谓人口增长的自然规律，即所谓人口按几何级数增加、生活资料按算术级数增加的规律，认为人口的增长快于生活资料的增长是劳动人民失业、贫困和饥饿的根本原因，要解决人口问题就要用战争、瘟疫、赤贫、饥荒等来大量地消灭劳动人民，减少人口。这种人口理论，曲折地反映了资本主义制度下人口相对过剩的事实，却完全掩盖和歪曲了事实的本质。资本主义社会人口相对过剩的实质在于，资本主义的经济制度需要造成、也必然造成一支产业后备军，一支失业工人队伍。这种人口相对过剩是资本主义生产方式所特有的人口规律，而不是什么不可避免的自然现象。马尔萨斯的人口论掩盖了劳动人民贫困失业的真正根源即资本主义的剥削制度，它提出的解决人口问题的办法是牺牲劳动人民，反对社会变革。这都充分暴露了它的反劳动人民的反动本质。它在理论上的根本错误就在于用抽象的纯生物学的观点看待人口，否认人口受社会状况的制约，反而把人口看成决定社会状况的因素。

对于马尔萨斯的这种反人民、反科学的人口论，我们当然地要进行批判，但是，应当站在历史唯物主义的立场上批判。我们批判马尔萨斯的人口论，是批判他的调节人口的理论基础、出发点和方法等，而绝不是反对调节人口本身。如果认为批判马尔萨斯人口论就是主张不要调节人口，那就完全歪曲了或误解了这个批判的实质。

我们从批判马尔萨斯人口论中所应当引出的结论，是要破除抽象的纯生物学的人口观点，强调从社会条件出发具体地历史地看待人口状况，从而着眼于解决调节人口的社会条件问题，而绝不是反对调节人口本身。抽象地说人口越多越好，绝不是历史唯物主义的人口观。一百多年前，恩格斯就说过："如果说共产主义社会在将来某个时候不得不像已经对物的生产进行调整那样，同时也对人的生产进行调整，那么正是那个社会，而且只有那个社会才能毫无困难地做到这点。"①可见，马克思主义完全肯定调节人口的必要性，并且是首先着眼于调节人口的社会条件，把调节人口同社会制度的改革联系在一起的。我们

---

① 恩格斯：《恩格斯致卡尔·考茨基（1881年2月1日）》，《马克思恩格斯全集》第35卷，人民出版社1971年版，第145页。

是社会主义国家，我们对物的生产是在生产资料公有制的基础上进行有计划的调节的，因此，也就完全有必要和可能对人的生产进行有计划的调节，使两种生产互相适应、互相协调地发展。对我们国家来说，人口问题是一个具有重大意义的战略性问题。我国目前的人口数量显然同生产水平不是处在一种合理的比例上，近十几年来人口的迅速增加已成了我国社会前进发展的负担，我们各项事业的发展不能不在很大程度上受着这种人口条件的制约。要逐步改善这种条件，就要对人口实行有计划的控制。这不仅是关系我国长远发展的重大任务，而且是当前已经十分急迫的事情。

### 三、物质资料生产方式

在社会的物质生活条件中，对社会发展起着决定作用的只能是物质资料的生产方式，地理环境和人口因素都是在物质资料生产方式的制约下起作用的。生产方式就是人类进行生产活动的社会方式，它是生产力和生产关系的统一体。所谓人们在既定的物质条件下创造历史，主要的正是指的在既定的生产方式下创造历史。物质资料的生产方式对社会发展的决定作用主要表现在以下几个方面。

第一，物质资料的生产是人类社会赖以生存的基础，是整个社会生活的首要前提。固然，人类社会是一个极其复杂的有机体，除了物质生产活动以外还有其他的活动，除了社会的物质生活以外还有社会的政治生活、精神生活等，但是，人类社会的其他一切活动都是以物质生产活动为前提的，都是建立在物质资料生产方式之上的。物质生产是整个人类历史的基本条件。人们为了能够创造历史，必须能够生活，而为了生活，首先就需要衣、食、住以及其他东西，因此，人类的第一个历史活动就是生产满足这些需要的物质资料本身。这是一个最简单的事实。然而，马克思在世界历史观上所实现的伟大革命变革正是从确立这样一个最简单的事实在历史上应有的权威开始的。

第二，物质资料生产方式决定着社会的性质和面貌。社会领域中的各种关系都是在物质资料生产方式的基础上建立的。一个社会的物质生活水平和精神文明怎样，社会结构和政治制度怎样，以及人们活动的方式和范围怎样，等等。总之，一个社会是什么样的面貌，处在什么样的发展阶段上，都是由一定的生产方式决定的。各种社会形态区分的根据和标志，就是各自特殊的生产方式。

第三，生产方式的发展和变革决定着社会形态的发展变化。社会的生产是不断发展的。生产方式内在矛盾的运动即生产力和生产关系的矛盾运动，使生产方式不断地新陈代谢，由低级向高级发展。生产方式的根本变化是整个社会的基础性的变化，它必然引起社会生活各个方面、各种社会关系的变化，引起整个社会形态的发展变化。

马克思说："人们自己创造自己的历史，但是他们并不是随心所欲地创造，并不是在他们自己选定的条件下创造，而是在直接碰到的、既定的、从过去承继下来的条件下创造。"[①]不仅地理环境和人口状况是既定的，而且物质资料生产方式也是既定的。各个时代的生产力状况是已往历史发展的结果。人们不能自由地选择生产力，也不能自由地选择生产关系。肯定人们在既定的物质条件下创造历史，是唯物主义地理解社会历史的一个重要前提。

---

① 马克思：《路易・波拿巴的雾月十八日》，《马克思恩格斯选集》第 1 卷，人民出版社 1972 年版，第 603 页。

## 第三节  人类社会的发展是一个遵循 其自身固有规律的客观过程

　　肯定人们在既定的物质条件下创造历史，人们的历史活动受着客观的物质条件的制约，就合乎逻辑地要肯定人类社会的发展是一个不以人的意志为转移的客观过程。马克思在《资本论》第一卷第一版"序言"里指出："我的观点是：社会经济形态的发展是一种自然历史过程。"①这是对于人类社会历史过程及其本质的高度的科学概括。它指明，人类社会虽然与自然界不同，社会历史是人的活动的结果，但又和自然界一样，也是按照自己固有规律发展的客观过程,社会的发展也是社会的"自己"运动，其源泉、动力也在于社会内部的矛盾性，因而也有它自身固有的、不以任何人的意志为转移的客观规律。

　　把人类社会看作一种自然历史过程，这是人类认识史、思想史上的一次最伟大的革命。在马克思以前，人们一直不能把人类历史看成一种客观过程，因而一直是由历史唯心主义占据着统治的地位。旧的哲学家和社会历史学家，或者把社会历史看成杂乱无章的偶然事件的堆积，否认社会历史的规律性；或者认为是某种神秘的精神力量在社会生活中建立起联系和秩序，否认社会历史运动的规律性是它自身所固有的，总之是把少数个人的意志或某种神秘的精神力量看成社会历史的决定因素。造成这种情况的原因，从认识上说，主要是由于社会历史运动同自然界有所不同，社会历史是人参与的，是人创造的，是人的活动的结果，而人的一切活动都是有目的的。这种浮在

――――――
　　① 马克思：《资本论》第 1 卷，人民出版社 1975 年版，第 12 页。

历史表面的现象，一直像一层浓厚的迷雾掩盖着历史的本质。只是到了马克思，才扫清了这种历史的迷雾。

诚然，历史是人们自己创造的，人的一切活动都是有目的的。但是，第一，人们的目的是各不相同甚至是互相冲突的；第二，人们的目的并不都能够实现。这是因为，人们各不相同的目的是由各自特殊的生活条件决定的，而人们的目的能否实现，也归根到底取决于是否符合客观的规律性，是否具备它得以实现的客观条件。所以，人的目的、意识并不是决定的东西，相反，它本身却是被决定的。社会历史发展的决定力量，不能在人们的意识中去寻找，而应当在人们的意识之外去寻找那个决定着历史的发展、也决定着人们的意识本身的东西。

对于社会历史的发展，恩格斯有一段很精辟的论述。他说："历史是这样创造的：最终的结果总是从许多单个的意志的相互冲突中产生出来的，而其中每一个意志，又是由于许多特殊的生活条件，才成为它所成为的那样。这样就有无数互相交错的力量，有无数个力的平行四边形，而由此就产生出一个总的结果，即历史事变，这个结果又可以看作一个作为整体的、不自觉地和不自主地起着作用的力量的产物。因为任何一个人的愿望都会受到任何另一个人的妨碍，而最后出现的结果就是谁都没有希望过的事物。所以以往的历史总是像一种自然过程一样地进行，而且实质上也是服从于同一运动规律的。但是，各个人的意志——其中的每一个都希望得到他的体质和外部的、终归是经济的情况（或是他个人的，或是一般社会性的）使他向往的东西，——虽然都达不到自己的愿望，而是融合为一个总的平均数，一个总的合力，然而从这一事实中决不应做出结论说，这些意志等于零。相反，每个意志都对合力有所贡献，因而是包括在这个合力里面的。"①这是对于社会历史过程的既唯物又辩证的科学说明。这段话告诉我们：第一，在历史中活动着的任何个人都是有明确的目的的，但人们历史活动的总的结果却是谁也没有希望过的事物，所以，历史过程虽有人的意志在起作用，但它总是按照自身固有的规律像一种自然过程一样地进行的；第二，每个人的意志虽然都对于历史过程起作用，但不是作为单个人的意志，而是作为所有意志融合而成的总的合力去起作用的，所以，任何个人意志的作用都是服从于总的历史规律的。显然，如果只是停留在考察人们历史活动的思想动机，要揭示社会历史运动的规律是不可能的。人们的思想动机作为一种精神的动力，固然是在历史领域中起作用的，但这并不是历史运动的最终原因。当我们透过人们的思想动机去寻找它的更深刻的根源时，便可以发现，推动人们去从事各种活动的归根到底是人们的物质利益。而人们的物质利益则直接表现在人们的经济关系中，直接决定于人们在生产关系中所处的地位。从追溯人们历史活动的思想动机背后的物质根源，发现争取和维护物质利益是推动人们历史活动的决定性原因，又发现人们的物质利益体现着特定的生产关系，这是研究人类社会历史中的具有决定意义的发现。

可见，生产关系这个概念的形成和制定，对于科学历史观的确立具有关键的意义。当马克思着手去研究社会的生产关系以后，就能够发现社会历史的客观规律性。列宁在论述马克思考察社会历史的方法时说："他所用的方法，就是从社会生活的各个领域中划分出经济领域来，从一切社会关系中划分出生产关系来，并把它当作决定其余一切关系的基本的原始的关

---

① 恩格斯：《致约·布洛赫（1890 年 9 月 21 日—22 日）》，《马克思恩格斯选集》第 4 卷，人民出版社 1972 年版，第 478—479 页。

系。"①又说："他们的基本思想……是把社会关系分成物质关系和思想关系。"②把生产关系从一切社会关系中划分出来，作为决定其余一切社会关系的东西，或者说，把社会关系分成物质关系和思想关系，用物质关系去说明思想关系，这就是研究人类历史的唯物主义路线。只有坚持这条唯物主义路线，才能揭示人类社会历史的客观规律。

马克思把生产关系这种物质关系作为一切社会关系的基础，又把生产关系归结于物质的力量——生产力发展的结果，是生产力这种物质的力量决定着生产关系，从而决定着包括思想关系在内的整个社会关系，这样，就完全用物质的原因说明了全部历史现象，说明了人类社会历史的发展。它的基本结论就是：人类社会是一个归根到底由社会物质生产力的发展、由物质资料生产方式的发展所决定的自然历史过程。

马克思关于人类社会是自然历史过程的理论，不仅概括了历史唯物主义的基本思想，而且提供了研究社会历史的科学方法论基础。首先，它指明人类社会的发展是一种不以任何人的意识为转移的客观过程。历史是人的活动，人的历史活动也是有其内在的客观规律的，人类社会发展的规律就正是人们历史活动的规律。

人们把自己创造自己历史的过程也看成遵循其自身固有规律而不以人的意识为转移的客观过程，这就是历史的唯物论。坚持历史唯物主义，就是要尊重社会历史的客观规律，使我们创造历史的自觉活动符合于社会历史本身的客观规律。同时，它也指明人类社会是一个辩证的发展过程。人类社会有它自身

---

① 列宁：《什么是"人民之友"以及他们如何攻击社会民主主义者？》，《列宁选集》第 1 卷，人民出版社 1972 年版，第 6 页。

② 列宁：《什么是"人民之友"以及他们如何攻击社会民主主义者？》，《列宁选集》第 1 卷，人民出版社 1972 年版，第 18 页。

固有的矛盾，有生产力和生产关系的矛盾，经济基础和上层建筑的矛盾，在阶级社会里有表现这些矛盾的阶级矛盾，等等。正是这些矛盾，推动着人类社会由低级向高级发展。因此，坚持历史唯物主义，就是要承认社会历史的内在矛盾，就是要自觉地正确地认识和解决社会生活中的各种矛盾，推动社会向前发展。

马克思主义关于人类社会是自然历史过程的理论，为无产阶级和革命人民改造社会、改造世界的斗争提供了客观依据。在建立了社会主义制度以后，社会主义社会的发展仍然是一种自然历史过程。社会主义时期，由于有了马克思主义思想的指导，有了无产阶级政党的领导，人们历史活动的自觉性无疑是显著地增强了，但是，这一点并不能改变社会主义社会发展规律的客观性质。社会主义社会不仅仍然要遵循人类社会发展的一般规律，例如生产关系一定要适合生产力状况的规律，上层建筑一定要适合经济基础状况的规律，而且要遵循它自身所独有的许多特殊规律，包括社会主义的经济规律，社会主义的政治、文化、科学事业发展的规律，等等。因此，在社会主义时期，仍然要坚持历史唯物论。能不能把社会主义社会的发展看成一种自然历史过程，能不能遵循社会历史本身的客观规律，仍然是决定社会主义事业成败的关键。

# 第十二章　社会基本矛盾

　　人类社会发展的自然历史过程，是一个由社会自身内部的矛盾运动所引起的发展过程。为了深刻地理解这一过程，首先就要深入地具体地研究社会的基本矛盾及其运动规律。

　　社会的基本矛盾是生产力和生产关系的矛盾、经济基础和上层建筑的矛盾。社会生产力的发展必然引起生产关系的变革，随着生产关系即经济基础的变更，整个社会的上层建筑也或慢或快地发生变革，这就是社会历史运动的一般过程。因此，关于社会基本矛盾的理论是关于人类社会是自然历史过程这一基本思想的具体展开。

## 第一节　生产力和生产关系的矛盾

　　生产力和生产关系的矛盾统一就是物质资料的生产方式，这是社会发展的决定力量。历史唯物论揭示社会发展的一般规律，就首先要研究生产力和生产关系的矛盾运动。

### 一、生产力

　　生产力是人们改造自然并从自然获取物质生活资料的能力，它表示人和自然界的关系。

马克思指出："劳动过程的简单要素是：有目的的活动或劳动本身，劳动对象和劳动资料。"①生产力作为表现于生产劳动过程的解决社会同自然的矛盾的物质力量，主要地是由以生产工具为主的劳动资料、劳动对象和劳动者三个要素所构成的。

劳动资料是置于人和劳动对象之间、用以传导人对劳动对象的作用的物或物的综合体。人对自然界的作用是以一定的劳动资料为媒介体的。动物对周围环境的作用基本上是用自己的躯体，人则是借助于一定的劳动资料的。没有一定的劳动资料，就没有人类的生产活动，所以，劳动资料是构成生产力的一个不可缺少的要素。劳动资料的构成是十分复杂的，并且是历史地变化的，它包括生产工具、用以发动生产工具的动力和能源以及为运输、储藏等所需要的辅助性的劳动资料，等等。其中，最重要的是生产工具。用马克思的话说，生产工具构成生产的骨骼系统和肌肉系统，它是直接传递人对自然界的作用的，是劳动生产率的最重要的标志。新的劳动资料特别是新的生产工具的发明，标志着新的生产力的出现。劳动资料不仅是生产发展的重要基础，而且是决定社会经济形态发展的重要基础。马克思说："各种经济时代的区别，不在于生产什么，而在于怎样生产，用什么劳动资料生产。劳动资料不仅是人类劳动力发展的测量器，而且是劳动借以进行的社会关系的指示器。"②

劳动对象是人们运用劳动手段所能加工的一切物质资料。从可能性上说，自然界就是人类的劳动对象；从现实性上说，劳动对象只是引进生产过程的那一部分自然物，它的范围是随着生产力的发展而不断扩大的。劳动对象是人们进行物质生产的必要前提。只有劳动者使用劳动资料作用于劳动对象，才有

---

① 马克思：《资本论》第 1 卷，人民出版社 1975 年版，第 202 页。
② 马克思：《资本论》第 1 卷，人民出版社 1975 年版，第 204 页。

现实的生产力。而且，劳动对象不同，还直接地影响生产力发展的水平。使用同样的工具，花费同样的劳动，由于劳动对象不同，生产的产品在数量上和质量上也会不同。所以，劳动对象应当是构成生产力的一个要素。自然物质本来是人类征服的对象，而生产力则是人类征服自然的能力，又为什么要把作为征服对象的东西归入作为征服能力的生产力范畴呢？诚然，劳动对象正是人类在劳动中征服的对象，但这是人类对自然界的征服，它同军队在战争中征服敌人、同统治者征服异民族是根本不同的。恩格斯说过："我们统治自然界决不像征服者统治异民族一样，决不像站在自然界以外的人一样，——相反地，我们连同我们的肉、血和头脑都是属于自然界，存在于自然界的。"[①] 人是依靠自然、利用自然，去征服自然的。人类征服自然，不过是按照自然物的本性，利用一些自然物（加工过的自然物——劳动资料）去作用于另一些自然物（劳动对象），通过控制物与物之间的相互作用，去改变自然物的存在形式，以实现自己的目的。人类劳动固然不能没有劳动资料，劳动资料是人类用以征服自然的自然物，但它本身首先就正是被人类征服了的自然物。离开自然，就谈不上征服自然。因此，把劳动对象归入生产力的范畴，这在逻辑上是不矛盾的。当然，如果笼统地把整个自然界作为劳动对象而归入生产力的范畴，是不正确的。这里，劳动对象只是指能够直接引进生产过程的那一部分自然物。社会把这一部分自然物引进生产过程，需要付出一定的劳动，需要人们具有一定的生产知识和劳动技能，需要有劳动手段的一定程度的发展。当它被引进生产过程时，就已经不是纯粹的自然物，而是在一定程度上人化了的自然物。因此，

---

① 恩格斯：《自然辩证法》，《马克思恩格斯选集》第 3 卷，人民出版社 1972 年版，第 518 页。

劳动对象也是人类征服自然的程度的一种标志，是生产力发展状况的一种标志。

劳动者是具有一定生产经验和劳动技能即具有一定劳动能力的人。劳动能力包括体力，也包括智力。在劳动过程中，需要有人的体力的支出，也需要有人的智力的支出，而且，随着生产力的发展，在生产过程中的智力的支出越来越重要，因而以从事脑力劳动为主的劳动者会越来越多。所以，不能把劳动者仅仅归结为体力劳动者而把脑力劳动者排除于劳动者的概念之外。劳动者是生产力中"人"的因素，是生产力的首要因素。劳动资料和劳动对象合起来称之为生产资料，是生产力中"物"的因素，是人们过去劳动的产物，是死的劳动，它们只有同活的劳动、同劳动力结合在一起，才能形成真正的生产力。因此，马克思把劳动者称为"最强大的一种生产力"①，列宁把劳动者称为"全人类的首要的生产力"。②

劳动资料、劳动对象和劳动者这三个要素，只是构成生产力的主要的实体性的部分，并没有把构成生产力的各个方面包括无遗。所谓"要素"的分析，还是一种简单的分析，还需要对生产力的构成做展开的分析。马克思说："劳动生产力是由多种情况决定的，其中包括：工人的平均熟练程度，科学的发展水平和它在工艺上应用的程度，生产过程的社会结合，生产资料的规模和效能，以及自然条件。"③这里，特别需要指出的是"科学的发展水平和它在工艺上应用的程度"这一个方面，即科学技术在生产发展中的作用。科学技术是知识形态的东西，当

---

① 马克思：《政治经济学的形而上学》，《马克思恩格斯选集》第 1 卷，人民出版社 1972 年版，第 160 页。

② 列宁：《关于用自由平等口号欺骗人民》，《列宁选集》第 3 卷，人民出版社 1972 年版，第 843 页。

③ 马克思：《资本论》第 1 卷，人民出版社 1975 年版，第 53 页。

然不是生产力的独立要素。但是，当它应用于生产过程，渗透于生产力的上述实体性的因素，引起劳动资料、劳动对象和劳动者的变化时，就化转成了物质的力量。劳动资料、生产工具总是凝聚着一定的科学技术的成果，是科学的物化，新的劳动对象的发现要依赖于自然科学的发展，劳动者当然也都不能缺少科学技术的武装。总之，科学技术对生产力的发展起着巨大的而且越来越大的作用，每次科学技术上的重大突破都必然引起生产力的质的飞跃。关于这个问题，我们在后面还将做详细的说明。

此外，在研究生产力的构成时，生产过程的社会结合也是一个不可忽视的方面。马克思说过，单是劳动者之间的简单协作，就"提高了个人生产力，而且是创造了一种生产力"。①这说明生产过程中的科学的组织和管理对于提高生产力有着十分重要的作用。随着生产力和科学技术的发展，生产过程的社会结合方面的问题具有越来越突出的意义。

生产力是历史过程中的客观的、物质的因素。生产力的客观性或物质性首先在于它是由客观的、物质的要素构成的。劳动资料和劳动对象无疑是客观的、物质的东西，作为生产力范畴的劳动者尽管在他的劳动过程中有智力、精神因素的作用，他首先也是一种物质的力量。生产力的客观性或物质性还在于它是一种既得的力量。一定历史阶段的生产力是以往人们实践活动的结果，不是人们可以自由选择的。肯定生产力的客观性、物质性，并把它作为全部历史的基础，这是在历史观上坚持彻底唯物主义的基本前提。

---

① 马克思：《资本论》第 1 卷，人民出版社 1975 年版，第 362 页。

## 二、生产关系

生产关系是在生产过程中形成的人与人之间的社会关系。"人们在生产中不仅仅同自然界发生关系。他们如果不以一定方式结合起来共同活动和互相交换其活动，便不能进行生产。为了进行生产，人们便发生一定的联系和关系；只有在这些社会联系和社会关系的范围内，才会有他们对自然界的关系，才会有生产。"①生产关系作为生产力发展的社会形式，是人类物质生产活动的必不可少的一个方面。

对于生产关系的构成，马克思、恩格斯和斯大林都有过论述，他们的论述在精神实质上是一致的。按照斯大林的表述，生产关系包括以下三个方面："（一）生产资料的所有制形式；（二）由此产生的各种社会集团在生产中的地位以及他们的相互关系，或如马克思所说的，'互相交换其活动'；（三）完全以它们为转移的产品分配形式。"②

生产关系的各个方面是相互联系、相互制约的。其中，生产资料的所有制是基本的方面，是生产关系的基础的方面。生产资料所有制讲的是生产资料归谁所有、由谁支配，它是通过人对物的关系而表现出来的人与人之间的经济关系。生产资料所有制决定着劳动者和生产资料的结合方式。"不论生产的社会形式如何，劳动者和生产资料始终是生产的因素。但是，二者在彼此分离的情况下只在可能性上是生产因素。凡要进行生产，就必须使它们结合起来。实行这种结合的特殊方式和方法，使

---

① 马克思：《雇佣劳动与资本》，《马克思恩格斯选集》第 1 卷，人民出版社 1972 年版，第 362 页。
② 斯大林：《苏联社会主义经济问题》，《斯大林选集》下卷，人民出版社 1979 年版，第 594 页。

社会结构区分为各个不同的经济时期。"①不同的所有制形式就是实行这种结合的特殊方式，人类历史上各种经济形态的区分就是以生产资料所有制的不同形式为依据的。所以，生产资料的所有制体现着人们在生产过程中的最本质的关系，它决定着人们在生产过程中的其他关系。首先，它决定着生产过程中人们的地位和相互关系。例如，在原始公社中，生产资料归氏族全体成员公有，人与人之间的关系就是平等的、互助合作的关系；在生产资料私有制的社会中，占有生产资料的阶级总是处在支配、监督的地位，不占有生产资料的劳动者阶级则总是处在被支配、被监督的地位，他们之间的关系就是统治和被统治、剥削和被剥削的关系。其次，生产资料所有制和由它所决定的人们在生产中的地位及相互关系，又共同决定着产品的分配形式。例如，在原始公社，生产资料公有制和人们之间的平等互助关系决定了平均分配产品的形式；在剥削阶级私有制的社会，生产资料的剥削者占有制和人们之间统治与被统治、剥削与被剥削的关系，决定了各种劳者不获、获者不劳的剥削制的分配形式。当然，生产关系中的各个方面是相互作用的。生产资料所有制决定着另外两个方面，但这两个方面也不是消极被动的，它们又会反过来影响生产资料所有制形式。

人类社会已经经历了五种不同性质的生产关系：原始公社所有制、奴隶主占有制、封建主占有制、资本家占有制、社会主义公有制。可以根据生产资料所有制的性质把生产关系归结为两种基本类型：一种是以生产资料公有制为基础的生产关系，这就是原始公社的生产关系和今天的社会主义生产关系以及将来的共产主义生产关系；一种是以生产资料私有制为基础的生产关系，这就是奴隶主占有制、封建主占有制和资本家占有制

---

① 马克思：《资本论》第 2 卷，人民出版社 1975 年版，第 44 页。

的生产关系。

以生产资料公有制为基础的生产关系的共同特点是：生产资料归劳动者共同所有，直接实现了劳动者和生产资料的结合；人们在生产过程中处于互相平等的地位；产品分配上不存在剥削，在原始公社是平均分配，在社会主义社会是"各尽所能，按劳分配"，在共产主义社会是"各尽所能，按需分配"。当然，原始公社所有制的生产关系和社会主义、共产主义的生产关系之间又是有着重大的区别的，前者是在生产力水平极其低下的情况下形成的，后者则是在生产力高度发展的基础上建立起来的。

生产资料私有制的三种基本形式之间，也有着明显的历史区别。奴隶制生产关系的特点是不仅奴隶主占有生产资料，而且直接占有生产者——奴隶本身，奴隶主不但剥削奴隶的全部剩余劳动，而且侵占奴隶的一部分必要劳动。封建制生产关系的特点是地主占有基本的生产资料——土地和不完全占有直接生产者——农民。地主占有农民的剩余劳动，对农民实行超经济剥削，农民对地主有着一定程度的人身依附关系。资本主义生产关系的特点是资本家占有生产资料并用以榨取工人创造的剩余价值，工人则完全丧失生产资料，靠出卖劳动力为生，成为自由的雇佣劳动者即自由地出卖自己劳动力的劳动者。这三种私有制生产关系，代表了三种不同的经济形态。此外，还有劳动者自己占有生产资料的个体小生产的生产关系，但这种生产关系不能形成独立的经济形态。

恩格斯说："每一个社会的经济关系首先是作为利益表现出来。"① 所谓利益，是指人的物质需要和精神需要的满足以及满

---

① 恩格斯：《论住宅问题》，《马克思恩格斯选集》第 2 卷，人民出版社 1972 年版，第 537 页。

足的程度。通常说的利益主要指物质利益。人们对于物质利益的实际占有状况是由生产关系特别是所有制关系决定的。从以上对于生产关系的构成和类型的分析中可以看出，以生产资料公有制为基础的生产关系体现着人们根本物质利益一致的关系，以生产资料私有制为基础的生产关系则体现着人们根本物质利益对立的关系。

生产关系和生产力一样，属于社会生活的物质方面。人们不能够自由地选择生产力，也就不能够自由地选择生产关系。正因为这样，它才能成为社会生活中最基本的关系，成为决定其他一切社会关系的东西。

### 三、生产力和生产关系的辩证关系

生产力和生产关系作为生产方式这个矛盾统一体中的对立双方，是不可分割的。它们是相互依存、相互作用的。

生产力是这个矛盾的主要方面，它对生产关系起着决定的作用。生产力决定生产关系的性质，生产力的发展决定生产关系的变革。任何一种生产方式，都以一定的生产力为其内容，而与之相适应的生产关系则是生产力赖以发展的社会形式。内容决定形式，形式必须适合于内容。一定的生产关系的建立，是以一定的生产力状况为其基础和前提的，有什么样的生产力就会建立什么样的生产关系。当生产力在发展中获得了新的性质的时候，也就必然要求新的生产关系与之相适应，要求生产关系的更新。马克思说："各个人借以进行生产的社会关系，即社会生产关系，是随着物质生产资料、生产力的变化和发展而变化和改变的。"[①]

---

① 马克思：《雇佣劳动与资本》，《马克思恩格斯选集》第 1 卷，人民出版社 1972 年版，第 363 页。

　　生产力对生产关系固然起着决定的作用，但是，生产关系并不是消极的东西。一定的生产关系本来就是适应社会力发展的要求而建立起来的，它作为生产的必要的社会形式，也必然会反过来对生产力的发展产生影响。生产关系体现着人们之间的物质利益关系。生产关系如何，必然影响着人们对于劳动生产率的关心，影响着人们在生产中的积极性、主动性，从而这样或那样地影响着生产的发展，这就是生产关系对生产力的反作用。这种反作用有两种情形：当生产关系适合于生产力状况的时候，它为生产力的迅速发展提供广阔的场所；当生产关系不适合于生产力状况的时候，它就会阻碍生产力的发展，成为生产力进一步发展的桎梏，甚至成为一种严重的破坏力量。

　　当生产关系基本适合生产力状况时，生产方式处在量变过程中，这时，生产关系促进着生产力的发展，固然表现着生产关系的反作用；而当生产关系不适合生产力状况，生产力和生产关系的矛盾尖锐到互相冲突的程度，要求变革原来的生产关系，生产方式由量变进到质变时，生产关系的反作用表现得更为突出。因为在这样的时候，如果不变革旧的生产关系，生产力就不能继续向前发展，甚至遭到严重的破坏，生产关系的变革成为整个社会进步的决定性环节，生产关系的巨大反作用以极其尖锐的形式表现了出来。但是，即使在这样的时候，就生产力和生产关系之间的相互关系来说，仍然是生产力决定着生产关系。生产关系之所以必须变革，是由生产力发展的客观要求决定的；生产关系之所以能够变革，是由于生产力的发展提供了物质前提；生产关系之所以只能向着某一个确定的方向而不能向着任何别的方向变化，例如奴隶制生产关系只能向封建制生产关系变化，封建制生产关系只能向资本主义生产关系变化，资本主义生产关系只能向社会主义生产关系变化，如此等等，这也是由生产力发展的特定状况所决定的。因此，历史唯物论充分肯定并高度重视生产关系对生产力的反作用，在任何情况下都是以肯定生产力对生产关系的决定作用为前提的。

生产力决定生产关系，生产关系又反作用于生产力。正是这种相互作用构成了生产力和生产关系的矛盾运动，推动了社会物质生产的发展，从而推动了整个社会的发展。

在生产力和生产关系的矛盾中，生产力是最活跃、最革命的因素，它总是处在不断的变化发展中，而生产关系同生产力比较则是相对稳定的。马克思说："一个社会不能停止消费，同样，它也不能停止生产。"①人类社会必须同它周围的自然界经常地进行物质和能量的交换才能维持自己的生存，人类改造自然的生产活动是永远不能中断的。人们在不停顿的生产过程中，会不断地增长和积累生产经验和技能，自然科学的不断发展及其在生产上的应用也会使人们提高劳动技能。这样，即使在生产关系基本不变的情况下，人们也要逐渐改进生产工具，创造和发明新的生产工具，从而把生产力提高到新的水平。当生产力发展到了新的水平，获得了新的性质，就要求改变旧的生产关系，建立与它相适应的新的生产关系。而当新的生产关系建立起来后，就会解放原来被束缚着的生产力，使生产力获得进一步的巨大发展。在历史上，生产力的巨大发展常常是在建立了新的生产关系之后，而不是在此之前，这就是生产关系对于生产力的反作用的突出表现。当然，生产力的进一步发展又酝酿着生产方式的新的质变。生产关系同生产力由基本适合到基本不适合又到基本合适，也就是生产方式由量变到质变又到新的量变的过程。社会生产就是这样在生产力和生产关系的矛盾不断产生又不断解决的无穷的辩证运动中，由低级向高级发展

---

① 马克思：《资本论》第1卷，人民出版社1975年版，第621页。

的。

我们简略地考察一下人类社会生产发展的历史过程，就可以对生产力和生产关系的辩证关系获得更加具体的理解。

在人类历史的最初阶段，在漫长的原始社会里，氏族公有制的生产关系是同当时极其低下的生产力状况相适应的。可是，那时的生产力也在缓慢地却持续地发展着。随着生产力的发展，个体劳动能力的提高，使人们无须在氏族公社的范围内集体地劳动，而可以单独地劳动或在单个家庭的范围内从事生产活动；同时，也提供了出现剩余产品的可能，因而提供了剥削和交换的可能。这就必然导致原始公社制的解体，导致私有制、剥削制生产关系的出现。恩格斯说："第一次社会大分工，在使劳动生产率提高，从而使财富增加并且使生产场所扩大的同时，在既定的总的历史条件下，必然地带来了奴隶制。从第一次社会大分工中，也就产生了第一次社会大分裂，即分裂为两个阶级：主人和奴隶、剥削者和被剥削者。"①

奴隶制生产关系的建立，促进了社会生产力的发展。在这种生产关系中，把原来要杀掉的战俘变成了劳动者；把沉重的体力劳动强加到奴隶身上，使一部分人可以专门从事脑力劳动，这就促进了科学文化的发展，从而也促进了生产的发展；大规模地使用奴隶进行简单劳动协作，也提高了劳动生产率。这都说明，奴隶制生产关系比原始公有制优越，因为它提供了更高的生产力。恩格斯说："只有奴隶制才使农业和工业之间的更大规模的分工成为可能，从而为古代文化的繁荣，即为希腊文化创造了条件。没有奴隶制，就没有希腊国家，就没有希腊的艺术和科学；没有奴隶制，就没有罗马帝国。没有希腊文化和罗

① 恩格斯：《家庭、私有制和国家的起源》，《马克思恩格斯选集》第 4 卷，人民出版社 1972 年版，第 157 页。

马帝国所奠定的基础，也就没有现代的欧洲。我们永远不应该忘记，我们的全部经济、政治和智慧的发展，是以奴隶制既为人所公认、同样又为人所必需这种状况为前提的。在这个意义上，我们有理由说：没有古代的奴隶制，就没有现代的社会主义。"①这当然绝不是在一味地颂扬奴隶制，而是给奴隶制以正确的历史评价。当时，奴隶制生产关系促进了生产力的发展，因而是一种历史的进步。衡量历史进步的根本标准，就看是否有利于生产力的发展。这是恩格斯在这里教给我们的研究社会历史的唯物主义的科学方法。

奴隶制生产关系促进了生产力的发展，但它给生产力发展所提供的余地是极其有限的。在这种生产关系里，奴隶主占有全部生产资料并占有劳动者——奴隶本身。奴隶只是会说话的工具，受着非人的待遇，对劳动越来越丧失了兴趣。整个社会都把劳动看作下贱的、可耻的事情。日益腐朽的奴隶制生产关系，越来越成为阻碍以至破坏生产力发展的形式。生产力的进一步发展，手工工具的改进，要求有能够表现某种劳动兴趣、某种生产主动性的生产者。这样，奴隶制的生产关系必然要被封建制的生产关系所代替。

封建制生产关系建立起来以后的一段时期里，是基本适合于当时的生产力状况的。比之奴隶制度，它给生产力提供了更广阔的发展余地。但是，它所提供的这种余地也仍然是很有限的。代替奴隶的佃农虽然有了自己的以个人劳动为基础的经济，希望增加自己的收入，因而比较关心生产，但他们受着封建主的残酷的剥削，生产的果实绝大部分落到封建主手里，这又使他们生产的积极性受到极大的挫伤。在这种生产关系下，生产

---

① 恩格斯：《反杜林论》，《马克思恩格斯选集》第 3 卷，人民出版社 1972 年版，第 220 页。

的发展是十分缓慢的，它必然被更高级的生产关系所代替。

随着封建经济的发展，手工工场的出现，社会分工的进一步发展，使商品交换发展起来，于是，资本主义的生产关系也就在封建社会里萌发并成长起来。机器大生产的出现，则使资本主义生产关系得以确立。在资本主义生产关系中，商品经济得到高度发展，几乎一切都成了商品，劳动力也成了商品。在资本主义的商品经济中，到处都是激烈的竞争。资本家为了提高自己的竞争能力，要不断地更新生产资料，尽力以最新的技术装备自己的企业；工人为了免于失业，要增强自己就业的竞争能力，也要努力提高自己的技术水平。这样，也就调动了生产中的积极因素，推动了生产力的发展。这就是资本主义生产关系优越于以往各种生产关系的地方。

资本主义生产关系在历史上起过进步的作用，但是，它同生产力之间始终存在着它本身无法解决的矛盾，其根本矛盾就是生产的社会化和资本家占有制的矛盾。这个根本矛盾又表现为单个企业生产的高度组织性、计划性和整个社会生产的无政府状态之间的矛盾。它的阶级表现就是无产阶级和资产阶级的矛盾。这些矛盾的激化必然导致周期性的生产过剩的经济危机。这种经济危机造成企业停产、倒闭，工人大量失业，造成生产力的巨大浪费和破坏。资产阶级为了缓和矛盾，也力图调整资本主义生产关系的某些具体形式，但都无济于事。在经济危机之后，尽管也会有暂时的复苏和再度的繁荣，但接踵而来的是更严重的危机，它总是摆脱不了这种恶性的循环。资本主义生产关系由自由资本主义过渡到垄断资本主义阶段以后，它与生产力发展之间的这种矛盾并没有解决，而是进一步加深和扩大了。解决这个矛盾的唯一办法，就是以社会主义公有制代替生产资料的资本主义私有制。

社会主义公有制的生产关系是同生产的社会化、同生产过程的社会公共性质相适应的。社会主义生产关系为生产力的发展开辟了空前广阔的余地，它远远地优越于资本主义的生产关系。诚然，社会主义生产关系的优越性并不在于它同生产力之间不再存在矛盾，社会主义社会仍然要在生产力和生产关系的矛盾运动中发展。

人类社会的生产就是在生产力和生产关系的矛盾运动的推动下由低级向高级发展的。这种矛盾运动是遵循它自身固有的客观规律的。这个规律就是生产关系一定要适合生产力状况的规律，它揭示了生产力和生产关系两个方面之间的内在的必然的本质联系，这就是生产力决定生产关系，生产关系又反作用于生产力。生产力和生产关系的矛盾是贯穿于人类社会始终的基本矛盾，因而生产关系一定要适合生产力状况的规律也就是人类社会发展的普遍的客观规律。生产力和生产关系的统一所构成的物质资料生产方式是人类社会存在和发展的基础，因而这个支配物质资料生产方式发展变化的规律也就是人类社会发展的最根本的规律。反映这个最根本规律的科学原理当然就成为历史唯物主义最根本的原理，它在整个历史唯物主义的科学体系中居于核心的地位。对于一切社会历史现象的认识，都最终地要在社会物质生活中追索它的根源，也就是要从生产力和生产关系的矛盾运动中追索它的根源。因此，可以说，理解生产关系一定要适合生产力状况的规律，是理解整个社会历史的一把钥匙。

生产关系一定要适合生产力状况的规律是无产阶级政党制定路线、方针、政策的重要的客观依据。无产阶级政党领导革命和建设事业的目的就是要解放生产力，发展生产力，因而就必须研究各个时期生产关系和生产力的矛盾。无产阶级政党领导人民起来摧毁旧的上层建筑首先是旧的国家政权，以便改变旧的生产关系，建立新的生产关系，就是自觉地运用了生产关系一定要适合生产力状况的规律。在新的生产关系建立起来以后，还要不断地解决生产关系和生产力之间的矛盾。在这种情况下，也时刻不能背离生产关系一定要适合生产力状况的规律。当生产关系落后于生产力发展状况的时候，如果不根据条件及时地改革生产关系，那么原来的生产关系就会束缚生产力的发展；但是，如果不从生产力发展的实际状况出发，主观地人为地变革生产关系，使生产关系超越了生产力发展的阶段，也会导致生产关系同生产力的矛盾尖锐化，造成严重的恶果。

# 第二节　经济基础和上层建筑的矛盾

经济基础和上层建筑的矛盾，同生产力和生产关系的矛盾一样，也是人类社会的基本矛盾。在这两对基本矛盾中，生产力和生产关系的矛盾更具有根本的性质，它决定着经济基础和上层建筑的矛盾，然而，它的发展和解决又是受着经济基础和上层建筑的矛盾运动的制约的。因此，历史唯物论揭示社会发展的一般规律，就要在研究生产力和生产关系的矛盾的同时，研究经济基础和上层建筑的矛盾。

## 一、社会形态是经济基础和上层建筑的统一体

人类社会是一个复杂的有机体，它好比一座在一定的物质生活条件的基地上耸立的大厦，有它的基础部分，又有它的上层建筑的部分。历史唯物主义制定经济基础和上层建筑的范畴，把社会形态看成经济基础和上层建筑的统一体，就使我们能够

清晰地把握社会有机体的本质及其发展。

（一）经济基础

马克思说："人们在自己生活的社会生产中发生一定的、必然的、不以他们的意志为转移的关系，即同他们的物质生产力的一定发展阶段相适合的生产关系。这些生产关系的总和构成社会的经济结构，即有法律的和政治的上层建筑竖立其上并有一定的社会意识形式与之相适应的现实基础。"[①]根据马克思的这个论述，所谓经济基础就是同生产力的一定发展阶段相适应的生产关系的总和。这里，所谓"生产关系的总和"，不是一个社会现实存在着的各种生产关系的总和，而是一个社会中占统治地位的那种生产关系的各个方面即它的生产资料所有制方面、生产过程中人与人的相互关系方面以及产品分配形式方面的总和。在一个社会中，实际上存在着的生产关系往往不是单一的，除了占统治地位的生产关系外，还会有旧的生产关系的残余和新的生产关系的萌芽，例如在封建社会，除了占统治地位的地主阶级封建所有制以外，还有奴隶制的残余，后期又有资本主义生产关系的萌芽，以及为几个社会形态所共有的个体所有制，等等。作为一个社会的经济基础的，只能是这个社会中占统治地位的生产关系，即马克思说的"同他们的物质生产力的一定发展阶段相适合的生产关系"，只有它才是社会经济形态区分的标志。

经济基础就是生产关系，它们指的是同一个东西，但这两个概念在使用上又有所区别。使用"生产关系"的概念，是同生产力相对应的，它是生产力的社会形式；而使用"经济基础"的概念，则是同上层建筑相对应的，它是一个社会的全部上层

---

① 马克思：《〈政治经济学批判〉序言》，《马克思恩格斯选集》第 2 卷，人民出版社 1972 年版，第 82 页。

建筑赖以建立的基础。离开同社会上层建筑的关系，无所谓经济基础。

人类社会的经济基础已经经历了五种形态：原始社会的氏族公有制的经济基础，奴隶社会的奴隶主所有制的经济基础，封建社会的封建主所有制的经济基础，资本主义社会的资本家所有制的经济基础，社会主义社会的社会主义公有制的经济基础。可以主要地根据生产资料所有制的性质，把它们划分为两种基本类型：以公有制的生产关系作为经济基础，是包含着非对抗性矛盾的经济基础；以私有制的生产关系作为经济基础，则是包含着对抗性矛盾的经济基础。在奴隶社会、封建社会和资本主义社会，正因为它的经济关系中的矛盾具有剥削和被剥削的对抗性质，才在这些社会的物质生活、政治生活和精神生活的一切领域中生长出阶级对抗来。而在社会主义社会，由于它的经济关系不具剥削和被剥削的对抗性质，也就消灭了产生阶级对抗的根源。

（二）上层建筑

上层建筑就是建立在经济基础之上的社会意识形态和与其相适应的制度与设施。社会意识形态包括政治观点、法律观点、哲学、道德、艺术、宗教观点等。在阶级社会和有阶级斗争存在的社会，制度主要指政治、法律制度，包括宪法、法律、法令等，政治设施和机构指国家政权、法院、军队、警察、监狱、党派团体，等等。这两部分共同构成复杂的庞大的上层建筑的体系。

政治、法律制度与设施可称之为政治上层建筑。在社会的物质关系和思想关系的划分里，政治上层建筑应属于社会的思想关系的范畴，因为它是根据经济基础的要求，并在一定的政治观点指导下建立的。就是说，是先有经济关系的变化，这种变化反映到人们的思想上，然后才在一定的思想指导下去建立政治法律制度的。例如，资本主义的经济关系是客观地自然产生的，而资产阶级的国家制度等则是资产阶级为了保护资本主义的经济关系而自觉地建立起来的，法国大革命时期建立的资产阶级国家制度的思想模型早就由孟德斯鸠、卢梭、伏尔泰等启蒙思想家提了出来。当然，说政治上层建筑属于社会思想关系的范畴，并不是说它等同于纯粹的意识形态，它是思想的"物质的附属物"①。它是"物质的附属物"，显然不同于纯意识的形态；但是，从它由经济基础所决定并且是一定思想观点的贯彻这点来说，它又是派生的、第二性的。

上层建筑中的意识形态部分可称之为思想上层建筑。一种经济基础要能够存在和发展，不仅需要强制性的政治法制制度和设施加以保护，而且需要有意识形态去论证这种经济制度和保护它的政治法律制度。思想上层建筑属于社会意识的范围，但不能说，社会意识的全部内容都属于一定社会的上层建筑，而只有直接反映并服务于某一社会的经济基础的意识形态才属于这个社会的上层建筑。这里，有两个东西不能归入上层建筑的范畴。一个是自然科学，它虽然是一种意识形式，但不属于上层建筑。自然科学的发展虽然要受到一定经济条件的影响，但它不是某一种特定的经济基础的产物。一种自然科学理论往往可以在不同的社会形态里由不同阶级的人去发现和创立，而且它绝不会因为某一种经济制度的改变而被推翻。这就是说，自然科学不是直接反映某一经济基础的，也不需要由某一特定的经济基础去说明，所以它不属于社会上层建筑的范畴。再一个是同该社会的经济基础不属于同一性质、不为该社会的经济

---

① 参见恩格斯：《家庭、私有制和国家的起源》，《马克思恩格斯选集》第4卷，人民出版社1972年版，第167页。

基础服务的意识形态，尽管它是直接地反映一定的生产关系的，也不应归入该社会的上层建筑。这同对于社会经济基础的规定是一致的。例如，作为资本主义社会上层建筑的意识形态，只是资产阶级的政治、法律、宗教、艺术、道德、哲学等的观点，而在这个社会里产生的无产阶级意识形态——马克思主义则显然不是这个社会的上层建筑。

政治上层建筑和思想上层建筑作为上层建筑中不可缺一的两个部分，它们相互之间又是有着内在的有机的联系的。从政治上层建筑是在一定的思想、观点指导下建立的这点上说，政治上层建筑要同思想上层建筑相适应。而政治上层建筑一旦形成，就成为一种既定的对象，它本身又会影响人们的思想、观点，从这点上说，又要求思想上层建筑同政治上层建筑相适应，去维护和论证政治上层建筑。在整个上层建筑体系中，政治居于主导的地位。政治是经济的集中表现，它最为直接地反映并服务于经济基础。其中，国家政权又是整个上层建筑的核心。

需要指出的是，以上这些都是就阶级社会和有阶级斗争存在的社会说的。在阶级社会里，不论政治上层建筑还是思想上层建筑都具有强烈的阶级性。

（三）社会形态

所谓社会形态，就是同生产力发展的一定阶段相适应的经济基础和上层建筑的统一体。一个社会的经济基础和它的上层建筑是相互依存的，紧密联系的。没有离开经济基础的上层建筑，也没有不存在上层建筑的经济基础。任何社会都是特定的经济基础和上层建筑的有机统一。例如，从其主要特征看，封建社会就是封建地主所有制和地主阶级专政的有机统一，资本主义社会就是资本主义所有制和资产阶级专政的有机统一，社会主义社会就是社会主义公有制和无产阶级专政的有机统一。

历史唯物论把社会形态看成一定的经济基础和上层建筑的有机统一，把错综复杂的社会现象划分为经济基础和上层建筑，这就能够根据一定的经济基础和与之相适应的上层建筑的情况，去把握各个社会的结构及其运动发展的规律性，从而揭示各个国家、各个民族社会生活的共同本质，揭示出人类社会发展的普遍规律。

历史唯物论关于社会形态的理论对于研究人类社会历史具有十分重要的方法论的指导意义。

第一，这个理论要求用具体的历史的观点去研究各个社会形态。既然社会形态是经济基础和上层建筑的统一体，而经济基础和上层建筑都是具体的历史的，那么，社会形态也就是具体的历史的。每一种社会形态都有它特定的经济基础和特定的上层建筑，都有它产生、发展和灭亡的历史，就是说，都有它的特殊本质，都是暂时的。根本没有什么"一般社会"，而只有具体的社会形态。资产阶级社会历史学说关于"一般社会"的抽象议论的实质，是要否认资本主义社会的历史的暂时性，为资产阶级的统治做论证。要科学地认识各个社会形态，就必须坚决抛弃所谓"一般社会"一类的抽象观点。

第二，这个理论要求从经济基础和上层建筑的统一中研究各个社会形态。各种社会形态互相区分的标志，是建立在一定生产力水平之上的生产关系即经济基础。马克思说："生产关系总合起来就构成为所谓社会关系，构成为所谓社会，并且是构成为一个处于一定历史发展阶段上的社会，具有独特的特征的社会。古代社会、封建社会和资产阶级社会都是这样的生产关系的总和，而其中每一个生产关系的总和同时又标志着人类历史发展中的一个特殊阶段。"①判定一个社会的性质，主要的是根据它的占统治地位的生产关系的性质即它的经济基础的性质。然而，任何社会形态都是经济基础和上层建筑的有机统一。因此，如果把经济基础和上层建筑统一起来分析和研究，那就能够更深入、更生动地把握一定社会形态的本质。如果说经济基础是一定社会形态的骨骼的话，那么上层建筑就可以说是它的血肉。列宁在评价马克思对资本主义社会形态的科学分析时指出："他专门以生产关系说明该社会形态的结构和发展，但又随时随地地探究适合于这种生产关系的上层建筑，使骨骼有血有肉。《资本论》所以大受欢迎，是由于'德国经济学家'的这一著作把整个资本主义社会形态作为活生生的东西向读者表明出来，将它的生活习惯，将它的生产关系所固有的阶级对抗的具体社会表现，将维护资产阶级统治的资产阶级政治上层建筑，将资产阶级的自由平等之类的思想，将资产阶级的家庭关系都和盘托出。"②这里，为我们指示了一个研究社会的一般方法。认识任何一个社会，都首先要抓住社会结构的骨骼，即研究它的占统治地位的生产关系，这样才能明确无误地判定这个社会的基本性质；同时，又要研究它的上层建筑，从对它的经济基础和上层建筑的统一的分析出发，展开地研究它的社会生活的各个方面，这样才能达到对这个社会的具体的认识。

　　第三，这个理论要求充分认识各种社会形态的复杂性。现实存在的社会形态都是复杂的，不会有什么"纯粹的"社会形态。列宁在谈到资本主义社会时说："世界上没有而且也不会有'纯粹的'资本主义，而总是有封建主义、小市民意识或其他某

① 马克思：《雇佣劳动与资本》，《马克思恩格斯选集》第1卷，人民出版社1972年版，第363页。
② 列宁：《什么是"人民之友"以及他们如何攻击社会民主主义者？》，《列宁选集》第1卷，人民出版社1972年版，第9页。

种东西掺杂其间。"①社会是一个活动着和发展着的机体，它总是处在不断的运动变化之中。一种社会形态是由前一种社会形态发展而来的，又要向新的更高级的社会形态发展而去。因此，它除了占统治地位的生产关系和上层建筑以外，还会存在着曾经孕育过这个社会形态的旧社会的生产关系和旧的政治、思想方面的残余，也会出现将要产生的新社会的生产关系和新的政治、思想，等等。（资本主义社会的情形有些不同，它不能产生社会主义的生产关系，但能产生共产主义的思想体系。）这就要求我们在认识某一个社会形态时，必须对这个社会的种种复杂情形进行全面的分析。一个社会的占统治地位的生产关系是这个社会的经济基础，固然规定着这个社会的上层建筑的主要特征，从而也规定着整个社会形态的主要特征，但它不能说明一个社会形态的全部特征。因此，除了研究它的占统治地位的生产关系以外，还要研究它存在着哪些不占统治地位的生产关系，研究它的上层建筑领域中的矛盾和历史特点；既要了解这个社会的现在，又要了解它的过去，研究它的预示着未来的因素等，切不可用某种固定的、刻板的公式去描绘历史。

二、经济基础和上层建筑的辩证关系

（一）经济基础和上层建筑的相互作用

经济基础属于社会的物质关系，上层建筑属于社会的思想关系，经济基础是第一性的，上层建筑是第二性的。因此，辩证唯物论关于物质和意识相互关系的一般原理，也完全适用于对经济基础和上层建筑相互关系的分析。

经济基础是同生产力的一定发展阶段相适合的生产关系，

---

① 列宁：《第二国际的破产》，《列宁选集》第 2 卷，人民出版社 1972 年版，第642—643 页。

是社会关系中最根本的关系，是一切社会关系的基础，它对属于思想关系的上层建筑起着决定的作用。这种决定作用主要表现在以下几个方面。

第一，上层建筑是适应一定的经济基础的需要而产生的，是为着维护和巩固一定的经济基础而建立的。经济基础是上层建筑的根源，上层建筑只是经济基础的派生物。上层建筑固然有它一定的独立性，有它本身的历史继承性，但它不能脱离经济基础的制约而绝对独立地产生和发展。归根到底说来，它是根源于经济基础的。

第二，经济基础决定上层建筑的性质。上层建筑是在一定的经济基础之上产生的，有什么样的经济基础就会有什么样的上层建筑。例如，资本主义私有制的经济基础决定了资产阶级专政的国家性质，决定了资产阶级思想占统治的地位；社会主义公有制的经济基础决定了无产阶级专政的国家性质，决定了马克思列宁主义思想体系占居于主导的地位。当然，经济基础决定上层建筑的性质是指的根本性质，并不是说在某一种性质的经济基础上面建立起来的上层建筑，不论在任何国家或地区都遵循着一个死板的模式。

第三，上层建筑随着经济基础的变化而变化。马克思说："随着经济基础的变更，全部庞大的上层建筑也或慢或快地发生变革。"①当旧的经济基础被新的经济基础代替以后，旧的上层建筑也一定要被新的上层建筑所代替。经济基础的变更不但决定了上层建筑必然变化，而且决定着上层建筑变化的根本方向。原始氏族组织只能向奴隶制国家转变，奴隶制国家只能向封建制国家转变等，这都是由当时经济基础的变化所直接地决定的。

---

① 马克思：《〈政治经济学批判〉序言》，《马克思恩格斯选集》第 2 卷，人民出版社 1972 年版，第 83 页。

当然，在经济基础改变以后，它的上层建筑的各个部分的变化并不是同时发生的。在阶级社会里，上层建筑的变革首先是从改变国家政权和政治法律制度开始的，旧的上层建筑中的其他部分，特别是像哲学、道德、艺术等意识形态的变化就要缓慢一些。这种情况决定了上层建筑中思想文化领域里阶级斗争的长期性。但是，既然经济基础已经改变，那么它的上层建筑的任何部分就都迟早要实现根本的变化，这是确定不移的历史规律。

经济基础固然对上层建筑起着决定的作用，但上层建筑并不是消极的，它又会对经济基础发生能动的反作用。上层建筑本来就是适应经济基础的需要而产生的，如果上层建筑不对自己的经济基础发生影响，不为自己的经济基础服务，它就不成其为上层建筑，就既没有产生和存在的必要，也没有产生和存在的可能。斯大林说："上层建筑是由基础产生的，但这绝不是说，上层建筑只是反映基础，它是消极的、中立的，对自己基础的命运、对阶级的命运、对制度的性质是漠不关心的。相反地，上层建筑一出现，就成为极大的积极力量，积极促进自己基础的形成和巩固，采取一切办法帮助新制度去根除和消灭旧基础和旧阶级。"①任何一个社会的经济基础都需要有它的上层建筑的保护，否则就不可能巩固，更不可能发展。这种保护作用，一方面表现在帮助自己经济基础的形成、巩固和发展，另一方面又表现在同对自己经济基础有害的因素做斗争。上层建筑的作用就是通过种种方式去控制经济生活以至整个社会生活，从各个方面保证自己经济基础的形成、巩固和发展。

上层建筑作用的性质取决于它所服务的经济基础的性质。

---

① 斯大林：《马克思主义和语言学问题》，《斯大林选集》下卷，人民出版社 1979年版，第 502 页。

当它为新的先进的经济基础服务的时候，就能通过维护先进的生产关系而起到促进生产力发展、推动社会前进的作用；当它为旧的落后的经济基础服务的时候，则是通过维护旧的生产关系而起到束缚生产力发展、阻碍社会前进的作用。当然，这也表明了上层建筑本身的性质。为巩固新的先进的经济基础服务的上层建筑，是先进的上层建筑，为维护腐朽的经济基础服务的则必然是腐朽的上层建筑。

上层建筑对经济基础的反作用是巨大的，它对于历史发展过程的影响是极其重要的。忽视以至否认上层建筑的反作用，绝不是历史唯物论的观点。但是，历史唯物论肯定上层建筑的巨大反作用，在任何情况下都是以肯定经济基础对它的决定作用为前提的。恩格斯说："根据唯物史观，历史过程中的决定性因素归根到底是现实生活的生产和再生产。无论马克思或我都从来没有肯定过比这更多的东西。如果有人在这里加以歪曲，说经济因素是唯一决定性的因素，那么他就是把这个命题变成毫无内容的、抽象的、荒诞无稽的空话。经济状况是基础，但是对历史斗争的进程发生影响并且在许多情况下主要是决定着这一斗争的形式的，还有上层建筑的各种因素……这里表现出这一切因素间的交互作用，而在这种交互作用中归根到底是经济运动作为必然的东西通过无穷无尽的偶然事件……向前发展。否则把理论应用于任何历史时期，就会比解一个最简单的一次方程式更容易了。"[1]恩格斯的这段话，可以说是马克思主义关于经济因素和上层建筑在历史过程中的作用问题的一个经典论述，它把经济因素的决定作用和上层建筑的反作用以及这二者之间的相互关系阐发得清清楚楚，既鲜明地坚持了经济基

---

[1] 恩格斯：《致约·布洛赫（1890 年 9 月 21 日—22 日）》，《马克思恩格斯选集》第 4 卷，人民出版社 1972 年版，第 477 页。

础决定上层建筑这个历史唯物主义的根本原理，又批判了把这个原理简单化、庸俗化，否认上层建筑作用的错误倾向。历史过程中的决定因素归根到底是现实生活的生产和再生产，是物质资料的生产方式，因此，就不是上层建筑决定经济基础，而只能是经济基础决定上层建筑。在坚持这个"主要原理"（恩格斯语）的前提下，又充分肯定上层建筑的各种因素对历史斗争的进程会发生影响。这就是说，上层建筑的因素能够加速或者延缓历史运动的进程，却不能改变历史运动的总的方向和趋势。恩格斯也讲了上层建筑的"决定"作用，但讲的主要是决定着历史斗争的形式，而不是历史斗争的根本内容。

可见，经济基础和上层建筑是相互作用的，但它们的作用又是各不相同的，一种是决定作用，一种是反作用。如果只讲经济因素的决定作用，不讲上层建筑的反作用，是把历史唯物论简单化、庸俗化，是庸俗的经济决定论；如果把两种作用看成一样的，认为在归根到底的意义上经济因素和上层建筑都起决定作用，那就会陷入历史的二元论，并且很容易由此而滑向上层建筑决定论这种历史唯心论的一元论。科学的历史观既是唯物的又是辩证的，它在看待经济基础和上层建筑的作用及其相互关系的问题上也坚持着唯物论和辩证法的统一。坚持经济基础决定上层建筑，就是坚持了唯物论；同时又承认上层建筑对经济基础的能动的反作用，就是坚持了辩证法，避免了机械唯物论。

（二）经济基础和上层建筑的矛盾运动

经济基础和上层建筑的相互作用构成了社会形态内部的矛盾运动。这种矛盾运动的情形是比较复杂的。一个社会，除了占统治地位的生产关系以外，还会有旧的生产关系的残余，有时还会有新的生产关系的萌芽；同样，除了有和这个社会的经济基础相适应的上层建筑以外，还会有旧的政治、思想的残余，也还会产生新的政治因素和新的意识形态。这种种因素，纵横交错，形成复杂的矛盾关系。这些矛盾的斗争和解决都会在不同程度上影响社会的发展，都不可忽视。但是对于社会形态的发展起着支配作用的，还是构成各个社会形态本身的经济基础和上层建筑之间的矛盾运动。我们应着重分析这种矛盾运动。

当一种新的上层建筑适应经济基础的需要而产生以后，在一段时期里是和经济基础的发展基本适合的。但是，新的上层建筑需要一个逐步完善的过程；同时，一种上层建筑一旦产生，就具有相对的独立性，因而存在着脱离经济基础的趋势，它对经济基础的反映只能是近似的，它对经济基础的反作用要通过一些具体环节，不可能绝对地适合经济基础的需要；更重要的是，经济基础虽然对于生产力来说是相对稳定的，但也总是处在发展变化之中，上层建筑往往不能适应经济基础的变化。因此，新的上层建筑产生以后，尽管是基本适合于经济基础的，它们之间也会存在矛盾，不过这个时候的矛盾是基本适合中的矛盾，是社会形态处于量变过程中的矛盾。随着生产力的发展，原来的生产关系越来越不适合生产力的状况，要求变革旧的生产关系即旧的经济基础，而上层建筑却继续维护旧的生产关系即旧的经济基础，于是，上层建筑和经济基础的变革要求之间的矛盾就会越来越激化。一旦经济基础在生产力发展的推动下发生了根本的变化，也就要求上层建筑实行变革。这时候，上层建筑和经济基础之间的矛盾就是基本不适合中的矛盾，是社会形态处于质变过程中的矛盾。上层建筑和经济基础的矛盾，就是这样在生产力和生产关系的矛盾运动的推动下，由基本适合到基本不适合又到基本适合，循环往复地向前发展的。历史上各种社会形态的更替都是在这样的矛盾运动中实现的。

　　经济基础和上层建筑的矛盾运动同样是遵循着它自身固有的客观规律的，这个规律就是上层建筑一定要适合经济基础状况的规律，它揭示了经济基础和上层建筑之间的内在的必然的本质关系，这就是经济基础决定上层建筑，上层建筑反作用于经济基础。既然经济基础和上层建筑的矛盾也是贯穿于人类社会始终的普遍的基本矛盾，那么上层建筑一定要适合经济基础状况的规律也就是人类社会发展的普遍的基本规律。自觉地认识和运用这个规律，对于指导我们的社会实践，同样具有十分重要的现实意义。

# 第三节　社会主义社会的基本矛盾

　　社会主义社会的基本矛盾仍然是生产关系和生产力之间的矛盾、上层建筑和经济基础之间的矛盾。学习历史唯物论关于社会基本矛盾的理论，要着重研究社会主义社会基本矛盾的性质和情况，研究生产关系一定要适合生产力状况的规律、上层建筑一定要适合经济基础状况的规律在社会主义社会发生作用的特点。

## 一、社会主义社会的生产力与生产关系的矛盾

　　崭新的社会主义生产关系在人类历史上产生，是生产关系一定要适合生产力状况的客观规律发生作用的结果。在资本主义社会发展起来的社会化的生产力，要求生产资料由社会占有，生产由社会管理。社会化的生产力，同代表这种新的生产力的社会阶级——无产阶级的出现和壮大，是社会主义生产关系得以产生的根本前提。

　　在历史上，不论封建制生产关系代替奴隶制生产关系，还是资本主义生产关系代替封建制生产关系，都是以一种新的私有制代替旧的私有制，新的生产关系可以在旧社会内部产生。而社会主义生产关系代替资本主义生产关系是公有制代替私有制，新的社会主义的公有制生产关系不可能在资本主义社会里产生，它只能在经过无产阶级的社会主义革命，建立无产阶级的政治统治之后，运用无产阶级专政的政权力量自觉地建立起来。这样，在无产阶级取得政权以后，必然经历一个由资本主义到社会主义的过渡时期。在这个时期，无产阶级要依靠自己政权的力量，根据生产力发展的具体状况，从本国的国情出发，采取各种形式对生产资料所有制进行社会主义改造。在我国，在进入社会主义革命和建设时期以后，首先是剥夺了官僚资本，把它变为社会主义全民所有制的国营经济，开始建立起社会主义的生产关系，随着，又采取了各种适合于我国国情的正确形式，有步骤地实现了对资本主义工商业和对农业、手工业的社会主义改造，才基本上建立起来了统一的社会主义生产关系。

　　社会主义的生产关系具有同资本主义生产关系，同以往一切私有制生产关系根本不同的性质。这主要在于以下几个方面。首先，在生产资料所有制方面，由于建立了社会主义全民所有制和劳动群众集体所有制的生产资料公有制，消灭了剥削制度，劳动者成了生产资料的主人，劳动力不再是商品，因而从根本上结束了历史上劳动者与生产资料相分离的情况，劳动者不再是为少数剥削者而劳动；社会主义公有制生产关系决定了社会生产的目的是为了满足劳动群众日益增长的物质生活和文化生活的需要；同时，社会主义公有制的建立消灭了生产的无政府状态，使社会生产能够有计划按比例地发展，这就使人力、物力和财力都能得到充分合理的利用。其次，在生产过程中人与人的相互关系方面，改变了过去那种剥削与被剥削、统治与被统治的关系，在领导者和被领导者之间，在脑力劳动者与体力劳动者之间，在各部门的劳动者之间，都是在根本利益一致基础上的同志式的互助合作的关系，这就使劳动者能够心情舒畅地以主人翁的姿态对待劳动。再次，从个人消费品的分配方面看，消灭了旧社会"劳而不获，获而不劳"的剥削制度，实行"不劳动者不得食""各尽所能，按劳分配"的原则，多劳多得，少劳少得，鼓励和保障劳动致富，使劳动同劳动者的切身利益结合起来。这些都说明，社会主义生产关系体现了和保证了劳动者的利益，有力地调动了劳动者的生产积极性，它具有为旧生产关系所不可比拟的优越性。社会主义生产关系的优越性，就在于它适合于生产力发展的状况，给生产力各要素的结合提供了合理的形式，因而能够充分调动和发挥生产力中的积极因素，能够把各种潜在的生产力转化为现实的生产力。

　　总之，社会主义的生产关系是和生产力的发展相适应的。因此，在社会主义的生产关系建立起来以后，社会的根本任务就由变革生产关系、解放生产力变为在新的生产关系下保护和发展生产力，这就是要充分发挥社会主义生产关系的优越性，促进生产力的迅速发展，党的工作重点应当转移到以发展生产力为目的的经济建设上来。在我国，在1956年基本完成了生产资料所有制的社会主义改造以后，党的"八大"正确地提出了全面开展社会主义建设的路线，但由于种种原因，这条路线没有得到贯彻，在"以阶级斗争为纲"的错误思想、错误方针的指导下，严重地干扰了社会主义经济建设，使社会主义生产关系的优越性没有能够充分发挥。党的十一届三中全会纠正了这种"左"的错误，果断地停止了"以阶级斗争为纲"的口号，及时地把党的工作重点转移到经济建设上来，这是完全符合生产力与生产关系矛盾运动的客观规律的。

社会主义生产关系同生产力的发展是相适应的，这并不是说生产关系与生产力之间不再存在矛盾。党和国家的根本任务已经由解放生产力变为在新的生产关系下保护和发展生产力，这并不是说可以不再进行生产关系方面的调整和改革。社会主义生产关系是人类历史上出现的新事物，它不可能一产生就十分完善，而总会有某些不完善的方面，这些不完善的方面就是同生产力的发展相矛盾的。而且，随着生产力的发展，社会主义生产关系的某些具体形式可能变得同生产力的状况不相适应，而必须创造适合生产力发展要求的新的具体形式。生产力是最活跃、易变的，生产关系则是相对稳定的，因此，生产关系同生产力之间的旧的矛盾解决了，新的矛盾又会发生。那种认为社会主义的生产关系同生产力之间不再存在矛盾的观点，是错误的。但是，这种矛盾的性质，同旧社会的生产关系与生产力的矛盾是根本不同的。在旧社会，在资本主义社会，生产关系同生产力的矛盾是对抗性的，它必然表现为代表腐朽生产关系的资产阶级同代表新的生产力的无产阶级之间的阶级对抗，这个矛盾是在资本主义制度下所无法解决的，而只有经过无产阶级革命，推翻资本主义制度，才能够解决。社会主义的生产关系同生产力的矛盾则是非对抗性的，它表现在人与人的关系上是在根本利益一致基础上的人民内部矛盾，这种矛盾完全可以依靠社会主义制度本身得到解决，矛盾解决的结果，是使社会主义制度本身得到加强和发展。

二、社会主义社会的经济基础与上层建筑的矛盾

社会主义的经济基础，就是社会主义生产关系的总和；社会主义的上层建筑，就是社会主义的政治法律制度、设施和社

会主义意识形态。在政治法律制度和设施里，主要的是无产阶级专政的国家政权和社会主义法制，马列主义政党是社会主义国家政权的领导核心。社会主义意识形态就是以马克思主义为指导的意识形态。

社会主义生产关系只有依靠无产阶级专政的国家政权的力量才能够建立，这是社会主义经济基础形成过程的特点。但这种情况并不违背经济基础与上层建筑矛盾运动的一般规律，而只是这个一般规律的特殊表现。这可以从两个方面去看：一方面，社会主义上层建筑的产生，是根源于经济基础变革的客观要求。无产阶级革命的发生和胜利，无产阶级专政的建立，归根到底还是由经济上的原因决定的，是生产的社会化同生产资料资本家私人占有的矛盾激化的结果。而无产阶级专政建立以后，去着手建立社会主义经济基础的时候，也还是要遵循着经济的必然性，按照客观经济规律的要求，从现实的生产力水平和种种客观条件出发，有步骤地实现经济领域的社会主义改造，而不是由上层建筑决定一切。另一方面，社会主义上层建筑的核心——无产阶级专政的国家政权虽然先于社会主义经济基础而建立，但它一旦建立，就必然立即着手建立并巩固自己的经济基础，必须刻不容缓地掌握经济命脉，否则，它就不可能存在下去。同时，新的国家政权的建立，并不是完整的统一的社会主义上层建筑的形成。完整的、统一的社会主义上层建筑的确立和巩固，是依赖于统一的社会主义经济基础的建立和巩固的。这都说明，在社会主义社会的确立和发展过程中，还是经济基础决定上层建筑。

社会主义经济基础的建立，依赖于社会主义上层建筑的力量。社会主义经济基础的巩固和发展，也需要有社会主义上层建筑的保护和促进。社会主义上层建筑保障社会主义的生产资料所有制，保障劳动者的合法利益；它对整个国家经济实行统一领导，保证国民经济有计划、按比例地发展；它实行社会主义民主和社会主义法制，把对人民实行民主和对敌人实行专政结合起来，保障人民当家做主的权利，能够充分调动人民群众建设社会主义的政治积极性；以马列主义理论武装的无产阶级政党，能够自觉地认识和运用客观规律去指导社会的经济生活和整个社会生活；以共产主义思想为核心的社会主义意识形态教育广大人民群众不断提高社会主义觉悟，团结一致地进行社会主义建设。这都说明，社会主义的上层建筑是具有强大生命力的，是适合于社会主义经济基础的。

当然，这种适合也只是基本适合，它和社会主义经济基础之间也还存在着矛盾。这是因为，社会主义上层建筑也有一个形成和完善的过程，加上剥削阶级旧社会遗留下来的旧的政治影响、旧的意识形态在一个相当长的时期里不可能彻底消除，它对社会主义上层建筑必然会产生消极的影响，造成某些部分或环节上的欠缺；更重要的是，社会主义的经济基础也是不断发展变化的，上层建筑往往不能够及时地适应这种变化。总之，社会主义的上层建筑同经济基础之间还必然会有矛盾。正是这种矛盾的不断产生和不断解决，推动着社会主义社会的前进。

那种认为社会主义社会的上层建筑和经济基础之间没有矛盾的观点是不正确的，是十分有害的。但是，又必须看到，社会主义社会的上层建筑和经济基础的矛盾同以往社会的矛盾有着根本不同的性质和情况。社会主义社会的这种矛盾，总的来说是非对抗性的，它不是也不能用推翻根本制度的办法去解决，而恰恰是要依靠社会主义制度本身的力量去解决；矛盾得到正确解决的结果，并不是使社会主义制度削弱，而恰恰是使它进一步完善和加强。这种情况之所以是可能的和必然的，可以从两个方面去说明：一方面，从客观上讲，是因为社会主义社会的矛盾本来具有非对抗的性质，它是基本适应中的矛盾，表现在人与人的关系上主要是在根本利益一致基础上的人民内部矛盾。社会主义的经济基础和上层建筑，都从根本上体现着和反映着人民群众的利益，经济基础方面合乎规律的变化和改革是符合人民利益的，适应经济基础的需要而进行上层建筑方面的改革也是符合人民利益的。另一方面，从主观上讲，是因为社会主义的上层建筑是以马克思主义为指导的，以马克思主义武装的无产阶级政党能够正确地认识社会发展的客观规律性，并根据这种认识去自觉地调整和改革生产关系或上层建筑。当然人们认识客观规律是一个过程，这就不能排除某些盲目性，但总的说来是自觉性居于主导的地位，因而，在全局上失去控制、失去平衡的情况，即使可能发生，也只是暂时的。这就是社会主义社会上层建筑与经济基础矛盾的特点，也是社会主义制度的优越性所在。

### 三、社会主义社会基本矛盾的运动

社会主义社会基本矛盾的状况规定了社会主义社会的基本特征。社会主义社会的基本特征是：在经济上，实行生产资料公有制，生产过程中人与人之间建立起平等互助的关系，实行个人消费品的按劳分配，消灭了剥削；社会经济是商品经济，但它是在公有制基础上的有计划的商品经济，因而可以防止和克服生产的无政府状态，国民经济可以实现有计划、按比例地发展，生产的目的是满足人民日益增长的物质文化需要，因而，必然造成高度发达的生产力和比资本主义更高的劳动生产率。在政治上，建立了无产阶级专政的政权，实行社会主义的民主和法制，劳动人民成了国家和社会的主人。在思想上，以马克思主义为指导的社会主义意识形态居于统治的地位，因而能够建设高度的社会主义精神文明。这些基本特征，都表明社会主义社会是高于和优于资本主义的社会形态，社会主义社会代替资本主义社会是人类历史的伟大进步。

然而，社会主义社会本身仍然是在矛盾运动中前进的，而且也只有在这种矛盾运动中才能日益显示出它的优越性。恩格斯曾经说过："所谓'社会主义社会'不是一种一成不变的东西，而应当和任何其他社会制度一样，把它看成是经常变化和改革的社会。"①社会主义社会仍然是在生产力和生产关系、经济基础和上层建筑的矛盾运动中发展的，仍然要遵循生产关系一定要适合生产力状况的规律、上层建筑一定要适合经济基础状况的规律，仍然是一种自然历史过程。同以往社会的发展不同的是，社会主义社会发展中的自觉因素大大增长了，在无产阶级政党的领导下，人们可以自觉地解决生产关系与生产力、上层建筑与经济基础的矛盾，推动社会主义社会不断前进。

我们党正是深刻地认识了社会主义社会发展的客观规律性，提出要在生产关系和上层建筑方面进行改革，这就是调整和改革生产关系和上层建筑中不适应生产力发展的某些方面和环节，使生产关系同生产力、上层建筑同经济基础协调地发展，促进社会主义现代化建设事业的顺利进行。我们国家在各个领域进行的改革，就正是以历史唯物主义关于社会基本矛盾的理论为指导的。

首先，这一理论指明了改革的必要性。承认改革的必要性，是以承认生产关系同生产力、上层建筑同经济基础之间存在着矛盾为前提的。在社会主义社会，社会主义生产关系同生产力、

---

① 恩格斯：《致奥托·伯尼克（1890 年 8 月 21 日）》，《马克思恩格斯全集》第37 卷，人民出版社 1971 年版，第 443 页。

社会主义上层建筑同经济基础之间还必然存在着矛盾。在我们国家，由于某些历史的原因以及"左"的指导思想的影响，在经济体制方面，在其他方面，都存在着一些严重的弊病。例如，在管理方面权力过分集中，在分配方面搞平均主义，企业的主动权被束缚，劳动者的劳动不能同自己的物质利益很好地结合，等等。这就不能够充分地调动和发挥企业、集体和劳动者个人的积极性，使劳动生产率不高，经济效益低，浪费惊人，总之，使社会主义生产关系的优越性不能充分发挥，妨碍生产力的发展。在政治体制方面也存在一些弊端，不利于社会主义民主的发展和社会主义法制的健全，归根到底也会妨碍生产力的发展。因此，对于生产关系和上层建筑中这些不适应生产力发展的弊病，必须革除。党的十一届三中全会以来，我们在贯彻对国民经济进行"调整、改革，整顿、提高"方针的过程中，对生产关系中某些不适应生产力发展的方面进行了初步的改革，例如在农村广泛实行以联产承包制为主的生产责任制，继而又开始了以城市为重点的全面改革，已取得了显著的成效。实践证明，改革是完全必要的，没有改革，就不可能实现四个现代化。

其次，这一理论指明了改革的性质。改革的性质也是由社会主义社会基本矛盾的性质决定的。社会主义社会生产关系同生产力的矛盾、上层建筑同经济基础的矛盾是非对抗性的，它们可以依靠社会主义制度本身得到解决。固然，从破除生产关系和上层建筑中的某些弊病、进一步解放生产力这个意义上说，改革也是一场深刻的革命。但是，这个"革命"不是过去那种"一个阶级推翻另一阶级的革命"，它是社会主义制度的自我改造、自我完善，它正是依靠社会主义制度本身解决生产关系同生产力的矛盾、上层建筑与经济基础的矛盾。因此，它是在无产阶级政党的领导下有步骤、有秩序地进行的。坚持共产党的领导，坚持社会主义制度，坚持人民民主专政即无产阶级专政，坚持马列主义毛泽东思想的指导，是进行改革的政治保证。改革的结果，是使社会主义制度的优越性充分发挥，使社会主义制度本身得到巩固和发展。

最后，这一理论指明了改革的根本目的。改革就要是有利于建设具有中国特色的社会主义，有利于国家的兴旺发达，有利于人民的富裕幸福，归根到底，是要促进社会生产力的迅速发展。发展生产力是社会主义时期的根本任务，当然也是我们进行生产关系和上层建筑各个方面改革的根本目的。我们要改革的，正是生产关系和上层建筑中同生产力发展不适应的方面和环节，改革是否成功，也就归根到底要看是否促进了生产力的发展。

社会主义社会的生产力与生产关系的矛盾、经济基础与上层建筑的矛盾，推动着社会主义社会不断地向前发展。共产主义社会制度的建立，就是社会主义社会基本矛盾运动发展的必然结果。随着这些矛盾的不断解决，社会生产力的水平会极大地提高，社会产品会极大地丰富，人民的共产主义思想觉悟和道德水平会极大地提高，工农差别、城乡差别、脑力劳动与体力劳动的差别会最终消灭，社会主义的"各尽所能，按劳分配"的制度就会代之以共产主义的"各尽所能，按需分配"的制度，这就是人类社会由社会主义向共产主义的飞跃。所以，共产主义不是"渺茫"的，从社会主义逐步前进到共产主义是人类社会发展的客观规律。

# 第十三章　阶级、国家、革命

　　人类社会分裂为阶级以后，出现了国家、革命等重要的历史现象。阶级社会虽然只是人类历史上一个很短暂的阶段，却是一个很重要的阶段，而且人类历史目前仍然处在这样一个发展阶段上。因此，揭示阶级、国家、革命等历史现象的本质，研究人类社会发展在这个历史阶段上的规律性，无疑是历史唯物主义的重要内容。

　　研究阶级、国家、革命等现象，就是研究社会的政治生活。社会的政治生活是受社会物质生活的生产方式制约的，只有从物质资料的生产方式中，从生产力和生产关系的矛盾运动中，才能找着这些现象的真正根源。这里，最重要的是理解阶级斗争的物质根源，因为国家、革命等现象的产生、演变和消亡也都是由阶级斗争的状况所决定的。

　　马克思在 1852 年致魏德迈的信中说："至于讲到我，无论是发现现代社会中有阶级存在或发现各阶级间的斗争，都不是我的功劳。在我以前很久，资产阶级的历史学家就已叙述过阶级斗争的历史发展，资产阶级的经济学家也已对各个阶级做过经济上的分析。我的新贡献就是证明了下列几点：（1）阶级的存在仅仅同生产发展的一定历史阶段相联系；（2）阶级斗争必然要导致无产阶级专政；（3）这个专政不过是达到消灭一切阶级和进入无阶级社会的过渡。"①马克思讲的这三点，概括了马克思主义的唯物主义的阶级斗争观，是我们研究阶级、国家、革命等问题的基本的指导线索。

# 第一节　阶级和阶级斗争

历史唯物主义关于阶级和阶级斗争的一个根本观点，就是认为阶级的存在仅仅同生产发展的一定历史阶段相联系。只有从这个根本观点出发，才能正确地说明阶级的起源和本质、阶级斗争的作用和阶级的消亡等问题。

## 一、阶级的起源和实质

阶级是一种历史的现象，它不是从来就有的，而只是在社会生产有了一定的发展但又生产不足这样一个历史阶段上存在的现象。

在原始社会，生产力水平极其低下，没有剩余产品，没有人剥削人的可能，也就没有阶级划分的基础。只是到了原始社会末期，随着金属工具的出现，生产力有了一定的发展，开始出现了剩余产品，这才有了产生剥削的可能，有了产生阶级的可能。又是由于生产力的进一步发展，促进了社会分工和产品交换的扩大，从而引起生产资料私有制的出现，这就使阶级的产生由可能变成现实。

最初的阶级对立是从氏族内部形成的。随着社会分工和私有制的发展，各个氏族和家庭之间财产不平等的现象也发展起

---

① 马克思：《致约·魏德迈（1852 年 3 月 5 日）》，《马克思恩格斯选集》第 4 卷，人民出版社 1972 年版，第 332—333 页。

来。一方面，在氏族制度开始解体的时候，社会职能开始独立化，一些担任社会公职的人便利用职权把一部分多余的公共财产据为己有，特别是利用氏族、部落之间的战争机会发财致富，因而逐渐形成了一批氏族显贵；另一方面，在氏族内部也逐渐出现了一些富裕的家庭，他们占有较多的生产资料和生活资料，成为氏族内部的富有者。这两部分人有可能吸取一定数量的劳动力供自己剥削，这就产生了最初的奴隶主阶级。作为剥削对象的奴隶，最初也有两个来源：一个是战争俘虏，由于有了提供剩余产品的可能，就不再像过去那样把战俘杀掉，而是留下来做奴隶；另一个是本氏族内部一些负债的穷人被迫沦为奴隶。可见，阶级的起源完全是由于经济的原因。历史唯心论把阶级的起源归之于战争和暴力这些非经济的因素，这种"暴力论"是根本错误的。战争和暴力不能创造财富而只能使财富转移，它在阶级产生过程中尽管起过重要的促进作用，却并不是阶级产生的根源。

不仅最初的阶级对立根源于经济的原因，而且阶级对立在以后的发展，阶级关系的演变，社会阶级结构的变化，也都是各个时代经济关系变化的结果。恩格斯说："互相斗争的社会阶级在任何时候都是生产关系和交换关系的产物，一句话，都是自己时代的经济关系的产物。"[1]经济关系又是受生产力状况制约的，有什么样的生产力状况，就有什么样的经济关系，因而也就有什么样的阶级关系。"手推磨产生的是封建主为首的社会，蒸汽磨产生的是工业资本家为首的社会。"[2]在以手工工具为标志的生产力状况下，形成封建制的生产关系，农民和地主

---

① 恩格斯：《社会主义从空想到科学的发展》，《马克思恩格斯选集》第3卷，人民出版社1972年版，第423页。

② 马克思：《政治经济学的形而上学》，《马克思恩格斯选集》第1卷，人民出版社1972年版，第108页。

阶级是社会的基本阶级，他们之间的矛盾是主要的阶级矛盾；在以大机器为标志的生产力状况下，则形成资本主义的生产关系，无产阶级和资产阶级是社会的基本阶级，他们之间的矛盾成了主要的阶级矛盾。

在各个阶级社会中，除了它的基本阶级以外，还有一些非基本阶级，例如，奴隶社会的所谓平民，它主要由自由民和手工业者构成；封建社会和资本主义社会，都有自己占有生产资料并从事生产的小生产者。这些非基本阶级的存在及其状况是受着基本阶级之间的对立和斗争的制约的，而且也归根到底只能从各个社会、各个时代经济关系的特点才能得到说明。另外，在奴隶社会和封建社会还存在等级。同一个阶级被划分为不同的等级，同一个等级也可以包括各个不同阶级的人。但是，等级不能掩盖和代替阶级的划分，因为等级主要是由统治者从政治上、法律上划分的。在阶级社会还形成各种社会阶层。有的同一个阶级分成不同的阶层，例如资产阶级分为垄断资产阶级、非垄断资产阶级，地主阶级分为大地主和中小地主，农民分为贫农和中农，等等。有的社会阶层可以分属于不同的阶级，例如知识分子是一个社会阶层，它可以分属于不同的阶级。同样，阶层也不能代替和掩盖阶级的划分。阶层的形成及其相互关系，也归根到底是受基本阶级之间的对立和斗争制约的。总之，各种非基本阶级以及等级、阶层等的存在，都不能掩盖或代替各个社会形态中两大基本阶级之间的对立，而两大基本阶级的形成及其对立都是特定的生产方式的产物，都是特定的经济关系的体现。

从阶级的最初起源以及后来阶级关系、阶级结构的变化，都可以清楚地看出，阶级对立的实质就是由于人们在一定经济关系中所处的地位不同而形成的经济利益的根本对立。列宁说：

"所谓阶级，就是这样一些大的集团，这些集团在历史上一定社会生产体系中所处的地位不同，对生产资料的关系（这种关系大部分是在法律上明文规定了的）不同，在社会劳动组织中所起的作用不同，因而领得自己所支配的那份社会财富的方式和多寡也不同。所谓阶级，就是这样一些集团，由于他们在一定社会经济结构中所处的地位不同，其中一个集团能够占有另一个集团的劳动。"①这就是列宁给阶级下的定义。从列宁的阶级定义可以看出，阶级在实质上只是一个经济范畴。阶级是一个经济实体，是特定的生产关系的承担者，这是阶级划分的唯一的客观依据。固然，一定的社会阶级形成以后必然会具有政治和思想等等方面的特征，但是这些都不能成为阶级划分的依据。林彪、江青反革命集团宣扬在社会主义条件下阶级已经主要是政治思想范畴，认为应当根据人们的思想和政治观点来划分阶级，这是历史唯心论的观点，是为制造阶级斗争扩大化捏造的所谓理论的根据。

## 二、阶级斗争是阶级社会发展的直接动力

阶级对立的实质是人们在一定经济关系中所处的地位不同，人们经济利益、物质利益的对立就是阶级对立的根源。各阶级间的斗争"首先是为了经济利益而进行的，政治权力不过是用来实现经济利益的手段"②。既然阶级斗争是基于人们经济利益的对立，那么，只要有生产资料的剥削者占有制存在，有剥削和被剥削的经济关系存在，就会有阶级斗争存在。在阶级社会中，阶级斗争是不可避免的。正是这种阶级斗争成为阶

---

① 列宁：《伟大的创举》，《列宁选集》第 4 卷，人民出版社 1972 年版，第 10 页。
② 恩格斯：《路德维希·费尔巴哈和德国古典哲学的终结》，《马克思恩格斯选集》第 4 卷，人民出版社 1972 年版，第 246 页。

级社会历史发展的伟大动力。

阶级斗争在阶级社会发展中的伟大作用，突出地表现在社会制度根本质变的过程中。阶级社会中社会基本矛盾的解决，社会形态的更替，都只有通过革命阶级反对反动阶级的阶级斗争才能够实现。当着旧的生产关系已经严重地阻碍生产力的发展，需要改变旧的生产关系和维护这种生产关系的旧上层建筑的时候，代表旧的生产关系的反动统治阶级就要依靠手中掌握的各种物质的手段和精神的手段，竭力维护已经腐朽的生产关系和上层建筑，以保护自己的统治地位和既得利益。在这种情况下，代表生产力发展要求的革命阶级只有组成强大的革命力量，进行反对统治阶级的阶级斗争，推翻旧政权，建立新政权，从而改造旧的生产关系或进一步巩固和发展已经形成的新的生产关系，才能为生产力的发展开辟道路。没有这种革命的阶级斗争，就不可能实现社会发展的革命飞跃。即使在社会发展的量变过程中，阶级斗争也是对社会发展起着推动的作用的。在阶级对抗的社会里，被剥削、被压迫阶级反抗统治阶级的斗争是不会停止的。每一次大的斗争，都在不同程度上打击了当时的统治阶级，都会或多或少地推动着社会生产力的发展，因而都对人类社会的发展起着促进的作用。因此，恩格斯说："自从原始公社解体以来，组成为每个社会的各阶级之间的斗争，总是历史发展的伟大动力。"①

当然，各个时代的阶级斗争，在其历史作用上又有明显的历史差别。人类历史上几大对抗阶级的形成以及它们之间的对立和斗争，都是同特定的生产方式相联系的，因此，阶级斗争的作用也是受着特定历史条件的制约的。历史上奴隶反对奴隶

---

① 恩格斯：《国际社会主义和意大利社会主义》，《马克思恩格斯全集》第22卷，人民出版社1965年版，第560页。

主阶级的斗争，农民反对封建地主阶级的斗争都对于人类社会历史的发展起过伟大的推动作用。但是，不论奴隶还是农民，都不是新的生产方式的代表者，因而都不能创立新的社会制度，他们的斗争就其最终结局来说都难免失败，斗争的果实要落在剥削阶级的手中。无产阶级则不同于奴隶和农民，它是新的生产方式的代表者，是同社会化的大生产相联系的，因而是最有前途、最富有革命彻底性的阶级。尤其是在马克思主义诞生以后，它因为有了科学的理论武装，也就由"自在的阶级"变成了"自为的阶级"，它进行的反对资本主义制度的阶级斗争有十分明确的目的，这就是要创立一种崭新的社会制度——社会主义、共产主义的社会制度。无产阶级的阶级斗争具有以往任何革命阶级的斗争所不可比拟的伟大历史作用，它是人类阶级斗争史上的最后的斗争，是从阶级社会向没有剥削、没有压迫的无阶级社会过渡的伟大动力。

无产阶级的阶级斗争采取多种形式，归结起来就是经济斗争、政治斗争、思想斗争这三种形式。这三种形式的斗争都是必要的，不可缺少的。其中，政治斗争是主要的形式，是阶级斗争的最高形式。经济斗争和思想斗争要服从于政治斗争，为政治斗争服务。无产阶级政治斗争的目标，是推翻资产阶级的政治统治，建立无产阶级专政的政权。无产阶级反对资产阶级的阶级斗争必然导致无产阶级专政。如果不取得政治斗争的胜利，不建立无产阶级专政的政权，就不可能有无产阶级的真正解放。列宁在驳斥自由主义的阶级斗争观念时说："马克思主义认为，只有当阶级斗争不仅属于政治范围，而且抓住政治中最本质的东西即国家政权机构时，才是充分发展的，'全民族'的阶级斗争。"①当然，政治斗争不是孤立进行的，而必须有经济斗争和思想斗争与之配合。经济斗争不仅可以限制资本家对工人的残酷剥削，而且它是无产阶级阶级斗争发展的必经阶段，它可以使无产阶级经受锻炼，为走上政治斗争准备条件。思想斗争是经济斗争和政治斗争的反映，又给了经济斗争和政治斗争以巨大影响，它使无产阶级广大群众摆脱资产阶级思想的影响，接受马克思主义科学理论的武装，因而是无产阶级整个阶级斗争获得胜利的重要保证。无产阶级在自己的革命政党领导下，能够把这几种斗争形式有机地结合起来，能够依据阶级斗争发展的客观进程而巧妙地加以运用，因而能够夺取阶级斗争的胜利。

马克思、恩格斯明确指出："将近四十年来，我们都非常重视阶级斗争，认为它是历史的直接动力，特别是重视资产阶级和无产阶级之间的阶级斗争，认为它是现代社会变革的巨大杠杆；所以我们决不能和那些想把这个阶级斗争从运动中勾销的人们一道走。"②资产阶级思想家和工人运动中的机会主义者，或者抹杀阶级斗争的存在，或者鼓吹阶级合作，认为只有阶级合作才是社会发展的动力。这是歪曲历史，掩饰资本主义社会的矛盾和对抗，粉饰资本主义的经济制度和政治制度，麻痹无产阶级和劳动人民的斗争意识，所以是为资本主义效劳的反动理论。马克思主义历来坚决反对并严肃地批判这种理论。今天，尽管阶级和阶级斗争的情况有了很大的变化，但是，马克思主义阶级斗争学说的基本理论并没有过时。就资本主义社会来说，阶级斗争仍然是客观存在的事实，阶级斗争仍然是推动历史前

---

① 列宁：《论自由主义和马克思主义的阶级斗争概念》，《列宁选集》第 2 卷，人民出版社 1972 年版，第 454 页。

② 马克思和恩格斯：《给奥·倍倍尔等人的通告信》，《马克思恩格斯选集》第 3 卷，人民出版社 1972 年版，第 374 页。

进的伟大动力。在我们的社会主义社会里，在一定范围内正确
进行必要的阶级斗争，也仍然对于四化建设有着重要的促进作
用。总之，马克思主义的阶级斗争理论，仍然具有重大的指导
意义。

　　既然阶级斗争是阶级社会里客观存在的事实，是阶级社会
发展的伟大动力，那么，阶级观点就应当是认识阶级社会的根
本观点，由这种观点指导的阶级分析方法也就是研究阶级社会
的科学方法。列宁说："马克思主义给我们指出了一条指导性的
线索，使我们能在这种看来迷离混沌的状态中发现规律性。这
条线索就是阶级斗争的理论。"①在阶级社会中阶级斗争是贯穿
于社会生活的各个领域、各个方面的，人与人之间最本质的关
系就是阶级关系，只有用阶级斗争的观点和阶级分析的方法去
研究社会生活才能透过纷繁复杂的社会现象揭示社会生活的本
质和规律性。因此，我们现在还不能放弃阶级斗争的观点和阶
级分析的方法。

　　最后，必须强调指出，历史唯物主义肯定阶级斗争是阶级
社会发展的伟大动力，并不认为阶级斗争是社会发展的最终的
决定力量。恩格斯讲得很明确，阶级斗争是历史的直接动力。
说它是直接动力，就是说它不是最终动力。社会历史发展的最
终动力即最终的决定力量，只能是物质资料生产方式的发展，
是社会物质生产力的发展。在阶级社会中，阶级矛盾的深刻根
源是生产力和生产关系的矛盾，阶级矛盾的激化正是反映着生
产力与生产关系矛盾的激化。就是说，阶级矛盾只是生产力与
生产关系的矛盾的阶级表现，而阶级斗争也只不过是解决生产
力与生产关系的矛盾的手段，它的目的就是破除腐朽的生产关

――――――――――
　　① 列宁：《卡尔·马克思》，《列宁选集》第2卷，人民出版社1972年版，第587
页。

系，促使新的生产关系的建立，解放生产力。革命阶级反对反
动阶级的阶级斗争，是促使旧的生产方式向新的更高的生产方
式转变，实现社会变革的巨大杠杆。主要的正是在这点上，我
们说阶级斗争是阶级社会发展的伟大动力。可见，只有把阶级
斗争的观点同生产力在社会发展中起最终决定作用的观点统一
起来，用物质生产过程中的矛盾及其发展去说明阶级和阶级斗
争，才能使阶级斗争学说成为唯物主义一元论历史观的组成部
分。

三、社会主义时期的阶级斗争

社会主义时期，阶级斗争并没有消失，但是阶级斗争的情
况发生了重大的变化。只有深刻理解社会主义时期阶级斗争的
特点，正确运用阶级斗争的武器，才能更好地发挥它推动历史
前进的作用。

在生产资料私有制的社会主义改造基本完成以后，剥削阶
级作为一个阶级就不存在了，但是，阶级斗争还会在一定范围
内，在一个长时期里继续存在着。从我国目前的情况看，这种
阶级斗争主要在于：社会上还有形形色色的敌对分子从经济上、
政治上、思想文化上、社会生活上进行着蓄意破坏和推翻社会
主义制度的活动。这些敌对分子进行活动的目的和结果是危害
社会主义事业的，他们的利益和人民的利益是根本对立的，因
此，人民同他们的斗争仍然是一种阶级斗争。这是我国现阶段
还在一定范围内继续存在的阶级斗争的主要内容。

剥削阶级作为一个阶级已经不存在了，阶级斗争却还存在
着，这都是事实。这两种事实，都是能够得到合理的解释的。
阶级和阶级斗争是有密切联系又有明显区别的两个范畴。阶级
只是一个经济范畴，它在实质上是一定经济关系的承担者，是

一个经济实体，因此，当它所承担的经济关系消失以后，它作为一个阶级的整体也就随之消失。而阶级斗争则是一个广泛的社会范畴，不只是一个经济范畴。阶级由于经济的原因产生以后，各阶级之间的斗争就不是局限于经济的领域。阶级之间的斗争固然首先是为着经济利益而进行的，但是各个阶级为着维护和争得自己的经济利益，又必然要进行政治上、思想上的斗争。就是说，阶级由于经济的原因形成以后，各阶级之间的斗争则是从经济、政治、思想文化等各个方面全面展开的。由于政治、思想文化等对于经济关系具有相对的独立性，因而在对抗性的经济关系消失以后，旧的阶级之间在政治上、思想文化上的对立及其影响不会随之立即消失，阶级斗争在这些方面还会继续存在。当然，由于剥削阶级的思想影响，阶级斗争在经济生活的领域里也会表现出来，但这同存在着对抗性的经济关系是两回事。总之，剥削阶级作为一个阶级已经消灭，阶级斗争已经不是社会的主要矛盾，但是，由于旧的剥削阶级的残余分子还存在，历史上的剥削制度和剥削阶级在各方面的遗毒不可能在短期内清除干净，而且祖国的统一大业还没有最后完成；由于我们还处在复杂的国际环境中，资本主义势力以及某些敌视我国社会主义事业的势力还会对我国进行侵蚀和破坏；也由于我国经济和文化还比较落后，社会主义制度还有许多不完善的地方，还不可能完全防止某些社会成员和我们党的某些党员的腐化变质现象，不可能杜绝极少数剥削分子和各种敌对分子的产生；由于这一切国内的和国际的因素的影响，阶级斗争还将在一定范围内长期存在，在某种条件下还有可能激化。这样的分析是合乎事实也合乎逻辑的。

需要说明的是，剥削阶级作为一个阶级消灭以后，工人阶级作为一个阶级还将在一个时期内继续存在。从历史上看，工人阶级是作为资产阶级的对立面同资产阶级一起产生的，它们共同地作为资本主义生产关系的承担者，以资本和雇佣劳动、剥削和被剥削的关系共居于资本主义生产方式这个矛盾统一体中，从这方面说，它们是对立统一的关系。消灭了资本，也就消灭了雇佣劳动；消灭了资本剥削，也就消灭了作为被剥削者的雇佣工人。因此，消灭了资产阶级之后，作为被剥削的、一无所有的无产阶级也就不存在了。但它变成了同其他劳动群众一起占有生产资料，在国家政治生活和整个社会生活中居于领导地位的工人阶级。这个阶级不仅没有也不能消失，而且还将作为新的社会矛盾运动中的积极力量的一方而继续发展壮大。因为，这个阶级虽然是在资本主义关系中产生的，但是，它是同社会化大生产相联系的，是新的生产方式——社会主义生产方式的代表者、体现者。它所担负的历史使命，不只是消灭资本剥削，而且要彻底地改造整个旧世界，创立新的共产主义的社会制度；不只是要消灭资产阶级、剥削阶级，而且要消灭一切阶级差别。不完成这样一个历史使命，工人阶级是不能消灭的。列宁说："在建设新的社会主义的社会制度的事业中，在完全消灭阶级的全部斗争中，只有一个阶级……即产业工人，才能领导全体被剥削劳动群众。"①工人阶级只有继续保持自己的阶级品质，提高自己的阶级觉悟，不断地加强自身的建设，才能发挥先进作用和领导作用，最终完成自己的伟大历史使命。

　　社会主义时期，剥削阶级作为阶级不存在了，工人阶级和其他劳动者阶级也发生了根本的变化。因此，阶级斗争的情况也会发生根本性的变化，会表现出许多新的特点。这种消灭了剥削阶级的阶级斗争，是根本不同于过去斗争的一种特殊形式的阶级斗争。社会主义社会消灭了生产资料的剥削者私有制，

① 列宁：《伟大的创举》，《列宁选集》第4卷，人民出版社1972年版，第10页。

也就消灭了产生阶级对抗的基础，因此，这个时期的阶级斗争不是根源于社会主义社会本身，而主要是历史上的阶级斗争在新的条件下、在一定范围里的继续。由于剥削阶级作为一个阶级已经消灭，它不可能形成一个完整的阶级力量来与工人阶级相抗衡，因而，这种阶级斗争就不会像以往那样成为全社会规模的、以夺取政权为目标的政治革命为其最高形式的阶级斗争，而只是在一定范围内进行；斗争的形式主要是运用法律武器同各种反社会主义分子做斗争，而不是采取大规模的群众阶级斗争的形式。阶级斗争发展的总的趋势是越来越缩小、减弱和缓和，虽然可能有曲折，可能在一定条件下激化，但这个总的趋势是要贯彻下去的，因为这是由阶级斗争最终将彻底消灭的发展规律所决定的。这些，都表现出社会主义时期阶级斗争的特殊性质。如果看不到这种特殊性质，就会导致阶级斗争扩大化的错误。当然，如果不承认阶级斗争还会长期存在的客观事实，在确实存在着阶级斗争的范围内也放下阶级斗争的武器，或者采取不正确的形式开展斗争，也会给社会主义事业造成严重的危害。

为了正确解决社会主义时期的阶级斗争的问题，必须遵照毛泽东同志提出的关于两类不同性质的矛盾的学说，严格区分和正确处理敌我矛盾和人民内部矛盾。敌我矛盾是对抗性的矛盾，必须用对抗的方法即专政的方法去解决，对于极少数敌对分子在政治上、经济上、思想文化上、社会生活上进行的各种反社会主义的犯罪活动，必须进行坚决的斗争，给予有力的打击和分化瓦解。人民内部矛盾，一般说来是在根本利益一致基础上的矛盾，是非对抗性的矛盾，只能用非对抗的方法即民主的方法去解决。在社会主义时期，由于消灭了剥削制度和剥削阶级，因而在社会矛盾中，属于敌我矛盾的是极少量的，大量的是人民内部的矛盾。阶级斗争也会反映到人民内部来，例如，在人民内部，在共产党内部反对资本主义腐蚀的斗争，反对剥削阶级思想和行为的斗争，就是阶级斗争在人民内部的反映。这同严格意义上的阶级斗争还是有区别的。对于这一类问题，对于某些具有阶级斗争性质的人民内部矛盾的处理，尤其需要严格区分两类不同性质的矛盾，既不可放弃批评教育和必要的斗争，又不可混淆两类矛盾的性质，把本来属于人民内部的矛盾当作敌我矛盾去处理，否则，就会犯阶级斗争扩大化的错误。总之，社会主义时期阶级斗争情况的根本变化，使得区分和处理两类社会矛盾的问题成为十分重要的问题，正确认识和处理人民内部的矛盾成为社会政治生活的主要内容。只有正确区分和处理两类不同性质的社会矛盾，才能正确解决社会主义时期在一定范围内仍然存在的阶级斗争问题，推动社会主义现代化事业的顺利发展。

## 四、阶级的消灭

阶级是同生产有了一定发展又生产不足这样一个阶段相联系的历史的现象。正像原始社会末期生产力的发展必然地引起阶级的产生一样，随着现代生产力的巨大发展，阶级也要归于消灭，这是历史的必然。恩格斯说，阶级的划分"是以生产的不足为基础的，它将被现代生产力的充分发展所消灭。的确，社会阶级的消灭是以这样一个历史发展阶段为前提的，在这个阶段上，不仅某个特定的统治阶级而且任何统治阶级的存在，从而阶级差别本身的存在，都将成为时代的错误，成为过时的现象。所以，社会阶级的消灭是以生产的高度发展阶段为前提的，在这个阶段上，某一特殊的社会阶级对生产资料和产品的占有，从而对政治统治、教育垄断和精神领导的占有，不仅成为多余的，而且成为经济、政治和精神发展的障碍"。①这也说明，正像阶级的产生曾经是历史的进步一样，阶级的消灭更是历史的巨大进步。

阶级的产生和消灭都是不以人的意志为转移的客观过程，所不同的是，阶级的产生是社会自发发展的结果，而阶级的消灭则是通过无产阶级这个最革命的阶级进行自觉的斗争而实现的。

无产阶级夺取政权，并依靠无产阶级专政去"剥夺剥夺者"即消灭生产资料的剥削者私有制，从而消灭了剥削阶级，这是消灭阶级的第一步，还远远不是一切阶级差别的消灭。只有消灭了历史上长期存在的旧的社会分工，消灭了工农差别、城乡差别、脑力劳动和体力劳动的差别这些重大的社会差别，才标志着阶级差别的彻底消灭。达到这个目标，需要经过长时期的努力斗争。这里，除了正确开展一定范围内的阶级斗争以外，还要努力创造一系列的物质条件和精神条件。

首先，要大力发展社会生产力。生产力的高度发展不仅可能保证一切社会成员享有富裕的物质生活，而且能保证他们的体力和智力得到全面的自由的发展，这是消灭一切阶级差别的物质前提。

同时，要建设高度的社会主义精神文明，极大地提高全体人民的共产主义觉悟和科学文化水平，造就一代共产主义的新人，使劳动从人们谋生的手段变成生活的第一需要，这是消灭一切阶级差别的精神前提。

在建设高度的物质文明和精神文明的过程中，还要依据生产关系一定要适合生产力状况的规律、上层建筑一定要适合经

---

① 恩格斯：《反杜林论》，《马克思恩格斯选集》第 3 卷，人民出版社 1972 年版，第 321—322 页。

济基础状况的规律，不断改革和完善社会主义的生产关系和上层建筑，不断培育和积累其中的共产主义因素，并逐步探索适合于向共产主义过渡的经济体制和社会组织方面的具体形式。

最后，还需要具备国际的条件。只要世界上还存在帝国主义，存在剥削制度，国际上的阶级斗争就必然会反映到国内来，国内的阶级斗争就不可能完全止息。

可见，消灭阶级和阶级差别是一个需要经过长时期努力奋斗才能实现的伟大而艰巨的历史任务。

# 第二节　国家

在阶级社会的发展中，国家起着十分重要的作用。科学地理解国家现象，弄清国家的起源、本质、作用及其发展和消亡的规律性，对于深刻理解人类社会发展的一般规律具有重要的意义。

## 一、国家的起源

国家是随着阶级的产生而出现的，它同阶级一样，也是一种历史的现象。

在原始社会，没有私有制，没有剥削，没有阶级，也就没有国家。原始社会的社会组织是建立在血缘基础上的氏族组织和部落组织，它们也有组织机构，就是由全体成员选举产生的氏族和部落的议事会和全体成员大会。社会秩序的维持主要是依靠习惯和传统的力量，依靠氏族首领所享有的威信。原始社会也有武装，但那是居民的全体武装，既不脱离生产，也不用来维持内部的秩序，而只是在同其他部落发生冲突时才运用这种力量。恩格斯在描绘这种制度时写道："这种十分单纯质朴的氏族制度是一种多么美妙的制度呵！没有军队、宪兵和警察，没有贵族、国王、总督、地方官和法官，没有监狱，没有诉讼，而一切都是有条有理的。……一切问题，都由当事人自己解决，在大多数情况下，历来的习俗就把一切调整好了。"但是，恩格斯接着说："这种组织是注定要灭亡的。"[①]

随着生产力的发展，公有制为私有制所代替，出现了剥削，出现了阶级，原始社会也就解体，而进入第一个阶级对立的社会——奴隶社会。这时，社会已经分裂，陷入了自身不可解决的矛盾之中。奴隶主阶级和奴隶阶级之间存在着根本的利害冲突，奴隶主阶级的极端野蛮残酷的剥削和压迫必然激起奴隶们的强烈反抗，而且，奴隶主是少数人，奴隶和其他劳动者占人口的绝大多数。在这种情况下，经济上占统治地位的奴隶主阶级为了维护他们对奴隶的压迫和剥削，保证自己和社会不至于在斗争中被消灭，就要凭借自己强大的经济力量，建立一种有组织的特别的暴力工具，使自己在政治上也占统治的地位。这种有组织的暴力工具就是国家。这种国家组织和原来的氏族组织根本不同了。它们之间的不同之处在于：第一，国家是按地区来划分它的国民，而氏族组织则是按血缘关系划分的；第二，国家设立了特殊的社会权力机关即特别的武装队伍和各种强制机关，又为维护这种权力机关而向居民征收赋税，并且由它的官吏掌握着公共权力和征税权，他们作为社会机关而凌驾于社会之上，这都是原来的氏族组织所没有的。

可见，国家尽管表面上是凌驾于社会之上的力量，却并不是从外面强加于社会的力量，而是社会自身发展的产物，是在

---

[①] 恩格斯：《家庭、私有制和国家的起源》，《马克思恩格斯选集》第4卷，人民出版社1972年版，第92—93页。

社会产生了阶级以后，阶级矛盾尖锐化的产物。恩格斯曾经详细地叙述了国家的起源。列宁发挥恩格斯的思想，指出："国家是阶级矛盾不可调和的产物和表现。在阶级矛盾客观上达到不能调和的地方、时候和程度，便产生国家。反过来说，国家的存在表明阶级矛盾的不可调和。"①这是对于国家起源问题的科学的说明。

历来的剥削阶级思想家，为了掩盖剥削阶级国家的本质，把国家起源问题弄得十分混乱和神秘。奴隶社会和封建社会的统治者宣扬"君权神授论"，把他们对劳动人民的阶级统治说成受之于"天命""神意"。后来，资产阶级的启蒙思想家提出了一种用来反对"君权神授论"的"社会契约论"，把国家说成是人们互相约定而形成的，这当然也是错误的。至于资产阶级取得国家政权以后，特别是资本主义进入到帝国主义的阶段，资产阶级的学者们杜撰的国家起源理论更是形形色色，其基本错误都是在于离开阶级对抗这一基本事实，力图把国家说成永恒的、超阶级的，掩盖国家的阶级本质。

二、国家的本质

从国家的起源已经说明了国家的本质。国家是阶级矛盾不可调和的产物，是作为阶级统治的工具而产生的。它是一个阶级镇压另一个阶级的暴力机关。这就是它的本质。所以，国家是有强烈的阶级性的，绝不是超阶级的。它不是调和各阶级利益的力量，不是对社会各阶级一视同仁地管理社会公共事务的机关。尽管它也要管理一些社会公共事务，但这是服从于统治阶级的根本利益的，因而不影响国家作为阶级统治工具的根本

————————

① 列宁：《国家与革命》，《列宁选集》第 3 卷，人民出版社 1972 年版，第 175 页。

性质。在剥削阶级占统治地位的社会里，国家从来都是少数剥削者剥削和压迫广大劳动人民的工具。

国家作为一种政治上层建筑，是一定经济基础的产物，又是为一定的经济基础服务的。对国家本质的深刻理解，应当到社会经济关系中去探求。国家作为一定经济关系的产物，是一定阶级的经济利益的集中表现，它总是经济上占统治地位的阶级用来维护本阶级经济利益的工具。恩格斯说：国家"照例是最强大的、在经济上占统治地位的阶级的国家，这个阶级借助于国家而在政治上也成为占统治地位的阶级，因而获得了镇压和剥削被压迫阶级的新手段。"①剥削阶级的国家，无一例外地是一定时代的剥削者私有制的产物，也都是维护剥削者私有制的工具。

国家的本质通过它的构成鲜明地表现出来。国家主要是由军队、警察、法庭、监狱等暴力机关组成的。统治阶级需要这些暴力机关就是为了镇压被统治阶级的反抗，这正表明国家是阶级压迫的工具。当然，国家作为阶级统治的工具，除了暴力专政的一面，也还有民主的一面，但问题在于对谁专政、对谁民主，正是在这一点上清楚地表明了国家的阶级本质。任何国家都只是在统治阶级内部实行民主，而对被统治阶级则实行专政。现代资本主义国家虽然在法律上规定了人人平等，劳动人民似乎有了一些民主权利，但这只能是以不损害资产阶级根本利益为限度的，而且，由于种种限制，这些权利在实际上是很少兑现的。因此，这种现象并不能掩盖资产阶级国家的阶级本质。

国家的本质还通过它的职能即社会作用清楚地表现出来。

---

① 恩格斯：《家庭、私有制和国家的起源》，《马克思恩格斯选集》第4卷，人民出版社1972年版，第168页。

国家的职能包括对内职能和对外职能。国家作为阶级压迫的工具，其首要的对内职能就是镇压被统治阶级的反抗，以保持统治阶级在经济上、政治上、思想上的统治地位，保护统治阶级的利益不受侵犯。国家作为一种政治上层建筑，要为巩固自己的经济基础服务，要保卫社会占统治地位的生产资料所有制，它或者干预、调节经济生活，或者直接组织经济建设，来维护统治阶级的经济利益。国家还有维护社会秩序、调解社会冲突的职能，这也是为了把阶级斗争控制在统治阶级所希望、所允许的范围内，不致危及自己的统治，不使社会陷于崩溃。国家的对外职能是组织国防，防御外来的侵袭和颠覆，调整国与国之间的关系，保护本国利益不受侵犯。剥削阶级的国家还执行本国统治阶级的意志，在可能的时候实行侵略扩张，甚至发动大规模侵略战争，掠夺和奴役别国人民；而无产阶级国家则是把爱国主义和国际主义结合起来，执行维护世界和平、促进人类进步的职能。国家的对外职能和对内职能是紧密联系的，对外职能是对内职能的继续，都是统治阶级意志的体现，也都是国家的阶级本质的表现。

在认识国家的本质的时候，要注意把国体和政体区别开来。国体是社会各阶级在国家中的地位，指国家政权掌握在哪个阶级手里，哪个阶级是统治阶级、哪个阶级是被统治阶级。政体则是国家政权的构成形式，指一定的社会阶级采取何种形式去组织那反对敌人保护自己的政权机关。同样的国体，可以有不同的政权形式即不同的政体。政权形式上的差别，不能掩盖国家的阶级本质。列宁说："资产阶级国家虽然形式极其繁杂，但本质是一个：所有这些国家，不管怎样，归根到底一定是资产阶级专政。从资本主义过渡到共产主义，当然不能不产生非常丰富和复杂的政治形式，但本质必然是一个，就是无产阶级专政。"①同时，政体有继承性，例如无产阶级民主制的政体可以继承资产阶级民主制政体的某些组织形式，但政体上的某些相似不能掩盖国体上的本质差别。国体决定政体，政体为国体服务。判明国家的阶级本质是依据国体，而不是依据政体。

### 三、无产阶级专政国家和国家的消亡

无产阶级专政的理论是马克思主义国家学说中最重要的部分，是它的实质。

阶级斗争必然导致无产阶级专政。无产阶级进行社会主义革命，推翻资产阶级的统治之后而建立起来的国家政权，必然是无产阶级的革命专政。尽管在不同的国家、在不同的历史条件下，它会采取不同的政权形式，但它的共同的本质就是无产阶级（通过马列主义政党）领导的、以工农联盟为基础的国家政权。我国的人民民主专政实质上就是无产阶级专政。

无产阶级专政的国家已经不是原来意义上的国家，而是不同于以往一切剥削阶级国家的完全新型的国家。从阶级内容看，剥削阶级国家是少数剥削者对广大人民群众的专政，而无产阶级专政则是广大人民群众对少数剥削者的专政，是对广大人民群众实行最广泛的民主和对极少数阶级敌人实行专政的结合。一方面，它必然是对极少数阶级敌人的专政，只有这样，才能保证最广大人民群众的民主权利；另一方面，它又必然实行最广泛的人民民主，只有这样，才能对极少数阶级敌人实行有效的专政。社会主义的民主是最广泛的、真正的人民民主，而不像资产阶级民主那样只是极少数剥削者享有的、狭隘的、虚伪的民主。这是社会主义民主和资产阶级民主的根本区别所在。

---

① 列宁：《国家与革命》，《列宁选集》第 3 卷，人民出版社 1972 年版，第 200页。

社会主义民主作为一种新型的民主，它本身又是民主和集中、自由和纪律的统一。在人民内部，不可以没有民主，也不可以没有集中；不可以没有自由，也不可以没有纪律。实现民主和集中的统一、自由和纪律的统一，就是实行民主集中制，这也是社会主义民主和资产阶级民主的重要区别所在。发展社会主义民主，使广大人民群众真正当家做主，是无产阶级专政的国家生活的根本内容。再从历史任务即历史作用看，无产阶级专政的国家不仅要镇压阶级敌人的反抗和破坏，防御外来的侵略和颠覆，而且还要组织领导社会主义的经济、政治、文化建设，实现对社会的全面改造，最终完成消灭阶级、实现共产主义社会制度的历史使命，无产阶级专政是由阶级社会向无阶级社会过渡的工具，是从有国家向无国家转变的过渡性的国家，是人类历史上最后的一种国家。

国家是一种历史的暂时的现象。它随着阶级的产生而产生，也要随着阶级的消灭而消亡。无产阶级专政国家就担负着消灭国家本身的重大历史使命。无产阶级专政国家的消亡即是一切国家的消亡，这是社会发展的必然趋势。因此，无产阶级打碎资产阶级的国家机器而建立起自己的专政，并不是要永远保持这个专政，而是要利用这个专政去创造条件以促使它归于消亡。

无产阶级国家代替资产阶级国家非通过暴力革命不可，无产阶级国家的消灭即任何国家的消灭却只能是"自行消亡"，它不像资产阶级国家是被迫地退出历史舞台，而是自己创造条件，自觉地逐渐地走向消亡。无产阶级国家的"自行消亡"，表明这个消亡的过程是一种自然的渐进的过程。国家的消亡要经过若干的发展阶段，要经过由政治国家到非政治国家再到国家完全消亡的历史发展过程。我们现在的无产阶级专政的国家，还有镇压阶级敌人的职能，还是一种阶级压迫的工具，所以还是一种"政治国家"。如果到了阶级斗争消失了，因而国家对内镇压职能也消失了的时候，国家的职能由政治职能变为单纯的社会管理职能，那么，这时候的国家就可以说是一种"非政治国家"。列宁说："正在消亡的国家在它消亡的一定阶段，可以叫作非政治国家。"①这说明，国家的消亡，并不是在某一天突然地宣布废除国家，而是要经历一个逐渐的发展过程的。

国家的消亡是以阶级的消灭为前提的，因而是需要一定条件的。阶级消灭的条件，也就是国家消亡的条件。如果不具备国内和国际的充分条件，国家是不会消亡的，而这些条件不可能自发地形成，必须由无产阶级（经过它的政党）领导全体人民去自觉地创造。无产阶级专政本身就是用以创造这些条件的最重要的条件。所以，正是为了最终消灭国家，在一定时期、一定条件下，还必须强化无产阶级专政的国家。这是活生生的辩证法。

# 第三节　社会革命

社会革命是同阶级和国家紧密联系的一种历史现象。历史唯物论哲学研究社会革命的问题，就是要用唯物主义的观点说明这种重大的历史现象。

## 一、社会革命的实质和根源

在阶级社会里：阶级斗争发展到一定阶段必然导致社会革命。社会革命的实质，就是先进阶级用革命手段推翻反动阶级

---

① 列宁：《国家与革命》，《列宁选集》第 3 卷，人民出版社 1972 年版，第 224 页。

的统治，用先进的社会制度代替腐朽的社会制度，从而实现社会形态的质的飞跃，把人类社会推向更高的发展阶段。所以，社会革命是整个社会制度的根本变革，不可把社会领域中任何一种质的变化都叫作社会革命。这里，需要弄清革命的本义和转义或狭义和广义。上面说的社会革命的实质，是从革命的本义或狭义上说的。另外，在马克思主义的宣传中常常在更广泛的意义上使用"革命"这一概念，如技术革命、文化革命、教育革命、思想革命，以及发扬革命精神、保持革命作风等，这都是在革命的转义上使用的。这种转义上或广义上的革命是永远会有的，也是永远需要的。历史唯物论哲学的"社会革命"范畴应有严格的科学规定，只宜在"革命"的本义上使用，而不能和它的转义混淆。否则，就会在理论上和实践上造成严重的错误。

作为造成整个社会形态根本质变的社会革命绝不是凭空产生的，而是有其深刻的根源的。社会革命的根源，就在于生产力和生产关系的矛盾运动。马克思说："社会的物质生产力发展到一定阶段，便同它们一直在其中活动的现存生产关系或财产关系（这只是生产关系的法律用语）发生矛盾。于是这些关系便由生产力的发展形式变成生产力的桎梏。那时社会革命的时代就到来了。"①新的生产力要求变革旧的生产关系，但旧的生产关系不会自动消失，因为它有一个腐朽的阶级支持着。这个阶级手中掌握着国家机器，必然要运用这个机器顽固地保护旧的生产关系，在这种情况下，只有代表新的生产力的先进阶级起来进行革命，摧毁旧的政治制度和经济制度，才能解放生产力。

---

① 马克思：《〈政治经济学批判〉序言》，《马克思恩格斯选集》第 2 卷，人民出版社 1972 年版，第 82—83 页。

　　这就说明，社会革命是不以人们的主观意志为转移的，它是生产关系一定要适合生产力状况的客观规律发生作用的结果。当一种生产关系对生产力的发展还起着积极的促进作用的时候，任何人想"制造"革命是绝不可能成功的；而当一种生产关系已经十分腐朽，变成了严重束缚生产力发展的桎梏的时候，任何人想要阻止革命、取消革命也是绝对办不到的。革命的爆发当然需要具备一定的革命形势和主观条件，但这只是革命爆发的时机问题，只是革命爆发的迟早的问题。

　　二、社会革命的类型

　　除了从原始社会向奴隶社会的过渡以外，每一次社会形态的更替都是通过社会革命实现的。但是，由于社会的性质不同，革命的对象、任务和动力不同，人类历史上经历的社会革命也就有着不同的类型。有推翻奴隶制度的新兴地主阶级的革命，推翻封建制度的资产阶级革命，推翻资本主义制度的无产阶级社会主义革命，还有反对帝国主义、封建主义、买办资本主义的民族民主革命，等等。

　　在奴隶社会和封建社会，不断地发生了反抗奴隶主阶级的奴隶暴动、奴隶革命和反抗封建统治的农民起义、农民革命。奴隶革命和农民革命沉重地打击了奴隶主阶级和封建主阶级，动摇了奴隶制度和封建制度的基础，对于社会历史的进步具有不可抹杀的伟大推动作用。但是，由于奴隶阶级和农民阶级不是新的生产方式的代表者，他们不能提出建立新的社会制度的目标和纲领，不能代表社会形态更替的方向，因此，奴隶革命和农民革命都不是导致社会形态更替的社会革命基本类型。奴隶革命的斗争成果被新兴地主阶级所利用，它的最终结局是由封建制度取代奴隶制度。封建社会末期，资产阶级强大起来以后，又联合和利用农民等被压迫阶级的斗争，发动资产阶级革命，它的结局是用资本主义制度取代了封建制度。

无产阶级不同于历史上的被压迫的劳动阶级，它是新的生产方式——社会主义生产方式的代表者，它能够提出推翻资本主义社会、建立社会主义和共产主义社会的明确的斗争目标和纲领，因而无产阶级革命是造成社会形态更替的社会革命的一个基本类型，而且是在本质上不同于以往一切社会革命的崭新的类型。无产阶级社会主义革命是人类历史上最伟大最深刻的革命，它的目标是要消灭一切剥削阶级和剥削制度，创造由阶级社会向无阶级社会过渡的条件。

研究社会革命的基本类型，应当着重弄清楚的是无产阶级社会主义革命同资产阶级革命的根本区别。这种区别，总的说来就在于：资产阶级革命是以一种私有制代替另一种私有制，以一种剥削形式代替另一种剥削形式；无产阶级社会主义革命则是要消灭一切剥削形式，为最后消灭一切阶级和阶级差别、向无阶级社会过渡创造条件；由这样一个总的区别，就造成了这两种革命基本类型之间的一系列不同。

首先，由于资本主义生产关系可以在旧的封建社会内部孕育、生长，资产阶级革命是在资本主义生产关系已经在封建社会内部孕育成熟时发生的，因此，资产阶级革命的基本任务就是夺取政权，并使这个政权适合于已经存在的资本主义经济关系。夺取政权，就是资产阶级革命的基本结束。无产阶级革命则不同。由于社会主义的生产关系不可能在资本主义旧社会内部孕育、生长，无产阶级革命是在没有任何现成的社会主义经济形式的情况下发生的，因此，无产阶级夺取政权以后，革命的基本任务是以政权作为杠杆，去改造旧经济，建设新经济，并改造整个旧的社会关系，全面建设新的社会主义制度。

其次，资产阶级由于它是以一种剥削形式代替另一种剥削形式，是以一种新的剥削阶级的统治形式去代替旧的剥削阶级的统治形式，因而它不一定要摧毁旧的国家机器，而是可以把它现成地拿过来，并使之更加完备，以适合自己的统治需要。无产阶级革命，由于它是要消灭一切剥削，要用无产阶级和广大劳动群众对少数剥削者的统治去代替少数剥削者对广大劳动群众的统治，因此，它必须彻底摧毁旧的国家机器，而建立无产阶级专政的新的国家机器。

再次，资产阶级革命，由于它只是以一种剥削制度去代替另一种剥削制度，因而它虽然也要联合和利用劳动群众的力量，但不可能把广大劳动群众长期地团结在自己的周围。无产阶级革命，由于它是要消灭一切剥削制度和剥削阶级，它代表着最广大群众的根本利益，因而必然吸引最广大群众的积极参加，同时，也必须团结最广大的劳动群众，同广大被压迫的劳动群众特别是同农民结成长期的巩固和同盟，才能够完成自己的任务。无产阶级的革命运动，"是绝大多数人的、为绝大多数人谋利益的独立的运动"[①]。

此外，还需要正确认识民族民主革命。俄国的十月革命开辟了无产阶级社会主义世界革命的新时代，把民族民主革命从资产阶级民主革命的一部分变成了无产阶级社会主义革命的一部分，殖民地半殖民地人民成了国际无产阶级的可靠同盟军。殖民地、半殖民地社会的根本矛盾，是帝国主义、封建主义、买办资本主义同人民大众的矛盾。由这个矛盾所引起的民族民主革命的根本任务，是对外推翻帝国主义的压迫，对内推翻封建地主阶级和买办资产阶级的统治。如果有了马列主义政党的

---

① 马克思和恩格斯：《共产党宣言》，《马克思恩格斯选集》第 1 卷，人民出版社 1972 年版，第 262 页。

正确领导，民族民主革命的胜利就有可能转变到社会主义革命。中国新民主主义革命的胜利及其向社会主义革命的转变，就是一个光辉的范例。

### 三、社会革命的任务和形式

社会革命的目的是解放生产力，这就是要用革命手段根本变革旧的生产关系和政治上层建筑，为生产力的发展扫清障碍。因此，社会革命的任务就是要对社会的主要领域即社会的经济关系和政治关系实行根本的革命改造。在经济领域，就是要解决新的生产力和腐朽的生产关系之间的尖锐矛盾，用新的更高级的经济制度去代替旧的经济制度，首先是改变生产资料的所有制关系；在政治领域，就是要解决腐朽的政治上层建筑同正在形成的新的经济关系或已经成熟的经济发展要求之间的矛盾，用新的政治上层建筑去代替旧的政治上层建筑，这主要指的就是国家政权的更替。

变革政权是革命的根本问题。革命虽然是由经济的原因所引起的，但仅仅进行经济的斗争是不能实现自己的任务的。革命阶级如果不首先夺取政权，旧的生产关系仍然在旧的国家政权的强有力的保护下，要想取得经济上的解放是根本不可能的，在阶级社会里，根本改变经济制度的斗争，必然要集中地表现为政治的斗争，表现为夺取国家政权的斗争。从这点上说，政治斗争在整个社会变革中具有关键性的意义，所以列宁说："一切革命的根本问题是国家政权问题。"①

国家政权是阶级统治的暴力工具。反动阶级不会自动退出历史舞台，当然也就不会自动交出国家政权，恰恰相反，它正是要利用手中掌握的这个暴力工具去镇压革命，以维持自己的

---

① 列宁：《论两个政权》，《列宁选集》第 3 卷，人民出版社 1972 年版，第 19 页。

统治。因此，被压迫阶级起来革命，通常不得不使用暴力。尽管历史上有过各种不同类型的革命，会有各种不同的具体形式，但社会革命的基本形式是暴力革命。马克思说："暴力是每一个孕育着新社会的旧社会的助产婆。"①历史上没有过一次真正的大革命是不经过国内战争的。18 世纪的法国资产阶级革命经过了一系列的起义、内战；美国革命不仅经历了 1776 年至 1781 年的独立战争，而且经历了 1861 年至 1865 年的国内战争；德国、日本的资产阶级革命是不彻底的，但在资产阶级和封建阶级取得妥协之前也经历了或大或小的国内战争。历史上的革命、资产阶级的革命尚且如此，无产阶级革命是要彻底消灭一切剥削制度的革命，就更是如此。

运用暴力夺取资产阶级的政权，是无产阶级革命的一般规律。这是已经为历史经验所证明了的。当然，也不能排除在无产阶级已经占着绝对优势的情况下个别国家或地区的革命有"和平转变"的可能性，而且只要这种机会一旦到来，无产阶级政党就必须立即抓住。但是，这种机会在历史上是罕见的，而且，即使在这种机会出现的时候，无产阶级也必须以强大的革命武装为后盾，必须彻底摧毁旧的国家机器而用新的无产阶级的国家机器代替它。由于各个国家的具体条件不同，因而关于各个国家革命的具体道路和具体形式的问题，都应由各国无产阶级政党本着马克思列宁主义的普遍真理同本国的具体实践相结合的原则去解决。

四、社会革命的历史作用

社会形态的更替是通过社会革命而实现的。尽管社会是在和平发展与革命变革的交互更替中前进的，而且事实上和平发

──────────
① 马克思：《资本论》第 1 卷，人民出版社 1975 年版，第 819 页。

展时期总比革命变革时期长久得多，但是，社会形态的更替却不可能通过和平发展而实现。和平发展只是社会的量变状态，只有革命变革才能造成社会的质变。

马克思说："革命是历史的火车头。"[①]革命所造成的巨大的社会变革，不论在深度上和广度上都是和平发展时期所不可比拟的。革命是人民群众的积极性和智慧、才能特别高度地、集中地表现出来的时候。革命的变革越是深刻，人民群众的发动就越是广泛；而人民群众的发动越是广泛，社会变革也就越是彻底。由千百万觉悟起来的人民群众所进行的摧毁旧的社会制度的革命，必然会使整个社会生活得到革命改造，它为生产力的发展，为整个社会生活的进步开辟道路，对于人类社会的前进发展起着巨大的推动作用。无产阶级的革命是彻底消灭一切剥削制度的革命，它同历史上被压迫阶级的革命相比，具有更为伟大的历史作用。

诚然，马克思主义十分重视革命的伟大历史作用，却并不反对一切改良。在革命条件尚不具备、革命形势尚不成熟时，为争取日常的改良而进行的斗争是完全必要的。改良是革命的副产品，无产阶级通过日常的改良可以积蓄革命的力量。不拒绝一定条件下的改良，同所谓改良主义显然是两回事。改良主义是同马克思主义的社会革命论相对立的一种资产阶级思潮。在这种思潮影响下，在工人运动中也出现过各种改良主义流派，在他们看来，改良就是一切，最终目的是微不足道的。可见，改良主义是资产阶级用以反对社会主义革命的一种思想武器。马克思主义不反对一切改良，但坚决反对改良主义，认为无产阶级争取改良的斗争必须服从于革命根本任务的解决，社会制

---

① 马克思：《1848 年至 1850 年的法兰西阶级斗争》，《马克思恩格斯选集》第 1 卷，人民出版社 1975 年版，第 474 页。

度的变革不能通过改良来实现，而只能通过社会革命来实现。

　　总之，在阶级社会里，社会革命是不可避免的，它对人类社会历史的前进起着伟大的推动作用，但是，这种在革命的本义或狭义上说的社会革命也是一种历史的现象，它将随着阶级、国家的消失而消失。在社会主义社会里，随着生产力和生产关系、经济基础和上层建筑的矛盾运动的发展，在社会关系方面以及科学技术等方面还必然地会不断地发生革命性的变化，人们也还会用"革命"这个词来表达它们，但这都只是在革命的转义上或广义上使用了。在社会主义时期还需要进行多方面的革命变革，这种革命是依靠社会主义制度本身，在无产阶级政党的领导下，对生产关系和上层建筑各个方面进行自觉的调整和改革，而不是也不能是一个阶级推翻一个阶级的革命。

# 第十四章　社会意识

要理解社会发展的一般规律，除了研究社会的物质生活、政治生活的一般过程，还需进一步研究社会的精神生活，即研究社会意识对于社会存在的关系及社会意识的构成、社会意识诸形式的特点和作用、社会精神文明的发展等问题。

## 第一节　社会意识对社会存在的绝对依赖性和相对独立性

社会存在是社会的物质生活及其过程，主要是物质生活的生产方式及其发展；社会意识则是社会的精神生活及其过程。社会存在和社会意识是社会生活的物质方面和精神方面，辩证唯物论关于物质和意识相互关系的一般原理是完全适用于社会存在和社会意识的关系问题的。因此，坚持社会意识对社会存在的绝对依赖性和相对独立性的统一，同样是历史唯物论在社会存在和社会意识关系问题上的基本理论立场，是观察社会意识现象的基本观点。

### 一、社会意识对社会存在的绝对依赖性

社会存在是本原的，第一性的，社会意识是派生的，第二

性的。马克思和恩格斯多次指出："不是人们的意识决定人们的存在，相反，是人们的社会存在决定人们的意识。"[①]"意识在任何时候都只能是被意识到了的存在，而人们的存在就是他们的实际生活过程。"[②]社会意识总是对于社会存在的反映，即使是错误的、荒唐的社会意识，也都能够在社会存在中找到它的根源，也都是对于社会存在的反映，只不过是歪曲的虚幻的反映。独立于社会存在、不受社会存在制约的意识是没有的。人们的社会存在怎样，人们的社会意识也就怎样。社会存在变化了，旧的社会历史条件被新的社会历史条件代替了，也就必然有新的社会意识与之相适应。社会意识总是随着社会存在的变化而变化的，它没有绝对独立的历史。社会存在决定社会意识，社会意识对社会存在具有绝对的依赖性，这是社会意识和社会存在相互关系的基本的方面。

从社会意识依赖于社会存在的原理，必然引出一部分社会意识在阶级社会中具有阶级性的结论。物质资料生产方式是社会存在的主要内容。其中，对社会意识中作为思想上层建筑的意识形态部分直接起决定作用的是生产关系。同时，有些社会意识还受着社会的政治关系、阶级斗争以及与生产关系更为接近的其他社会意识形式的影响，但归根到底，是由生产关系起着决定的作用。生产关系体现着人们的物质利益关系。在阶级社会中,生产关系表现着各阶级的不同的经济地位和经济利益。各阶级在生产关系中的地位不同，他们的经济利益不同，就必然形成不同的思想感情、愿望要求和道德观念等，必然由他们的思想代表概括和创立出不同的思想理论，形成不同的以至根

---

① 马克思：《〈政治经济学批判〉序言》，《马克思恩格斯选集》第 2 卷，人民出版社 1972 年版，第 82 页。
② 马克思和恩格斯：《费尔巴哈》，《马克思恩格斯选集》第 1 卷，人民出版社 1972 年版，第 30 页。

本相反的意识形态。社会意识的阶级性，突出地表现在统治阶级和被统治阶级两大对抗阶级的思想的对立上。马克思和恩格斯指出："统治阶级的思想在每一时代都是占统治地位的思想。这就是说，一个阶级是社会上占统治地位的物质力量，同时也是社会上占统治地位的精神力量。支配着物质生产资料的阶级，同时也支配着精神生产的资料，因此，那些没有精神生产资料的人的思想，一般地是受统治阶级支配的。"①统治阶级和被统治阶级在意识形态上的对立，是它们在经济上、政治上的对立的反映，这就是意识形态领域里的阶级斗争。

## 二、社会意识对社会存在的相对独立性

社会存在决定社会意识，但社会意识不是消极地被决定的。社会意识作为不同于社会存在的领域，有着它自己独特的发展规律，而且它对于社会存在具有能动的反作用，这就是社会意识对于社会存在的相对独立性。这种相对独立性主要地表现于以下几个方面。

第一，社会意识的变化同社会存在的变化不总是一致的。这里有两种情况。一种情况是社会意识落后于社会存在。某种思想和理论在它赖以存在的历史条件根本变化以后，不是马上消失，而是在一个时期里继续存在，并对社会的发展起着阻碍的作用。例如，在社会主义社会，资本主义的、封建的经济基础为社会主义公有制的经济基础所代替了，但资产阶级的思想以至封建主义的思想并没有完全消失，它对社会主义社会的发展还起着阻碍的作用。另一种情况是社会意识能够预见社会存在的未来的发展趋势。先进的思想理论能够在一定程度上正确

---

① 马克思和恩格斯：《费尔巴哈》，《马克思恩格斯选集》第 1 卷，人民出版社 1972 年版，第 52 页。

地反映社会发展的规律性，因而能够指明社会发展的基本趋势并对社会的前进发展起着引导和推动的作用。例如，马克思主义产生于 19 世纪 40 年代的资本主义社会，却预见到了社会主义必然代替资本主义的趋势，成为无产阶级推翻资本主义制度的伟大斗争武器。这两种情况的造成，从认识上说，是由于意识对存在的反映是能动的反映而不是机械的反映。作为社会意识主体的人是具有不同社会地位、阶级立场的人。先进的阶级和个人要积极地推动社会前进，就必然要使自己的思想跟上社会前进的步伐并尽可能地对社会的发展有所预见；而反动势力和落后势力要维护旧的制度，也就必然要维护旧的意识形态。社会意识落后于社会存在或预见社会存在发展的趋势，都是社会意识具有独立性的表现，但这种独立性是相对的。旧的思想和理论不可能在它的物质基础消灭之后永久地存在；新的思想和理论也只是在社会存在的发展已经具备了能够提出新的任务的时候才能够创立，而且它只能预见到社会发展的总的趋势，不能预知社会发展的一切详情细节。

第二，社会意识发展的水平同社会经济发展的水平往往是不平衡的。某些经济上落后的国家，在思想上却高于经济上先进的国家。例如 18 世纪经济上落后的法国在哲学思想、政治思想方面超过了经济上先进的英国，18—19 世纪经济上落后的德国却产生了黑格尔哲学并孕育了马克思主义。恩格斯说："经济上落后的国家在哲学上仍然能够演奏第一提琴；18 世纪的法国对英国……来说是如此，后来的德国对英法两国来说也是如此。"[①]这种情况是由种种具体的历史条件如阶级斗争形势、思想资料的继承、国际环境等所造成的，它说明社会意识反映经

---

① 恩格斯：《致康·施米特（1890 年 10 月 27 日）》，《马克思恩格斯选集》第 4 卷，人民出版社 1972 年版，第 485 页。

济的发展时还要受到经济以外的政治、文化等等因素的制约，说明社会意识的发展具有它的独立性。但是，这种独立性也是相对的。先进的社会意识在经济上落后的国家产生，这个"落后"只是相对的，它仍然要以这个国家的一定的经济发展水平为前提。所以，恩格斯在上面引述的那句话之后接着说："不论在法国或是在德国，哲学和那个时代的文学的普遍繁荣一样，都是经济高涨的结果。经济发展对这些领域的最终的支配作用，在我看来是无疑的，但是这种支配作用是发生在各该领域本身所限定的那些条件的范围内。"①

　　第三，社会意识的发展具有它自身的历史继承性。一种社会意识形式一经产生，就成为一个专门的研究领域，有了它自身特有的发展规律。它的发展，除了受着各个时代的社会存在的制约以外，还同它自己这个领域已经取得和积累的成果有着继承的关系。正因为这样，每一个民族的文化都由于历史传统的不同而形成自己的民族特点。无产阶级文化也不是脱离世界文明发展的大道的，也是继承了历史上一切优秀文化成果的。社会意识发展的历史继承性表明它具有一定的独立性，但是，社会意识遗产的继承又归根到底是受着社会存在发展的制约的。所谓继承不是原封不动地拿过来，而是经过加工改造之后才吸取的。怎样加工改造，继承哪些，抛弃哪些，发展哪些，都在根本上是由社会存在的现实状况和需要所决定的，就是如恩格斯所说的，经济"决定着现有思想资料的改变和进一步发展的方式"。②所以，社会意识的历史继承性所表现的独立性也是相对的。

---

① 恩格斯：《致康·施米特（1890 年 10 月 27 日）》，《马克思恩格斯选集》第 4 卷，人民出版社 1972 年版，第 485 页。
② 恩格斯：《致康·施米特（1890 年 10 月 27 日）》，《马克思恩格斯选集》第 4 卷，人民出版社 1972 年版，第 486 页。

第四，各种形式的社会意识之间是相互作用、相互影响的。一种社会意识形式的发展不仅受着经济基础、社会存在的制约，而且受着其他形式的社会意识的影响。例如，优秀的艺术有助于培养人们优良的道德品质，哲学为其他各种意识形式提供世界观和方法论的指导，其他各种意识形式则为哲学提供材料，提供论证，如此等等。这种情形固然表现着社会意识的独立性，但是，这种独立性同样地只具有相对的意义。这是因为，既然各种社会意识形式本身是由经济基础所决定的，那么它们之间的相互作用也无疑是由经济基础所决定的。

第五，社会意识对社会存在具有能动的反作用。这是社会意识相对独立性的最突出、最重要的表现。社会生活在本质上是实践的，社会存在在本质上就是人们的社会实践。人们的社会实践是在人们的意识指导下进行的。社会意识指导实践、为实践服务，就是影响和作用于社会存在。社会意识一经产生，就会作为一种相对独立的力量，对于社会生活发生巨大的影响，这就是社会意识对于社会存在的巨大反作用。尤其在社会变革的时期，社会意识的能动作用会显示出十分突出的意义。但是，社会意识在它对于社会存在的反作用中表现出来的这种独立性也是相对的。社会意识对于社会生活尽管具有巨大的影响，却不能绝对独立地发挥作用，不能决定社会的发展；相反，社会意识的这种反作用的性质和大小，却归根到底决定于它所赖以产生并为之服务的经济基础的性质，也决定于掌握这种社会意识的阶级或社会势力的历史地位。一种落后的社会意识，不管从表面上看它的力量还多么强大，终归要同它的经济基础一道灭亡；一种先进的社会意识，不论它如何能够加速社会的发展，但终究不能超出生产力和生产关系的发展所能允许的限度。

从以上几个方面，比较具体地说明了社会意识对社会存在的相对独立性，同时也进一步说明了它对社会存在的绝对依赖性。社会意识对于社会存在的独立性的相对性和依赖性的绝对性，是同一个问题的两个方面或同一个观点的两种表述。

研究社会意识的相对独立性是有重要意义的。它的意义主要可以归纳为以下几个方面。

第一，科学地理解社会意识的相对独立性是坚持唯物主义历史观的必要条件。社会意识具有它相对的独立性，这是一种客观存在的社会历史现象，它来自人类意识的本性。人类具有意识，具有自己的内心世界、精神世界即主观世界，就有了主观精神世界同客观物质世界的对立。所谓主观精神世界同客观物质世界的对立，就是讲的精神世界对于物质世界来说具有自己的独立性。显然，这种独立性具有不断增长的趋势。随着人类实践的发展，人类认识世界、改造世界能力的提高，主观与客观的对立越来越深刻，这正是意味着人类意识的独立性越来越增强。但是，无论怎样增强，这种独立性总是相对的，它对于物质世界、对于社会存在的依赖是绝对的。对于这种情况如果不加以科学的解释，就不会有历史的唯物论。唯心主义在理论认识上陷入荒谬的重要原因，就是不能正确地解释社会意识的这种特点。在社会主义时期，有些人容易发生对历史唯物论的动摇，从客观上说，重要原因之一也在于人的主观能动作用、人的历史活动的自觉性增强了，即社会意识的独立性增强了。所以，要坚持历史唯物论，就要正确理解社会存在和社会意识的关系，特别是要科学地理解社会意识的相对独立性。

第二，科学地理解社会意识的相对独立性，对于按照社会意识本身的规律正确地发展社会意识具有重要意义。承认社会意识的相对独立性，也就是承认社会意识有它自己独特的发展规律。恩格斯说："任何意识形态一经生产，就同现有的观念材料相结合而发展起来，并对这些材料做进一步的加工；不然，它就不是意识形态了，就是说，它就不是把思想当作独立地发展的、仅仅服从自身规律的独立本质来处理了。"①要把社会意识形态当作服从自身规律的独立本质去处理，这样一个基本认识是我们在意识形态领域里采取一系列方针和方法的重要指导思想。这就是要防止把社会存在决定社会意识的原理简单化，防止简单地采取在其他领域使用的方法去解决意识形态问题。

第三，科学地理解社会意识的相对独立性，在实践上对于正确地发挥社会意识促进历史前进的积极作用具有重要指导意义。懂得这个原理，我们在实践中就能够做到对于社会意识的作用既不贬低，又不片面夸大，始终坚持社会意识对社会存在的相对独立性和绝对依赖性的统一，既坚决反对抹杀社会意识能动作用的形而上学机械论，又坚决反对夸大社会意识的作用、把社会意识的独立性绝对化的唯心论。

# 第二节　社会意识的构成

社会意识作为同社会存在相对应的哲学范畴，是对社会精神生活及其过程的最高概括，因此，它不能不具有十分复杂的结构。从意识主体的区分的角度上说，有个人意识和社会意识；从反映社会存在的不同水平上说，有社会心理和社会意识形式；另外，社会意识在它的发展过程中分化出来的各种具体的社会意识形式都具有各自的特点，又是互相密切联系的。了解社会意识的复杂的构成，对于理解社会意识的发展及其作用是十分

---

① 恩格斯：《路德维希·费尔巴哈和德国古典哲学的终结》，《马克思恩格斯选集》第 4 卷，人民出版社 1995 年版，第 254 页。

必要的。

## 一、个人意识和社会意识

个人意识是社会中个体实践的产物，是个人的特殊的生活条件、生活经历、教育状况及社会地位等的反映。由于社会生活的极端错综复杂，每个社会成员之间总是有这样或那样的差别，每个个人之间不可能有完全相同的内心世界，就是说，不可能有完全相同的个人意识。只有承认个人意识的存在，承认个人意识之间的差别性，才能看到不同个体的不同的精神特征，看到人的丰富多样的个性，才不至于把社会精神生活和整个社会生活简单化。同个人意识相对应的社会意识①，是以一个社会或一个阶级为主体的，是具有一定的共同性（在无阶级的社会里是社会的共同性、在阶级社会里主要是阶级的共同性）的意识。

个人意识和社会意识有着明显的区别。社会意识不是个人意识的简单汇集。任何一般只是大致地包括一切个别，任何个别都不能完全地包括在一般之中。具有共性的社会意识在每个社会成员身上的表现都带有他们个性的特点。然而，个人意识和社会意识又是互相密切地联系的。一方面，共性不能离开个性，离开一个个的个人意识就无法理解社会意识；另一方面，个性也离不开共性，任何个人意识都是在一定的社会关系中、在一定的社会环境中形成的意识，都要这样或那样地受着社会意识的影响和制约，也就都要体现某种社会的或阶级的共性。同时，这也说明个人意识和社会意识之间没有绝对分明的界限，

---

① 这是从狭义上讲的社会意识，即同个人意识相对应的社会意识，而不是从广义上讲的社会意识。从广义上讲的社会意识即同社会存在相对应的社会意识，是对包括个人意识在内的全部社会精神生活的概括。

它们是互相渗透的。个人意识在社会意识的熏陶下形成，这就是社会意识向个人意识的渗透。而一旦个人意识、个人创立的思想理论越出了个人生活的范围而被其他人，以至被越来越多的人所接受，那么它就纳入了共同意识之中，成了社会的财产，成了一种社会的精神力量，这就是个人意识向社会意识的渗透、转化。

理解个人意识与社会意识之间的这种区别和联系是有重要意义的。在我们的社会主义国家，占统治地位的社会意识是社会主义的思想体系，但它还不是每个个人的共同意识，很多人的个人意识还没有摆脱或没有完全摆脱旧的社会意识的影响，因此，我们才有必要在全社会进行社会主义的思想教育。同时，我们加强社会主义的思想教育，又不是要消灭个人意识，而是为了使人们获得正确的指导思想，使每个人都更加能够正确地独立思考，都更加能够充分地发挥自己的智慧和才赋，而这样也就能够不断地为社会主义的社会意识增添新的因素。到了将来的共产主义社会，"每个人的自由发展是一切人的自由发展的条件"①，正是要在每个人的个人意识得到全面的充分的发展的基础上，使整个社会意识得到充实和发展。

## 二、社会心理和社会意识形式

社会心理也属于社会意识的范畴，也是社会存在的反映，只是它同社会意识形式有所不同。社会心理是人们对社会生活条件的一种经验的反映，虽然也交织着理性的因素，却是以感性的东西为主的，还不具有自觉的理性形式。它是一种不系统的、自发的反映社会存在的形式，表现为情绪、习惯、自发的

---

① 马克思和恩格斯：《共产党宣言》，《马克思恩格斯选集》第 1 卷，人民出版社 1972 年版，第 273 页。

倾向和信念，等等。而社会意识形式则一般地说是人们对社会生活条件的一种理论的反映，是一种系统的、自觉的反映社会存在的形式。它是从社会生活中概括出来的，表现为一定的观念体系①。例如，无产阶级的阶级心理是无产者在劳动过程中、在日常生活中、在同资产者的斗争中直接地形成并逐渐积累起来的，是无产者对自己切身利益和经济地位的直接感受。社会的集体化大生产造成了工人的集体主义心理，而资本主义商品经济、资本主义造成的工人之间的竞争等，又使工人中滋长了工团主义的心理。无产阶级的意识形态——马克思主义则显然不是无产阶级阶级心理的简单凝结，它是无产阶级的阶级地位、根本利益、历史使命等的理论表现，是无产阶级思想家经过抽象概括而形成的科学理论。它集中地反映了无产阶级的集体主义心理，并把这种心理提高为一种系统化的意识形态，却不反映、不包括工人的工团主义心理，而是要求把这种心理引导到对无产阶级历史使命的自觉认识上来。当无产阶级还是被一种自发的阶级心理支配着的时候，它是"自在的阶级"，一旦形成了无产阶级的意识形态——马克思主义，它就由"自在的阶级"变成了"自为的阶级"。

理解社会心理和社会意识形式的区别和联系也是具有重大意义的。社会意识形式高于社会心理，它依赖于社会心理又不归结于社会心理。因此，无产阶级政党在对广大群众进行马克思主义的思想教育的时候，既不能漠视群众心理，漠视群众的呼声，又不能迁就群众心理，做群众情绪、群众自发倾向的尾巴。

---

　　① 这里，艺术和宗教这两种意识形式同其他意识形式不同，它们属于社会意识形式，但不是观念体系。因此，所谓社会心理是经验的反映形式而社会意识形式是理论的反映形式这种区分，是就一般情况而说的。

### 三、社会意识诸形式

社会意识作为一定的思想体系，它表现为各种具体的社会意识形式，如政治思想、法律思想、艺术、道德、宗教、哲学等等。这些具体的社会意识形式是在社会实践和人类思维能力发展的基础上分化、形成的。

在原始社会早期，由于物质生产水平和人们的思维水平都十分低下，那时的社会意识还处在一种混沌不分的状态。马克思和恩格斯指出："思想、观念、意识的生产最初是直接与人们的物质活动，与人们的物质交往，与现实生活的语言交织在一起的。观念、思维、人们的精神交往在这里还是人们物质关系的直接产物。"①这就是说，这时候的意识是与人们以生产劳动为主的社会物质生活融为一体的。当时，人们除了从事物质的生产以外，没有更多的其他社会活动，人们的精神生活不能超出直接的物质生活的范围。在这种情况下，精神的生产不能成为一个相对独立的领域，因而也就不会有各种社会意识形式的分化。只是到了原始社会末期，在由原始社会向奴隶社会过渡的时候，由于生产力的发展，脑力活动和体力活动开始分化，并且随着私有制的出现而出现了阶级、产生了国家，才开始形成比较完整的政治思想、法律思想、艺术、道德、宗教、哲学等等意识形式。

各种具体的意识形式，都是社会存在的反映。但是，它们反映社会存在的内容或侧面，反映的形式，以及对社会存在发生作用的方式等，又是不尽相同的。

---

① 马克思和恩格斯：《费尔巴哈》，《马克思恩格斯选集》第 1 卷，人民出版社 1972 年版，第 30 页。

（一）政治思想和法律思想

政治思想是人们关于社会政治制度、政治生活、政治组织以及各阶级或社会集团的相互关系等问题的观点和理论。法律思想是人们关于法的关系、制度和设施的观点和理论。政治思想和法律思想是密不可分的，广义的政治思想就包括了法律思想。

政治思想和法律思想是社会经济基础的最直接最集中的反映。它直接作用于经济基础，直接为经济基础的建立、巩固和发展服务。同时，它对其他社会意识形式也有重大的影响，是经济基础同其他社会意识形式之间相互作用的中介。因而，它在社会意识形态诸形式中居于核心的地位。

政治法律思想是各阶级经济利益的最直接最集中的表现，具有十分强烈的阶级性。在阶级社会里，占统治地位的政治思想和法律思想，只能是统治阶级的思想，它是统治阶级用以维护其政治统治和经济制度的重要武器。被统治阶级在阶级斗争的发展中也会形成自己的政治思想和法律思想，这是为破坏现存的社会制度、建立自己的阶级统治服务的。

无产阶级成为独立的政治力量登上政治舞台时，产生了无产阶级的政治思想和法律思想，这就是马克思主义的政治学说、法律学说。它引导无产阶级为夺取政权而斗争，在无产阶级夺取政权以后，是指导无产阶级和广大人民群众为巩固政权、为发展社会主义事业以至最后向共产主义过渡而斗争的武器。它要求发展社会主义民主，健全社会主义法制，为巩固和发展社会主义经济基础，促进生产力的发展服务。

（二）道德

道德是调整人们之间以及个人与社会之间关系的行为规范的总和。它不像法律那样是靠强制的手段去起作用，而是依靠社会舆论，依靠人们的信念、习惯、传统和教育等起作用的。人们用善和恶、正义和非正义、公正和偏私、诚实和虚伪、高尚和卑劣、光荣和耻辱等行为规范、道德观念，去评价人们的行为，从而调整人们之间的相互关系。道德在社会生活中的作用比法更广泛，它渗透在社会生活的各个方面，但它又没有法律的强制力量。所以，在一定历史阶段里，总是道德和法相互补充的。

　　道德作为上层建筑意识形态的一部分，也是社会经济基础的比较直接的反映。有什么样的经济基础，就有什么样的道德观念。随着经济基础的变化，人们的道德观念也或迟或早地要发生变化。恩格斯说："善恶观念从一个民族到另一个民族、从一个时代到另一个时代变更得这样厉害，以致它们常常是互相直接矛盾的。"[①]适用于一切时代的永恒的道德是没有的，道德总是具体的历史的。当然，肯定道德的历史性并不是否定道德的继承性。历史上先进阶级的道德观念在一定程度上反映了历史进步的要求，因而总会包含某些积极的内容。特别是劳动人民的优秀品德，是他们在世世代代的劳动和斗争中培养和积累的，是人类的宝贵的精神财富，具有永恒的价值。无产阶级的道德就继承、汲取了历史上一切优良的道德传统。同样，反动没落的阶级也会继承历史上腐朽的道德观念。

　　在阶级社会里，道德具有鲜明的阶级性。恩格斯说："一切已往的道德论归根结底都是当时的社会经济状况的产物。而社会直到现在还是在阶级对立中运动的，所以道德始终是阶级的道德。"[②]在一个社会中占统治地位的道德，只能是统治阶级的

---

　　① 恩格斯：《反杜林论》，《马克思恩格斯选集》第 3 卷，人民出版社 1972 年版，第 132 页。
　　② 恩格斯：《反杜林论》，《马克思恩格斯选集》第 3 卷，人民出版社 1972 年版，第 134 页。

阶级利益的体现，它是为统治阶级的统治和利益做辩护的，而被统治阶级的道德则表现着对统治阶级的反抗和他们争取解放的要求。例如，在现代社会中，无产阶级和资产阶级由于经济地位的对立，它们的道德观念也是根本对立的。资产阶级道德的基本原则是极端个人主义、利己主义，而无产阶级的共产主义道德的基本原则就是集体主义、全心全意为人民服务。当然，肯定道德的阶级性，并不是根本否认各阶级的道德中会存在某些共同的东西。某些起码的公共生活规则，如遵守公共秩序、维护公共卫生、"勿偷盗"等，就不能说只是某一个阶级才有的道德规范。但是，这些东西在阶级社会的道德中不是主要的、基本的方面，而且，剥削阶级常常是口头上承认这些原则，实际上却恣意践踏这些原则。另外，肯定道德的阶级性，肯定各个阶级都是用自己阶级的道德观念和道德规范去评价人们的行为，却并不是否定道德评价的客观标准。马克思主义认为，道德评价是有客观标准的，凡是人们的行为有利于社会进步的就是合乎道德的，反之，就是不道德的。

在社会主义社会中，道德发挥着重要的广泛的社会作用。通过道德教育、道德评价，宣传共产主义道德，批判各种腐朽的剥削阶级道德，帮助人们更新道德观念、建立新型的道德关系，这是建设社会主义精神文明的一项重要内容。共产主义道德教育，对于巩固社会主义生产关系，巩固整个社会制度，对于顺利推进社会主义现代化建设，都起着重要的作用，它是向共产主义过渡的重要精神条件。

（三）艺术

艺术是通过塑造具体、生动的形象来反映社会生活的，它是依靠形象的美来表现人们对社会生活的理解，并用美的感染力来影响人们的思想感情和社会生活。艺术包括绘画、雕塑、音乐、舞蹈、戏剧、文学、电影、建筑、美术等许多具体形式。

艺术是最早产生的意识形式之一。在原始社会的早期，就有最原始的艺术作品。艺术产生的根源是人类的物质生产活动。原始艺术的内容，是原始部落劳动生活的再现。随着社会发展到较高的阶段，随着脑力劳动和体力劳动的分离和阶级对立的发生，艺术和生产的联系比较复杂了，艺术和生产之间往往不再是直接的联系。在阶级社会里，直接影响艺术的性质和发展的，主要不是生产，而是社会经济制度、阶级斗争和政治，同时，宗教、道德、哲学等意识形式也给艺术的发展以一定的影响。

艺术离不开社会生活。社会生活是艺术再现的对象，是艺术的唯一源泉。毛泽东同志说："作为观念形态的文艺作品，都是一定的社会生活在人类头脑中的反映的产物。革命的文艺，则是人民生活在革命作家头脑中的反映的产物。人民生活中本来存在着文学艺术原料的矿藏，这是自然形态的东西，是粗糙的东西，但也是最生动、最丰富、最基本的东西；在这点上说，它们使一切文学艺术相形见绌，它们是一切文学艺术的取之不尽、用之不竭的唯一源泉。这是唯一的源泉，因为只能有这样的源泉，此外不能有第二个源泉。"①因此，文学艺术家应当深入生活，研究社会，离开社会生活就没有艺术。

在阶级社会里，艺术是有阶级性的。艺术作为上层建筑意识形态的一部分，总是一定的经济关系的反映，总是反映一定的阶级利益的。各阶级为了维护和争取自己的阶级利益，也必须运用艺术的武器。当然，这并不排除各阶级的人们会有某些共同的艺术爱好和审美趣味。社会生活是复杂的。不同阶级的

---

① 毛泽东：《在延安文艺座谈会上的讲话》，《毛泽东选集》第 3 卷，人民出版社 1969 年版，第 817 页。

人们由于社会生活及其客观环境有某些相近之处，也就会在对于美的欣赏方面有某些相通之处。

艺术的发展也有继承性。每个历史时代都会产生一些优秀的艺术作品，这些优秀的艺术作品会长久地保持着美的感染力，它们的进步的思想内容要被后人加以继承和发扬，它们的形式和技巧会成为后代艺术家们进行艺术创作的借鉴。无产阶级的文化艺术，就是对人类历史上全部优秀文化艺术遗产的批判继承。

艺术在社会生活中具有重要的作用。在阶级社会中，不同阶级的艺术具有不同的社会作用。先进阶级的艺术反映社会生活的进步要求，起着推动社会前进的作用；反动阶级的艺术，宣扬敌视社会进步的思想，使人们消极、颓废、堕落，因而起着阻碍社会前进的作用。无产阶级的艺术，是无产阶级革命事业的一部分。在社会主义时期，它坚持为人民服务、为社会主义服务的方向，它要满足人民日益增长的文化生活需要，坚持以爱国主义、国际主义、社会主义和共产主义思想教育人民，鼓舞人民为建设社会主义祖国、为人类解放事业而努力奋斗，对于促进社会主义精神文明的建设，推动社会主义事业的发展起着重要的积极作用。

（四）宗教

宗教是统治着人们的自然力量和社会力量在人们头脑中的虚幻的、颠倒的反映。恩格斯说："一切宗教都不过是支配着人们日常生活的外部力量在人们头脑中的幻想的反映，在这种反映中，人间的力量采取了超人间的力量的形式。"①它宣扬对神灵的信仰和崇拜，宣扬神灵支配人们的命运。宗教包括宗教观

---

① 恩格斯：《反杜林论》，《马克思恩格斯选集》第 3 卷，人民出版社 1972 年版，第 354 页。

念、宗教感情、宗教仪式等。

　　宗教是一种历史的现象。原始的宗教观念，表现了原始人对异己的自然现象的畏惧和崇拜。进入阶级社会以后，宗教的存在和发展有着深刻的社会根源。列宁说："被剥削阶级由于没有力量同剥削者进行斗争，必然会产生对死后的幸福生活的憧憬，正如野蛮人由于没有力量同大自然搏斗而产生对上帝、魔鬼、奇迹等的信仰一样。"①劳动者在剥削制度造成的不幸和苦难面前无能为力，陷入绝望的境地，便在宗教中寻找精神的寄托。同时，剥削阶级也正需要利用宗教作为麻痹劳动者的精神手段。宗教是依赖于一定的社会物质生活条件而产生的，它也随着社会的发展变化而变化。在氏族社会早期是自然崇拜、图腾崇拜，后来又出现部落神。随着阶级和国家的出现，同君主制的存在相适应又出现了单一的、万能的神，产生了一神教。在欧洲，随着资本主义生产关系代替封建生产关系，基督教也就由封建统治的精神支柱变成维护资本主义的工具。这都说明，宗教是随着社会的经济制度和政治制度的变化而变化的。宗教的产生和演变，归根到底由社会的经济状况所决定。

　　在社会主义社会，宗教存在的阶级根源已经基本消失，但是，由于旧社会遗留下来的旧思想、旧观念不可能在短期内彻底消除，由于生产力的发展水平以及教育文化、科学技术的发展水平还不够高，由于在一定范围内还存在着阶级斗争并且还处在复杂的国际环境中，由于这些原因，宗教的影响还不可避免地会在一部分人中间存在。那种不顾客观的历史条件，企图采取禁止的方法或其他强制手段去立即消灭宗教的想法，是错误的、有害的。我们党和国家对于宗教的基本政策是宗教信仰

　　---

　　① 列宁：《社会主义与宗教》，《列宁全集》第 10 卷，人民出版社 1958 年版，第62 页。

自由。就是说，每个公民有信仰宗教的自由，也有不信仰宗教、宣传无神论的自由。认真实行宗教信仰自由的政策，不仅有利于发展安定团结的政治局面，而且有助于为最终消灭宗教准备物质的、精神的条件。当然，这并不意味着可以忽视宗教在束缚人们思想方面的消极作用。在政治行动上，共产党人可以而且必须同一切爱国的宗教信徒结成为社会主义现代化建设共同奋斗的统一战线，但在世界观上，必须坚持彻底的唯物论，大力宣传无神论，宣传科学。

关于哲学这种意识形式，已经详细说明过它的特点和作用。

这些社会意识形式，它们的发展趋势是各不相同的。其中，艺术、道德、哲学等形式，是将与人类社会生活共存的。政治思想和法律思想是整个阶级社会所特有的意识形式，在进入无阶级的共产主义社会以后，它们将会改变形式，那时，将有在内容和形式上都不同于过去的"政治"，而法律形式则将消融于道德形式之中。至于宗教，当人们真正成为自然和社会的主人，能够完全掌握自己的命运的时候，它也将彻底消亡。

社会意识各种形式，尽管在内容、形式和作用上各不相同，但又是互相密切地联系的。它们所反映的对象是同一个社会生活的整体，也就总会表现出统一的历史面貌。它们之间在内容上是互相渗透、互相补充的；在形式上是互相交错、互相为用的；在它们的发展变化过程中是互相影响、互相制约的；它们在影响社会生活的时候，也是互相结合，共同地发生作用的。

# 第三节　科学

科学是一种十分重要的精神生活现象，它在社会生活中起

着越来越重要的作用。因此，我们在了解社会意识的其他形式
的同时，要着重了解科学这种意识形式。

## 一、科学是一种特殊的社会意识形式

科学是和意识形态各种形式不同的一种特殊的社会意识形
式。它是知识形态的东西，是关于自然、社会和思维的知识体
系。科学是在人类社会实践的基础上产生的，是实践经验的概
括。它以概念、判断、推理和假说等逻辑形式反映世界，其任
务是揭示事物发展的客观规律，去指导人们改造客观世界的实
践。

科学主要有三大门类：自然科学、社会科学和思维科学。
自然科学是关于自然的知识，是人们在改造自然的过程中取得
的认识成果。自然科学的产生和发展是和生产力的发展直接联
系的。自然科学的发展也要受到人们世界观的影响，自然科学
成果的利用要受到阶级利益和社会制度的制约，但是它本身是
没有阶级性的，它不是某种特定的社会经济关系的产物，不随
着社会经济关系的变化而改变，不会随着社会阶级关系的变化
而丧失它的科学价值，所以，不属于为某个阶级服务的社会上
层建筑的范畴。社会科学是关于社会的知识，它的多数学科是
反映人与人之间相互关系和人们的社会地位的，因此，社会科
学的研究不能不受到人们阶级利益的制约。对于同一社会现象，
具有不同利益的阶级或社会集团会具有不同的甚至根本对立的
认识，得出完全不同的理论结论。列宁说："在建筑在阶级斗争
上的社会里是不会有'公正的'社会科学的。"①剥削阶级的阶
级利益必然使他们要歪曲社会生活的本质。在阶级社会里，社

---

① 列宁：《马克思主义的三个来源和三个组成部分》，《列宁选集》第 2 卷，人民
出版社 1972 年版，第 441 页。

会科学从总体上说是具有明显的阶级性的，只有少数学科例如语言学没有阶级性。自然科学和社会科学是科学的两个主要门类，但作为人类知识体系的科学不仅仅是这两大门类。随着科学的发展，思维科学（如心理学、逻辑学等）也逐渐作为独立的科学领域而发展起来，并在科学体系中占有越来越重要的地位。此外，数学既不是自然科学又不是社会科学，但各门科学都离不开数学；哲学是自然知识、社会知识和思维知识的概括和总结，它不能划入任何一个科学门类，但在整个科学体系中占有极重要的地位。

科学本身有一个形成和发展的历史过程。人类生产劳动离不开知识。人们在劳动中要有知识指导，又总是在劳动中获得和积累知识。但是，在一个相当长的历史时期里，人们的知识极其贫乏，谈不上有作为知识体系的科学。只是随着生产力的发展，随着阶级和私有制的出现，有了脑力劳动和体力劳动的分工，各种社会意识形式逐步分化，才开始有科学。在奴隶社会和封建社会，自然科学刚刚产生，还远不成熟。在资本主义经济关系兴起以后，由于生产力的大发展，才推动了近代自然科学的产生和发展。哥白尼太阳系学说的创立，标志着近代自然科学的诞生。17 世纪，牛顿力学比较全面地揭示了宏观低速运动的规律；18 世纪，热学、静电学、无机化学、生物分类学等建立起来；到 19 世纪，能量守恒和转化定律、电磁感应理论、化学元素周期律、细胞学说和生物进化论等重大发现，表明近代自然科学已经形成相当成熟的科学知识体系。19 世纪 40 年代，马克思主义历史唯物论的创立，使社会科学也获得了科学的基础。19 世纪末至 20 世纪初，相对论、量子论的出现，表明人类对于宏观世界和微观世界的认识都大大前进了。第二次世界大战后，特别是 20 世纪 70 年代以来，自然科学的发展又进入了一个飞速前进的新阶段，科学不仅成为社会分工的一个独立的部门，而且日益成为巨大的社会事业，在整个社会生活中占有越来越重要的地位。现在，可以说，如果不理解科学的本质和作用，就无法理解社会生活的一系列问题。

### 二、科学在社会发展过程中的作用

17 世纪英国唯物主义哲学家培根有句名言：“知识就是力量”。他已经看到知识、科学在认识世界和改造世界中的巨大作用。马克思主义更深刻地认识和阐明了科学的社会作用。恩格斯在《在马克思墓前的讲话》里说：“在马克思看来，科学是一种在历史上起推动作用的、革命的力量。”[①]科学在社会发展过程中的作用，可从以下几个方面去认识。

首先，科学作为一种巨大的精神力量对于社会的前进发展起着推动的作用。

科学的本性是彻底革命的，它同任何迷信和偏见、同任何旧思想、旧传统不可调和。所以，历史上一切先进、革命的阶级总是把科学作为向旧世界进攻的精神武器。近代科学就是在生产发展的基础上，在同封建教会的斗争中诞生的。在西欧封建社会中，宗教神学在意识形态中占据统治地位，成为封建统治的强大支柱。以哥白尼为代表的近代科学的先驱者们猛烈地向“地球中心说”等宗教神权观念冲击，沉重地打击并最后摧毁了封建的意识形态，促进了资产阶级意识形态的诞生，从而促进了资本主义生产关系的发展。科学的继续发展，特别是 19 世纪中叶在科学上取得的新成果，为马克思主义的产生提供了科学的基础，是马克思主义得以产生的重要条件之一。

---

① 恩格斯：《在马克思墓前的讲话》，《马克思恩格斯选集》第 3 卷，人民出版社 1972 年版，第 575 页。

在无产阶级取得政权以后，在社会主义社会，科学的繁荣和发展是彻底清除旧意识形态影响的重要精神条件，是建设和发展社会主义精神文明的一项重要内容。科学作为一种革命的精神力量，在社会发展中的作用是巨大的，而且会越来越增大。

科学不仅是一种革命的精神力量，而且会转化为直接生产力，成为改造世界的强大物质力量。

科学渗透于生产力的各个要素，就转化为直接的生产力。首先，生产工具、劳动资料总是凝聚着一定的科学技术的成果，是科学的"物化"。马克思说："自然界没有制造出任何机器，没有制造出机车、铁路、电报、走锭精纺机等等。它们是人类劳动的产物，是变成了人类意志驾驭自然的器官或人类在自然界活动的器官的自然物质。它们是人类的手创造出来的人类头脑的器官；是物化的知识力量。固定资本的发展表明，一般社会知识，已经在多么大的程度上变成了直接的生产力，从而社会生活过程的条件本身在多么大的程度上受到一般智力的控制并按照这种智力得到改造。"①自然科学转化为直接的生产力，这在 19 世纪中叶以后更明显地表现出来。在现代生产中，新的生产工具、劳动资料几乎都是科学的物化。劳动对象的状况也同自然科学的发展密切相关。随着科学技术的发展，可以作为劳动对象引进生产过程的自然物会日益增多。现在人们不仅能够利用天然物质，而且学会了合成"人工物质"，这就是利用科学知识去创造自然界本来不存在的东西，去扩大劳动对象的范围。劳动者当然也不能没有科学的武装，尤其在现代化的生产中，更加不能没有用最新的科学技术武装的劳动者。可见，离开科学，就无法说明现代生产力的发展。可以说，近代、现代

---

① 马克思：《〈政治经济学批判〉（1857—1858 年草稿）》，《马克思恩格斯全集》第 46 卷下册，人民出版社 1980 年版，第 219—220 页。

的生产力，就是物化的知识力量。

现在国内外都在谈论新的科技革命。新的科技革命之所以引起人们这样热切的关注，就是因为科学技术领域的这场新的革命将对社会经济活动领域发生深刻的影响，首先是它将引起生产力的巨大发展。这场科技革命，将导致一个以信息生产和智能生产为主要经济活动内容的时代，产品和劳动中的物质消耗将大量减少，而其中智能和信息的比重会大大提高。知识、信息成为促进生产力增长的关键因素，科学向直接生产力的转化，科学向社会物质财富的转化，将表现出越来越明显、越来越强烈的趋势。

不仅自然科学会转化为直接生产力，而且社会科学也会转化为直接生产力，例如经济科学中的某些学科和管理科学转化为生产力的情况就十分明显。社会科学揭示生产活动的社会组织规律，指导人们对社会生产进行科学管理，使人力、物力、财力等能够合理利用。社会科学可以提高人的智力，提高劳动者的素质。这些，都可以促进劳动生产率的提高，都是向直接生产力的转化。

科学技术的发展所引起的劳动生产率和生产社会化程度的提高，对于资本主义社会来说，会使资本主义生产关系和生产力的矛盾更加尖锐，从而为资本主义制度的崩溃准备了物质条件。

此外，科学对于改造社会生活和改进社会管理也起着重要的作用。

社会科学在这方面的作用很明显，历史上各个统治阶级都要运用它们所掌握的社会知识去管理社会，尽管他们由于阶级的偏见不可能有真正的社会科学，因而也不可能有对于社会的科学管理。马克思主义的社会科学是真正的社会科学。无产阶级取得政权，成为社会的主人以后，当然要充分利用社会科学的知识去管理整个社会生活。自然科学也能够为社会的管理提供科学方法，例如控制论、信息论、系统论的原理和方法就能够充分加以运用。

科学技术的发展会促进文化、教育、艺术及各种社会服务事业的繁荣，使整个社会生活发生巨大的变化，从而对人们的社会关系发生深刻的影响。恩格斯曾经说过，电力输送的科学发现将成为消除城乡对立的杠杆。科学技术的大发展也将为脑力劳动与体力劳动差别的消除创造条件。正在发展的新科技革命，使知识、信息成为生产力发展的关键性因素，从而也就会使脑力劳动在生产过程中的作用越来越增大，人类生产劳动将由以体力劳动为主的形式向以脑力劳动为主的形式转变。科学技术的发展，特别是现代化通信技术的发展，使信息的传递和交流获得越来越先进和有力的手段，从而使人们的社会联系更加密切，社会生产活动及人与人之间的关系越来越社会化。这些，都是为人类社会向更高阶段的过渡准备条件。

总之，科学在社会生活中的作用是多方面的、巨大的，而且会越来越大。懂得了科学的社会作用，我们也就懂得科学技术现代化是整个现代化建设的关键。我国在 20 世纪末要达到工农业总产值"翻两番"的目标，其中有一半要靠科学技术的力量。因此，我们要尊重科学，尊重科学劳动，尊重从事科学劳动的知识分子，从各方面关心和促进科学事业的发展。

三、科学发展的社会条件

科学具有巨大的社会作用，能给社会生活以巨大的影响，但科学本身的发展又是受着社会条件的制约的。关于社会对于科学发展的影响，主要可从以下几个方面去认识。

第一，社会生产决定科学的发展。

科学作为一种认识活动，它也是以实践为基础的。这个道理，包含在马克思主义认识论的一般原理之中。生产实践是人类最基本的实践活动，是认识的最基本的源泉和动力，当然也是科学认识的最基本的源泉和动力。首先，是生产发展的需要提出科学研究的新课题，不断地推动科学前进。科学的产生和发展，一开始就是由生产决定的。人类要进行生产，就需要有自然知识。随着生产力的发展，生产水平的提高，也就需要有更多的自然知识。古代一些东方国家如埃及、巴比伦、印度、中国，生产比较发达，也就最早产生了科学。近代科学也是随着资本主义生产的发展而兴起的。恩格斯说："社会一旦有技术上的需要，则这种需要就会比十所大学更能把科学推向前进。"[①]同时，生产的发展又给科学研究课题的解决积累经验材料和提供实验手段、物质条件。科学研究的成果在生产实践中加以应用，这就是科学研究的成果得到检验，得到巩固和扩大。所以，生产是科学赖以存在和发展的基础。

自科学产生以来，在一个长时期里是遵循着"生产—技术—科学"的发展线索前进的，这就是生产的发展引起技术上的需要，才推动着科学的前进。现代自然科学的发展与社会生产之间的关系有了新的特点。现代科学已经成为专门的社会活动和社会事业，它对于生产的相对独立性更增强了。现代自然科学特别是它的基础研究方面，研究的成果不是直接来自生产，而是来自科学实验，是通过科学实验取得成果以后，再变为技术，推广和应用于生产，科学走到了生产的前面，出现了"科学—技术—生产"的新关系。这种情况并不能说明生产不再是科学

---

① 恩格斯：《致符·博尔吉乌斯（1894 年 1 月 25 日）》，《马克思恩格斯选集》第4 卷，人民出版社 1972 年版，第 505 页。

的基础，不再是生产决定科学，并不是科学可以绝对独立于生产而发展了。现代科学走在生产的前头，归根到底也还是生产的发展需要科学走在它的前头。现代化的生产发展速度很快。它不仅要求科学去解决当前生产中的技术和理论问题，而且要求科学不断地为生产开辟新的领域和途径。同时，现代科学的发展，仍然需要由生产为它提供物质条件。现代科学发展的规模越来越大，越来越具有工业化的特点，它需要先进的技术手段、实验手段，这都要靠生产提供；它要耗费巨大的人力、物力、财力，要建立在相当的经济实力的基础上，这都要靠生产的发展去解决。所以，同样应当肯定，没有生产的发展，也没有现代科学的发展。

第二，社会制度和阶级关系影响科学的发展。

社会科学的发展受着社会制度和阶级关系的制约是很明显的。自然科学不属于社会上层建筑，它是同生产力的发展直接联系的，它本身没有阶级性。但是，它在不同的社会制度下，掌握在不同的阶级手中，会有不同的命运和不同的作用。历史上奴隶主阶级、封建地主阶级是鄙视科学技术的，他们竭力使科学服从于宗教意识，压制科学的发展。他们利用科学，也是把它用于制造武器，进行战争，或者用于修筑宫殿、城堡，用于他们的生活享受。所以，在奴隶社会和封建社会，科学和社会生产的发展一样是十分缓慢的。资产阶级比之奴隶主阶级、封建地主阶级，是重视科学的。它要利用科学去反对封建教会统治，利用科学去发展生产，提高劳动生产率，因而，资产阶级曾经对科学的发展起过积极的作用。但是，资产阶级利用科学的根本目的是增殖剩余价值，只有符合这个目的的科学活动才给予一定的支持，否则就加以压制或搁置不用，这又限制和延缓了科学的发展。现代垄断资本主义对科学的发展也有双重的作用。一方面，它为了增强在国际上竞争的实力，不能不重视某些科学技术特别是同军事需要有关的科学技术的发展；另一方面，由于它可以通过垄断价格去谋取超额利润，又不像过去那样去热心于新的科学发现和发明，同时，为了垄断，相互之间搞技术封锁，限制科学技术成果的利用，这又使科学的发展受到很大的限制。

只有社会主义制度才能给科学的发展提供最有利的条件，也为发挥科学造福于人类的社会作用提供充分的可能性。列宁说："只有社会主义才能使科学摆脱资产阶级的桎梏，摆脱资本的奴役，摆脱做卑污的资本主义私利的奴隶的地位。只有社会主义才可能根据科学的见解来广泛推行和真正支配产品的社会生产和分配，也就是如何使全体劳动者过最美好、最幸福的生活。"①当然，社会主义制度只是为科学的发展和发挥作用提供了有利的社会环境，提供了充分的可能性，要使科学事业真正兴旺起来，还要按照科学本身发展的规律去正确地领导科学事业，组织科学事业。党的十一届三中全会以来，我们党提出了一整套为繁荣和发展科学事业所必需的正确的方针、政策，不论自然科学和社会科学的发展，都出现了欣欣向荣的新局面。

第三，其他社会因素即社会的政治法律思想、哲学观点和其他意识形式以及社会的一般精神面貌等等因素对科学发展的影响。

进步的政治法律思想可以使人们思想活跃，有利于科学上各种学派、各种学术观点的争鸣，有利于科学的繁荣和发展。落后的政治法律思想禁锢人们的思想，也就不利于科学的发展。

哲学思想同科学的关系历来十分密切。科学研究不能没有

---

① 列宁：《在国民经济委员会第一次代表大会上的演说》，《列宁选集》第3卷，人民出版社1972年版，第571页。

理论思维，也就离不开世界观和方法论的指导。唯物主义、辩证法的思想帮助科学前进，唯心主义、形而上学的思想则阻碍科学的发展。自然科学的发展是这样，社会科学的发展更是这样。

宗教也影响科学的发展。宗教和科学是两种互相对立的意识形式，科学往往正是冲破宗教偏见的禁锢而发展的。

另外，社会的一般精神面貌也都影响着科学的发展。一个社会是不是提倡科学精神，是不是倡导尊重科学的社会风气，是不是有文化的普遍繁荣，是不是有良好的道德风貌，其中特别是科学道德，都会影响到科学的发展。

既然科学会影响到社会生活的各个方面，那么，社会生活的因素也就会从各个方面制约着科学的发展，这本是两个不可割裂的方面。在认识其他社会因素对科学的影响时，不能不看到教育的作用。教育是一个复杂的社会部门，不能简单地把它划归某一个领域。教育同科学发展的关系十分密切，它对于保持科学发展的继承性、连续性，对于科学技术人才的培养，都起着重要的作用。

科学是社会的产物，社会需要科学。随着社会的发展，科学在社会发展中的作用越来越重要。当代在世界范围内兴起的新科技革命会给人类社会生活以巨大的深刻的影响，我们的社会主义现代化建设是在这样一种新的历史条件下进行的，因此，对于新科技革命的发展状况和趋势，以及由科技革命所引起的经济发展和社会发展的前景，不能不给予足够的重视和关注。学习历史唯物论关于科学和社会相互关系的原理，树立正确的科学观，应当说是我们在新的历史时期不可缺少的一种理论准备和思想准备。

# 第四节　社会的精神文明

　　理解社会的精神生活，理解社会意识发展的一般过程，也应当包括对于社会精神文明及其发展规律的认识。

　　物质文明与精神文明是从物质生产和精神生产的成果上反映社会进步和开化状态的概念。人们改造世界的活动包括两项任务：改造客观世界，也改造自己的主观世界。客观世界包括自然界和社会。改造社会的成果是新的生产关系和新的社会政治制度的建立和发展。改造自然界的物质成果就是物质文明，它表现为人们物质生产的进步和物质生活的改善。在改造客观世界的同时，人们的主观世界也得到改造，社会的精神生产和精神生活得到发展，这方面的成果就是精神文明，它表现为教育、科学、文化知识的发达和人们的思想、政治、道德水平的提高。显然，物质文明和精神文明不能等同于哲学上的"物质"和"精神"或"社会存在"和"社会意识"的概念。哲学的"物质"概念是对一切物质现象的哲学概括，不是指某一种具体的物质形态，而"物质文明"则是指人们改造自然界的物质成果，诸如生产力的状况、物质财富积累的状况这样一些具体的物质存在形态。历史唯物论的"社会存在"概念概括了社会生活的物质方面，指社会物质生活及其过程，而物质文明只是指物质生产的物质成果，不是指物质生产的全部过程以及这个过程中的全部关系。与此相应，精神文明也不同于哲学上的"精神"或"社会意识"的概念。"精神""意识"是对于一切意识现象、精神现象的哲学概括，显然不只是指精神成果。因此，在理解社会精神文明的发展问题时，不能把物质和意识、社会存在和社会意识相互关系的原理去硬套在物质文明和精神文明的关系上。物质和意识或社会存在和社会意识的关系是被反映和反映、决定和被决定的关系，物质文明和精神文明的关系则主要的不是被反映和反映、决定和被决定的关系。精神文明不是物质文明的派生物，尽管精神文明中属于文化建设的那一部分同生产力的发展状况关系十分密切，但从精神文明的总体上看，它所反映或体现的并不只是物质文明，而是包括物质生活、政治生活和精神生活在内的整个社会生活。这种概念上的严格区分是十分重要的，否则，会在理论上和实践上发生错误。

诚然，物质文明和精神文明毕竟是分别属于社会的物质生活和精神生活两大领域，因此，历史唯物论关于社会存在和社会意识相互关系的原理，对于理解物质文明和精神文明的关系也具有一般方法论的意义。关于精神文明发展的许多问题，都可以也需要运用这个原理去说明。历史唯物论首先肯定，物质文明是整个社会文明的基础，人们总要首先保证一定的物质生活，解决了吃、喝、住、穿的问题，然后才谈得上从事科学、教育、文化、艺术等等精神领域里的活动，只有物质文明的发展才能给精神文明的建设提供必要的物质保证。特别是精神文明中文化建设的部分更直接地依赖于物质文明的发展，它需要物质生产力的发展提供物质基础、物质条件。因此，在我国两个文明的建设中，经济建设应是一切工作的重点，这是毫无疑问的。但是，这丝毫也不意味着可以否认或低估精神文明建设的重要性。社会主义精神文明的建设对物质文明的建设不但起着巨大的推动作用，而且保证物质文明建设的正确的发展方向。这两种文明的建设是互为条件、互为目的的，是互相促进的。精神文明作为社会文明的一个不可缺少的组成部分，在很大程度上决定着整个社会文明的特征。物质文明大体相近的国家，它们的社会文明的状态会有巨大的差别，这主要就是由于它们的精神文明不同。社会主义的中国同西方发达的资本主义国家比较，物质文明的性质是大体相同的，都是在近代和现代生产力基础上的物质文明，而在物质文明发展的程度上，中国比西方发达国家还要低些，但是，中国社会的精神文明，特别是在思想、政治、道德水平等表现人们精神状态的方面，却比西方资本主义国家要高得多。以马克思主义为指导的社会主义精神文明是社会主义的一个重要特征，是社会主义制度优越于资本主义制度的一个突出表现。

精神文明的建设固然需要物质文明的发展提供物质基础，但是对于这一点应当做历史唯物论的正确理解。那种认为我们的物质基础太差，因而不能建设高度精神文明的观点，是不符合历史唯物论的，也是不符合事实的。社会意识形态不是由生产力直接决定的，而是由建立在一定生产力水平之上的生产关系即经济基础直接决定的。而且，社会意识具有相对的独立性，它的发展不仅受着经济基础的制约，还受着上层建筑各种因素的影响，还有它自身的历史继承性。因此，经济上相对落后的国家在精神文明上完全可以超过经济上比较发达的国家。马克思谈到艺术的发展时说过："它的一定的繁盛时期绝不是同社会的一般发展成比例的，因而也绝不是同仿佛是社会组织的骨骼的物质基础的一般发展成比例的。"①艺术的发展如此，其他意识形式的发展也是如此。我们的国家，有社会主义的经济基础和政治制度，有马克思主义的指导，又有悠久的宝贵的精神文化遗产，因此，我们不仅完全应当而且完全能够建设起高度的社会主义的精神文明。

---

① 马克思：《〈政治经济学批判〉导言》，《马克思恩格斯选集》第 2 卷，人民出版社 1972 年版，第 112—113 页。

　　从历史唯物论关于社会意识相对独立性的原理，我们还可以懂得，精神文明不是随着物质文明的发展而自发地形成和发展的，它的发展有自己独特的不同于物质文明发展的规律性，只有依靠人们正确地认识和运用这种规律性，自觉地努力地去建设，才能有高度的精神文明的出现。

　　中国人民在中国共产党的领导下，一定能够用自己的双手建设起高度的物质文明，也一定能够用自己的双手建设起高度的精神文明。中华民族必将以高度的社会文明屹立于世界。

# 第十五章　人民群众和个人
# 在历史上的作用

前面几章，分别说明了人类社会的物质生活、政治生活、精神生活的各个领域，说明了这些领域的相互关系及其发展变化的一般规律。然而，所有这些领域都是人的活动的领域。物质文明和精神文明的创造，阶级斗争和社会革命的进行，社会形态的更替，都是人所从事的活动。因此，要真正理解社会历史的发展过程，就还必须研究人的活动的作用。研究人的活动在历史过程中的作用，可以有不同的理论角度，从历史观的高度看最带有根本性质的，就是谁是创造历史的决定力量的问题。

## 第一节　在谁是创造历史的决定力量的问题上
## 两种历史观的根本对立

究竟谁是创造历史的决定力量，是人民群众还是个别人物？在这个问题上，唯物主义同唯心主义两种历史观是根本对立的。这种对立，是由它们各自的哲学前提出发的，就是说，是由它们解决社会存在和社会意识关系问题的基本立场所决定的。

历史唯心论从社会意识决定社会存在的基本观点出发，把社会历史发展变化的根本原因归结为个别人物的意志，认为是帝王将相、英雄豪杰的意志左右历史的方向、决定国家的命运和社会的前途，而广大人民群众是无足轻重的，是微不足道的。俄国沙皇时代的民粹派把群众看成"群氓"，看成一个个的"零"，只有英雄人物才是实数，只有在这一串"零"前面挂上这样一个实数，才能成为有效的数字。19 世纪德国的唯意志论哲学家尼采鼓吹所谓"超人"哲学。他认为历史的意义就在于所谓"超人"的诞生，公开宣称有上等人和下等人，上等人是非人和超人，认为一个这样的"超人"可以使千万年的历史生色，而广大人民群众则是一些残缺不全、鸡毛蒜皮的人，"不过是供实验的材料，一大堆多余的废品，一片瓦砾场"。他这种敌视人民群众的"超人"哲学成了法西斯主义的思想理论基础。在中国，孔孟宣扬的"民可使由之，不可使知之""劳心者治人，劳力者治于人"这一套唯心史观，也长期占据着统治地位。这些观点当然是历史唯心主义的一些最典型的表现。实际上，古往今来的一切剥削阶级及其代表人物都持这种观点，只是说法各有不同而已。

这种唯心史观，有时也表现为宿命论，认为主宰社会历史命运的是天意，是神的旨意。然而，体现"天意"的还是帝王将相、英雄豪杰，只有他们才是上天在人间的代理人。所以，它在实质上仍然是英雄史观，只不过多涂上了一层神秘的色彩而已。

历史唯物主义与这种观点针锋相对，它从社会存在决定社会意识的基本观点出发，认定以物质资料生产者为主体的人民群众是创造历史的决定力量。物质资料生产方式的发展变化是人类社会发展变化的基础。物质生产力的发展决定着包括社会思想关系在内的一切社会关系的变化，而物质资料的生产者即劳动者，则是首要的生产力。因此，历史唯物主义合乎逻辑地必然得出以物质资料生产者为主体的人民群众是创造历史的决定力量的结论。

在马克思主义以前，个别地说，也有一些思想家提出过重视群众作用的观点，例如法国复辟时代的历史学家在历史的研究中看到了人民群众的巨大作用，中国古代某些思想家和比较开明的政治家提出过重民、贵民的思想，但是，这些个别的观点不仅不能成为系统的思想，而且这些观点本身也是很不彻底的，是从属于整个唯心主义思想体系的。从总体上说，是英雄创造历史的唯心史观占据着统治地位。这是有深刻的社会阶级根源和认识根源的。

从社会阶级根源说，剥削阶级不仅在经济上、政治上占据着统治地位，而且垄断着文化、教育这些精神生活的领域，他们必然形成鄙视和轻视物质生产者、鄙视和轻视人民群众的阶级偏见。同时，剥削阶级为了维护他们的统治地位，极端害怕人民群众认识到自己的力量和作用，害怕人民群众的觉醒，因而必然要用英雄创造历史的唯心史观作为他们的思想工具、宣传工具，要把英雄创造历史、主宰历史宣扬为所谓历史的真理，要论证和实行愚民政策，使广大被剥削被压迫的劳动群众服服帖帖地顺从剥削阶级及其代表人物的摆布。正像马克思在批判卡莱尔的英雄史观时所说的，他们把历史上产生的阶级差别说成自然的差别，认为"人们必须向天生的贵人和贤人屈膝，尊敬这些差别，并承认它们是永恒的自然规律的一部分，一言以蔽之，即应崇拜天才"，"最后得出一个答案：应该由贵人、贤人和智者来统治"。[①]总之，剥削阶级要用英雄史观去论证他们统治的永恒合理性，这就是英雄史观长期占据统治地位的阶级

---

　　① 马克思和恩格斯：《〈新莱茵报·政治经济评论〉第 4 期上发表的书评》，《马克思恩格斯全集》第 7 卷，人民出版社 1959 年版，第 307 页。

根源。同时，这种英雄史观长期存在并占据统治的地位，也有它的认识根源。社会历史领域同自然界不同，社会历史是人的活动。但人在历史过程中的作用是有差别的。广大的群众默默无闻，显赫在历史前台的个别人物的作用则容易被夸大。所以，列宁把"没有说明人民群众的活动"和"至多是考察了人们历史活动的思想动机"看成过去历史理论的两个根本缺陷。这两个根本缺陷是有内在联系的，都是表明过去的历史理论只是停留于历史过程的表面，而没有揭示历史运动的最终动因。[①]列宁指出，只有历史唯物主义才第一次使我们能以自然史的精确性去考察群众生活的社会条件以及这些条件的变更。只有通过对群众生活的社会条件及其变更的考察，才有可能探究到历史运动的真正原因，也才有可能真正看到人民群众的伟大历史作用。

## 第二节　人民群众创造历史的决定作用

### 一、人民群众历史作用的主要表现

人民群众是一个重要的社会历史范畴，它是指一切对社会历史起推动作用的人们，在阶级社会中，就是指一切起进步作用的阶级和社会势力。人民群众不仅包括劳动者阶级，而且包括在一定历史时期之内某些起着进步作用的剥削阶级，例如，18 世纪法国资产阶级革命时期属于人民群众范畴的"第三等级"就包括了资产阶级；在我国抗日战争时期，一切抗日的阶

---

① 列宁：《卡尔·马克思》，参见《列宁选集》第 2 卷，人民出版社 1972 年版，第 586 页。

级、阶层和社会集团都属于人民群众的范畴，这里不仅包括民族资产阶级，而且包括地主阶级的多数；解放战争时期一切反对三大敌人的阶级、阶层和社会集团都属于人民群众的范畴；等等。

人民群众是一个历史的范畴，它是随着社会历史条件的变化而变化的，但不论怎样变化，劳动群众则在任何时代都是人民群众的主体部分，稳定的部分。这里应当注意，劳动群众不仅包括直接从事物质生产的体力劳动者，也应该包括从事脑力劳动的劳动知识分子。毛泽东曾明确指出："所谓劳动人民，是指一切体力劳动者（如工人、农民、手工业者等）以及和体力劳动者相近的、不剥削人而又受人剥削的脑力劳动者。"①这是非常正确的，也是非常重要的。

人民群众创造历史的决定作用，主要表现在以下几个方面。

第一，人民群众是社会物质财富的创造者。

一切物质财富都是劳动者的双手创造的，没有劳动者创造的物质财富，人类社会的一切都无从谈起。马克思说："任何一个民族，如果停止劳动，不用说一年，就是几个星期，也要灭亡。"②恩格斯也说："自从阶级产生以来，从来没有过一个时期社会上可以没有劳动阶级而存在的……有一件事是很明显的，无论不从事生产的社会上层发生什么变化，没有一个生产者阶级，社会就不能生存。"③总之，物质资料生产的实践是社会发展的基础、前提和根本动力，因而直接从事物质资料生产活动和以这种或那种方式促进物质资料生产发展的人民群众也

---

① 毛泽东：《关于民族资产阶级和开明绅士问题》，《毛泽东选集》第4卷，人民出版社1969年版，第1182页。

② 马克思：《致路·库格曼（1868年7月11日）》，《马克思恩格斯选集》第4卷，人民出版社1972年版，第368页。

③ 恩格斯：《必要的和多余的社会阶级》，《马克思恩格斯全集》第19卷，人民出版社1963年版，第315页。

就是推动社会历史发展的决定力量，这是历史唯物论肯定人民群众创造历史的决定作用的主要理由或根本理由所在。

第二，人民群众是社会精神财富的创造者。

人民群众创造社会的物质财富是十分明显的事实，而人民群众是社会精神财富创造者的真理却容易被抹杀。历史唯心论就正是把精神文化生活看成历史的首要因素，并且极力抹杀人民群众创造精神文化的决定作用，从而抹杀人民群众的伟大历史作用。与历史唯心论针锋相对，历史唯物论充分论证了人民群众创造精神财富的作用。首先，劳动群众的物质生产活动创造了从事一切精神活动的前提。只有劳动群众的物质生产活动提供了物质生活资料的保证，解决了吃、喝、住、穿的问题，人们才有可能去从事政治、科学、哲学、艺术等精神领域的活动；只有劳动群众的物质生产活动提供了精神生产所必需的物质手段，才能够从事精神文化的创造。其次，人民群众的社会实践提供了一切精神财富的源泉。一切真正有价值的精神财富都源于实践。只有依靠人民群众的实践所提供的丰富的原材料，才能创造出种种光彩夺目的精神产品。历史上许多千古不朽的伟大作品，就是直接依据人民群众所创作的素材加以整理和提高而产生的。毫无疑问，杰出的思想家、科学家、文学家、艺术家们对社会精神财富的创造，对人类文化科学的发展有着不可抹杀的重要贡献。许许多多的文化珍品是经过他们的辛勤劳动而创造的，他们的创造性的脑力劳动本身在本质上就是人民群众历史创造活动的一部分，他们理应受到人们的尊重。但是，他们的作用正是在于较好地概括和总结了人民群众的实践经验。离开人民群众的实践，无论多么杰出的思想家、科学家、文学家、艺术家都没有用武之地，或者干脆地说，根本就不可能造就出真正杰出的思想家、科学家、文学家、艺术家。再次，历史上许多优秀的思想家、科学家、文学家、艺术家本身就是直接从劳动群众中涌现出来的，他们亲手完成了许多宝贵的精神产品的创造。例如，中国宋代发明活字印刷的毕昇，明代大药物学家李时珍，近代欧美发明新型蒸汽机的瓦特，俄国大文学家高尔基、大科学家和思想家罗蒙诺索夫等，就是杰出的代表。在旧社会，在劳动群众的智慧和才能受到严重摧残的情况下尚且如此，在改变了旧的剥削制的社会制度以后，在我们的社会主义社会里，就更是人才辈出了。

　　第三，人民群众是社会变革的决定力量。

　　人民群众不仅创造社会的物质财富和精神财富，而且创造和改变社会关系，创造社会生活本身。由生产力的发展所引起的生产关系乃至整个社会形态的更替，都是遵循其自身固有规律的客观过程，然而又是通过人的活动实现的，人民群众的革命斗争就是实现社会变革的决定力量。历史上一切真正的革命运动，实质上都是人民群众起来摧毁腐朽的社会制度的斗争。列宁说："革命是被压迫者和被剥削者的盛大节日。人民群众在任何时候都不能够像在革命时期这样以新社会秩序的积极创造者的身份出现。在这样的时期，人民能够做出从市侩的渐进主义的狭小尺度看来是不可思议的奇迹。"[①]在革命时期，人民群众最能够充分地显示出自己历史主人翁的本色，最能够充分显示出自己决定社会命运的伟大力量。总之，社会的物质文明和精神文明的创造，社会形态由低级向高级的发展，都离不开人民群众的实践，都依靠人民群众的创造力量。"人民，只有人民，才是创造世界历史的动力。"[②]这是一条伟大的历史真理。

---

　　① 列宁：《社会民主党在民主革命中的两种策略》，《列宁选集》第 1 卷，人民出版社 1972 年版，第 601 页。
　　② 毛泽东：《抗日战争胜利后的时局和我们的方针》，《毛泽东选集》第 4 卷，人民出版社 1969 年版，第 1031 页。

承认人民群众是创造世界历史的动力，尊重人民群众的历史首创精神，同尊重社会历史的客观规律是一致的。社会历史的规律就是人们的社会实践的规律，而人民群众是社会实践的主体。社会历史的规律在本质上就是人民群众的社会实践的规律，也就是说，它是通过人民群众的历史活动而起作用的。因此，人民群众的利益和愿望，人民群众的历史行动，在本质上总是同社会历史"自己"运动的前进方向相一致的。所谓得人心者昌、逆人心者亡，说的就是社会上大多数人的意向、人民群众的愿望是违抗不得的。人心的向背总是体现着历史的潮流，因为人民群众是决定历史发展的力量。

## 二、人民群众历史作用的社会制约性

人民群众是创造历史的决定力量，但对人民群众的历史作用也应当历史地辩证地看待，它也是受着社会历史条件的制约的。人民群众是历史的创造者，但人民群众也不是随心所欲地创造历史的。马克思和恩格斯在肯定整个历史过程是由活生生的人民群众本身的发展所决定的观点时曾经明确地指出：人民群众同样是"为一定的、也在历史上产生和变化着的条件所左右的"。①人民群众只能从客观的历史条件出发，去实现历史本身提出的任务。

人民群众作为创造历史的主体，它本身的状况就是受着社会历史条件的制约的，是随着社会历史条件的变化而变化着的。随着生产力的发展以及为生产力所规定的生产关系、政治、文化各方面状况的变化，人民群众及其作用也会不断地改变自己的历史面貌。在资本主义以前的社会形态里，人民群众创造历

---

① 马克思和恩格斯：《〈新莱茵报·政治经济学评论〉第4期上发表的书评》，《马克思恩格斯全集》第7卷，人民出版社1959年版，第306页。

史的作用不仅受到当时社会历史条件的局限，而且受到各劳动阶级自身阶级地位的局限。奴隶和农民固然是推动历史前进的动力，但他们不是新的生产方式的代表者，因而不能创立新的社会制度，他们的斗争果实最后总是落在剥削阶级的手中，斗争的结局都是以新的剥削制度代替了旧的剥削制度。只是到了资本主义社会，才出现了新型的劳动者阶级——无产阶级。它是新的生产方式的代表者，是力量最强大、最富有革命性的阶级，它不仅能够彻底摧毁旧的社会制度，而且能够创立新的社会主义、共产主义的社会制度。经过无产阶级革命而创立了社会主义制度以后，劳动群众摆脱了剥削和压迫，掌握了生产资料和国家政权，成了国家和社会的主人，他们的聪明才智得到了日益充分的发展，人民群众创造历史的作用具有了它得以发挥的空前有利的条件。加上有马克思主义政党的正确领导，有马克思主义思想的正确指导，人民群众不仅大大提高了创造历史的能力，而且大大提高了创造历史的自觉性，因此，人民群众创造历史的伟大作用也就是以往任何历史时代所不可比拟的了。但是，不论在任何历史时代包括在社会主义时代，人民群众的历史活动都不能不受历史条件的制约。

　　这里，有一个重要的理论问题必须着重弄清，这就是人民群众的创造力究竟是无限的还是有限的？历史唯物论的正确回答应当是：人民群众的创造力既是无限的又是有限的，是无限和有限的辩证统一。从一方面说，人民群众的历史活动是在既定条件下进行的，是受既定条件制约的，因此，人民群众的创造力是有限的，人民群众创造作用的发挥是有限度的。如果片面地讲人民群众创造力的无限性，并从这种片面的理论前提出发，不顾客观条件，向群众提出不切实际的任务，就只会挫伤群众的积极性。从另一方面说，任何条件都不是凝固的、僵死的，而是可变的，人民群众的历史创造活动本身就是要改变旧的条件和创造新的条件，因此，旧的历史条件的限制是可以打破而且必然要被打破的，人民群众的创造力会不断地突破原来的限度而得到发展，这种发展是没有止境的，从这点上说，人民群众的创造力又是无限的。如果片面地讲人民群众创造力的有限性，并从这种片面的理论前提出发，固守旧的框框，不去积极地引导群众展开创造历史的新局面，这同样地只会严重挫伤群众的积极性。无限和有限是对立的统一，无限寓于有限之中。离开有限讲无限，从而否定界限的存在；或者离开无限讲有限，把界限看成凝固不变的，这两种观点都是非辩证的。用这样的观点看待人民群众的历史作用，都不是科学的历史观。

## 第三节　杰出人物在历史上的作用

马克思主义的历史观既是唯物的，又是辩证的。它坚决肯定人民群众创造历史的决定作用，同时又承认个人在历史上的作用。

历史是遵循它自身固有的客观必然性而发展的。但是，正如列宁所指出的："历史必然性的思想也丝毫不损害个人在历史上的作用，因为全部历史正是由那些无疑是活动家的个人的行动构成的。"[1]相对于历史的必然性来说，个人的作用是历史过程中的偶然因素，但它是必然性的表现和补充。在实现历史必然性的过程中，偶然性也是起作用的。马克思说："如果'偶然性'不起任何作用的话，那么世界历史就会带有非常神秘的

---

[1] 列宁：《什么是"人民之友"以及他们如何攻击社会民主主义者？》，《列宁选集》第 1 卷，人民出版社 1972 年版，第 26 页。

性质。这些偶然性本身自然纳入总的发展过程中，并且为其他偶然性所补偿。但是，发展的加速和延缓在很大程度上是取决于这些‘偶然性’的，其中也包括一开始就站在运动最前面的那些人物的性格这样一种‘偶然情况’。"①

　　历史唯物论肯定群众创造历史的决定作用，是就群众和个人的关系说的。各个个人的意志和力量是融合成一个"总的合力"去起作用的，因此，个人作用不论多大，总不能超过群众的作用。但这显然不意味着否认个人的作用。每个人都会对历史的发展起着或大或小的、这样或那样的作用。那些对历史发展作用较大、在历史进程中明显地留下了自己意志的印记的人物，人们称之为历史人物。在谁是创造历史的决定力量的问题上引起重大争论的，主要的正是如何看待这些历史人物的作用。历史人物不仅包括站在历史潮流的前头推动历史前进的正面人物，而且包括那些阻碍历史前进的反面人物。反面人物可以起到阻碍历史前进的作用，却绝不可能扭转历史前进的总的方向，最多只能延缓历史的进程。历史按照它自身内在的必然性向前发展，历史潮流是谁也阻挡不住的。历史唯物论反对片面夸大个人在历史上的作用，首先当然就是反对夸大这种反面人物的作用，这是不言而喻的。在理论认识上容易糊涂的，因而也是需要我们着重弄清楚的，是正面的历史人物即所谓杰出人物的历史作用。杰出人物既包括政治上的杰出人物，也包括杰出的思想家、科学家、文学家、艺术家，等等。后一类杰出人物，我们在前面已经有所论及，因此，这里要说明的主要是政治上的杰出人物的历史作用。

---

　　① 马克思：《致路·库格曼（1871 年 4 月 17 日）》，《马克思恩格斯选集》第 4 卷，人民出版社 1972 年版，第 393 页。

一、杰出人物是历史的产物

政治上的杰出人物，是那些代表先进的阶级或社会集团的利益，能够反映时代的要求，主张革新和进步，因而对历史的发展起着促进作用的英雄和领袖人物。杰出人物是时代的产物，阶级斗争的产物，群众斗争的产物。

杰出人物是一定时代的产物，就是说，他是适应时代的需要和条件而产生的，不是从天而降的偶像。马克思说："如爱尔维修所说的，每一个社会时代都需要有自己的伟大人物，如果没有这样的人物，它就要创造出这样的人物来。"①当某一历史任务成熟的时候，它就必定把人们的注意力吸引到成熟了的历史任务方面来，召唤一些关注时势的有作为的人物站到历史斗争的前头来，并且把平时默默无闻的人物锻炼成具有卓越才能的领袖人物。这就是所谓时势造英雄。任何英雄人物和领袖人物都是自己时代的产物，因而都不可避免地带上自己时代的特征，表现出自己时代的进步性和局限性。

杰出人物是阶级斗争的产物，就是说，他是先进阶级的代表，而不是超阶级的"圣贤"。当先进阶级为着解决新的历史任务而起来同反动腐朽的阶级展开斗争时，必然要推选出自己阶级的善于组织运动和领导运动的领导人物。这些人物固然有着他们自己独具的个人特质，但他们在政治上思想上的基本面貌却是由他们所属的阶级决定的，因而在他们身上也就会集中地表现着他们阶级的进步性或局限性。

杰出人物是群众斗争的产物，就是说，他们是从群众中涌现的，是群众实际利益的代表者，而不是高踞于群众之上的"救

①　马克思：《1848 年至 1850 年的法兰西阶级斗争》，《马克思恩格斯选集》第 1 卷，人民出版社 1972 年版，第 450 页。

世主"。先进阶级的斗争，当它发展为群众性的斗争时，就需要有能够较好地集中群众的智慧和愿望，能够动员群众、组织群众、站在群众斗争前头领导群众斗争的领袖人物。这样的人物本来就是在群众之中的，是群众自己创造的，而不是从外面强加于群众的。他们也只有不高居于群众之上或置身于群众之外，而同群众保持着一定的联系，才能够代表群众和领导群众，才能称得上真正的杰出人物。

总之，政治上的杰出人物是先进的阶级或社会集团的代表，是群众的代表，是一定历史时代的产物。

## 二、杰出人物的历史作用

了解了杰出人物的产生，也就能够正确地认识杰出人物的作用。杰出人物本来就是适应着实现一定历史任务的需要而产生的，因而他们对于历史的发展也就有着不可缺少的重要作用。

首先，他们起着实现一定历史任务的发起者的作用。杰出人物能够比较及时地把握到时代的脉搏，反映历史发展的趋势，最先意识到新的历史任务。成熟了的历史任务总是由少数杰出人物首先发现和提出的，这种发起者的作用是十分重要的，如果没有人发起，历史发展的客观需要就不可能变成人们实现这种需要的实际活动。同时，杰出人物又起着实现一定历史任务的组织者和领导者的作用。历史活动不是许多个人活动的简单汇集，而是以一定方式有组织地进行的。如果没有适合一定历史任务需要的组织者和领导者，任何历史运动都不可能持久，更不可能深入，也就不可能使一定的历史任务得以顺利地实现。显然，如果就某一具体的历史事件来说，作为事件的发起者、组织者、指挥者的历史人物必然地要在它上面深深地打下自己的烙印，有时甚至对历史事件的进程和结局发生决定性的影响。

当然，这是就具体的历史事件说的，并不是说他们对整个历史可以起决定的作用。

杰出人物的历史作用是不可抹杀的，但又不可片面地夸大。杰出人物既然是一定历史时代的产物，他们就总是要受时代的历史条件的制约。任何杰出人物，不论他如何杰出，都只能演出他那个时代所可能演出的历史活剧。杰出人物既然是阶级斗争的产物，是一定阶级的代表，他们就超不出自己阶级的历史局限。他不能决定阶级的面貌，而他本身的基本面貌则是由他的阶级决定的。他只能最大限度地担当起自己阶级所授予的历史使命，而阶级的使命又是由时代所赋予的。杰出人物既然是群众斗争的产物，是群众的代表，那么他的作用就绝不能够超出群众的作用。相反，杰出人物杰出到什么程度，却归根到底要以他同人民群众的关系如何而定。他越是忠实地代表群众的利益，越是善于集中群众的智慧，就越能得到群众的拥护和信赖，他对历史前进所起的推动作用也就越是卓著。历史上不乏这样的人物，当他同群众保持密切的关系时，曾起着推动历史前进的作用，还算得上是杰出者；一旦当他脱离了群众，走上了损害、背叛群众利益的道路，就被群众所淘汰，也就是被历史所淘汰，以至成为历史的罪人。因此，我们说，任何杰出人物都不能对社会历史的发展起决定的作用。

由此，也可以引出一些评价历史人物的重要方法论原则。杰出人物既然是时代的产物，他们的作用要受到时代条件的制约，那么在评价历史人物时，就应当采取历史主义的方法，把他们放在他们进行历史活动的特定环境中去考察，既不能苛求古人又不能把古人现代化。既然杰出人物是阶级斗争的产物，是一定阶级的代表，那么，在评价历史人物时就应当采取阶级分析的方法。首先要判明历史人物的阶级属性，看他在政治思想上代表哪个阶级的利益和要求，要从他所属的阶级的历史地位，即他所属阶级的历史进步性或历史局限性，去评价他的历史作用。既然杰出人物是群众斗争的产物，是群众的代表，那么，在评价他们的历史作用时，也就要看他与当时人民群众的关系如何。这是从归根到底的意义上说的，但这也是一个客观的尺度，因为广大群众的根本利益和愿望同社会历史"自己"运动的前进方向是一致的。当然，评价历史人物的作用是很复杂的事情，因为历史本身是复杂的，历史人物同阶级、同群众的关系也是复杂的。因此，在运用任何一种科学方法时，都不可简单化。

### 三、无产阶级领袖人物的历史作用

无产阶级领袖当然是杰出人物，而且他们同过去历史上的杰出人物有着根本的不同。这种不同，也主要地是由客观的社会历史条件造成的。

无产阶级领袖也是自己时代的产物，只是这个时代根本不同于以往的任何历史时代。这是一个彻底消灭剥削、消灭压迫、消灭阶级的时代，是人类由阶级社会向无阶级社会转变的时代，是人类社会经历着彻底的革命改造的时代。这样的时代，必然造就出不论在实践力量或理论力量方面都为以往的杰出人物所不可比拟的伟大人物，因为只有这样的人物才能担当起这样的时代所赋予的重任。

无产阶级领袖也是一定阶级的代表，是无产阶级的代表，只是他们所代表的这个阶级不同于以往历史上的任何一个革命阶级。这是一个在思想上政治上力量最强大的阶级，是一个最富有革命的彻底性、坚定性和组织性、纪律性、团结性的阶级。由这样的阶级所造就的领袖人物，也就会集中地体现这个阶级的最优秀的阶级品质。

无产阶级领袖也是群众斗争的产物，只是他们所经历的这种群众斗争不论在深度上和广度上都远远地超出于历史上的一切群众斗争。"无产阶级的运动是绝大多数人的、为绝大多数人谋利益的独立的运动。"①这个运动的目标是实现共产主义，解放全人类，它必然吸引最广大的人民群众的参加，必然在斗争中一大批一大批地涌现出优秀的骨干人物，无产阶级的领袖人物也就能够从这为数众多的骨干人物中筛选出来。这种斗争的彻底革命的性质决定了它要经历无数的艰难险阻，要战胜面前的强大的敌人，要克服一个又一个的困难，经受一次又一次的考验，因而，这种斗争对于涌现出来的骨干人物的筛选也就要严格得多。在这样长期的群众斗争的考验中，必然选择出能够适应这个伟大斗争需要的最卓越的领袖人物。

这些都说明，无产阶级领袖比之历史上的任何杰出人物都更加杰出得多，这固然同他们的个人特质、个人努力分不开，但主要的还是由时代、阶级、群众的历史状况所决定的。

无产阶级的革命领袖不是一个人，而是一个集团，是"由最有威信、最有影响、最有经验、被选出担任最重要职务而称为领袖的人们所组成的比较稳定的集团"②。他们对于无产阶级革命事业的发展，从而对于人类社会历史的发展起着十分巨大的作用。首先，他们能够总结无产阶级革命实践的经验并吸取人类历史上优秀的思想成果，创立正确的革命理论并不断地在实践中发展这个理论，给无产阶级和人民群众以科学的革命的思想理论的武装。这是无产阶级革命事业胜利的重要保证。

---

① 马克思和恩格斯：《共产党宣言》，《马克思恩格斯选集》第 1 卷，人民出版社 1972 年版，第 262 页。

② 列宁：《共产主义运动中的"左派"幼稚病》，《列宁选集》第 4 卷，人民出版社 1972 年版，第 197 页。

马克思和恩格斯创立马克思主义，使无产阶级由"自在的阶级"变成了"自为的阶级"；列宁全面地发展了马克思主义，特别是创立了关于帝国主义的理论，提出了社会主义首先在一国胜利的新结论，使社会主义首先在俄国由理论变为现实；以毛泽东为代表的中国无产阶级的革命领袖们把马克思列宁主义的普遍真理同中国革命的具体实践相结合，创立了中国革命和中国共产党的唯一正确的指导思想——毛泽东思想，指导着中国革命取得了辉煌的胜利。同时，无产阶级领袖能够运用马克思主义的原则创建和发展无产阶级的革命政党，并能够集中全党的智慧，为党制定出各个时期的路线、方针、政策，给革命斗争指引方向。特别是在革命的转折关头，他们高瞻远瞩，以科学的预见性和革命的坚定性，带领革命队伍战胜艰难险阻，使革命化险为夷，转危为安。在整个革命斗争中，无产阶级革命领袖始终起着动员群众、团结群众、组织群众的重大作用。没有无产阶级革命领袖的正确领导，革命的胜利是不可能的。抹杀或贬低无产阶级革命领袖的作用是极端错误的。维护无产阶级革命领袖的权威，是党的需要、阶级的需要、群众的需要，是革命事业的需要，也就是历史发展的需要。

　　然而，历史唯物主义又坚决地反对片面夸大领袖个人作用的观点。领袖的作用是巨大的，但不论怎样也不能超出群众的作用。群众需要领袖，正说明领袖不能脱离群众。领袖本来就是从群众斗争中产生的，只因为他们能够忠实地代表群众的根本利益，才得到了群众的衷心爱戴和拥护。领袖提出的思想、理论、路线、方针、政策等，不是他们头脑主观臆造的产物，而只能是群众意见的集中、群众经验的总结，并且只有经过群众的实践才能得以实现。领袖在历史过程中的巨大作用是通过广大群众的活动而发挥的，归根到底是群众给予领袖以智慧和力量。因此，把领袖人物神化，搞个人崇拜，是马克思主义历来所坚决厌弃、坚决反对的唯心史观。

总之，以唯物史观武装起来的无产阶级及其政党既坚决维护革命领袖的权威，热爱自己的革命领袖，又坚决反对任何形式的个人崇拜。这是基于对人民群众和个人的历史作用及相互关系的正确理解而采取的唯一正确的态度。

## 第四节　无产阶级政党的群众观点和群众路线

群众观点是无产阶级政党的根本观点，它包括以下几个方面的内容。

第一，坚信群众自己解放自己的观点。人民群众具有伟大的创造力，人民群众是创造历史的决定力量。无产阶级的革命事业，社会主义、共产主义的事业，是亿万人民群众自己的事业。只有依靠广大人民群众的自觉的努力和斗争，才能取得革命事业的胜利。因此，无产阶级政党应坚定地相信群众，依靠群众，尊重群众的革命首创精神，反对恩赐观点和包办代替。

第二，全心全意为人民服务的观点。为人民谋利益是无产阶级政党的根本宗旨。除了无产阶级和广大人民群众的利益，无产阶级政党没有任何自己的私利。一切为了群众，是党的一切活动的根本出发点。

第三，向人民群众负责的观点。人民群众的利益就是党的利益，是否符合人民群众的利益应是党的一切言行的最高标准，因此，向人民群众负责和向党的领导机关负责是统一的。

第四，虚心向人民群众学习的观点。人民群众是历史的真正主人，人民群众是真正的英雄。党的正确意见和主张，在本质上都是群众经验的总结、群众智慧的结晶。固然，群众需要党的领导和教育，但教育者首先是受教育的。因此，要甘当群众的小学生，遇事要同群众商量。

党的群众观点，是从历史唯物主义关于人民群众是创造历史的决定力量的原理中必然引出的基本观点。党的群众路线就是一切为了群众，一切依靠群众，从群众中来，到群众中去。群众路线是党的根本的政治路线和组织路线，也是党的根本的领导方法和工作方法。它的理论基础就是辩证唯物主义认识论和历史唯物主义关于人民群众是创造历史的决定力量的原理。

群众观点和群众路线是无产阶级政党区别于其他任何政党的显著标志，它体现了无产阶级政党的根本性质。因此，能不能坚持群众观点和群众路线，关系到能不能保持党的性质。我们党所领导的革命事业的胜利，是坚定地实行群众路线的胜利。在社会主义时期，坚持党的群众观点和群众路线，具有更加特殊的意义。在社会主义条件下，我们党处于执政党的地位，增加了脱离群众的危险，增加了因脱离群众而变质和失败的危险。能不能保持和发扬密切联系群众的优良传统和作风，是关系到执政党的生死存亡的大问题。同时，社会主义事业本身的发展，也使得坚持党的群众观点和群众路线的问题显示出更加突出的意义。社会主义是亿万人民群众的实践，生气勃勃的创造性的社会主义是由人民群众自己创立的。马克思和恩格斯说过："历史活动是群众的事业，随着历史活动的深入，必将是群众队伍的扩大。"① 随着历史活动的深入，作为自觉的历史活动家的人民群众必将在数量上扩大，而随着自觉的群众队伍的扩大，又必将使历史活动更加深入，这本身就是人们的历史活动发展的

---

① 马克思和恩格斯：《神圣家族》，《马克思恩格斯全集》第 2 卷，人民出版社 1957 年版，第 104 页。

辩证规律。建设社会主义是人类有史以来最为深刻的历史活动，它必然地会吸引最广大的人民群众的参加，而人民群众历史活动自觉性的不断提高，又会极大地推动社会主义事业的发展。这就要求我们党像尊重其他的客观规律一样，去尊重这一条人们自己历史活动本身发展的客观规律。这就是要认识到自觉的群众队伍的扩大是一种必然的趋势，因而努力去帮助人民群众提高历史活动的自觉性，也就是使人民群众认识社会主义的本质，从而认识自己的利益和力量，去自觉地同心协力地为社会主义事业而奋斗。没有最广大人民群众的历史首创精神的发扬，没有最广大人民群众的自觉的团结一致的努力奋斗，社会主义事业的胜利是不可能的。因此，在社会主义时期，应当更加自觉、更加严格地坚持党的群众观点和群众路线。

相关论文

# 如何讲授"对立统一规律"*

　　对立统一规律是唯物辩证法的核心。高等学校的马克思主义哲学课，历来重视对立统一规律的讲授。但是，多年来沿用的教学体系却是不尽合理的。旧的教学体系的显著弊病，就在于重点不突出，把应当突出的重点即对于对立统一规律本身的基本内容的讲授，淹没在大量仅仅同理解和运用这个规律有关的问题里，以致学生学完以后，往往说不清对立统一规律本身讲的是什么。教学实践表明，在对立统一规律的教学体系上加以探索和改革，对于提高马克思主义哲学课的教学质量是必要的。

一

　　为了突出教学重点，便于充分地展开地阐述对立统一规律的丰富的理论内容，我初步认为"对立统一规律"这一章的讲授，可以采取如下的安排。

　　第一节　对立和同一

　　　一、矛盾的斗争性

　　　二、矛盾的同一性

---

　　* 本文在学界首次提出改变以往哲学教科书按照《矛盾论》的框架表述"对立统一规律"的方式。这一意见被教育部编教材《辩证唯物主义原理》（肖前等主编）采纳，该书的"对立统一规律"一章即是由本文作者撰写。原载《教学与研究》1980年第 2 期。

三、对立中的同一，同一中的对立

1. 对立中的同一。没有脱离同一的对立。批判形而上学的绝对对立。

2. 同一中的对立。没有脱离对立的同一。批判形而上学的绝对同一。

四、对立同一是客观世界和人类思维的普遍现象。

第二节　发展是对立面的统一

一、相对的同一性和绝对的斗争性相结合构成一切事物的矛盾运动。

1. 矛盾的斗争性是绝对的，矛盾的同一性是相对的。

2. 事物内部矛盾双方又斗争又同一推动事物的发展。

二、矛盾的斗争性在事物发展中的作用

1. 矛盾的斗争引起矛盾双方力量的变化。

2. 矛盾的斗争突破事物存在的界限。

3. 矛盾的斗争构成矛盾双方一定的运动形式。

三、矛盾的同一性在事物发展中的作用

1. 发展是事物向自己的对立面发展。矛盾的具体的同一性规定事物发展的基本趋势。

2. 对立面一方的发展依赖和利用另一方的存在和发展。

3. 保持矛盾统一体在一定条件下的相对稳定性是巩固事物发展成果的必要条件。

第三节　矛盾的差别性

一、不同的事物内部包含着自身特殊的矛盾

二、矛盾力量发展的不平衡性

1. 事物是一个复杂的矛盾体系。

2. 基本矛盾和非基本矛盾、主要矛盾和非主要矛盾的差别性。

　　3. 主要矛盾方面和非主要矛盾方面的差别性。

　　三、解决矛盾的多种形式

　　1. 矛盾的不可调和性和解决矛盾的形式的多样性。

　　2. 解决矛盾的几种形式。

　　3. 在社会生活中，解决对抗性矛盾和非对抗性矛盾的不同形式。

二

　　按照上述初步设想，对于讲授对立统一规律中涉及的若干理论观点，顺序地谈谈自己的粗浅看法。

　　（一）关于第一节

　　第一节主要是阐述辩证的矛盾范畴。对立统一规律是关于事物矛盾运动的规律，正确地阐明辩证的矛盾范畴是正确阐述对立统一规律的首要一环。而对立和同一即斗争性和同一性，则是辩证矛盾的两种基本属性，因此，阐述辩证的矛盾范畴就是要阐明对立和同一这对范畴的科学含义及其相互联结。

　　在阐述斗争性和同一性的含义时，首先要指出，这是一对具有最广泛意义的哲学范畴，任何简单狭隘的解释，都会导致否认矛盾的斗争性或否认矛盾的同一性。

　　矛盾的斗争性就是对立面之间相互排斥的属性。对立和对抗，可以看成和斗争属于同一序列的范畴，都是讲对立面之间的相互排斥。只要是表现对立面之间相互排斥的倾向，都属于矛盾斗争性的范畴。但对立（或斗争）并不等同于对抗，不能把斗争性归结为对立面间你死我活的对抗这一种形式。

　　矛盾的同一性就是对立面之间互相联系的属性。矛盾的同一性可以归纳为三种含义。其一是，对立面的相互依赖。矛盾的一方必须以另一方为媒介，矛盾一方的存在和发展以另一方的存在和发展为条件。其二是，对立面的相互包含。矛盾着的双方互相渗透，互相贯通，此中有彼，彼中有此，总是存在着某些共同点。这种情形，马克思曾称之为"直接的同一性"。①所谓直接同一，仍然是对立中的同一，即矛盾双方在对立中的共同点。对立面之间的共同点是矛盾同一性的基础，没有共同点就不能构成矛盾，也就没有同一性。其三是，对立面相互转化的趋势。对于对立面的转化问题，在讲授时需要做一点区别。转化过程虽然表现了其中存在着同一性，但这一过程本身则不应包括在同一性的范畴中。因为对立面转化的过程是事物分化的过程，是同一性分解的过程，它贯彻着对立面之间互相排斥的倾向，因而在事物的矛盾运动中它和斗争性属于同一种倾向。同一性的范畴中的转化，不是指转化过程本身，而只能是指对立面相互转化的趋势。很明显，对立面之间的相互转化之所以可能，正是因为对立面之间本来就存在着相互转化的趋势，存在着一条由此达彼的桥梁，正是因为它们之间的联系是内在的，是相互渗透、相互贯通的。列宁在对黑格尔一段话的批语里写道："非常正确而且重要：'他物'是自己的他物，是向自己的对立面的发展。"②所谓"自己的对立面"，就是本来和自己相互依存、相互贯通着的对立面，和自己内在地联系着的对立面。没有这种内在联系或这种联系不是内在的，对立面之间的相互转化就是不可能的。既然对立面相互转化的趋势鲜明地表现着对立面之间的内在联系，因而它属于同一性的范畴，是同一性的重要内容。如果不把对立面相互转化的趋势和转化过程本身

---

① 参看马克思：《〈政治经济学批判〉导言》，《马克思恩格斯选集》第 2 卷，人民出版社 1972 年版，第 95 页。

② 列宁：《黑格尔〈哲学史讲演录〉一书摘要》，《列宁全集》第 38 卷，人民出版社 1959 年版，第 288 页。

加以区别，矛盾同一性的范畴就讲不清楚，同一性和斗争性的范畴就容易混淆起来。

阐明矛盾的斗争性和同一性的基本含义之后，就要阐明二者之间的相互联结或相互制约，即对立中的同一，同一中的对立。斗争性和同一性是辩证矛盾的两种基本属性，失去其中任何一种，都不成其为矛盾。因此，在任何时候，在矛盾发展的任何阶段上，都不能只有斗争性而无同一性或只有同一性而无斗争性。过去只讲没有斗争性就没有同一性，而不同时讲没有同一性就没有斗争性，这显然是不正确的。没有脱离对立的同一，也没有脱离同一的对立，这就要求人们在对立中把握同一，在同一中把握对立。否则，就是离开了辩证法。

第一节的第四个问题讲"对立同一是客观世界和人类思维的普遍现象"，就是要对于对立统一规律的客观性和普遍性展开地进行哲学和科学史的论证。这在过去教学中往往是举例多于论证，今后需要在理论上大力加强。讲授这一问题时，应当贯彻列宁关于"辩证法内容的这一方面的正确性必须由科学史来检验"的指示，防止把辩证法当作"实例的总和"。①

（二）关于第二节

列宁指出："有两种基本的（或两种可能的？或两种在历史上常见的？）发展（进化）观点：认为发展是减少和增加，是重复；以及认为发展是对立面的统一（统一物之分为两个互相排斥的对立面以及它们之间的互相关联）。"②根据列宁的这个论述，我们把"发展是对立面的统一"作为这一节的标题。发展是对立面的统一，这是辩证发展观的一个完整的提法，它全

---

① 参看列宁:《谈谈辩证法问题》,《列宁选集》第 2 卷, 人民出版社 1972 年版, 第 711 页。
② 列宁:《谈谈辩证法问题》,《列宁选集》第 2 卷, 人民出版社 1972 年版, 第 712 页。

面地揭示了事物发展的源泉和动力。因此，这一节正是在阐述对立和统一的辩证范畴的基础上，进一步阐述对立统一规律的基本内容。

为了阐述发展是对立面的统一，阐明事物内部矛盾双方又斗争又同一如何推动事物的发展，首先就要说明斗争性和同一性各在矛盾运动中处于何种特定的地位，这就是斗争的绝对性和同一的相对性的问题。这个绝对相对的道理，是对立统一规律的最重要之点。它体现了对立统一规律乃至整个辩证法学说的精神实质。困难在于如何正确而清楚地阐述这个问题。

列宁在《谈谈辩证法问题》中的一段论述，对于理解这个问题十分重要。列宁说："对立面的统一（一致、同一、均势）是有条件的、暂时的、易逝的、相对的。相互排斥的对立面的斗争则是绝对的，正如发展、运动是绝对的一样。"[①]列宁这个论述告诉我们，事物内部矛盾斗争的绝对性和同一的相对性，同事物运动的绝对性和静止的相对性，这两个原理是一致的。矛盾斗争的绝对性和同一的相对性，是事物运动的绝对性和静止的相对性的实质，即是说，它从实质上说明了为什么事物的运动是绝对的、静止是相对的。或者说，承认了事物运动的绝对性和静止的相对性，也就同时承认了矛盾斗争的绝对性和同一的相对性。

矛盾斗争的绝对性即指无条件性，同一的相对性即指条件性。所谓无条件性，并不是说矛盾的斗争可以脱离任何具体的条件而孤立地存在，那样是不可思议的。因为唯物辩证法讲的矛盾都是现实的具体的矛盾，矛盾的斗争也总是在现实的具体条件下的斗争。所谓无条件性，是说不受条件的限制；而所谓

---

① 列宁：《谈谈辩证法问题》，《列宁选集》第 2 卷，人民出版社 1972 年版，第 712 页。

条件性则是说受到特定条件的限制。矛盾斗争的绝对性即无条件性，就是说对立面之间相互排斥的倾向在任何条件下都要贯彻下去；而同一的相对性即条件性，则是说对立面相互联系的倾向只有在特定的条件下才能贯彻，此种条件一旦改变，对立面相互联系的倾向的贯彻就要受到阻碍。正因为矛盾双方相互联系的同一性要受特定条件的限制，而矛盾双方相互排斥的斗争性则在任何条件下都可以贯彻下去，所以一切过程的常住性是相对的，一种过程转化为他种过程的变动性则是绝对的。过去教学中有的同志往往把矛盾斗争的绝对性仅仅解释成斗争性始终存在，而把同一的相对性则解释成同一性时有时无，这显然是不正确的。这样解释，势必割裂绝对和相对，割裂斗争性和同一性，认为在矛盾发展的某个阶段上只有斗争性而无同一性。按照对立同一的观点，在矛盾统一体解体以前，就这个具体矛盾来说，不论斗争性或同一性都是始终存在的。区别在于，在对立面相互依存的条件发生变化的时候，对立面相互排斥的倾向能够继续得到贯彻，并且往往得到更强烈的贯彻，而对立面相互联系的倾向的贯彻则受到了阻碍。同一性的倾向从它的贯彻受到阻碍到它的完全分解，是一个过程，这同条件改变的过程是一致的。旧的矛盾统一体完全分解，旧矛盾为新矛盾所代替，也就是旧的矛盾斗争和同一同时地为新的矛盾斗争和同一所代替。

在现实的矛盾发展中，斗争性和同一性是不可割裂的。阐述斗争性和同一性在事物发展中的作用时，也不应当把它们割裂开来。无论斗争性或者同一性，都不能孤立地对事物的发展起作用。讲授时对斗争性和同一性的作用分别地加以阐述，是为了便于深入地展开地说明它们在矛盾发展中的特定地位。对于矛盾斗争性和同一性在事物发展中的作用问题，哲学界正在进行深入的科学研究。这个问题是辩证法学说的一个十分重要的问题，它包含着极为丰富的内容。上述提纲中列出的几个方面，显然还只是一种初步的认识。这里，重要的是启发学生从自然界、社会和人类思维的矛盾发展的实际情况出发，进行实事求是的探讨和研究，防止只强调斗争性或只强调同一性的片面观点。

（三）关于第三节

不同的事物，其内部都包含着本身特殊的矛盾，这是矛盾的差别性。同时，每一个复杂事物都是一个矛盾体系，事物的发展是一个复杂的矛盾运动过程。在每一复杂事物的矛盾体系中，在事物的复杂的矛盾运动过程中，其内部各种矛盾力量又存在着差别性或不平衡性，这表明它们在事物发展过程中的不同地位和作用。

在阐明了对立统一规律本身的基本内容之后，之所以还要讲讲矛盾的差别性问题，是因为认识这种差别性，对于正确理解对立统一规律，特别是对于在认识和实践中正确运用对立统一规律，是十分重要的。

这里需要着重加以说明的是，在这一节里增加解决矛盾的形式的多样性这一内容，是完全必要的。在过去的教学中，或者基本上不讲这个问题，或者把解决矛盾的形式简单地归结为一种形式，即所谓一方"吃掉"另一方。这是不全面的，是不大符合客观矛盾运动的实际情况的。一方"吃掉"另一方，或者叫作一方克服另一方，这是解决矛盾的一种重要形式，但不是唯一的形式。除此以外，还有许多解决矛盾的形式。矛盾双方为新的对立双方所代替，就是一种客观存在着的形式。这种形式不是一方"吃掉"另一方，而是双方"同归于尽"（与此同时，则是新的矛盾双方应运而生）。还有矛盾一方向着它的对方发展的情况。例如，在社会主义条件下，工业和农业的矛盾运动，是农业向工业化、工厂化的方向发展，其结果固然不是取消了工业，却也不是取消了农业，而是在农业中不断增加工业的成分。再如，在社会主义条件下，体力劳动向着脑力劳动的方向发展，其结果固然不是取消了脑力劳动，却也不是取消了体力劳动，而是减轻体力劳动的强度，在体力劳动中不断增加脑力劳动的成分，等等。这种解决矛盾的形式，就很难说是一方"吃掉"了另一方。此外，马克思在《资本论》中还指出解决矛盾的另一种形式，即创造出适合于矛盾双方在其中运动的适当形式。马克思说："……商品的交换过程包含着矛盾的和相互排斥的关系。商品的发展并没有扬弃这些矛盾，而是创造这些矛盾能在其中运动的形式。一般说来，这就是解决实际矛盾的方法。例如，一个物体不断落向另一个物体而又不断离开这个物体，这是一个矛盾。椭圆便是这个矛盾借以实现和解决的运动形式之一。"①地球围绕太阳运动的椭圆形式，就是解决地球和太阳之间吸引和排斥的矛盾的运动形式。这里，吸引一方没有"吃掉"排斥一方，排斥一方也没有"吃掉"吸引一方。

诚然，上述的看法还带有举例的性质，解决矛盾的基本形式究竟有哪些，怎样对它们做出真正理论的说明，还有待于进一步的深入的科学研究。但是，通过列举若干已被人们认识到的形式，打破那种认为解决矛盾只能是一种形式的片面观点，并不是没有意义的。

## 三

在对立统一规律这一章的教学体系做出上述改变之后，要求对于整个辩证法部分的教学也做出相应的调整。

① 马克思：《资本论》第 1 卷，人民出版社 1975 年版，第 122 页。

首先，在讲授对立统一规律和辩证法的其他规律、范畴之前，应有一个关于辩证法学说的总论，必要时可以单辟一章。辩证法的总论部分，大致可以包括如下内容：一、辩证法和形而上学的对立；二、辩证法是关于普遍联系的学说；三、辩证法是关于运动发展的学说；四、对立统一规律是辩证法的核心。（或将一、四两节合并。）过去在对立统一规律这一章中讲授的某些内容，如两种发展观，内因和外因的关系等，就可以在辩证法总论中加以阐述。

其次，在唯物辩证法的基本范畴一章中，可考虑增加"普遍和特殊"一节。在过去的教学中，矛盾的普遍性和特殊性是作为对立统一规律这章的一节，并且是用大量篇幅和课时去讲授的。教学体系做了上述改变之后，矛盾的普遍性即对立统一规律的普遍性，仍在这一章讲授，并且要求加强这一部分的理论内容，即展开地进行哲学和科学史的论证。矛盾的特殊性问题，也在"矛盾的差别性"一节中提出，并加以适当的论述。但关于普遍性和特殊性的关系问题，却不必在这一章中专门地详细阐述。这样考虑的理由是，普遍和特殊是辩证法的一般范畴，不只为对立统一规律所独具。辩证法的其他两个基本规律，同样有普遍性和特殊性的关系问题。质量互变规律讲任何事物的发展都是由量变到质变又由质变到量变，这是一般规律，是普遍性；同时，不同的事物又都有不同的质变形式和量变形式，这就是特殊性。否定之否定规律讲事物的发展要由肯定到否定再到否定之否定，是前进性和曲折性的统一，讲一切事物的否定都是事物的自我否定，都是"扬弃"，这些都是辩证否定的一般性质，都是讲的普遍性；同时，不同事物的发展又都经历各自特殊的否定过程，又有各自的辩证否定的特殊性质和特殊形式，这就是特殊性。因此，讲对立统一规律的普遍性和特殊性，像讲其他两个基本规律一样的讲法，讲到一样的程度，就可以了。把普遍和特殊这对重要范畴，作为辩证法的一般范畴，在范畴一章中另辟专节讲授，比较合乎逻辑。

这里，有一个问题必须加以说明。在至今流行的教学体系中，对立统一规律这一章是基本遵循毛泽东同志的《矛盾论》的结构，把矛盾的普遍性和特殊性分别作为专节，并且往往是作为重点内容去讲授的。教学体系做如上的改变，是不是违背了《矛盾论》的基本精神呢？我以为，不但没有违背，而且有助于更准确更深入地阐述包括《矛盾论》在内的马克思主义辩证法的基本理论观点。

毛泽东同志的《矛盾论》，是一部马克思主义的哲学专著，是马克思主义哲学宝库中的重要篇章，是永远值得我们学习、研究和宣传的珍贵文献。但是，《矛盾论》也同其他的任何一部马克思主义的经典著作一样，并不是给后人撰写的现成的大学教材，而是为了解决一定的历史任务。四十多年前，毛泽东同志写作《矛盾论》和《实践论》，是为了从思想理论上清算王明的教条主义错误。王明的教条主义在思想方法上的一个基本错误，就是割裂事物的普遍性和特殊性的关系，否认事物的特殊性，把马克思主义的一般原理当作千篇一律的僵化公式到处硬套，因而给中国革命造成了极其严重的危害。毛泽东同志的《矛盾论》用大量的篇幅着重地阐明了矛盾的普遍性和特殊性及其相互联结的原理，这是完全合理、完全必要的。这对于清算王明的教条主义错误，对于正确运用对立统一规律去研究和解决中国革命问题，都起了十分巨大的作用。但是，如果据此认为，普遍性和特殊性的问题即是对立统一规律本身的基本内容甚至是它的重点，那就是一种误解。如果从这样的误解出发，认为普遍和特殊的问题只能在对立统一规律这章讲授，而放在范畴一章讲授就是违背了《矛盾论》，那样的看法就更不妥当了。高等学校的马克思主义哲学课的任务，是完整地准确地讲授辩证唯物主义和历史唯物主义的科学体系。教学体系的安排，只能从教学内容本身的内在联系出发，而不能从本本出发。否则，教学也就不成其为教学了。

这些意见，只想作为改进教学的一个尝试，其中有些问题也还没有得到十分合理的解决，难免有谬误之处。

# "对立统一规律"讲授意见*

对立统一规律是唯物辩证法的核心。高等学校的马克思主义哲学课，历来重视对立统一规律的讲授。但是，多年来沿用的教学体系却是不尽合理的，其显著弊病就在于重点不突出，对于对立统一规律本身的基本内容的讲授不充分，以致学生学完以后，往往说不清对立统一规律本身讲的是什么。教学实践表明，在对立统一规律的教学体系上加以探索和改革，对于提高哲学课的教学质量是必要的。

为了突出教学的重点，便于充分地展开地阐述对立统一学说的丰富的理论内容，这一章可分为如下三节：

第一节　矛盾的同一性和斗争性

第二节　发展是对立面的统一和斗争

第三节　矛盾的特殊性及其解决形式的多样性

按照上述设想，对于讲授这一章中涉及的若干理论观点，顺序地谈谈自己的粗浅看法。

一、关于第一节

这一节的任务是要阐述辩证的矛盾范畴。对立统一规律是关于事物矛盾运动的规律，正确地阐明辩证矛盾这一范畴是正

　　* 本文为作者 1981 年 7 月在全国高校哲学专业教师讲习班上的报告。原载《辩证唯物主义原理辅导》，中国人民大学出版社 1982 年版。

确阐明对立统一规律的前提。而同一性和斗争性则是辩证矛盾的两种基本属性，因此，阐述辩证矛盾的范畴就是要阐述同一性和斗争性这对范畴的科学含义及其相互联结。

在阐述同一性和斗争性的含义时，要特别注意这样两点：第一，要强调指出，这是一对具有最广泛意义的哲学范畴，切忌将它们归结为某一种具体形式，任何简单狭隘的解释都会导致否认矛盾的同一性或否认矛盾的斗争性；第二，在分别地解释同一性和斗争性的含义之前，要对同一性和斗争性的总的含义有个清楚的说明。同一性指对立面之间的相互联系，即相互依赖、相互贯通，它体现着对立双方相互吸引的趋势；斗争性则指对立面之间的相互排斥，即相互反对、相互限制、相互否定，它体现着对立双方相互分离的趋势。在解释斗争性和同一性的每一种含义或具体形式的时候，在解释斗争性和同一性的相互关系的时候，以至在阐述整个对立统一规律的时候，都不能忘记斗争性和同一性的总的含义。

同一性是一个极其重要的辩证法的范畴，关于对立统一规律的许多理论问题的讨论都同对于同一性范畴的不同解释有密切关系。矛盾的同一性可以归纳为两种含义。第一，对立面的互相依赖，即矛盾的一方以另一方为媒介，矛盾一方的存在和发展以另一方的存在和发展为条件。第二，对立面的互相贯通。对立面之间的贯通性表现于三种情形：其一是矛盾双方互相包含，互相渗透，"你中有我，我中有你"；其二是某些矛盾双方的直接同一；其三是矛盾双方互相转化的趋势。这里需要说明的是，属于同一性范畴的不是对立面相互转化的过程本身，而只是对立面之间相互转化的趋势。毛泽东在《矛盾论》里也是明确地将这两个方面加以区分的。很明显，对立面之间相互转化之所以可能，是因为对立面之间存在着相互转化的趋势，存在着一条由此达彼的桥梁。矛盾的转化是事物向自己的对立面转化。所谓"自己的对立面"就是本来和自己相互依存着的对立面，即和自己内在地联系着的对立面，因而才具有这种由此达彼的贯通性。所以，把对立面相互转化的趋势作为对立面相互贯通的一种突出表现而归入同一性的范畴，无疑是正确的。但对立面相互转化的过程本身则不能完全归入同一性的范畴。对立面相互转化的过程，当然体现了同一性，但同时又是矛盾统一体分解的过程，是对立面相互联系的分离，是对立面相互依存的否定。因此，转化过程本身应看作同一性和斗争性的综合表现。如果把对立面相互转化的过程本身也都纳入到同一性的范畴中去，就会在逻辑上陷入混乱，对立统一规律所涉及的许多重要理论问题例如矛盾同一性的相对性和斗争性的绝对性的问题等，就讲不清楚。这是一个在学术界存在着分歧和争论的问题。上述意见作为一家之言，仅供参考。

讲述矛盾的斗争性的范畴时，尤其应强调它是一个具有广泛含义的哲学范畴，矛盾的斗争具有无限多样的表现形式。凡是矛盾，它的双方都具有互相排斥即互相反对、互相限制、互相否定的性质，这就是矛盾的斗争性。但是，不同领域的矛盾、不同性质的矛盾，又具有各不相同的斗争形式，即使是同一类矛盾，也要经历萌芽、发展、解决等不同阶段，在各个不同发展阶段上，斗争的形式也是不同的。如果把斗争归结为某一种形式例如归结为你死我活的对抗这一种形式，其结果，一是歪曲矛盾斗争性的科学含义，二是在不存在对抗的地方就不承认斗争，从而抹杀矛盾的斗争性。

总起来说，同一性就是讲对立面互相联系，其基本含义就是互相依赖（互相贯通也是基于互相依赖），斗争性就是讲互相排斥。对立双方互相依赖，就是互相肯定，即一方肯定自己要以肯定对方为条件。正因为矛盾双方具有这种互相肯定的性质，才使事物具有相对的稳定性。互相排斥就是互相否定，即一方总是要否定对方。正因为矛盾双方具有这种互相否定的性质，才使事物的稳定性只能是相对的，才使事物具有绝对的变动性。所以，同一性和斗争性是分别揭示事物的相对稳定性和绝对变动性的哲学范畴。辩证法的三个基本规律，应做统一的理解。同一性和斗争性，肯定和否定，量变和质变，相对稳定性和绝对变动性，这些范畴所表示的基本倾向大体上是一致的。如果不能一致起来，恐怕就是我们的讲法上有了漏洞。

阐明矛盾的同一性和斗争性的科学含义之后，就要阐明二者的互相联结。过去只讲没有斗争性就没有同一性，而不同时讲没有同一性就没有斗争性，这显然是不正确的。同一性和斗争性是辩证矛盾的两种基本属性，失去其中任何一种，都不成其为矛盾。同一是对立中的同一，对立是同一中的对立。这才要求人们在认识事物的时候，做到在对立中把握同一，在同一中把握对立。同一性和斗争性相互联结的实际内容就是二者相互制约。斗争离不开同一，就是斗争性离不开同一性的制约；同一离不开斗争，就是同一性离不开斗争性的制约。正因为有了这种互相制约，才能构成又斗争又同一的矛盾运动，才有事物的合乎规律的发展。这个关于斗争性和同一性互相制约的思想，对于理解整个对立统一学说都十分重要。

在第一节里，讲清辩证矛盾的范畴之后，要讲矛盾的客观性和普遍性，这就是要对于对立统一规律的客观性和普遍性展开地进行哲学的和科学史的论证。在这个问题的讲授中，过去往往是举例多于论证，今后需在理论上加强，应当贯彻列宁关于"辩证法内容的这一方面的正确性必须由科学史来检验"①的指示。所谓"由科学史来检验",就是要用科学发展的系统事实来证实,而不是东举一个例子,西举一个例子,把辩证法当作"实例的总和"。

## 二、关于第二节

如果说前一节是对同一性和斗争性及其关系侧重于做静态的考察的话,那么,这一节则是对此侧重于做动态的考察。把同一性和斗争性的关系作为过程加以展开,就是对立统一规律本身的基本内容。所谓对立统一规律,扼要地说,就是讲事物内部矛盾的双方又斗争又同一推动事物的发展。

为了更深入、更具体地阐明对立统一规律的理论内容,把同一性的作用和斗争性的作用都单列一目,从各个方面尽可能充分地加以论述,是十分必要的。至于斗争性和同一性的作用各有哪几个方面,可以吸取学术界研究的新成果去加以发挥。这里,只讲一点意见供参考。在讲斗争性和同一性的作用问题时,要在理论上着重讲清楚一个思想,就是说,讲事物的稳定性(或按恩格斯的说法,讲辩证法的保守性)不一定是消极的东西,只有把这种稳定性、保守性绝对化,才成为消极的东西;讲事物的变动性(或按恩格斯的说法,讲辩证法的革命性)也不是在任何情况下都是积极的东西,它有自己合理的限度和条件,超出了它的合理限度和条件,把它绝对化,也会成为消极的东西。这实际上就是要讲清斗争性和同一性的互相制约。讲斗争性的作用时,要同时讲同一性对它的制约,防止片面夸大斗争性的作用;讲同一性的作用时,要同时讲斗争性对它的制

① 列宁:《谈谈辩证法问题》,《列宁选集》第 2 卷,人民出版社 1972 年版,第711 页。

约，防止片面夸大同一性的作用。

在分别地对于同一性和斗争性的作用加以分析之后，再把它们综合起来，讲清楚"有条件的相对的同一性和无条件的绝对的斗争性相结合，构成了一切事物的矛盾运动"①。同一性的相对性和斗争性的绝对性，这个绝对相对的道理，是对立统一学说的最重要之点。它体现了对立统一规律乃至整个辩证法学说的精神实质。困难在于如何正确而清楚地阐述这个问题。

列宁在《谈谈辩证法问题》中的一段论述，对于理解这个问题十分重要。列宁说："对立面的统一（一致、同一、均势）是有条件的、暂时的、易逝的、相对的。相互排斥的对立面的斗争则是绝对的，正如发展、运动是绝对的一样。"②列宁的这个论述告诉我们，事物内部矛盾斗争的绝对性和同一的相对性，同事物运动的绝对性和静止的相对性，这两个原理是一致的。一致不是等同，前者比后者更实质一些。矛盾斗争的绝对性和同一的相对性从实质上说明了事物运动的绝对性和静止的相对性，反过来说，运动的绝对性和静止的相对性，也就可以作为理解矛盾斗争的绝对性和同一的相对性的门径。

矛盾斗争的绝对性即指无条件性，同一的相对性即指条件性。所谓无条件性，并不是说矛盾的斗争可以脱离开具体的条件，而是说它可以打破任何条件的限制，对立面相互排斥的倾向在任何条件下都要贯彻下去。同一的相对性即条件性，则是说对立面相互联系的倾向只有在特定的条件下才能贯彻，此种条件一旦改变，对立面相互联系的倾向的贯彻就要受到阻碍。正因为矛盾双方相互联系的同一性要受特定条件的限制，而矛

---

① 毛泽东：《矛盾论》，《毛泽东选集》第 1 卷，人民出版社 1969 年版，第 307 页。

② 列宁：《谈谈辩证法问题》，《列宁选集》第 2 卷，人民出版社 1972 年版，第 712 页。

盾双方相互排斥的斗争性则在任何条件下都可以贯彻下去，所以一切过程的常住性是相对的，一种过程转化为他种过程的变动性则是绝对的。可见，理解了事物运动的绝对性和静止的相对性，也就能够理解矛盾斗争的绝对性和同一的相对性。

过去在教学中，有的同志往往把矛盾斗争的绝对性仅仅解释成斗争性始终存在，而把同一的相对性则解释成同一性时有时无，这显然是不妥当的。这样解释，势必割裂绝对和相对，割裂斗争性和同一性，认为在矛盾发展的某个阶段上只有斗争性而无同一性。按照对立同一的观点，在矛盾统一体解体以前，就这个具体矛盾来说，不论同一性还是斗争性都是始终存在的。区别在于，在对立面相互依存的条件发生变化的时候，对立面相互排斥的倾向能够继续得到贯彻，并且往往得到更强烈的贯彻，而对立面相互联系的倾向的贯彻则受到了阻碍。这正是所谓绝对和相对的区别所在。应当看到，同一性从它的贯彻受到阻碍到它的完全分解是一个过程，这同条件改变的过程是一致的。在矛盾统一体完全解体以前，矛盾双方并未完全断绝联系，并不完全失去同一，但它已经是瓦解中的同一。可以说，在矛盾转化过程（事物质变过程）中的同一，是存在又不存在。条件的改变，同一性的趋于瓦解，正是矛盾斗争性得到贯彻的结果。这种情况说明，正如运动以静止为条件却又不断地打破静止一样，矛盾的斗争不能离开同一但又在破坏着同一。反过来说就不行。矛盾的同一固然也离不开斗争，但却不能破坏（阻挡）斗争倾向的贯彻。因此说，矛盾的同一性是相对的，斗争性是绝对的。

三、关于第三节

这一节就是讲矛盾的特殊性，矛盾解决形式的多样性也是讲的矛盾的特殊性。研究矛盾的特殊性，对于正确理解对立统一规律，特别是对于在认识和实践中正确运用对立统一规律，是极为重要的问题。

在这一节里，首先要讲矛盾的复杂性，其中心思想就是把事物看成一个复杂的矛盾体系，看成一个由多种矛盾、由多方面的对立统一所构成的体系或系统。认识矛盾的特殊性，就是要从矛盾体系中、从构成矛盾体系的诸多矛盾及其关系中去把握其特殊性。

然后再讲"矛盾发展的不平衡性"。这就是讲主要矛盾和非主要矛盾、主要矛盾方面和非主要矛盾方面这两种矛盾力量的差别性。事物作为一个矛盾体系，是一个动态的体系，其内部各种矛盾力量是在不断变化的，这就必然造成矛盾力量的不平衡性。不把握这种不平衡性，不把握各种矛盾力量之间的区别、联系和转化，就不能认识矛盾的特殊性，也不能解决矛盾。显然，矛盾力量的不平衡性也是讲的矛盾的复杂性，但是，这个关于主要矛盾和非主要矛盾、主要矛盾方面和非主要矛盾方面的区别和联系的问题，就是通常讲的辩证法的重点论和两点论的统一，有着突出的方法论的意义，因此，把它单列一目进行讲解是必要的。

在这一节里，单列一目讲述矛盾解决形式的多样性也是完全必要的。在过去的教学中，或者基本上不讲这个问题，或者把矛盾解决的形式简单地归结为一种形式，即所谓一方"吃掉"另一方。这是不全面的，是不符合客观矛盾运动的实际情况的。一方"吃掉"另一方，或者叫作一方克服另一方，这是解决矛盾的一种重要形式，但不是唯一的形式。经过事物质变而使矛盾得到根本解决的形式，除了矛盾一方克服另一方这种形式以外，还有其他的形式，例如，矛盾双方"同归于尽"，为新的对立双方所代替；有些矛盾经过一系列的发展阶段，最后达到对立面的融合，即融合成一个新的事物，从而使矛盾得到解决，等等。至于解决矛盾的基本形式究竟有哪些，还有待于深入的科学研究去发现，这里重要的是必须打破那种认为解决矛盾只能有一种形式的片面观点。此外，还应讲清事物量变过程中解决矛盾的形式。过去教学中不讲这个问题，认为量变过程中没有解决矛盾的问题，一谈解决矛盾就是质变。这种观点是不正确的。事物经过质变而使矛盾得到解决是矛盾的根本解决，事物量变过程中使矛盾得到一定程度的解决是矛盾的非根本解决。事实上，大量的矛盾在一定时期内只能是非根本解决，这种非根本解决的积极作用也是不能抹杀的。马克思指出："……商品的交换过程包含着矛盾的和相互排斥的关系。商品的发展并没有扬弃这些矛盾，而是创造这些矛盾能在其中运动的形式。一般说来，这就是解决实际矛盾的方法。例如，一个物体不断落向另一个物体而又不断离开这一物体，这是一个矛盾。椭圆便是这个矛盾借以实现和解决的运动形式之一。"[①]其实这样的例子很多。一个人活着，直到他死，天天在解决他机体内同化和异化的矛盾，这都是非根本解决。可以说，一切处在量变过程中的矛盾所能获得的解决形式，都是这种非根本解决的形式。该根本解决就根本解决，不该根本解决就不要去根本解决，一切都取决于条件。如果一味追求根本解决，以为除了去"制造"质变就无事可做，显然是违背辩证法的。

四、关于对立统一规律一章同《矛盾论》的关系

有一个问题必须加以说明。在我国过去流行的教学体系中，对立统一规律这一章基本上是遵循毛泽东的《矛盾论》的结构，

---

① 马克思：《资本论》第1卷，人民出版社1975年版，第122页。

把矛盾的普遍性和特殊性分别作为专节，并且往往是作为重点内容去讲授的。教学体系做如上的改变，是不是违背了《矛盾论》的基本精神呢？我以为，不但没有违背，而且有助于更准确更深入的阐述包括《矛盾论》在内的马克思主义辩证法的基本理论观点。

　　《矛盾论》是一部重要的马克思主义的哲学专著，是马克思主义哲学宝库中的重要篇章，是我们研究辩证法和认识论所必读的著作，它在我们党的历史上，为培育我们党的干部起过极其重要的作用，是永远值得我们学习、研究和宣传的珍贵文献。但是，同马克思主义经典著作家们所写的任何一部哲学专著一样，它不是给后人撰写的现成的大学哲学教材，而是为了解决一定的历史任务。毛泽东在四十多年前写作《矛盾论》和《实践论》等哲学著作的直接任务，是从思想理论上清算王明的"左"倾教条主义。王明"左"倾教条主义在思想理论上的一个重要特征，就是把普遍原则绝对化，拒绝认识中国革命的特殊情况，马克思主义的一般原理被当作千篇一律的僵死公式到处硬套，因而给中国革命造成了极其严重的危害。毛泽东的《矛盾论》用大量的篇幅着重地阐明了矛盾的普遍性和特殊性及其相互联结的原理，这是完全合理、完全必要的。这对于清算王明的"左"倾教条主义错误，对于指导全党正确运用对立统一规律去研究和解决中国革命问题，都起了十分巨大的作用。《矛盾论》的这个基本精神，在对立统一规律的讲授中，在整个辩证法部分以至整个马克思主义哲学课的讲授中，仍应坚决贯彻。但是，这并不是要求我们在哲学原理课的教学中也照搬《矛盾论》的现成体系。我们的任务是从高等学校的系统的哲学教育这个目标出发，努力准确地阐发包括《矛盾论》在内的马克思主义对立统一学说的基本原理。

在过去的教学中，矛盾的普遍性和特殊性在这一章里是用大量的篇幅和课时去讲授的。教学体系做了上述改变之后，对立统一规律的普遍性仍在这一章中讲授，并要求加强这部分的理论内容；矛盾的特殊性也列专节阐述，并要求增加一些内容，但关于普遍性和特殊性的关系问题，却不像过去那样专门地详细论述。这样考虑的理由是，普遍和特殊是辩证法的一般范畴，不只是在理解对立统一规律时必须运用这对范畴，辩证法的其他两个基本规律同样有普遍性和特殊性的关系问题。任何事物的发展都要由量变到质变又由质变到量变，这就是质量互变规律的普遍性，然而，任何具体事物又有它的量变和质变的特殊形式，这又是它的特殊性；任何事物的发展都既要遵循辩证否定的一般规律，又具有各自的否定过程的特殊性质，就是说，否定之否定规律也有普遍性和特殊性的关系问题。讲这两个规律的普遍性和特殊性，同讲对立统一规律的普遍性和特殊性，在基本理论原则上是相同的，但在具体内容上又是不同的，因此，不可互相代替。我以为，这样做法，也不仅是正确的，而且是必要的。至于对包括《矛盾论》在内的马克思主义哲学原理阐述得正确不正确、充分不充分，那是另一个问题，是取决于我们每一个担负哲学教学工作的同志的努力的。

# 历史唯物主义的体系
# 及其在马克思主义哲学中的地位<sup>*</sup>

历史唯物主义是马克思主义哲学的不可分割的组成部分，它自身又是一个严整的科学体系。历史唯物主义的教学应着力于阐明它的科学体系，帮助学生完整地把握科学的历史观，作为自己观察和分析问题的方法论。

马克思在《〈资本论〉第一卷第一版序言》里指出："社会经济形态的发展是一种自然历史过程。"[①]这一论断，高度概括地揭示了社会历史的唯物辩证的本性。它指明，人类社会的发展也同自然界一样，是一种遵循其自身固有规律而"自己运动"的客观过程。历史唯物主义哲学就是这种"自然历史过程"及其内在规律的理论再现。因此可以说，理解了马克思关于人类社会是自然历史过程的思想，也就能够从根本上把握住历史唯物主义的科学体系。

人类社会从自然界分化出来，就成为一个不同于自然界的特殊领域。在自然界中起作用的是盲目的、不自觉的力量，而在社会历史领域内进行活动的则是有意识的、追求某种目的的人。在社会领域内活动的人都有自觉的意识，这样一种浮在历

---

* 本文力图为李秀林等主编的高校文科教材《辩证唯物主义和历史唯物主义原理》的历史唯物主义部分提供一个总体性的理解线索。与李秀林合作，原载于《历史唯物主义原理辅导》，中国人民大学出版社 1986 年版。

① 马克思：《〈资本论〉第一卷第一版序言》，《马克思恩格斯选集》第 2 卷，人民出版社 1972 年版，第 208 页。

史表面的现象，像一层浓厚的迷雾掩盖着历史的本质。历史唯物主义的伟大科学意义就正在于它廓清了这层迷雾，揭示了社会历史的内在规律性。无疑，历史是人的活动，参与历史活动的每一个人都有自觉期望的目的，但是，人的活动并不是孤立地而是社会地进行的，因而人们的活动是相互制约的。正是这种相互制约产生一种不以任何人的意志为转移的社会力量，即恩格斯在阐述著名的"力的平行四边形"规律时所说的"总的合力"①。历史事变就是这种"总的合力"的结果。这种社会力量的形成显然不是许多个人意志和力量的机械的偶然的结合，而是贯穿着内在的必然性的。因此，历史过程虽有人的意志在起作用，但它总是按照自身固有的规律像一种自然过程一样地进行的。人们把自己创造自己历史的过程也看作一种不以自己意志为转移的客观过程，这就是历史的唯物主义。

马克思和恩格斯通过对人类社会形成和发展的客观过程的深入研究指出，在客观的社会力量背后起着支配作用的内在必然性，归根到底是经济的必然性。人类社会虽然是不同于自然界的特殊领域，但它又是不能脱离自然界的。人们只有毫不间断地实现同自然界之间的物质和能量的变换，即从事谋取物质生活资料的生产劳动，才能有人类社会的生存和发展，以物质生产为主要内容的社会经济生活是全部社会生活的基础。人们在活动中所自觉期望的目的，"终归是经济的情况（或是他个人的，或是一般社会性的）使他向往的东西"②。因此，人们在历史活动中的相互制约，归根到底体现着一定的经济关系即物质利益关系；而由这种相互制约产生的社会力量也就贯穿着经

---

① 参见恩格斯：《致约·布洛赫（1890年9月21—22日）》，《马克思恩格斯选集》第4卷，人民出版社1972年版，第478—479页。
② 恩格斯：《致约·布洛赫（1890年9月21—22日）》，《马克思恩格斯选集》第4卷，人民出版社1972年版，第478页。

济的必然性。这样，就不应当从人们的意识去说明历史，而应当从社会的物质生活条件（主要是物质资料生产方式）的变化去说明历史。马克思说："物质生活的生产方式制约着整个社会生活、政治生活和精神生活的过程。不是人们的意识决定人们的存在，相反，是人们的社会存在决定人们的意识。"①人类社会的发展就是一个由物质生活的生产方式所决定的自然历史过程。理解历史唯物主义的科学体系，就是要理解物质生活的生产方式对整个社会生活、政治生活和精神生活的制约。作为高等学校文科教材的《辩证唯物主义和历史唯物主义原理》专辟一章讲人类社会发展是自然历史过程，这实际上是历史唯物主义部分的总论，历史唯物主义部分的教学体系就是按照"物质生活的生产方式制约着整个社会生活、政治生活和精神生活的过程"这个基本思想去安排的。

人类社会发展的"自然历史过程"，是一个由社会内部固有的基本矛盾所推动的"自己"运动的过程。所以，关于社会基本矛盾的原理就是"自然历史过程"这一基本思想的具体展开。社会基本矛盾包括生产力和生产关系的矛盾、经济基础和上层建筑的矛盾，这两对基本矛盾是相互制约的，其中，生产力和生产关系的矛盾具有更根本的性质。讲生产力和生产关系的矛盾就是讲物质生活的生产方式本身。只有首先弄清物质生活生产方式本身发展的规律性，才有可能进一步说明它是怎样制约整个社会生活的。同生产力的一定发展阶段相适应的生产关系的总和构成社会的经济基础，上层建筑包括政治上层建筑和思想上层建筑，它涉及社会的政治生活和精神生活。因此，讲经济基础和上层建筑的矛盾，实际上就是讲"物质生活的生产方

---

① 马克思：《〈政治经济学批判〉序言》，《马克思恩格斯选集》第 2 卷，人民出版社 1972 年版，第 82 页。

式制约着整个社会生活、政治生活和精神生活的过程"的总的规律性。可见，关于社会基本矛盾的原理是历史唯物主义的最基本的原理，揭示社会基本矛盾运动的科学规律即生产关系一定要适合生产力状况的规律、上层建筑一定要适合经济基础状况的规律，构成了历史唯物主义科学体系的主干。

　　理解社会基本矛盾的理论，最重要的是把握生产关系的范畴。生产关系范畴的制定及其深化和精确化，是历史唯物主义哲学形成和成熟的重要标志，它对于把握历史唯物主义的整个科学体系具有关键的意义。生产关系是决定其余一切社会关系的基本的原始的关系。无论是对社会生活做横向的分析以揭示"社会有机体"的本质，还是做纵向的分析以揭示社会发展的"自然历史过程"的本质，都必须紧紧把握住生产关系的范畴。所谓"社会有机体"的概念，主要地正是"把社会经济形态看作特殊的社会机体的唯物主义概念"①，由生产关系的总和构成的社会经济结构是社会有机体的骨骼，因此，只有以生产关系为骨骼，去研究包括政治关系、思想关系在内的整个社会关系，研究各种社会关系之间的相互联系，才能揭示社会有机体的在内在本质即其活动规律和发展规律。正是社会有机体的各个要素之间的相互作用构成了社会的"自己"运动，使它成为一种"自然历史过程"，而各个要素之间的相互作用都要经过生产关系这个决定性的中间环节，即都要通过它们与生产关系之间的相互作用这个"中介"。生产力在社会发展的决定作用，需要通过它所引起的生产关系的变革才能实现。上层建筑的巨大作用，也是直接通过保护某种生产关系或推动某种生产关系的变革而实现的。两对社会基本矛盾，正是生产关系所处的两种

---

　　① 列宁：《什么是"人民之友"以及他们如何攻击社会民主主义者？》，《列宁选集》第 1 卷，人民出版社 1972 年版，第 34 页。

矛盾关系，基本矛盾的发展所引起的社会运动，集中地通过生产关系的变动体现出来。在阶级社会中，表现社会基本矛盾的阶级斗争，也只有从生产关系所决定的人们的物质利益关系中才能得到说明。生产关系是制动整个社会生活的枢纽，在理论上再现社会生活的本质的历史唯物主义哲学体系中当然也就是一个最为关键的范畴。

"阶级、国家、革命"这一章是讲社会的政治生活，主要是要弄清物质生活的生产方式怎样制约着社会的政治生活。只有弄清这种制约关系，才能理解唯物主义的阶级斗争观、国家观和社会革命论。这里，最重要的是把握唯物主义的阶级斗争观，因为国家和革命等历史现象都是随着阶级的出现而出现的，都要由阶级斗争的观点去说明。唯物主义阶级斗争观的基本观点，就是马克思在 1852 年致约·魏德迈的信中所指出的他的三点新贡献，其中最重要的是第一点，即"阶级的存在仅仅同生产发展的一定历史阶段相联系"①。人类社会的历史，包括阶级社会的历史，归根到底是生产发展的历史。阶级的产生和消灭，阶级关系的演变，阶级斗争的根源和历史作用等，总之，关于阶级和阶级斗争的一切问题，都归根到底要由各个时代的生产发展的状况去说明。阶级的产生完全是由于经济的原因，是生产力的一定程度的发展，剩余产品的出现，为阶级的产生提供了物质前提，又是在生产力一定发展水平上出现的私有制，成为阶级产生的直接原因；阶级产生以后，阶级关系的演变也是各个时代经济关系变化的结果，而经济关系又是由生产力的状况决定的；阶级对立、阶级斗争的根源在于人们物质利益的对立，人们物质利益的对立就是由于人们在一定经济关系中所处

---

① 马克思：《致约·魏德迈（1852 年 3 月 5 日）》，《马克思恩格斯选集》第 4 卷，人民出版社 1972 年版，第 332 页。

的地位不同；阶级斗争对于阶级社会的发展具有伟大的推动作用，但它只是阶级社会发展的直接动力而不是最终动力，最终的动力还是生产力的发展，是物质生活的生产方式的发展，阶级斗争只是解决生产关系和生产力矛盾的手段；阶级最终要归于消灭，阶级的消灭依赖于许多条件，但最根本的是要以生产力的巨大发展作为物质前提，它归根到底是生产力获得巨大发展的必然结果。可见，离开生产发展的状况，对于阶级和阶级斗争的一切问题都不可能有彻底的和科学的解释。只有把阶级和阶级斗争的观点同生产方式在社会发展中起最终决定作用的观点统一起来，并用生产发展的状况去说明阶级和阶级斗争的问题，才能有唯物主义的阶级斗争学说，才能使阶级斗争学说成为唯物主义一元论历史观的组成部分。

在理解关于阶级、国家和社会革命的原理时，要正确地把握住社会发展的一般规律和特殊规律的关系。生产资料私有制决定阶级的产生和划分的规律，阶级斗争推动阶级社会发展的规律，以及与此密切联系的国家产生、演变和消亡的规律，社会革命发生和发展的规律等，只是在人类社会发展的特殊阶段即阶级社会起作用的特殊规律，它是社会发展的一般规律（如生产关系一定要适合生产力状况的规律、上层建筑一定要适合经济基础状况的规律）在阶级社会这个特定历史阶段的特殊表现。只有在深刻理解社会发展的一般规律的基础上，才能理解这些特殊规律；而理解这些特殊规律，也正是为了更深刻地理解社会发展的一般规律。这就是前面所说的，必须把阶级和阶级斗争的观点同生产方式在社会发展中起最终决定作用的观点统一起来的理由所在。

"社会意识"这一章是讲社会的精神生活，主要是要弄清物质生活的生产方式怎样制约着社会的精神生活。物质生活的生产方式是社会生活的物质方面，属于社会存在的范畴。所谓物质生活的生产方式制约着社会的精神生活，就是社会存在制约社会意识。所以，这一章讲的是社会存在和社会意识相互关系的原理，是讲社会意识对社会存在的绝对依赖性和相对独立性。社会意识对社会存在的依赖性的绝对性和独立性的相对性，是一个问题的两面说法。通过说明社会意识的独立性的相对性，就可以进一步说明它对社会存在的依赖性的绝对性。因此，"社会意识"这一章应着重弄清社会意识的相对独立性的原理，即弄清社会意识的相对独立性有哪些表现，它所表现的独立性为什么是相对的，从而理解社会意识发展的规律性及其在社会生活中的作用。需要注意的是，社会意识由于它的相对的独立性，因而它自身也具有复杂而精微的结构，并且也是一个既受社会存在制约又遵循其固有的不同于社会存在发展规律的独特规律的历史过程。具体地理解社会意识的相对独立性，就要深入地研究它的结构，研究社会意识各种要素之间的内在联系，把社会意识作为一个相对独立的历史过程去把握。

"人民群众和个人在历史上的作用"这一章是说明历史过程中人的活动的作用。前面各章从社会的物质生活、政治生活和精神生活的各个领域及其相互关系中，说明了社会发展的客观规律性，但社会历史的规律是通过人的活动起作用的，它本身就是人们自己的社会行动的规律。因此，只有在理解社会历史的客观规律的同时，又正确地理解了历史过程中人的活动的作用，才能有对于社会历史过程的完整的理解。研究历史过程中人的活动的作用，从历史观的高度看，带有根本性质的是，谁是创造历史的决定力量的问题。历史唯物主义肯定人民群众是创造历史的决定力量。对于这个问题的说明，还是要立足于"物质生活的生产方式制约着整个社会生活、政治生活和精神生活的过程"这一根本观点。只有从物质资料生产方式的决定作用，才能说明以物质生产者为主体的人民群众创造历史的决定作用；也只有从物质资料生产方式对于人们活动的历史制约性，才能历史地辩证地说明人民群众的历史作用，即说明人民群众及其作用的历史区别，说明人民群众创造力的无限性和有限性的辩证统一等问题。诚然，唯物主义的历史观并不否认个人在历史上的作用，而是要求正确地理解个人和群众的关系包括个人和集体、领袖和群众的关系，在肯定人民群众创造历史的决定作用的前提下承认个人的历史作用。

"社会进步和人类解放"这一章，可以看作历史唯物主义部分的结论，在一定意义上也可以看作整个马克思主义哲学的结论。人类社会发展的"自然历史过程"，也是遵循着新陈代谢这个宇宙的普遍规律由低级向高级发展的，社会的进步是一种必然的趋势。社会是人的社会，社会的进步也就意味着人类本身的进步。人创造历史，历史造就人。或者说，人创造着历史，也就是创造着人自身。社会历史的进步和人类自身的发展是同一的历史过程。社会进步即人类本身的进步状态和人类获得解放的程度是一致的。社会物质文明和精神文明的发展，社会形态的更替，历史的每一重大进步，都使人类从自然力、社会关系中争得一定的自由和解放。但是，在私有制的范围内，社会的进步只是人类获得彻底解放的历史准备。只有废除私有制，实现共产主义，才是人类的彻底解放。共产主义是人类由必然王国进入自由王国的飞跃，是人类摆脱了盲目必然性的奴役，成为自己社会关系的主人，从而也成为自然界的主人，成为自己本身的主人这样一种理想的社会状态，它的基本标志或革命原则就是人自身获得全面而自由的发展。这种理想的社会状态的实现，是由社会发展的客观规律所决定的。认识这种历史必然性，走历史必由之路，这就是从历史唯物主义的整个理论体系所必然得到的基本结论，当然也就是历史唯物主义乃至整个马克思主义哲学教学的最后的落脚点。

历史唯物主义在整个马克思主义哲学中占有特殊重要的地位。它的创立是马克思主义哲学形成的根本标志。以前的唯物主义都是半截子的唯物主义，只是当马克思、恩格斯把唯物主义的路线贯彻于社会历史的领域，才有了完备的唯物主义即彻底的唯物主义。因此，唯物史观的发现，是马克思和恩格斯在人类思想史上所做出的独特的伟大贡献。

从一定意义上说，唯物史观是整个马克思主义世界观的基础，不理解历史唯物主义就不能理解整个马克思主义哲学。马克思、恩格斯正是在批判唯心史观（包括清算唯心史观特别是费尔巴哈人本主义对自己的影响）中创立了自己的新哲学。如果没有对于唯心史观的批判，没有在社会历史领域内由唯心主义向唯物主义的彻底转变，就不可能确立自己新哲学的任何一个科学的理论前提。例如，不能说明社会生活的物质性，不能从社会的历史的观点唯物地说明意识的起源和本质，就不可能正确地或彻底地解决哲学的基本问题，不能有力地论证世界的物质统一性；不理解社会生活的实践的本质，不能确立科学的社会实践的观点，不能科学地规定认识的主体和客体，就不可能建立彻底唯物主义的认识论；不能揭示社会历史过程的本质，不能说明社会领域的矛盾及其发展，辩证法就不可能具有完备的和科学的形态。无怪乎恩格斯曾经明确指出，唯物史观是"我所主张的观点的一个核心问题"。①

历史唯物主义不仅对于马克思主义的哲学，而且对于马克

---

① 恩格斯：《反杜林论》，《马克思恩格斯选集》第3卷，人民出版社1972年版，第50页。

思主义的整个学说都具有决定的意义。恩格斯说过，能够代表马克思一生的伟大贡献的是他的两大发现：一是发现了人类历史的规律，创立了历史唯物主义；二是发现了剩余价值——剥削的秘密，创立了马克思主义的政治经济学。在这两大发现中，唯物史观的发现又具有更为根本的意义，因为剩余价值学说也是在唯物史观的指导下建立的。马克思在表述唯物史观的基本观点时说，这些基本观点是"我所得到的、并且一经得到就用于指导我的研究工作的总的结果"。①马克思正是在唯物史观的指导下，从对于劳动异化的抽象思考转向对现实的社会关系的考察。他运用生产关系的范畴和理论，去深入地研究资本主义的社会经济形态，揭示了资本剥削的实质，从而系统地揭示了资本主义社会的矛盾及其发展规律。如果说剩余价值理论是马克思主义学说的一块重要基石的话，那么，唯物史观就可以说是"基石的基石"。正是由于剩余价值学说和唯物史观这两大发现，使社会主义由空想变成了科学。19 世纪的空想社会主义把资本主义的一切罪孽归结为人性或所谓人类理性的迷误，归结为抹杀了人的自由的天性，它的世界观的基础就是抽象的人性论。要使社会主义由空想变为科学，就必须抛弃抽象的人性论的历史观而采取唯物史观。只有运用唯物史观，去科学地分析资本主义的内在矛盾，才能论证社会主义代替资本主义的历史必然性，并理论地指明实现社会主义的根本途径，使社会主义学说成为严密的科学思想体系。历史唯物主义的创立，也使各门具体的社会科学如政治学、法学、伦理学、美学、社会学等能够具备科学的形态。没有历史唯物主义，就没有整个马克思主义的思想体系。正因这个缘故，自马克思主义问世以来，资

---

① 马克思：《〈政治经济学批判〉序言》，《马克思恩格斯选集》第 2 卷，人民出版社 1972 年版，第 82 页。

产阶级对它的攻击，都集中在唯物史观上。现代西方某些思想家宣称马克思主义"已经过时"，要用一种新的"超意识形态"去取代，他们所企图否定的，首先的和主要的也正是马克思主义的唯物史观。因此，要坚持马克思主义，最重要的就是要坚持历史唯物主义。

马克思主义哲学是实践的战斗的哲学。马克思主义哲学的实践性最集中最鲜明地体现在历史唯物主义上。历史唯物主义所揭示的社会历史的规律，就是人们自己的社会行动的规律。因此，历史唯物主义对于人们的社会实践，比之马克思主义哲学的其他部分具有更为直接的指导作用。我们党领导社会主义现代化建设的重大决策和方针，就最生动地体现了历史唯物主义。党的十一届三中全会果断地停止"以阶级斗争为纲"的口号，把工作着重点转移到以经济建设为中心的社会主义现代化建设上来，就是运用历史唯物主义的观点研究我国社会各种矛盾运动所得出的结论。我们在各条战线进行的改革，全面地运用了历史唯物主义关于社会基本矛盾的理论。只有从社会主义社会基本矛盾运动的规律性，才能理解改革的必然性、必要性，才能认识改革的性质和目的，改革的内容和方法。对外开放和对内搞活的方针，也依据于对社会主义社会这个有机体的科学认识。社会主义社会是蓬勃发展的活的机体，它的内部是充满活力的，同时，它也最能适应世界的变革潮流。此外，关于社会主义社会发展的一系列重大问题，例如社会主义社会发展的连续性和阶段性问题，社会主义社会发展的各种规律之间的相互联系、相互制约的问题，物质文明和精神文明建设的关系问题，个人和社会的关系问题，以及社会主义社会发展规律的客观性和人的自觉因素的作用的关系问题等，都是历史唯物主义的重大理论问题。只有运用历史唯物主义的观点科学地解决了这些问题，才能有社会主义事业的健康发展。

　　整个马克思主义哲学的教育，都是为了帮助人们树立正确的世界观、人生观。人生观是世界观的一部分。一般世界观特别是历史观，是人生观的基础。历史唯物主义揭示了人类社会发展的普遍规律，指明了历史的必由之路，因而它对于帮助人们树立共产主义的人生观具有更为根本、更为直接的指导意义。学习马克思主义哲学，就是要树立革命的科学的世界观，并化为自己的人生观，作为自己行动的向导，去指导自己的人生道路。从这点上说，历史唯物主义的教学也应当成为整个马克思主义哲学教学的重点。

# 《哲学思想宝库经典》导言*

　　哲学是智慧之学。古往今来的哲人们以他们辛勤的精神劳作，开凿和疏导着人类智慧的长河。本书企望通过对 167 位哲学家的 200 部重要著作的介绍，粗略地勾勒出这条长河迄今的基本面貌，能为有志于学习和探究哲学的人们特别是年轻同志提供一个入门的途径。

一

　　人类的智慧展现于人类的全部活动，凝结于人类创造的全部知识，哲学则是人类智慧的理论集中。说哲学是智慧，毋宁说是人们获取智慧和运用智慧的智慧，因此，它不是普通的智慧，而是一种最高的智慧，古希腊的哲人把它称为"头等智慧"。

　　一些年轻同志在读了几本哲学著作之后，发现这些著作有的是探究宇宙自然，有的在讲论社会人事，有的涉及心理，有的涉及语言……似乎无所不论，他们往往也就从其论域之广阔去理解所谓"智慧之学"的含义。实际上，哲学并不是讲这些具体事情本身，而是讲的对待这些具体事情的理论和方法。哲学既依据于具体知识，又超越了具体的知识部门。

---

　　*《哲学思想宝库经典》（陈晏清、许瑞祥主编，大连出版社 1993 年出版）是一部学术资料性著作，是主要面向青年读者的一部哲学名著导读。本文作为该书的导言，大致描述了中外哲学发展的基本脉络，论述了阅读哲学名著的意义和方法。因此，在一定意义上，此文也为理解马克思主义哲学提供了一种总体性的哲学知识背景。

　　诚然，哲学研究的对象和范围在历史上是不断变化的。在古代，它确曾以"知识总汇"的面貌出现，企图包容人类的一切智慧。那是因为当时人类的知识水平十分低下，各门具体科学都不具备独立的形态，不能从人类知识体系的整体中分化出来。哲学脱离开各门具体的科学而有了自己专门的研究对象和范围，是后来的事情。即使这样，我们去看待和整理古代的精神文化遗产时，也须借助于现代的观点，把具体科学知识与包含在其中的哲学思想剥离开来，否则，就不会有真正的哲学史。

　　哲学之所以成为人们获取智慧和运用智慧的最高智慧，就在于哲学是一种反思的学问。哲学的认识是一种概念式的认识，是运用具有高度概括性和抽象性的哲学概念、范畴而达到的。它不是停留于事物的外表现象和个别特性，甚至也不是停留于事物的浅层本质，而是要探究蕴藏于事物最深处的具有普遍必然性的本质。唯其能寻根究底，才能瞻前窥远，成为"善于驾驭一切的思想"（赫拉克利特语）。这也说明，哲学关怀的不是小事情、小道理。不管它论及多么具体的事物，它所最终关怀的是对于人类生活关系最为重要的大问题，它所探究的是对于人类生活最为重要最为根本的大道理。

　　从最一般或最根本的意义上说，对于人类生活最为重要的问题就是人与世界的关系问题。因此，不论哲学研究的对象和范围在历史上如何变换，为古往今来的哲学家们所持续关注和探讨的则始终是人与世界的关系问题。人类的活动是多方面地展开的，人与世界的关系也就表现于多方面。人类在处理自己同周围世界多方面关系的活动中获得多方面的知识，它们构成各门具体科学的知识基础。哲学与各门具体科学不同，它是要从总体上把握人与世界的关系，因而它所探究的是人与世界关系中最本质的关系，这就是思维和存在的关系。

人是有意识的存在物，是以自己有意识的能动的活动去改造和适应外部世界的。人所从事的任何活动都是经过思考的。因此，人的思维与外部世界的关系问题就成为人类的任何活动所无法回避的问题。恩格斯说："我们的主观的思维和客观的世界服从于同样的规律，因而两者在自己的结果中不能互相矛盾，而必须彼此一致，这个事实绝对地统治着我们的整个理论思维。它是我们的理论思维的不自觉的和无条件的前提。"①哲学所要探究和解决的基本问题正是作为人类理论思维的前提的思维与存在的关系问题。

思维与存在的关系问题是全部哲学的基本问题。如何解决这一问题，决定着解决一切哲学问题的基本方向。任何一种哲学体系，都是以对这一问题的解答为前提的。中国哲学中对于理气关系、天人关系、名实关系、形神关系、知行关系等的讨论，无不是围绕着思维与存在的关系问题的。西方哲学在古代着重于探究世界本原的本体论研究，近代以来转向认识论，转向人自身，但都是探寻对于人与世界关系的总体性理解，因而也都没有离开思维与存在的关系这一基本问题。现代哲学也是如此。尽管现代西方哲学家中有的人竭力否定哲学的基本问题，将它作为毫无意义的"形而上学"加以拒斥，但只要深入考察他们关于"存在""意识""经验""生命""事件""事实"等的议论，就可以看出，他们事实上是否定和拒斥不了的。思维与存在的关系问题，就它的提出方式和解决方式来说，以至就它的表述方式来说，都是在历史上变化的，但它作为哲学基本问题的理论实质及其在整个哲学发展中的地位是没有改变，也不会改变的。

---

① 恩格斯：《自然辩证法》，《马克思恩格斯选集》第 3 卷，人民出版社 1972 年版，第 564 页。

理解哲学的基本问题，进而把握哲学研究的对象和任务，也就能够把握哲学的基本精神，把握思考哲学问题的一个基本线索。我以为，这一点是阅读本书所介绍的哲学著作以及其他哲学著作时首先要予以注意的。

二

哲学具有二重性，它既是一种知识理论体系，又是一种意识形态。哲学自产生以来一直是在社会的阶级对立中发展的，哲学家也总是一定阶级的思想代表。人在思考和处理自己同周围世界的关系时，总是要运用自己的内在尺度，从自己的需要和利益出发的。基于阶级利益的对立，人们在观察事物时会采取不同的甚至根本对立的立场。哲学固然是人类智慧的理论集中，但哲学家在进行这种"理论集中"即哲学概括的时候，不能不受到特定的利益关系的制约。他们是按照本阶级的面貌和取向，去描绘世界图景，阐述人与世界的关系，并构建符合本阶级愿望的理想世界的。因此，哲学是有鲜明的阶级性的。由于利益关系的制约，由于人们主观的价值取向同历史运动的客观趋向的背离，人类错误地运用自己智慧的情形是屡屡发生的。可见，说哲学是"智慧之学"，却并不意味着各种哲学都能给人以同样的智慧。

人类智慧的发展同人类社会本身的发展一样，是受既定条件的限制的，它不是径情直遂，而是迂回曲折的。作为人类智慧的理论集中的哲学，也就不论在它所经过的任何历史阶段，都不可避免地具有自己的时代的局限性。尽管许多的哲学家（在马克思以前几乎是所有的哲学家）都企图把自己的哲学体系绝对化，但事实上没有一个哲学体系不包含着内在的矛盾，不留下许多漏洞和错误。一般地说，后起的哲学体系是对先前的哲学体系的超越，它总要提出一些新的理论原则去克服旧哲学的矛盾，纠正和弥补旧哲学的错误和不足，而它自己也同样会留下许多的、也许是更深刻的矛盾由后人去解决，它也要被尔后的哲学体系所超越。这种新旧哲学体系的更替，正是体现了哲学的发展，集中地反映了人类认识的深化，反映了人类智慧的积累和丰富。

总之，哲学不论作为意识形态还是作为知识理论体系，都会由于社会的和认识的原因而使自身发生分裂，哲学上正确和错误的对立和斗争，包括唯物论和唯心论的对立和斗争，是不可避免的。它是哲学发展和整个人类智慧发展的必然环节。不能认为哲学既是"智慧之学"就不应当有错误，也不能认为哲学会发生错误就不再是"智慧之学"。这都是用一种非历史的观点看待哲学。如果我们把哲学上的对立和斗争放在人类认识和智慧发展的历史长河中去看待，那么，那一切都会被认为是正常的。我们学习哲学史、阅读历史上的哲学著作，主要的意义不在于对某种哲学思想在当时的是非得失做出直接的评判，而在于通过对其是非得失的研究，去总结理论思维的经验教训。

人类实践和科学的发展都证明了唯物主义是正确的世界观。在历史上，唯物主义的哲学一般地说总是为当时的进步的阶级和社会势力所创立和支持，成为他们认识世界和改造世界的理论工具。唯物主义思想的深化和发展代表着人类智慧发展的主流。我们要学习和树立的应当是唯物主义的世界观，而且应当是现代唯物主义即辩证唯物主义的世界观。因此，我们应当认真阅读唯物主义的哲学著作，特别是马克思主义的哲学著作，这是没有疑义的。但是，这绝不是说，我们只能去阅读唯物主义的著作，而不需和不能同时也去阅读唯心主义的著作。如前所述，哲学发展的过程是各种哲学学说相互比较、相互斗争的过程，其主线就是唯物主义和唯心主义的斗争。任何一个新的哲学体系，都可以说是批判先前的或与它同时代的其他哲学体系的产物。这里，有唯物主义内部或唯心主义内部各个派别之间的相互批判，但主要是唯物主义和唯心主义之间的相互批判，而且在相互批判中又有相互吸取。如果认为只应当去阅读唯物主义的著作，那就无异于把哲学发展的历史看成单线的、直线的。离开各种哲学学说之间的相互比较，就不可能把握哲学发展的基本脉络和总体背景。而如果完全不了解哲学发展的基本脉络和总体背景，去孤立地阅读任何一本哲学著作，都是不可能读懂的。

可以说，不了解唯心主义就不能真正懂得唯物主义。但是，对于阅读唯心主义著作的必要性，还不能仅仅从消极的意义去看待，即不能仅仅把它作为阅读唯物主义著作的必要参照物去看待。唯心主义的哲学体系也是人类认识之树生长出来的花朵，也是构成人类认识发展过程的必要环节或阶段。尽管从总体上看，它如列宁所说的是"不结果实的花"，但也并不是不包含任何合理的因素和真理的成分的。恩格斯说过："在古希腊人和我们之间存在着两千多年的本质上是唯心主义的世界观……问题决不在于简单地抛弃这两千多年的全部思想内容，而是要批判它，要从这个暂时的形式中，剥取那在错误的、但为时代和发展过程本身所不可避免的唯心主义形式中获得的成果。"①我们应当学习这种态度，坚持这种态度。本书选择了相当数量的有影响的唯心主义哲学家及其代表作介绍给读者，正是出于这样的考虑。

---

① 恩格斯：《自然辩证法》，《马克思恩格斯全集》第 20 卷，人民出版社 1971 年版，第 539 页。

## 三

中国哲学和西方哲学、印度哲学并称为世界的三大哲学传统。它们源远流长，汇成人类智慧长河的主体。其中，印度哲学特别是其佛教哲学，早在两汉之际就随着佛教的传入而对中国哲学的发展产生过影响，后来经过中国哲学家们的改造，形成了中国自己的佛教哲学。由于篇幅所限，本书不拟专门介绍印度哲学，而只是在中国哲学中选择若干重要的佛教哲学著作加以介绍，读者亦可窥其一斑。

中国哲学和西方哲学各自形成了独特的传统，表明二者之间存在着巨大的差异。它们有各自的范畴体系。它们概括的历史内容不同，采取的理论表述方式不同，使用的哲学语言也不同，以至常常难以互相翻译。而其最基本的差异，则是哲学思维方式的差异。中西两种哲学思维方式的差异也是表现于诸多方面的，而首要的则是表现在不同的致思趋向上。如果允许对于中西两种哲学传统的差别采取一种简单化的说法的话，那就是：中国哲学传统更多地贯注的是道德精神，西方哲学传统更多地贯注的则是科学精神。有人在比较中西两种哲学之后说，中国古代哲学家有一种"圣贤气象"，而西方古代哲学家则有一种"智者风度"。作为一种大致的印象，这说法是可以同意的。这显然不是说西方哲学中没有道德精神，那样的话，从古希腊发端、在文艺复兴时期恢复和倡导的人文主义传统就被抛向视野之外了。同样，也显然不是说中国哲学中没有科学精神，那样的话，中国古代科学技术的辉煌贡献就被一笔抹杀，中国哲学中的唯物主义传统也成为不可理解的了。所谓更多地贯注了道德精神或科学精神，只是就两种哲学传统的特色相互比较而言，只是就它们的致思趋向、它们所关怀的主要目标而言的。

　　中国哲学的源头是先秦哲学，西方哲学的源头是古希腊哲学。作为早期哲学，它们研究的重心都是探究世界本原的本体论问题，但在致思的趋向上却已经表现出很大的区别。古希腊哲学探讨"世界的本原""万物的始基"，主要在于探寻自然的奥秘。在古希腊的哲人们看来，"求知是人类的本性"[①]，强调探求关于外部世界的知识。古希腊的哲学和最古老的自然科学是同时产生的，"最早的希腊哲学家同时也是自然科学家"[②]，哲学和自然科学是混合在一起，并同时获得发展的。在欧洲中世纪的长夜，哲学和科学一起都为神学所禁锢。欧洲走出中世纪之后，自然科学随着新的资本主义生产方式的确立而发展起来，它构成欧洲近代哲学发展的主要基础和推动力量。可以看出，欧洲哲学的发展始终是同科学的发展紧密地联系着的。与此不同，中国的先秦哲学则主要是研究人们的伦理道德关系，它研究"天"也常是为了说明"人"。在中国哲学的发端时期，在西周初年，就提出了"以德配天"的思想，当时的"五行"观念和阴阳观念中，也常以自然现象比附社会人事，说明中国哲学一开头就表现出一种伦理化的倾向。孔子创立以"仁""礼""中庸"等范畴为核心的儒家学说，并在尔后发展成庞大异常的思想体系。自汉武帝采纳董仲舒的建议"罢黜百家，独尊儒术"之后，尽管历代统治者常常在事实上也融会了佛道法各家，但儒家思想总是居于主导地位，在意识形态上统治中国长达两千年之久。儒家哲学强调的是内省，是个人的道德修养，而不是去探求外部世界的知识，即所谓"尽其心者知其性，知其性则知天矣"（《孟子·尽心上》）。它关注的是德行和礼教，"修身齐

---

[①] 亚里士多德：《形而上学》，商务印书馆 1959 年版，第 1 页。
[②] 恩格斯：《自然辩证法》，《马克思恩格斯全集》第 20 卷，人民出版社 1971 年版，第 526 页。

家治国平天下"是它的基本线路。由于儒家思想的独特地位和强大影响，中国古代哲学致思的主要方向很难脱离开伦理道德这个中心。因此，尽管也存在着各派哲学之间、唯物论和唯心论哲学之间的激烈斗争，但从总体上看，它们的基本的观念框架都是以伦理道德为中心的。不理解这一点，就很难理解中国哲学的传统。

任何一种哲学都是由社会的物质生活条件决定的，都是特定的历史关系的产物。中西两种哲学传统的差异，也主要应由中国和欧洲社会历史演进过程的差异去说明。中国哲学和西方哲学都是在奴隶制时期产生的。中国殷周时期的奴隶制度是主要生产资料土地为国王所有，国王把土地和奴隶分封给同姓亲族以及少数异姓亲属和功臣。在这种经济基础之上的政治上层建筑则是以血缘关系为纽带的宗法等级制度。"溥天之下，莫非王土；率土之滨，莫非王臣。"血缘宗亲关系是最基本、最重要的社会关系，"国"只是"家"的放大，"国""家"一体，忠孝合一。对于维系这种宗法等级制度来说，伦理道德规范具有特殊的重要作用，它在调整人与人的关系、维护奴隶主阶级统治的社会秩序方面往往具有法律的效力。这同古希腊以土地被分割占有的私有经济为基础的奴隶制是很不相同的。另外，古希腊社会保持了较长时期的相对稳定的局面，有利于社会生产和科学技术的发展。而中国在奴隶制崩溃时期却经历了长时期的社会大动荡,这必然会把社会政治和伦理道德的问题提到首位。在进入封建社会以后，欧洲和中国的情况也不一样。欧洲的封建社会成熟得不如中国早，延续的时间更不如中国长。欧洲的中世纪形成了无数的分散的城邦王权，没有集中统一、主宰一切的皇权。而中国的封建地主阶级在夺取政权以后，却逐渐形成了大一统的中央集权的封建专制主义国家，于是，把奴隶制时期的宗法制度也几乎全盘继承了下来。因此，孔子在奴隶制崩溃时期创立的、以伦理道德去规范和维护宗法等级制度的儒家学说，也就可以为封建地主阶级所继承和利用，并长时期地作为中国封建社会的统治思想，这就使中国以儒学为主导的哲学传统显得源远流长，根深蒂固，难以动摇。

　　欧洲的中世纪只经历了一千来年，而中国的封建社会却经历了二千来年。欧洲走出中世纪时，随着新的生产方式、新的阶级力量的出现和近代自然科学的发展，在思想文化领域包括哲学领域，也进入了一个全面的批判时期。哲学摆脱了神学的束缚而与科学结合，并转而成为批判神学的力量。在资本主义生产方式确立之后的几百年里，欧洲近代哲学获得了巨大的发展。而在欧洲社会跨越到一个新的历史时代的时候，中国社会却仍然在封建制度下沉眠不醒，中国哲学也闭锁在旧传统的框子里。尽管也有一些进步的哲学家起来对旧传统展开批判，但没有也不可能出现像近代欧洲那样的批判时期。西方列强凭借战舰和枪炮，把资本主义的商品经济打入中国，强行扭断中国社会发展的链条，但中国思想文化包括哲学的传统却并未因此而有根本上的动摇。马克思在评论中英鸦片战争时说："半野蛮人维护道德原则，而文明人却以发财的原则来对抗。""在这场决斗中，陈腐世界的代表是激于道义原则，而最现代的社会的代表却是为了获得贱买贵卖的特权"，并且说"这的确是一种悲剧"[①]。这两种原则的对抗，实质上是反映着两个历史时代的对抗。这当然也说明了儒家哲学传统的顽固和落后。后来，有些先进的中国人主张向西方学习，遂有所谓"西学东渐"，但从总体上看这也多是限定在"中学为体"的大框子里的。从世界

――――――――

　　① 马克思：《鸦片贸易史》，《马克思恩格斯选集》第 2 卷，人民出版社 1972 年版，第 26 页。

历史的尺度去看，中国的近代和欧洲的近代，社会发展不是处在同一的历史水平。因此，对于所谓中西近代哲学，了解它们各自的特点是需要的，而对它们进行全面的比较却不具备必要的前提。

比较中西两种哲学传统，是为了更好地把握它们的特点，而不是要去简单地评判两种哲学思维方式孰优孰劣。就近代哲学而言，中国哲学显然地落后于西方哲学，但这不能归结为哲学思维方式类型的优劣，而是有其更深刻的历史原因，已如上述。从原则上说，中国哲学和西方哲学都既有精华又有糟粕。西方哲学传统更多地贯注了科学精神，这是我们应着力加以吸取和借鉴的，但西方哲学并不都是科学的哲学。中国哲学传统更多地贯注了道德精神，表明中国古代哲人们的智慧主要地凝结于对于社会人事、道德伦理问题的探索上。哲学作为人类知识的最一般形式，它所凝结的智慧是可以运用于各个领域的，中国哲学同样如此。中国哲学确有把哲学伦理化的倾向，这是应当批判的。把哲学伦理化是不正确的，但哲学不能排除道德精神，如同反对哲学的实证科学化却不能排除科学精神一样。哲学既是世界观和方法论，又是信念和理想。哲学作为一种信念和理想在人们的精神世界中发挥导向和激励作用的时候，也就是贯注了道德精神。因此，对于中西两种哲学传统不能简单地扬此抑彼，而是要善于在比较中发现它们各自的优长和不足，并综合起来，作为我们今天发展自己理论思维的借鉴。

四

"每一个时代的哲学作为分工的一个特定的领域，都具有由它的先驱者传给它而它便由以出发的思想资料作为前提。"①这是各具特色的哲学传统得以形成的重要原因。每一个时代的哲学都是对于以往哲学的批判和继承,至于如何批判和如何继承,当然是由各该时代社会的现实关系首先是经济关系所决定的。现代哲学对于传统哲学的关系也是如此。

现代哲学是与古典哲学对应而言的,大体上是以 19 世纪中叶马克思主义哲学的产生为界(中国哲学则是以马克思主义在中国开始传播即"五四"时期为界)。马克思主义哲学无疑也属现代哲学,但通常所谓"现代西方哲学"则是指马克思主义以外的西方哲学,主要是指现代西方资产阶级哲学。19 世纪中叶以前,资本主义处于上升时期,资产阶级作为新的生产方式的代表,是社会的进步力量。它富有进取精神,尊崇知识和理性。在反封建、反神学的斗争中,资产阶级的哲学也获得了重大的成果。17 世纪的英国产生了以培根、霍布斯、洛克为代表的唯物主义,18 世纪的法国产生了以拉美特利、爱尔维修、狄德罗、霍尔巴赫为代表的战斗唯物主义,18 世纪末 19 世纪初的德国产生了康德、黑格尔的唯心辩证法以及费尔巴哈的唯物主义。这个时期的哲学同资产阶级的历史地位相适应,从总体上说是积极向上的。到 19 世纪中叶,在英、法等主要欧洲国家,资产阶级已经建立并巩固了自己的政权,资本主义的生产关系已完全地确立了自己的统治地位,封建势力全面崩溃,无产阶级逐渐成为一支独立的政治力量而走上了历史舞台,资产阶级的对立面已经主要地不是旧的封建势力,而是新兴的无产阶级。它不但已经丧失了反封建的革命性,而且转而成为反对革命的保守阶级,在思想上也就不再尊崇理性,追求真理,而是贬损理

---

① 恩格斯:《致康·施米特(1890 年 10 月 27 日)》,《马克思恩格斯选集》第 4 卷,人民出版社 1972 年版,第 485 页。

性，掩盖和扼杀真理。正如马克思所揭露的，"现在问题不再是这个或那个原理是否正确，而是它对资本有利还是有害，方便还是不方便，违背警章还是不违背警章。"①资产阶级在它的上升时期创立的哲学已经不再适合自己的需要。资产阶级按照自己的世界观建立起来的"理性的王国"，由于资本主义固有的矛盾，也日益显露出它的弊病。资产阶级的思想体系连同它的社会制度普遍地受到了怀疑和批判。这时，对于资产阶级古典哲学的批判来自两个方面：一是来自资产阶级内部；一是来自无产阶级，即来自马克思和恩格斯的先是站在资产阶级哲学内部，而后迅速转向无产阶级立场的批判。这两种批判，都表示着资产阶级古典哲学的终结。

来自资产阶级内部的批判，首先是指向古典哲学倡导的理性精神。开始是叔本华，接着是尼采提出的唯意志论哲学，主张意志是宇宙的本质，意志支配一切，要用意志排斥理性，认为尊崇理性是欧洲哲学传统的一种弊病，只有非理性主义才能拯救因受理性主义影响而日益没落的欧洲文明。这是一种非理性主义思潮（又叫人本主义思潮）。属于这种思潮的，还有以狄尔泰、柏格森为代表的生命哲学，以胡塞尔为代表的现象学，弗洛伊德主义，以及在 20 世纪发生了很大影响的存在主义哲学，等等。这些哲学派别的共同之处，都是片面强调和夸大个人的意志、直觉、情绪、欲望、生命冲动、内省体验等非理性因素的作用，否定理性的力量，其前提是否定世界的物质性、客观规律性。诚然，传统的理性主义未能对人的非理性因素的作用和意义予以相当的注意，这是其历史局限性。但是，在历史上，它是一种进步的思潮。处于上升时期的资产阶级把理性作为批判宗教蒙昧主义和封建专制主义的思想武器，帮助自然

---

① 马克思：《资本论》第 1 卷，人民出版社 1975 年版，第 17 页。

科学摆脱神学的桎梏，又借助自然科学的成就来弘扬知识和理性的力量，这在人类认识发展史上是起过不可抹杀的巨大积极作用的。现代西方哲学中的非理性主义思潮，在否定理性的主导地位的理论立场上强调人的非理性因素的意义，因而它并没有纠正欧洲传统哲学中理性主义的片面性，并没有把人类哲学思想引向进步。从总体上说，它是从片面夸大人的非理性方面而继承和加深了欧洲哲学中的唯心主义传统。

现代西方哲学中的另一些哲学家，他们反对古典哲学中的思辨传统，厌恶纯思辨哲学，并由此而主张哲学实证科学化，认为哲学要像实证科学那样只去研究实证知识。它们热衷于数学、逻辑学方面的问题，注重科学方法的研究，而回避哲学世界观的问题。这是一种唯科学主义的思潮。属于这一思潮的，主要是实证主义哲学，它已经历了以孔德为代表的早期实证主义、马赫的经验批判主义、以逻辑实证主义为主要代表的新实证主义等几代的演变，在世界范围内产生了广泛的影响。科学哲学也属于这一思潮。这种哲学思潮的出现，除了具有与上述非理性主义思潮共同的社会背景以外，还同现代自然科学发展的特点有密切关系。19世纪末、20世纪初以来，自然科学获得了突飞猛进的发展，几乎在各个领域都取得了令人瞩目的成就，尤其是相对论和量子力学的产生，极其有力地改变了科学的世界图景。古典哲学的理性原则，它的整个框架，都同现代科学的发展不相适应了。科学主义各派哲学面对自然科学发展的新特点、新趋势，力图吸取科学的新成果，为科学研究提供新方法，其中确实包含了不少积极的合理的因素。但是，它由反对传统哲学而走向了否定哲学的世界观性质进而否定哲学本身，这就把哲学的发展引向了歧路。哲学的实证科学化，实质上是把哲学变成科学的附庸。否认哲学作为世界观对于科学的指导作用，否认哲学在科学理论建构中所起的概念框架和逻辑基础的作用，这在实际上也是贬损理论思维的重要性。实证主义哲学在哲学路线上常标榜"中立"，实际上是通过歪曲自然科学的新成果而宣扬唯心主义，反对唯物主义，它同样是继承和加深了西方古典哲学中的唯心主义传统。

现代西方哲学还包括所谓"西方马克思主义"。有些哲学家主张马克思主义哲学与现代西方哲学"结合"，以补充马克思主义哲学。他们用现代西方哲学中的某一派别去"解释"马克思主义，于是出现了诸如弗洛伊德主义的马克思主义，新实证主义的马克思主义，存在主义的马克思主义，结构主义的马克思主义，等等。它们提出了一些现时代应当重视和解决的理论课题，以某种方式揭露了以往在马克思主义的理论研究、理论宣传中的弊病和失误，这对我们都有借鉴意义。但是，它们所做的这些"结合"和"补充"，就是要把马克思主义科学主义化或人本主义化，在理论实质上同现代西方哲学的上述两种主要思潮是一脉相通的。

总的来说，现代西方哲学以自己的方式揭露了传统哲学的局限性，提出了一些现时代应加以注意和研究的课题，力求吸取和运用现代自然科学的成就对科学发展和科学研究方法等做出自己的解释，有些哲学还颇为深刻地揭露了现代资本主义社会的矛盾，对现代资本主义的丑恶现实进行了激烈的抨击。所有这些方面，都说明它也是有积极的成果的。但是，它并没有解决西方古典哲学留下的矛盾，而它本身却存在着更深刻的、自身无法解决的矛盾。

真正适应新的时代的需要，彻底克服了西方古典哲学的内在矛盾，把人类哲学认识推进到一个崭新的历史阶段的，是马克思主义哲学。对于资产阶级古典哲学，马克思和恩格斯比资产阶级自身要客观、公正得多。他们充分肯定了资产阶级古典哲学的积极成果，并科学地加以吸收，同时又从根本上克服了它的局限性，真正做到了变革和继承的统一。

哲学的变革主要是哲学思维方式的变革。现代西方哲学没有超越传统的哲学思维方式，反而更多地发展了它的消极的方面。马克思主义之所以能够克服西方古典哲学的内在矛盾，从总体上超越以往的哲学，关键正在于它确立了新的以实践为基础的哲学思维方式。马克思在总结欧洲哲学史的理论教训时写道："从前的一切唯物主义——包括费尔巴哈的唯物主义——的主要缺点是：对事物、现实、感性，只是从客体的或者直观的形式去理解，而不是把它们当作人的感性活动，当作实践去理解，不是从主观方面去理解。所以，结果竟是这样，和唯物主义相反，唯心主义却发展了能动的方面，但只是抽象地发展了，因为唯心主义当然是不知道真正现实的、感性的活动本身的。"①旧的唯物论哲学和唯心论哲学，都是由于没有社会实践的观点而陷入了思维和存在、主体和客体的抽象对立，在各种重大的哲学问题面前陷入理论上的困境，或者不能得到彻底的解决。马克思主义揭示了人类社会生活的实践的本质，揭示了人和世界、主体和客体、思维和存在在实践基础上的对立统一关系，彻底唯物地解决了哲学的基本问题，从而为科学的自然观、历史观和认识论确立了自觉的理论前提，实现了哲学上的全面的变革。

马克思主义哲学是唯物论和辩证法高度统一、唯物辩证的自然观和历史观高度统一的哲学，是彻底唯物主义的世界观。它具有两个最显著的特点：一个是它的实践性，再一个是它的阶级性。它不像旧哲学只是停留于解释世界，而是把改变世界

---

① 马克思：《关于费尔巴哈的提纲》，《马克思恩格斯选集》第 1 卷，人民出版社 1972 年版，第 16 页。

的问题提到首位。在它看来，"全部问题在于使现存世界革命化，实际地反对和改变事物的现状"。①因此，它的全部理论原则都要付诸实践并在实践中得到检验。它也不像旧哲学那样竭力模糊和掩盖自己的阶级性，而公然申明自己是为无产阶级服务的哲学，是无产阶级和人民群众认识世界、改造世界的精神武器。实践性和阶级性都体现了它的革命的批判的本质。

马克思主义哲学的革命的批判的本质，就在于它反对把任何东西绝对化，同样，它也反对把自己绝对化。它不是一个封闭的体系，而是一个开放的体系。它既向现实世界开放，在现实实践中汲取营养来丰富自己；也向人类认识开放，包括向现时代的其他哲学开放，汲取人类在科学认识和哲学认识中获得的一切积极成果来丰富自己。正因如此，马克思主义哲学才始终能够保持自己旺盛的生命力。

## 五

本书作为中外哲学名著的导读，它对于读者的价值主要在于"导引"二字。它试图在读者朋友们和古今中外浩如烟海的哲学著作之间架设起一座桥梁，帮助读者朋友们较为顺利地步入哲学的殿堂，去探寻绚丽多彩的智慧宝藏。但是，当人们一旦走进了这个地方之后，探寻什么和如何探寻就是至关重要的事情了。哲学的宝藏不像其他，它不是一些零散的"宝物"的堆积，而是作为人类思想按其内在逻辑演进的历史过程而出现的，因此，不是从中随意捡来几件就可以作什么用途的，而只有把握住它的整体才有价值。任何哲学都是适应一定时代的需要而产生的，以往的哲学只是过去了的那些时代的产物，哪怕

---

① 马克思和恩格斯：《费尔巴哈》，《马克思恩格斯选集》第 1 卷，人民出版社 1972 年版，第 48 页。

在它自己的时代曾经是很好的东西，也不能完全适应当前时代的需要。因此，走进哲学的思想宝库不像走进其他的宝库一样，找不到最好的东西可以退而求其次，而是必须找到最好的东西即适合于当今时代需要的东西。我们当然要肯定哲学史上一切有价值的东西，但是，全部哲学史都只有在它能够为现时代的哲学思考所借鉴时，才是有价值的。

我们时代的哲学是马克思主义的哲学，即辩证唯物主义和历史唯物主义哲学。它是我们这个时代的"时代精神的精华"，是迄今人类理论思维的最高成果。只有马克思主义哲学才是适合当今时代需要的哲学。学习哲学，就是要掌握马克思主义的哲学。研究哲学史，阅读马克思主义以前和以外的哲学著作，都是为了更好地、更深刻地理解马克思主义的哲学。

如前所述，马克思主义哲学是对欧洲古典哲学的继承和超越，它的直接的理论来源是黑格尔的辩证法和费尔巴哈的唯物论。如果不了解欧洲哲学史，就不可能理解马克思主义哲学，这是不言而喻的。阅读欧洲哲学史的著作，就是要注意把握欧洲哲学发展的脉络，研究各个时代的哲学解决了什么问题，又提出了什么问题，提供了哲学理论思维的哪些经验和教训，从而弄清它如何一步一步地为马克思主义哲学的诞生准备了思想理论的前提。

作为中国的读者学习马克思主义哲学，还须着力研读中国哲学史的著作。马克思主义哲学就其源头来说是继承了欧洲哲学的传统，它要在中国得以传播并发生作用，就必须中国化。毛泽东曾经强调，马克思主义在中国的应用，必须"和民族的特点相结合，经过一定的民族形式，才有用处"。①马克思主义哲学中国化的过程，固然首先是它同中国革命和建设的现实实

---

① 毛泽东：《新民主主义论》，《毛泽东选集》第 2 卷，第 707 页。

践相结合的过程，但同时也必须同中国的哲学传统相结合，汲取中国传统哲学中的精华，使之具备中国风格和中国气派。毛泽东的哲学著作就是马克思列宁主义哲学中国化的典范。以毛泽东为榜样，从现实的理论需要出发，继续深入挖掘中国传统哲学的遗产，不断弘扬民族文化的优良传统，对于坚持、发展和应用马克思主义哲学，都是十分必要的。

现代西方哲学与马克思主义哲学是两种互相对立的哲学世界观，但它们产生和存在于同一个时代，面对共同的时代课题，因而绝不是互不相干的，恰恰相反，马克思主义哲学正是在同现代西方哲学的相互斗争、相互影响中发展的。马克思主义哲学的许多经典著作就是直接同现代西方哲学某些流派论战的产物。了解现代西方哲学，有助于了解马克思主义哲学产生和发展的思想背景，也有助于理解马克思主义哲学的精神实质。此外，现代西方哲学尽管从总体上看其基本倾向和基本路线是错误的，但也包含了一些积极的成果。它开拓了一些新的领域，如对于认识和语言表达的关系的研究，对于科学发展模式的研究等，这些领域没有那么强烈的意识形态色彩，更多的是凝结了现时代人类共同的认识成果，而又恰恰是以往马克思主义哲学的研究中注意不够的方面，我们可以也应当细心地吸取过来以弥补自己的不足，推进我们的哲学研究。把马克思主义哲学与现代西方哲学的对立绝对化，是不可取的。

恩格斯说过："一个民族想要站在科学的最高峰，就一刻也不能没有理论思维。"① "但理论思维仅仅是一种天赋的能力。这种能力必须加以发展和锻炼，而为了进行这种锻炼，除了学

---

① 恩格斯：《自然辩证法》，《马克思恩格斯选集》第 3 卷，人民出版社 1972 年版，第 467 页。

习以往的哲学，直到现在还没有别的手段。"①中华民族正通过社会主义的改革、加速自己国家的现代化建设而攀登科学和文明的高峰。这应是一个理论思维最活跃的时代，也是一个最需要理论思维的时代。本书有选择地向读者介绍 200 篇中外哲学名著，正是为了帮助读者掌握一个发展自己理论思维能力的必要手段，获得迄今人类理论思维的最高成果——马克思主义哲学的武装，能够以丰富的智慧和坚定的信念投身于祖国社会主义现代化的伟大事业。

---

① 恩格斯：《自然辩证法》，《马克思恩格斯选集》第 3 卷，人民出版社 1972 年版，第 465 页。

# 《哲学概论》序言

　　20世纪五六十年代，一些大学哲学系的马克思主义哲学原理都有一个长长的绪论，讲授时间占去大半个学期，内容归结起来也就是讲"什么是哲学""什么是马克思主义哲学"。这长达十几周的绪论课，确实让人觉得有几分枯燥，却也有不少人很愿意听它，因为他们在即将进入哲学的大门时，非常希望尽快地知道哲学到底是一门什么样的学问。这哲学原理课的绪论其实就是一种哲学概论，不过它的视野相对狭窄，只是适应于马克思主义哲学原理这门课的教学要求，讲些同马克思主义哲学直接相关的知识和历史。而我们现在开设的哲学概论课则是适应于整个哲学学科的教学要求的，可以说，它是整个哲学学科的绪论。

　　为什么要开这样的课？哲学概论课是一门入门课，是为了把刚刚考进哲学系的学生领进哲学大门。从教学上说，它的一个浅近的目的就是帮助学生找到一种适合于哲学专业的学习方法。只有适合于学习对象的性质的方法才是好的、有效的学习方法。哲学概论要讲清楚的正是哲学的性质，包括哲学的本性是什么，体现这种本性的哲学的特点是什么，以及哲学所研究的基本问题是哪些，等等。这些，也就是讲的哲学观。哲学这个学科比之其他任何学科来，都显得起点高，亦即门槛高。这个门槛在哪里？这门槛就是哲学观。许多人在接触哲学之前，就已经在不同程度上学习或接触过其他学科的知识，但由于没有确立最基本的哲学观，不了解哲学的性质，便常常把学习其他学科的方法简单地移用到哲学学科的学习上来，最常见的就是用关于经验科学的观点和方法去看待和学习哲学，因而总是不得其门而入。有的人从哲学系毕业了，甚至从事了多少年的"哲学工作"，但仍然蹲在哲学的大门之外；虽自认为多少年来一直是在做"哲学"，却仍然"不识庐山真面目"，搞不清什么是哲学。学界许多哲学问题的争论往往源于哲学观上的分歧，就清楚地说明了这种情况。20 世纪 90 年代以来，我国从事哲学教育的人们越来越看清了这种状况，并意识到了它同哲学教育的关联。于是许多哲学系的教授便不约而同地想到要开设哲学概论这门课程。

　　20 世纪八九十年代，我做南开哲学系的系主任。处在这样的位子上，自然会对哲学专业的教学改革有更多的关注。当时，我觉得哲学系的课程体系，从内容上看不仅比较陈旧，而且比较松散，教学目标不大统一、不大集中。学界长期形成的学科分立的局面，在哲学系的专业教学中体现得最为明显。各门课程互不搭界，只是各自讲授自己学科领域的专门知识。涉及哲学观的问题，也不是"大哲学观"，而多是"学科观"，如中国哲学史观、西方哲学史观、科技哲学观、美学观等，甚至有的课程几乎只是知识课，而少有哲学味儿。学生毕业时，多是装着一大堆哲学知识走了，很难谈得上良好的、规范的哲学思维训练。这种局面是长时期形成的，要改变它也不是短时期里能够做到的，而是需要在教学改革上做出多方面的持续努力。但若能够开出一门哲学概论这样的课，帮助学生把握各门主要课程在思想层面的内在关联，使他们能够在以后的学习中把各门主要课程贯通起来，这也不失为改变这种局面的一种努力。20

世纪 90 年代中期，国家教委批准南开大学哲学系建立"国家文科基础学科人才培养和科学研究基地"，哲学教学改革有了更好的条件和氛围。建设哲学概论课的事情就是在这样的背景下酝酿和启动的。

本书的主编阎孟伟教授在 20 世纪 90 年代中期任南开大学哲学系主管教学的副主任，1997 年任哲学系主任。他对于哲学专业的教学改革有很高的热情和深入的思考，对开设哲学概论课的意义也有深刻的理解，便自告奋勇领衔这门课程的建设。孟伟也确实是合适的人选。他对哲学专业一些主要课程如马克思主义哲学、西方哲学都有很好的研究基础，并且有丰富的教学经验。在他的率领下，几位教师合作于 20 世纪 90 年代末，在南开哲学系本科一年级开出了哲学概论课。他们一边讲课，一边编写和修改教材。现在同读者见面的这本教科书就是他们十几年教学和研究的成果。应当说，这是孟伟等人对哲学教学改革做出的一个积极的贡献。

哲学概论课比较难讲。这不仅在于它是中华人民共和国建立后在马克思主义指导下建设起来的一门新课（1949 年以前的大学里曾有哲学概论课程），尚缺乏经验，而且在于它有一些不同于其他课程的特殊困难。最困难的是两个问题不好解决：一个难题是，哲学概论主要讲哲学观，但并没有一种古往今来一以贯之的哲学观。不同的时代，不同的哲学派别，都有自己的哲学观。哲学观是历史地变化的，但变中又有不变。哲学概论就要讲清变中的不变和不变中的变。如果只讲变而不讲不变，就把握不了哲学之为哲学的基本规定性，讲不清到底什么是哲学；如果只讲不变而不讲变，那就没有历史，说到底也就没有了哲学。哲学的变革总是以哲学观的变革为先导的，讲不清哲学观的变化当然也就讲不清哲学的发展，到头来也就讲不清什么是哲学，因为哲学本来就是作为哲学史而存在的。可以想象，讲清楚这个"变"和"不变"的统一真不是件容易事。第二个难题是，哲学概论课是面向哲学初学者的，讲授内容的繁简难易很难把握分寸。过繁了，就不叫"概论"；过简了，说不清问题。太难了，学生接受不了；但一味地求"易"，就可能讲得不三不四。哲学课求"易"是有限度的，因为哲学的门槛本来就应当那么高，是不可能从它应有的高度降下来的。同样可以想象，做到内容的繁简难易适当，也真不是容易事。看得出来，本书的作者是在努力解决这两个难题的，是非常用心的。究竟解决得如何，最有发言权的、最终的评论者还是读者，是使用这本教科书的学生们。但我相信，这本教材、这门课程是一定会日益成熟的。